スケーリング・ピープル

人に寄り添い、
チームを強くする
マネジメント戦略

Scaling People:
Tactics for Management
and Company Building

著 | クレア・ヒューズ・ジョンソン
訳 | 二木夢子

日経BP

Scaling People: Tactics for Management and Company Building
by Claire Hughes Johnson
Copyright © 2022 Claire Hughes Johnson
Published in the United States by Stripe Press in 2023
The Japanese translation published under license
with Stripe Press c/o Nordlyset Literary Agency, New York,
through Tuttle-Mori Agency, Inc., Tokyo

家族へ

Contents

イントロダクション 007

メトロノームをセットする *014*

コア・フレームワークを確立する *016*

この本の対象読者 *019*

本書の読み方 *020*

マネジメントの前提条件チェックリスト *025*

第 **1** 章
事業運営の基本原則 027

1. 自己認識力を高め、相互認識力を築く *030*

2. 言いにくいことを伝える *043*

3. マネジメントとリーダーシップを区別する *047*

4. オペレーティング・システムに立ち返る *051*

演習とテンプレートへのQRコード *053*

第 **2** 章
コア・フレームワーク1
ゴールとリソースの確立と計画 055

創業資料 *056*

オペレーティング・システム（事業運営のしくみ） *067*

オペレーティング・ケイデンス（事業運営のリズム） *110*

演習とテンプレートへのQRコード *118*

第 **3** 章

コア・フレームワーク2
総合的な採用アプローチ 　　　　　　　　　119

リクルーティング　*125*

採用　*156*

オンボーディング（研修・オリエンテーション）　*188*

採用ミス　*201*

演習とテンプレートへのQRコード　*205*

第 **4** 章

コア・フレームワーク3
意識的なチーム育成 　　　　　　　　　207

チームの構造　*210*

チームの状態を診断する　*225*

チームの変更、再構成　*229*

チームを（再）構築する　*236*

チームの環境づくり　*245*

複雑化するチームビルディング　*272*

ダイバーシティとインクルージョン　*291*

チームのコミュニケーション　*297*

演習とテンプレートへのQRコード　*299*

第 5 章

コア・フレームワーク4
フィードバックとパフォーマンスのしくみづくり　301

仮説を基にしたコーチング　305

厳しいフィードバックをする　310

非公式なフィードバックの文化を生み出す　314

正式なレビュー・プロセス　318

報酬　330

ハイパフォーマーをマネジメントする　335

堅実なミドルパフォーマー　346

ローパフォーマーをマネジメントする　347

マネジャーをマネジメントする　362

従業員に悪いことが起こった場合　367

マネジメントについて最後に一言　370

演習とテンプレートへのQRコード　371

第 6 章

結論　**働くあなたへ**　373

時間とエネルギーのマネジメント　374

人間関係を育む　379

自分のキャリアについて考える　385

謝辞　391

注　396

参考文献　403

イントロダクション

Introduction

2004年7月。わたしはGoogleのオフィスで、片手に緑のマーカー、片手に青のマーカーを握っていた。窓もないのに、どことなく憧れてしまう雰囲気のある部屋だった。目の前のホワイトボードには、担当するGmailユーザーサポートチームの従業員名と勤務開始日が、ふたつに分けて書きつけてある。"内定"と"勤務中"。そう、採用を示す言葉だ。当時は財務部門のサポートもなく、人事関連の業務のうち自力で進められるのは採用だけ。しかし、その採用でも、自分が率いるチームの人数すら合意がとれていなかった。たいして大きなチームではなかったが、それでも募集をふたりにするか、3人にするかなどと延々迷っていた。

正直、仕事の難しさはあまり気にならなかった。なにしろ、自分で選んだことだ。

Googleに入社したときに、ふたつの道を提示された。AdWords（現Google広告）のオンラインセールスチームで何人もいるマネジャーのひとりとして働くか、開始したばかりでひとりしかいないGmail製品サポートチームの責任者になるかだ。わたしには、AdWordsはすでに十分に大きくなっているように思えた。今から考えると笑える見立てだ。当時の規模はまだ数百人で、今や1万人以上が働いているのだから。

それでGmailを選んだ。ひとりしかいない職に就いて、自ら進む道を決められたほうがいい、と思ったからだ。それにユーザーとしてもGmailを気に入っていた。

ベータ版から正式な製品へGmailを成長させるマネジメントは、技術的にも、お客様のエクスペリエンスの面でも、苦難の連続だった。Googleは爆発的に成長し、変化していたので、データを集めるのも難しく、製品がどれくらい使われているか程度しかわからない。だからわたしがホワイトボードに2色のマーカーで従業員の名前をあれこれ書き込んで分析していた、というわけだ。それから数字をまとめあげ、財務と人事にメールで送る。チームメンバー全員についてしっかり報告しつつ、新戦力を採用する道も閉ざさないように……。間に合わせのやり方だ。でも、わたしは無秩序さとあいまいさが気に入っていたし、他の人の仕事を仕切ろうとせずに、社内で自分が担う小さな一角をまとめることに専念するだけの常識は持ち合わせていた。

イントロダクション

　でも、心配にはなった。ホワイトボードの写真を撮って送信しながら思ったのだ。「この人たちは、単なる名前や数字ではなく、生活のある"人"。それなのに、たった15人くらいの状況を把握することすらできていないなんて」わたしの仕事は事業の拡大だ。それにはもちろんテクノロジーが必要だが、事業を築く人々――そう、人！――も欠かせない。製品を支える人を知り、Googleの成長とあわせてキャリアを育み、人として大きくなってもらう。それを事業の拡大で犠牲にしてはならないと、わたしは強く信じていた。20年近くが経ち、この信念はますます揺るぎないものになっている。それこそが、この本を書いた理由だ。

　わたしが窓のないGoogleのオフィスにたどり着くきっかけは、シリコンバレーではなく、マサチューセッツ州にあった。州知事選の選挙運動に関わったのは1994年。下馬評が低い候補だったこともあって、わたしは大学を出たばかりの21歳だったのに、いつの間にか副報道官にまでなってしまった。時給5セントくらいで、週70時間は働いていた気がする。それから出版や雑誌記事のライターを経て、1996年に同じマサチューセッツ州の上院議員の選挙運動にスカウトされたのだ。年中無休で働き、数百人のボランティアを調整しながら、いろいろな町に出向いては、家の芝生の庭に立てる看板を配って回った。残念ながら当選はできなかったが、フルタイムの働き手がひとりしかいなければ、あらゆる役割をこなすしかない。頑張って柔軟に仕事をしたことで、またもや知事選で選挙事務所の副所長を務めることになった。今度の候補には勝つチャンスがあった。

　陣営に入ったばかりのときに書いた選挙戦略のメモが候補本人の手に渡ると、候補はチームにそれを回覧し、重要な企画会議にわたしを招いてくれた。ただ、その会議で、州でも指折りの実力者といわれる専属の世論調査員に、開口一番「このメモを書いたバカは誰だ」と怒鳴られたのだ。この珍しい経験が、わたしの意欲が燃え上がった原点となり、日曜日にたまに休むくらいで、1日18時間、軽く1年以上は働き続けた。26歳になったわたしは、5名の同僚と一緒に3、4の異なるチームを運営し、夜や週末に顔を出したり出さなかったりする何百人ものボランティアの予定を調整した。惜しくも当選はならなかったが、マネジメントに生かせる多くの経験を積んで事務所をあとにした。

ロースクールに入学したものの、3年連続でまともに出席しなかったので（自分に素直すぎた？）ビジネススクールに申し込んで、通うことにした。修了後、ニューヨークのビジネス・技術コンサルティング会社でマネジメントの基本的な経験を積んだ。2000年代前半の不況の中、幸か不幸かクビにされずに生き残り、カスタマーリレーションシップとデータ戦略プロジェクトのリーダーになった。大手メディア企業のDow Jonesを担当するチームだ。そのプロジェクトが終わったとき、コンサルティング業界を離れ、自分のキャリアを追求するときだと悟った。

キャリアに関してはいつもリスクを取るほうだったので、2004年に当時のボーイフレンド、今の夫とカリフォルニア州へ引っ越した。どちらも仕事はなかった。Googleの製品が好きだったわたしは、ビジネススクールの友人の紹介で同社の面接に進み、内定をもらった。当時は社員数が2000人にも満たなかったが、それから急激に成長し、そのぶん責任も膨らんだ。

約11年後に退職したときには、Googleは5万人以上の従業員を擁するようになっていた。わたしは7年目までに5回昇進し、サポート、セールス、エンジニアリング、プロダクト、さらには工業デザインまで、16カ国ものさまざまなグループのマネジメントに携わった。数百人から2000人超まで、大小さまざまな部門のトップに立った。めまぐるしく多様な変化のおかげで、多くのチームと協力し、多彩な人々をマネジメントしてきた。あるときは、GoogleがYouTubeを買収したときの業務統合の責任者に選ばれ、またあるときは、110億ドルの営業ノルマを負うことになったのだ。人、職域、部門は実にさまざまなのに、何度も同じような問題を解決する羽目になった。新しい手法を試し、ミスを犯し、そこから学び、また挑戦した。

担当した業務のひとつが、Googleの自動運転車部門のバイスプレジデント兼ビジネスリードだ。2013年初頭に、自動運転車部門を率いていたクリス・アームソンから打診があった。自分のチームに加わってビジネス面とプロダクト面の運営を担当できないかというわけだ。当時は、ハードウェア製造の経験もなければ、機械学習の勉強もしたことがなく、車もよく知らなかった。それでもクリスの説得を受けるうちに、わたしにも役に立てそうなことがあるとはっきりした。

イントロダクション

クリスのチームは優秀なエンジニアであふれていて、ランチの雑談に耳を傾けると、さながら往年のSF映画『2001年宇宙の旅』から抜け出してきたかのようだ。一方で、チームはサプライチェーンを管理し、複雑な運用テストを実施し、ハードウェアとソフトウェアの開発チーム間の調整に加え、計画を立て、メンバーのやる気を引き出す必要があった。さらに、Googleの経営幹部と協力し、チームとビジネスの両方に関するビジョンを打ち出さなければならなかった。その時点では研究開発を主とするプロジェクトだとしても、将来的には大きなビジネスに発展する可能性があるからだ。つまり、クリスが必要としていたのは経験豊富な実務家兼マネジャー。今の言葉でいうCOO（最高執行責任者）だ。チームに加わると、10カ月にわたって、自動運転車部門を軌道に乗せるための組織構造、チーム、方向性の設定に取り組んだ。残念ながら、AI搭載の自動運転車で誰もが走り回るようにはならなかったが、その話は別の本に譲ろう。

でも、この経験でふたつの貴重な教訓を得ることができた。まず、優れたマネジャーとしての評判を築いたからこそ、この仕事が回ってきたということ。卓越したマネジャーになれれば、キャリアで大きな差がつくかもしれない。次に、どれほどの天才が揃った会社であっても、強力なマネジメントと堅固な事業運営体制がなければ莫大なインパクトを与えるどころか成功すらもおぼつかないということだ。これらは、会社のオペレーティング・システム、あるいはコア・プロセスといえるかもしれない。やがて、このふたつの要素の組み合わせに関して多くの創業者から相談を受けるようになった。

数年前に、社員40人のスタートアップ企業で講演する機会があった。質疑応答の際に、同社ではどのようなコア・プロセスを導入すべきかという質問が出た。「具体的にこのプロセスを導入すべきだというお話はしません。ただ、プロセスが必要だということと、思ったより早く必要になるということはお伝えしたいと思います」と答えた。理由を聞かれたので、次のように続けた。「スポーツの試合はなぜおもしろいのでしょうか？　ルールがあって、勝つ方法があるからです。競技場に思い思いの用具を持った人が集まって、ルールが一切ない状態を思い浮かべてほしい。誰かがケガするでしょう。ルールも、得点方法も、勝ち方もわからないのですから」全員が参加し、進歩していけるような競

技場をつくることが、会社やチームにとってきわめて重要なのだ。

　Gmailチームに加わったときに、ある有能なアソシエイトマネジャーを直属の部下として引き継いだ。数カ月間一緒に働いた後で、こんな感想をもらった。「あなたに教わった一番大切なことは、当たり前のことをちゃんと言うのがいかに重要か、ということです」褒め言葉としては遠回しだ。でもきっと、わたしが暗黙の構造や信念を明るみに出すことに熱心に取り組んでいる、と言ってくれたのだと思う。全員に対して組織の構造や信念などの要素を明確にすることで、集団が真のチームになり、会社が成長できる。こうした能力のおかげもあるかもしれないが、それよりも間違いなくGoogleの成功のおかげで、キャリア後半では成長段階にあるスタートアップ企業のCOO候補に名前を連ねることになった。何度かは採用直前まで行ったが、そのたびに思いとどまった。自分のスキルセット。ミッションの方向性。そして、創業直後のGoogleに匹敵するか、それを超えるような創業者とビジネスモデルをぜひとも見いだしたいという望み。この組み合わせを満たす絶好のチャンスをつかもうとするのではなく、長年在籍しているGoogleのストレスから逃げようとしているのではないか、と思えてしまったからだ。

　そこに来たのが自動運転車部門の話だった。COO的な職務に挑戦する素晴らしい機会ではあった。ただ、業務部門の採用を何度か行って、チームを運営してロードマップを管理するためのしくみを整備しているうちに、現行製品を受け持つこと、そして何よりお客様が恋しくなってきた。また、この頃、オンライン決済を手がけるStripeという小さな会社に魅了された。同社のミッションと創業者にも惹かれたが、何百万社もの企業にプラスの影響を与え、その過程で何百万件もの雇用を創出できるような製品を再びつくり上げ、成長させるチャンスだったことが決め手だった。雇用の創出は、最初に政治の世界で仕事を始めたときからずっとモチベーションのひとつであった。経済的機会こそが先ほどのたとえで述べた"競技場"を平等にする真のエンジンだということを、そこで目にしたからだ。

　2014年後半にGoogleを退社し、StripeにCOOとして入社した。当時の売上は数千万ドル。従業員数は約160人、そのうちマネジャーは20人だけで、しかも新任ばかり。今や売上は百億ドルを超え、従業員数も7000人超と急成長を

見せている。

「Stripeに入社して驚いたことは何ですか」とよく聞かれる。それは人でも製品でもなかった。Stripeの創業者もわたしも互いにデューデリジェンス（注意義務の一環として、相手の価値やリスクを調査すること）を完了していたし、同社の製品、ビジネスの進め方、優先順位のつけ方にも大いに魅力を感じていた。驚いたのは、同社にとってマネジメントが新たな概念のように思われたことだ。2015年5月に社内従業員エンゲージメント調査であるStripeSatを初めて実施したところ、チームレベルのマネジメントは調査項目の中で最低ランクの満足度だった。そこで、社内から多くの社員を管理職に登用した。これは成績の良い人に報い、会社の基礎を築くために効果的な方法だが、必要な金銭的・人的資源や、できる限り影響力の高いマネジャーになるためのサポートには、それまで十分に投資できていなかった。その後、マネジャーのスキルアップを後押しできるように、精力的に取り組んだ。わずか数年で、チームレベルのマネジメントの満足度はアンケートのトップ3に躍り出た。以来、ずっとその位置をキープしている。

若い会社で経験豊富なリーダーを採用すると、良くも悪くも会社の規模以上の影響を与えることがある（ちなみに、本書が目指しているのは、良いほうの影響だ）。わたしがStripeに残すことのできた最もポジティブな影響をひとつ挙げるなら、優れたマネジメントへの信念だと言えるかもしれない。

Stripeでの経験は、キャリアの中で、素晴らしい会社づくりに携わりながら優れたマネジャーから真のリーダーへとついに成長できた時間だった気がする。優れたマネジャーと真のリーダーの区別については、本書の後半で説明する。Googleでのいくつかの失敗を避けられたとは胸を張って言えるものの、新たなミスをしてしまったことも認めるしかない。ハイペースで働く現実はそんなものだ。胸を張れる実績も多い一方で、時間を戻れたらやり直したいこともたくさんある。

それでも、Stripeの成功にも後押しされ、成長企業の創業者やリーダーの方に助言を求められるほどには恵まれている。実際、2021年にStripeのCOOを退いて、負担の軽い非常勤の役員兼相談役（いい感じにあいまいな役職！）に就いた理由の一端は、Stripeの創業以降に起業した方々へ助言する時間を取り

たいと考えたことにあった。その多くはStripeのお客様だ。この本はそうした
助言の一部を関心のある方にお裾分けするために構成している。表計算ソフト
の数字やホワイトボードに気を取られて肝心要の"人間"を見失うことなく、
会社を成長させるマネジメントができるようになっていただければと考えてい
る。胸を張れる会社をつくるためのシステムを生み出し、組み込む方法を説明
する。さらに重要な点として、皆さんの会社で働く従業員の方々にも同じよう
に会社を誇りに思ってもらえるようなやり方を考えていきたい。うまくやれば、
核となる部分を常に維持したまま、会社とその文化を発展させることができる
だろう。

メトロノームをセットする

　優れた経営陣が、会社が急成長している時期にどのようなことを成し遂げら
れるか、わたしはいろいろと見てきた。実用的なレベルでは、マネジメントの
強力なチームほど、優れた仕事を多くこなせる。強力なマネジメントは、あら
ゆる成長企業に欠かせない。もっと個人的なレベルに目を向けると、優れたマ
ネジャーは人生の軌跡を変えられる。従業員に、現状よりはるかに満たされる
ようなキャリアを選ぶよう促すことも、個人としての難しい状況と仕事上の責
任のバランスを取れるようにコーチングすることもできる。優れたマネジャー
がそうすれば、個人の成長が会社全体の成長に結びつき、部下がより有意義な
影響力を発揮できるようになる。

　マネジャーの役割は、オペレーションとマネジメントの両方にわたる。好成
績を上げる。人間としてインパクトを与える。いずれかの側面だけに打ち込む
だけでもひと仕事だ。その両方に携わるのは、どれほど大変だろうか。実に責
任重大だが、うまくやれば大いに報われる。

　優れたマネジャーは、チームの強さでわかる。トップレベルのマネジャーは、
熱狂的なフォロワーを築く。新しい会社に移籍すると、元の部下が退職してマ
ネジャーについてくる。組織は結果を出し、チームの業績は向上し、所属する
従業員の成績もアップする。

イントロダクション

　会社づくりの最も難しい業務は、非公開で行われる。たとえば、計画プロセスの設計、昇進させる部下の決定、組織変更の計画、業務範囲の変更などだ。しかし、パターン化できるほど多くの似通ったシナリオを経験していないときに、独自の会社づくりとマネジメントのテクニックをどのように構築できるのだろうか。1回1回の話し合いがきわめて重要な意味を持つ中で、どうやって新たなアプローチを試すことができるのだろうか。他のマネジャーの1on1ミーティングに同席するわけにはいかない。部下に厳しいフィードバックを伝える方法をこっそり知る術もない。とても複雑な飛行機を操縦するのに、練習用シミュレーターで特訓する時間を与えられていないようなものだ。

　ここで足掛かりにできるのが、基礎的な構造だ。マネジメント構造の概念は、何千年も前から存在してきた。そして、“ホラクラシー”[1]と呼ばれる分権的なアプローチに挑戦する場合を除いて、この概念が用いられているのは、それがうまくいくからだろう。個人が結果に責任を持てるようなつながりを形成し、成長を後押しするのがマネジャーだ。では、そのマネジメントはどうやったら上達するのだろうか。

　1960年代に、ふたりの心理学者、ポール・フィッツとマイケル・ポズナーが、人間のパフォーマンス、特に新たな技能を身につける方法を理解するための研究に取りかかった。最も有名なフレームワークのひとつは、タッチタイピングを学ぶ人々を対象とした一連の研究から生まれた[2]。実験に参加したタイピストのスキルは最初のうち1本指から両手へ、さらにはキーボードを見ずに文字を打てるように、メキメキと上達した。しかし、やがて壁につきあたった。ほとんどのタイピストは、何時間練習しても、ある一定の段階より速くならなかったのだ。練習すればするほどうまくなると思っていたふたりにとっては驚くべき結果だった。

　フィッツとポズナーは、タイピストたちが技能を身につける様子を観察し、3つの段階によって説明した。最初は“認知”段階で、作業者がゆっくりと不器用に作業に取りかかり、作業に慣れつつ新たなやり方を見つけていく。2番目は“連合”段階で、作業者の効率が上がり、ミスが減る。3番目が“自律”段階で、作業のことを考えなくてもそこそこ上手にできるようになる。すべてのタイピストはこの最終段階で足踏みし、進歩が止まってしまっていた。

しばらくしてから、心理学教授のK・アンダース・エリクソンとニーナ・キースが、この論文に基づいて、中級タイピストを対象とした研究を行った。その結果、最も上達したのは速くタイピングする練習を繰り返したグループだったとわかった[3]。わたしがこれを初めて読んだのは、ジョシュア・フォア著『ごく平凡な記憶力の私が1年で全米記憶力チャンピオンになれた理由』（エクスナレッジ、2011年）。同書で、この研究はフォア自身がエリクソンの指導のもとで取り組んだ記憶術を支える根拠のひとつとなっていた[4]。フォアによれば、エリクソンから、メトロノームを買って、1回音が鳴るごとにトランプの絵柄を1枚記憶していくという訓練を勧められたという。その際、自信を持って覚えられるペースより10〜20％速いテンポにセットする。誤りが増えても気にせずに続け、間違えなくなるまでそのペースで繰り返す。この訓練を始めてからまもなく、フォアは横ばいになっていた記憶力をさらに高いレベルに押し上げることができた。

　さらなる研究により、専門分野で際立った業績を残す人々は、"自律"段階を超え、さらに先に進めるような戦略をとっていることがわかった。たとえば、アスリートがダッシュを用いたスピードワークアウトでパフォーマンスを上げるようなケースだ[5]。言い換えると、自律段階でブレイクスルーとなるパフォーマンス向上を起こすには、自分にとって落ち着かないペースをセットしなければならない。土台を築きながら急成長を遂げる企業のペースの話に聞こえてこないだろうか。マネジメント慣行と運営構造の両方を確立する必要のある高成長企業を渡り歩いたのは、わたしにとってまさにこのような経験だった。その経験からたどり着いたのが、ある基本的な構造だ。この構造が、良いマネジャーから素晴らしいマネジャーに成長する志があって、その過程で大きなインパクトを与えられる会社をつくる力になろうとする皆さんの出発点になると信じている。

コア・フレームワークを確立する

　全社的なフレームワークは、会社の優先順位の指標だ。誰もが協力して同じ

ように実行したり、従ったりする一連の行動やプロセスと考えてほしい。『スター・ウォーズ』シリーズのドラマ『マンダロリアン』の作中に登場する"This is the way"（日本語版では"我らの道"）という合言葉が思い浮かぶ。最も大きな成功を収め、長続きする会社は、コア・フレームワークへの強い支持を社内で育んでいる、というのがわたしの信念だ。先日、コリン・ブライアーとビル・カーの共著『アマゾンの最強の働き方』（ダイヤモンド社、2022年）を読んで、さらにこの思いを強くした[6]。同書では、採用や計画の慣行といったコア・フレームワークと、それを支える"お客様へのこだわり"をはじめとするリーダーシップの原則の融合を論じている。両著者はこれらをアマゾンの成功の鍵、"アマゾンの道"だと考えていて、わたしもまさにそう思う。それぞれのコア・フレームワークを組み合わせることで、システムの一貫性が保たれて運営がスムーズになり、それにより従業員が最高の仕事を成し遂げることができる。

　製造業のようにプロセスや生産を主軸にした事業を営んでいない限り、全従業員に適用すべきフレームワークの数は少ない。全社的なプロセスには莫大な調整コストがかかる。ルールが多すぎると、従業員やマネジャーがプロセスに従うことに時間を費やしてしまい、新しいアイデアを培って仕事をやり遂げる余裕がなくなるおそれがある。また、統一のメリットが臨機応変のメリットを上回るような場合に絞ってルールを制定するのも大切。標準化が会社全体のメリットになるような構造は、それほど多くない。

　全社的なフレームワークは次の分野に適用すべきだとわたしは考えている。この後それぞれについて、1章をかけて説明したい。

1. ゴールとリソースの確立と計画
2. 総合的な採用アプローチ
3. 意識的なチーム育成
4. フィードバックとパフォーマンスのしくみづくり

　事業の内容によっては、会社横断的、あるいはチーム横断的な日常業務を標準化すべき場合もある。たとえば、Stripeでは製品のローンチに関する標準のアプローチを定めている。新製品の発売や新サービスの開始には、さまざまな

チーム間の調整が必要になるためだ。ローンチはきわめて重要なので、必ず適切に処理しなければならない。ただ、繰り返しになるが、なんでも標準化するべきではない。リーダーは全社的に義務化する内容を吟味する必要がある。

　ここまで読んだ方は、わたしがどれだけプロセスを大切に思っているかおわかりだろう。それでも、プロセスだけですべての仕事が片づくわけではない。仕事に欠かせないのは、人だ。そして、最高の仕事をしてもらうには、できるだけ一人ひとりがありのままの自分を発揮することを推奨するようなマネジメントのスタイルが求められる。ほとんどの人は、私生活と仕事をきれいに切り分けるわけではない。会社が環境をきちんと整えれば、部下も会社に対して心を開き、信頼を寄せ、人生の節目の祝いごとや辛い思いを共有してくれる。わたしはいつも部下の個人的な問題や、仕事だけでなく人生全体にわたる望み、志を知りたいと思っている。そうすることで部下の人となりを総合的に把握し、チーム、部門、会社全体にどのようにフィットするかを検討できる。めでたい出来事があったときには、時間を取ってお祝いしたい。そうすれば、一人ひとりに仕事と同じくらい大切な私生活があり、そこで得た経験も人格の一部なのだと心に刻むことができる。部下が難しい状況にある場合には、それを把握して、本人やチームに手を差し伸べられるようにしたい。

　人間を多面的に知ることは、今マネジメントしている人々に成長を続けるポテンシャルがあるかどうかを評価しなければならないときにも役に立つ。かつて一緒に働いたHRパートナーが、大手テック企業のDellで働いていたときの人材評価アプローチを説明してくれた。"要求に応じたスケールアップ（scaling to the call）"、つまり、個人は会社の成長に伴ってどんどん重要で複雑な役職の人々を率いることを求められる、という。仕事の内容は同じでも、範囲は変わる。だからこそ、個人は"要求に応じたスケールアップ"によって自身のパフォーマンスを維持し、結果を出さなければならない。行動を求められ、難題に立ち向かって力を発揮するという考え方を、わたしは気に入っている。会社に必要な仕事のために働く一人ひとりの顔を思い浮かべながら、自分に問いかける。この人は、要求に応じてスケールアップできるだろうか？　スケールアップできる人材かどうかを判断し、一人ひとりを次のレベルへ押し上げるために役立つ直感力を養うことは、会社本体のフレームワークと同じくらい会社の成

長に欠かせない。

2013年にグリーティングカードメーカーのHallmarkの取締役になったときには、まったくの異業種だったので、テック業界の多くの友人や仕事仲間から驚かれた。そこで、100年以上続いている老舗を何社か挙げられるか聞いたところ、ほとんどの人がせいぜいひとつ挙げられるだけだった。Hallmarkは1910年に創業した。グリーティングカードの大手として名高いが、メディア企業（Hallmark Media）を傘下に置いていて、製造業にも携わっている（カードやクリスマス飾りを制作しているほか、クレヨン製造のCrayolaの親会社でもある）。でも、それらすべてに加え、社員を単なる従業員ではなく人間として大切にするプログラムに関して、長年にわたって世界でも指折りの進歩的な企業であり続けているのだ。Hallmarkは、持続するビジネスを構成するとわたしが考えるすべての要素を備えている。強力なミッション、明確な構造、実行力を重んじるリーダー、人間中心の慣行——このような企業の取締役会に加わらない理由があるだろうか。長く続く会社をつくることこそが、会社づくりの真の目的ではないだろうか。

この本の対象読者

本書は、長い目で見た伝統の構築を尊び、仕事に対する人間志向の視点を共有する、会社づくりに携わる方を対象としている。会社づくりに携わりながら優れたマネジメントをするための指針として、特にマネジメントのキャリアが複雑になり始めた実務家の方に向いている。たとえば、複数のチームのマネジメントを始めたばかりの方、マネジャーのマネジャーにコーチングをするようになった方、自分とは異なる地域の従業員を率いることになったリーダーなどが考えられる。

さらに、変化の著しい成長企業で、高度なマネジメントスキルを培う時間を取れなかった方にも、役立てていただけるかもしれない。たとえば、リーダーを新たに迎えてチームを編成する場合や、A地点からB地点まで成長する際にはお世話になったけれど、さらにC地点へと導くスキルがない方とお別れする

ような場合に、本書が参考になるだろう。また、新たな企業の創業者や創業チームの方にもお役に立てていただければと願っている。創業者にとってのマネジメントの仕事は、とりわけ難しい。ほとんどの場合、会社が猛烈なペースで成長している間に初めて学ぶ仕事ばかりだからだ。

　本書の大半では、マネジメントの基礎については説明しない。直属の部下と必ず定期的な1on1ミーティングを開くようにしよう、といった内容の節は設けていない（もちろん、やるべきではある）。ただし、1on1ミーティングで難しい話し合いをする方法については取り上げている。とはいえ、基本がきわめて重要なのは言うまでもない。したがって、要件の具体的な説明には立ち入らないものの、基礎ができていることを確認していただくため、この章の最後にマネジメントの前提条件チェックリストを掲載した。リストの全項目にチェックがついたら、本書に取りかかる準備は万端だ。

本書の読み方

　本書では、会社の構造をしっかりと築き、マネジメントにまつわるさまざまな状況を乗り越えるためのツールを提供している。長年にわたるハイペースなマネジメントの実践、他の実務家とのやりとり、そして同僚、直属の部下・上司、リーダーシップコーチからの学びに基づいている。この本は、マネジメントの難しい状況に直面したときに、当てはまる項目を探して、実務家のアドバイスやリアルなエピソードを見つけられるように構成している。最初から最後まで一度だけ通して読むような本にはなっていない。何度も手に取っていただき、その時点で頭に浮かんだ問題を扱ったページを読むように使ってほしい。皆さんのメトロノームを少し速いテンポにセットして、勤務先での成長と、皆さんが与えられるインパクトの両方を加速できることを願っている。

　本文は6章で構成されている。第1章では、優れたマネジメントに欠かせないとわたしが考える4つの原則を扱う。第2章から第5章では、4つのコア・オペレーティング・フレームワークを、1章にひとつずつ詳しく扱う。これには、

チームに属する人々と、彼らがもたらす人間ならではの状況に総合的なアプローチを採用する方法が含まれる。そして、第6章では、これらすべてのキーパーソンである"あなた"を取り上げる。

　各章末にあるQRコードの参照先で、章のトピックに関連する実用的な演習とテンプレートを公開している。資料のほとんどすべてはStripe社内で作成している。一部の資料については著者を紹介しているが、社内で協力して制作した資料や、Stripe採用チームなど部門の従業員一同で制作した資料も盛り込んだ。全体として、会社づくりとマネジメントに最も欠かせないとわたしが考えている諸要素を網羅した構成になっている。

第1章
事業運営の基本原則

　仕事でも私生活でも、人は一般的に意思決定の指針となるメンタルモデルを備えている。これを、わたしは"事業運営の基本原則"と呼んでいる。この章では、一人ひとりの核をつくるための指針となる、4つの包括的な原則を紹介する。わたしがマネジメントのキャリアを進みながら何度も振り返ってきた基準であり、マネジメントに関するアドバイスでも繰り返し取り上げるテーマとなっている。

1. 自己認識力を高め、相互認識力を築く
2. 言いにくいことを伝える
3. マネジメントとリーダーシップを区別する
4. オペレーティング・システムに立ち返る

　これらの原則が、この本全体を貫いている。

第2章
コア・フレームワーク1：ゴールとリソースの確立と計画

　この章では、会社のオペレーティング・システムのつくりかたを総合的に扱う。バリューや長期目標を含む、会社としての最高の志を起点にして、ゴールを目指すためのフレームワークを確立する方法について説明する。また、より短期的なゴールや、進捗状況を測るための指標も取り上げる。その後、会社レベルとチームレベルの両方でゴール達成を支援する、リソースを配分するコツと説明責任を明確化するしくみについて考える。

第3章
コア・フレームワーク2：総合的な採用アプローチ

　人材が会社にとって最も価値のある資源なのは言うまでもない。この章では、あらゆるレベルの求人と採用のプロセスで持ち上がる問題を取り上げる。経営陣の役割と従業員の役割を扱う節に分け、ニーズの評価、面接、候補者の選定、オンボーディング、内部の昇進か外部からの採用かの判断、新しく入社した人材との協力といったテーマを説明する。

第4章
コア・フレームワーク3：意識的なチーム育成

　この章では、グループを個々の合計よりも優れたチームにする方法を扱う。新しいチームの設立と構成から説明を始め、それから毎日のチームワークに移る。扱うトピックは、コミュニケーションから、意思決定、会議運営、社外行事、組織再編の取り扱い、分散チームのマネジメントなど多岐にわたる。また、機能性の高いチームに欠かせない多様性、公平性、インクルージョンについても取り上げる。最後に、たとえあなたが退職しても成功し続けるチームを築くためのアドバイスで締めくくる。

第5章
コア・フレームワーク4：フィードバックとパフォーマンスのしくみづくり

　あらゆる企業は、その段階や規模にかかわらず、自社の文化の方向性を決め、成長を育むフィードバックができるようなしくみをつくる必要がある。複雑なしくみでなくても構わない。設立当初ならなおさらだ。白紙の状態で会社を運営するのに比べれば、基本的な構造をたたき台にして、その上に築いていくほうがはるかに優れている。この章では、そうした構造を築く方法について説明する。相手に驚かれるようなフィードバックをしないようにすることの大切さ、成績の良い人と悪い人のマネジメント、他のマネジャーのマネジメント、パフォーマンス・レビューの進め方、コーチング、報酬、そして従業員に悪いことが起こったときの対処方法といった点について考えていく。

第6章
結論：働くあなたへ

　本書の最後には、マネジメントの旅路で最も重要な人物について取り上げる——そう、あなただ。自らのキャリアをマネジメントし、幸せで満たされた気持ちになってもらうために、この章にはマネジャーの皆さんに伝えてきたアドバイスを盛り込んでいる。職業上の成長と個人的な成長の両方を育む縁を築くなどの内容が含まれる。飛行機のフライトで非常事態が発生したときには、他人の救助を始める前に、まず自分の酸素マスクを着ける。マネジャーも同じで、部下に手を差し伸べる前にセルフケアが必要になってくる。また、時間とエネルギーのマネジメント、上司や同僚のマネジメント、ポテンシャルの評価などについても触れる。

　この本で紹介している内容は、わたし自身や、わたしのコーチングやメンタリングを受けた方々が実証している（ただし、本書で紹介する見解や助言はわたし個人のものであり、StripeやGoogleの公的な立場を示すものではないことをお断りしておきたい）。もちろん、これは会社の構造づくりとマネジメントへ

のアプローチのひとつにすぎず、政治、コンサルティング、テクノロジーの各業界で培ってきたわたしの経験に大きく偏っている。それでもわたしは、人間の行動はユニバーサルで、したがってマネジメントもユニバーサルだと確信している。この点を念頭に置き、各界の専門家の方々に依頼して経験や学びを共有してもらった。そのエッセンスを本文の随所に引用している。The Economist誌の編集長であるザニー・ミントン・ベドーズ、投資家でLinkedIn創業者のリード・ホフマン、Zoomの創業者兼CEOであるエリック・ユアン、その他多くの方に行ったインタビューの全編は、press.stripe.com/scaling-people/interviewsに載せている。得られた助言の数々が、いかに共通点が多く、幅広く応用が利くことか、皆さんも驚かれるだろう。しかも、これらの素晴らしい人々はキャリアや会社に関する魅力的なエピソードを公開してくれている。

　Stripeでもよく引用している、パブロ・ピカソの言葉がある。「芸術評論家が集まると、形と構図と意味について話す。芸術家が集まると、安いテレピン油を買える場所について話す」[7]。皆さんも、ピカソの人生についてじっくり本を読みたいときもあれば、一番安いテレピン油をどこで買えるかについて知りたいだけというときもあるだろう。本書は後者と考えてほしい。内部関係者による、マネジメント界のテレピン油ガイドというわけだ。

マネジメントの前提条件チェックリスト

○業務を行う国や地域でマネジャーとしての法的な義務を認識している
○部下一人ひとりと次を行う
  □毎週または隔週で定期1on1ミーティングを実施し、めったにリスケジュールをしない
  □1on1ミーティングのアジェンダを作成する。上司と部下の両者の意見、メモ、両者が合意した行動などを含める
  □上司と部下が共同で追跡する、四半期ごとのゴールを設定する
  □3カ月から6カ月ごとに、部下と双方向のフィードバックセッションを実施する
  □パフォーマンスに関する、より正式な話し合いを3カ月、6カ月、または12カ月ごとに実施する（変化の激しい会社ほど頻繁に行う）。その際、部下の達成した（または、しなかった）結果と、それらをどのように達成したか（または、しなかったか）を主なテーマにする
○チームで次を行う
  □毎週または隔週でミーティングを実施する
  □ミーティングには時間通りに出席し、リスケジュールを避ける
  □計画の意識合わせ、意思決定、互いの課題解決を手伝うワークショップなど、一緒にいる時間を有効活用する
○部門で次を行う
  □採用する職種について、職務内容と面接の規定を用意する
  □職制と職階を従業員にはっきりと伝える
  □報酬に関する哲学と、従業員にわかるような報酬系の明確なフレームワークを定める
○自分で次を行う
  □自分自身の職務内容と、チームの機能を理解する
  □マネジャーと合意して四半期ごとのゴールを決める
  □自分のマネジャーと定期的に1on1ミーティングを行う
  □全社的な優先事項とゴールの状況を定期的に把握できるよう、組織のマネジャーまたはリーダーからの情報にアクセスできるようにしておく

第 **1** 章

事業運営の基本原則
Essential Operating Principles

組織を運営して意思決定する方法は数多くある。では、なぜあなたは今の方法をとっているのだろうか。

　形から入るのがマネジメントだと強く思っているなら、チームが成功するために特に重要な行動について、先輩マネジャーのやり方を見習おうとするかもしれない。お客様とのミーティングに備えてぬかりなく準備するとか、設計レビューで詳しい意見を残すといった形だ。データなくして意思決定なしと思っているなら、チームが重要な意思決定を下す前に、結果が数字で表れるような試行錯誤を課すかもしれない。あるいは、仕事を任せる達人なら、最適な人材に最適な問題を割り振るのにほとんどの時間を費やし、その人たちが優れた結果を残せるように障害を取り除く役目を引き受けるかもしれない。

　意識しているかいないかにかかわらず、自分なりのマネジメントの原則はおそらくできているだろう。それは、意思決定を下し、仕事を成し遂げるための指針だ。基本原則は、仕事やチームをマネジメントする際に、その人ならではの価値体系として機能する。マネジメントのアプローチや意思決定において、行きすぎを防ぐガードレールとなるのだ。自分の基本原則が仕事にどう影響を与えているかを知り、理解することで、マネジャーとしてレベルアップできる。基本原則をはっきり説明できれば、他の人にあなたの仕事のやり方を理解してもらいやすくなる。それだけではなく、全社的なコア・フレームワーク（核となるしくみ）を策定し、実施していく方法の指針にもなる。

　フレームワークは今後の各章で詳しく説明するとして、その前にわたしの基本原則を共有したい。キャリアを通じて、さまざまなマネジメント戦略に頼ってきた。その多くは、尊敬するマネジャーやリーダーの著作を参考に手を加えている。この方々には、わたしも他の人たちも大いにお世話になっている。長い時間をかけて、わたしは自分流のリーダーシップの基礎を次の原則にまとめた。この原則が、リーダー兼マネジャーとしての成功の土台になっていると信じている。

1. 自己認識力を高め、相互認識力を築く
2. 言いにくいことを伝える
3. マネジメントとリーダーシップを区別する
4. オペレーティング・システムに立ち返る

第1章
事業運営の基本原則

わたしと同じように"オーセンティック・リーダーシップ"、つまりリーダー自身の価値観に基づいて組織を率いるやり方を信じていれば、あなたの好みや姿勢にぴったり合ったマネジメントやリーダーシップをわたしが手取り足取り教えられないのはわかっていただけるだろう。あなたには、あなたなりの原則がある。それでも、先ほどの基本原則はしっかりとした基盤になると信じている。あらゆるスタイルのリーダーシップに当てはまり、効果的なマネジメントに不可欠だからだ。

すべての項目は、あることに関連している。信頼だ。マネジャーが自分をわかっていなかったら、部下はどうやって自分の能力や行動への評価を信頼できるだろうか。マネジャーが意見や判断をはっきり言えなかったら、部下はどうやって自分の置かれた立場を理解し、上司が自分のためを思ってくれていると信頼できるだろうか。決められたゴールを目指すマネジメントと、会社づくりのまったく新しいビジョンを描くリーダーシップを区別できていなかったら、チームはどうやって上司が成功に導いてくれると信頼できるだろうか。そして、上司自身が一貫性と安定性を保っていなければ、周りの人は、その上司に何を期待できるかがどうやってわかるのだろうか。

Stripeの共同創業者兼CEOで、光栄にもここ数年間一緒に働いてきたパトリック・コリソンが、ジャズ評論家テッド・ジョイアの筆による「わたしはいかにして"誠実な仲介人"になったか」という記事へのリンクを送ってくれた[8]。かつて政府や重要人物との交渉に携わっていたジョイアは、物事を前に進める唯一の道は、「正直な会話と、信頼できる取引のみで影響力と地位を築いている」人物、「長期的に勝負している」誠実な仲介人を見つけることだと学んだ。その気づきは実に大切だったため、著述家・評論家としてのセカンドキャリアで、ジョイアは読者にとっての誠実な仲介人を目指したという。

パトリックは、あなたならきっと共感できると思う、とコメントしてくれたが、まさしくその通りだった。信頼を築くことへの根本的なこだわりをわかっていてくれて、とてもうれしく思った。皆さんも、同僚にとって、さらにはチームにとって、誠実な仲介人になることを目指してほしい。

もうひとつ、わたしが固く信じる格言は"汝自身を知れ"。デルフォイのアポロン神殿にも刻まれている古い格言で、いまだに誰が元祖かわかっていない。

リーダーシップ、マネジメント、会社づくりが"自分自身を知ること"から始まるというのは直感に反するかもしれないが、わたしはそう強く信じる。自己認識力は、4つの基本原則の中で一番大切なので、そこから説明を始めよう。

1. 自己認識力を高め、相互認識力を築く ─────

　自己認識力は、優れたマネジメントへの鍵だ。他の3つの原則は、その時々のマネジャーとしての振る舞いに関係するのに対し、この項目はすべての土台となる。あなた自身をスタート地点にすることで、誰もが自分自身を知っているような環境を整えられる。その結果、チームメンバー同士の理解も深まる。

　多くの人が、マネジメントとは他人をどうにかすることだと考えている。わたしは、自分の得意分野と要改善分野を理解することからマネジメントが始まると思う。あなたがどういう人間であり、今までどのように貢献してきたかを説明できなければ、チームの成功はおぼつかない。さらに重要な点として、どのような強みを発揮できて、どういった能力がいまひとつかを自分でわかっていなければ、互いに補い合う効果的なチームは築けない。

　自己認識力には、3つの要素がある。自分の価値観を理解すること、ワークスタイルや意思決定の傾向といった生まれつきの好みを知ること、そして、スキルや能力の足りていない部分をはっきりさせることだ。

自分の価値観を理解する

　Googleで、あるマネジャーと一緒に仕事をした。ここではイーライと呼ぼう。部下には慕われていたし、チームは成果を上げていたし、本人はとても会社思いだった。イーライは良いマネジャーだったが、問題があった。チームに何でも話してしまうのだ。多くのチームに影響の出る部門単位の変更を計画していたときに、イーライが直属の部下に早めに話してしまったため、他のマネジャーが隠しごとをしているように映ってしまった。新しい報酬体系をつくっていたときにも事前に部下に話してしまったため、チームはただならぬ雰囲気

に包まれた。部下への発表にも不安が表れていた。「状況は混乱している。ま
だ報酬プランが決まっていないので、ストレスが溜まっている」部下たちは報
酬体系を不安に思うようになり、制定した理由やメリットについて説明を受け
る機会もないまま拒否した。

　わたしはイーライと厳しい1on1ミーティングを何度か行い、彼の行動につ
いて話し合った。面談のたびにイーライは行動への注意には頷くものの、面談
が終わるとすぐ元の態度に戻っていた。わたしは行き詰まっていた。

　こうしたもどかしい面談のひとつからまもなく、HRパートナーがわたしの
部門のマネジャー向け研修の企画を手伝ってくれた。講師はスタン・スラッ
プ。『Bury My Heart at Conference Room B』の著者である[9]。スタンは価値観
をテーマにしたセッションを催し、その席ですべてのマネジャーに、自分にと
って重要な価値観と、それが何に由来しているかをじっくり考えるよう求め
た。それから、舞台に上がって数百人のマネジャーの前で自分の価値観を披露
するように呼びかけた。イーライが手を挙げた。

　語ってくれたのは、次のようなエピソードだった。7つか8つの頃、母が重い
病気になった。大きくなってから乳がんだと知ったが、その時点では、家族は
誰ひとり何が起こっているか教えてくれなかった。できるだけ普段通りに過ご
そうとしたのだ。もちろん、普段とは程遠かったので、イーライは母の心も体
も前とは似ても似つかないことに気づいた。そのうち母の具合はどんどん悪く
なり、入院が決まった。イーライは面会もさせてもらえなかった。そんなある
日、学校に義父が迎えに来た。お気に入りのダイナーに車で連れていってくれ
て、パンケーキを注文してくれた。イーライがシロップのたっぷりかかったパ
ンケーキをつついていると、義父が言った。お母さんは亡くなったよ、と。

　そして、イーライは透明性を重んじるようになった。

　この話はわたしの中でずっとわだかまっているが、そこから主にふたつの教
訓を学んだ。第一に、他の人の事情はわからないということ。一緒に仕事をす
るのが難しい部下がいる場合、たいていその行動の裏には深い理由があり、マ
ネジャーはそれを理解する価値がある。第二に、人はなぜ自分がある行動を取
ってしまいがちなのか理解しているとは限らないということ。自分の奥深くに
ある信念によって行動がどのように左右されているかわかっていなければ、ど

んなに努力しても行動を直して適応することはできない。

　イーライは、口の軽さがチームの運営を難しくしているだけでなく、報酬体系の問題のように部門全体に害すら及ぼしていることを自覚していた。チームのためにもっとうまく立ち回りたかったが、同時に、チームに対して情報を隠すのは、透明性を重んじる価値観に反するように思えてならなかった。チームのために協力的で安定した環境をつくりたいのはわたしと同じだったが、透明性を大切にするあまり、ゴールへの道を掘り崩していたのだ。

　イーライがこの価値観に気づき、わたしを含む他の人と共有できるようになったことで、あらゆる状況について、この価値観を意識して話し合えるようになった。チームや部門とどのような情報を共有するのが適切と思えるか、交渉できるようになった。自己認識力を築くことで、イーライはマネジャーの──そして、部下、チーム、部門の──仕事が成功するような相互認識力を築く機運に貢献することができた。

　最終的にイーライは、重要な意思決定を公にする前に同僚やマネジャーに確認の必要があることと、コミュニケーションで慎重になるのは、力になろうとする人々に隠しごとをするのではなく、彼らを気づかう方法なのだと気づいた。

　自分にとって何が大切かを把握することで、自分の仕事のやり方、気力が満ちる状況と奪われる状況、大きな反発を覚えるきっかけなどがわかってくる。これらのインサイトを利用すると、自分の価値観が明らかになり、自分の価値観どうしの矛盾や、自分と他人の価値観との衝突が起こったときに理解することができる。そうすれば、イーライとわたしがとった方法が使える。お気に入りのひとつ、"対話に関する対話"だ。わたしは"メタレベルに行く"と呼んでいるが、「わたしが大切にしたいのはＸで、それはＹという価値観を重んじているからです。あなたには別の動機があるのではないかと思いますが、いかがですか」と述べることで、意思決定の障害物を取り除いたり、ある状況における緊張感をやわらげたりすることができる。フラストレーションを抱いたときに、自分の価値観がチームの邪魔になってしまっている可能性を受け入れやすくなる。そうすれば、イーライのように前進する道を切り拓ける。皆さんの価値観を明らかにするきっかけになれるよう、章末にあるＱＲコード先に演習「自分の価値観を理解する」を掲載している。

第 1 章
事業運営の基本原則

ワークスタイルの好みを見つけ出す

　自分の根本的な価値観がわかってきたら、次は自分のワークスタイル（働き方や仕事の進め方）への認識力を高めてみよう。最もわかりやすい好みは、おそらく内向的か外向的かの違いだ。あなたは、人と接することで元気になるだろうか、それともひとりでじっくり考えることで元気になるだろうか。

　ここで、お気に入りのリトマス試験紙をひとつ紹介しよう。考えるためにしゃべるか、しゃべるために考えるか、というものだ。わたしはとても外向的とまではいえないが、率先して明らかにすると考えるためにしゃべるタイプで、ひとりではなく他の人と協力したほうが良い仕事ができる。

　また、外向的・内向的以外にもさまざまな好みがある。たとえば、あなたはプロセスを定義するのが好きだろうか、それともプロセスに従うのに抵抗するタイプだろうか。好みを理解すれば、役割の中で強みを活用できるようになる（多くの営業担当者が外向的である一方で、営業部門のプロセスを立案するセールスオペレーション部門の人々がおおむねやや内向的なのは偶然ではない）。さらに重要なのは、自分の弱みとなりうる点、つまり同僚やチームメンバーに補ってもらうのが最善である点がわかることだ。

　このような自己認識力を築く作業のほとんどには、注意深さが大切になってくる。たった数週間でも、元気になったとき、消耗したとき、自分の仕事が新たな高みに達したと思えるとき、あるいは最低の仕事を更新してしまったと思うときなどに書き留めるようにすると、パターンが見えてくる。

　自分の直感を信じるのが難しかったら、判断力を尊敬できる人に尋ねてみよう。「これまで見てきた中で、わたしが一番いい仕事をしているときと、ダメな仕事をしているときは、それぞれどのような場合ですか？」また、もっと本格的に自分自身や他の人への理解を深めるための方法もある。たとえば、マネジャー、コーチ、メンターなどを見つけて、あなたの好みに対する他の人の見方を調べて聞き出してもらうこともできる。

　ワークスタイルや性格的な好みの調査の多くでは、基本的にあなたとそのチームは内向的から外向的までの分布、タスク志向から人間志向までの分布のどこかに位置づけられる（**図1**。4象限の標題は、これまで見てきた各種の評価を

参考に筆者がつけたもの)。

　演習のポイントは、あなたがどういう人でどのような仕事をするかについて断定的に見ること、ましてや人をステレオタイプに分類することではない。そうではなく、あなたのワークスタイルを職場の人全体が共通の言葉で理解できるようになるため、また、ワークスタイルの対立軸を認識できるようになるためだ。

　ステレオタイプに陥る危険性と、一人ひとりが違う人間だということを念頭に置いた上で、ワークスタイルに関する評価の4象限を、わたしは次のように考えている。

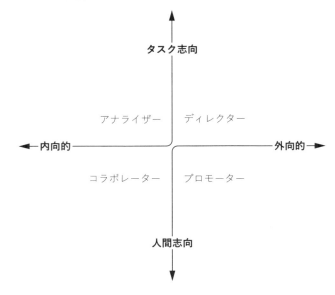

図1 ワークスタイルと性格的な好み

アナライザー型（内向的、タスク志向）

アナライザー（分析者）は意思決定に関して慎重で、行動や対応の基になるデータを常に探し求める。厳格で、データに基づく裏付けのない直感の罠に陥らないようにしてくれる。ただし、データなしで行動するのが苦手で、タスク志向のためコラボレーションやプロセス構築、そして自分の意思決定や行動で人を引っ張ることはあまり得意ではない。

ディレクター型（外向的、タスク志向）

ディレクター（指導者）は、"正しい"答えに対する強い意見があり、正しい結果にすばやくたどり着くのが大切だと考えているので、迅速な行動を重んじる傾向がある。ビジョンを築くのに長けているが、全員にそのビジョンに従うように求めがちだ。プロセスづくりが得意でないため、あるいは細かい手順まで仕切ろうとするため、他の人のやる気がそがれ、結局自分で仕事をすることになる場合がままある。

プロモーター型（外向的、人間志向）

才能にあふれたプロモーター（推進者・発起人）はカリスマ性があり、人間志向だ。アイデアにあふれ、魅力的なナラティブ（説明）を打ち出せる傾向がある。細かいことや管理は苦手で、たいてい始めるのはうまいが締めくくるのはうまいとは限らない。まとめると、全体像を見通し、人を鼓舞して関係を築くのに優れている。

コラボレーター型（内向的、人間志向）

社内の同僚であっても、社外のユーザーであっても、とにかく"お客様"を大切にする従業員。この傾向から、コラボレーターは他の人がついてくるような素晴らしいシステムを築けることが多い。一方、人間志向でシステムを築こうとするので、誰ひとり切り捨てたくないために話をややこしくしすぎる傾向がある。そのため、全員が合意するが組織のためにならないプロセスをつくってしまうおそれがある。たとえば、チーム全員が採用候補者と面談できるようにしたがために、候補者の採用に90日かかってしまったら元も子もない。

どのワークスタイルも、客観的に他より優れていたり劣っていたりするわけではない。ただ、状況によっては、いずれかのタイプが他より適している場合がある。たとえば、システムが停止したときには、少数精鋭の部隊が重要な意思決定を次々と下すような体制が望ましい。すぐに行動しなければならないので、他の人からの長期的な支持を取りつけることはあまり気にならない。このためには、ディレクターが必要だ。来年の業務を担うチームを決めるための計画プロセスを築こうとしている場合、長い間運用できて、作業者が業務の重要性を理解できるようなプロセスをつくることが求められるだろう。信用できる少数の人と一緒に自分ですべて計画しても構わないが、実際の作業者を置いてけぼりにすることになる。しかも、作業者の人たちは、今後の計画サイクルに求められるスキルも身につかない。この場合は、コラボレーターが適任で、さらにプロモーターも必要になってくることがあるだろう。

この一般的なパターンを踏襲する他の評価制度には、DiSC（主導、感化、安定、慎重）[10] や、有名なマイヤーズ＝ブリッグス・タイプ指標（MBTI）[11] がある。MBTIはカール・ユングの研究に基づいていて、人を16種類の性格に分類できる。個人的に気に入っているのはInsights Discoveryだ[12]。MBTIより細かく判定される上にわかりやすく、チームメンバーの行動について理解し、話し合うための語彙をすばやく増やすことができる。

Insights Discovery評価では、人を4つの色調のある円に配置する（**図2**）。赤、黄色、緑、青だ。円の中心に近いほど、好みの傾向が強くなる。また、私生活と職場で行動の傾向がどのくらい変わるかも示す。わたしにとって最も大きい発見は、わたしが最も好むやり方（緑で、黄色との境界線の近くにあり、"supporter"カテゴリーに入る）のすぐ次に来たのが、円の対極（赤、"director"カテゴリー）にある項目だったことだ。これはやや珍しいらしい。でも、このインサイトによって、自分の強みだと（たいていの場合に）思っていることを明確に言語化できた。わたしは物事をやり遂げることが好きだが、その際にはプロセスや人を通じて実行する。一方、赤の傾向が強いリーダーは、タスクを割り当てたり、自分で済ませたりすることが多い。

第1章
事業運営の基本原則

図2 Insights Discoveryの円と、個人結果の例

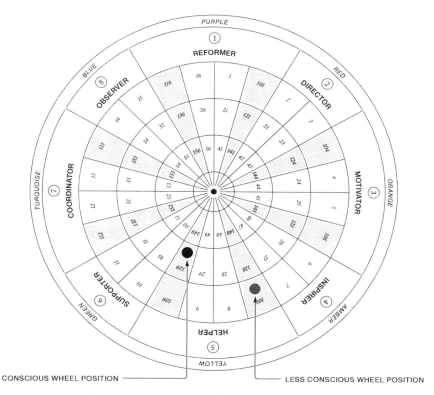

Insights Discoveryの円を基に作成。The Insights Group Limited, 2021. All rights reserved.

スキルとケイパビリティを分析する

　中心的な価値観とワークスタイルの好みを説明できるようになったら、次の2点について自問して、自己認識力のさらに戦略的な面に切り込める。
- あなたが非常に得意としていることは何か。どんなスキル（技術）を備えていて、どんなスキルを新たに築く必要があるだろうか。
- あなたはどんなケイパビリティ（能力、コンピテンシー）を持っているか。自然にできることは何で、時間をかけて習得したことは何か。

スキルとは、戦術的な要素だ。単純なソフトウェアプログラムを書く、HTMLを利用する、スプレッドシートで財務モデルを作成する、詳しいマーケティング・キャンペーンを起草するなどが考えられる。もう少し高いレベルでは、ビジネス上の問題を切り分けて戦略を起案するなどもスキルに入るだろう。これらはすべて、1か0の世界だ。やったかやっていないか、効果があったかなかったか。職務に必要なスキル、やり方がわかっているスキル、学ぶ必要のあるスキルを棚卸しして、ギャップを見つけ、それを埋められるように計画する。

一方、ケイパビリティは、純粋なスキルよりも1段階上の概念だ。ある状況において、特定のスキルの組み合わせを活用できる、生まれながらの能力に関わってくる。たとえば、わたしの戦術分析のスキルは特に高くない。財務モデルのつくり方についてはビジネススクールで学んでいるが、意思決定の基になるだけの優れたモデルをつくれるほどには自分を信用していない。でも、分析の能力は高い。ある方の指摘によれば、わたしはたくさんのデータや意見を吸収して、すばやく現状のあらゆる要素を考え合わせ、必要な意思決定、考えられるリスク、取りうるアクションを洗い出すのが得意だという。

たとえば、会社が危機的な状況にあるときに、社内外のコミュニケーションをマネジメントする場合を考えてみてほしい。もちろんスキルも必要だが、本能と、過去の出来事に対するパターンマッチングも関わってくる。たとえ初めて経験することでもあっても、あらゆる問題に対処できる能力だ。スキルには、プロジェクトマネジメントや、リーダーの発言のライティングなどが含まれる。ケイパビリティには、ステークホルダーのマネジメント、リスク評価、そしてプレッシャーの大きい場面でコミュニケーション戦略に関するしっかりとした判断を下すことなどが含まれる。

あるケイパビリティが生まれつきかそうでないかについては、わたしは次のように自問する――それは、息をするくらい簡単にできることだろうか。つまり、その能力を身につける必要性を考えすらせずに、折に触れて頼ってきたような能力が、生まれつきのケイパビリティであるといえる。わたしの場合、大人数のグループがある作業をやり遂げたい場合に、そのために求められる一連の行動や役割を挙げることは難なくできた。一方で、ガントチャートのような各種のプロジェクトマネジメントツールの使い方は、後から身につけなければ

第1章
事業運営の基本原則

ならなかった。ただ、ひとたび使い方を身につければ、ツールに落とし込む一連の行動はいつも自然と頭に浮かんできた。

スキルとケイパビリティを合わせたものが、あなたの強みだ。だからこそ、強みと弱みに関する対話ではスキルとケイパビリティの両方が話題に上る。たとえば、成長の余地のある分野について部下に聞いたら、「もっと良いメールを書きたい」と答えたとする。さらに理由を問うと、チームが大きくなってコミュニケーション能力を高める必要が出てきたから、という答えになったとする。部門の中ではメールが主なコミュニケーション手段なので、部下としてはそのスキルを伸ばそうとしている。でも、そうするうちに、リーダーシップコミュニケーションのケイパビリティも同時に育てている。どちらも大切ではあるが、成長を真に後押ししてくれるのはケイパビリティのほうだ。なぜなら、他のコミュニケーションの形に応用したり、目的を変えたりできるからだ。メールは今すぐ使えるスキルだが、有効なコミュニケーションは、ずっと広く多目的な能力である。

強みと弱みに関連して、自己認識力を高めるちょっとしたコツをお伝えしたい。それは、強みが弱みにもなりうると知ることだ。はるか昔、ビジネススクール時代に学部長のジェフリー・ガーテンから教わった教訓をひとつ紹介しよう。「ここで学んでほしい最大の教訓は、あなたの最大の強みが最大の弱みでもあるということです」それから学部長は、この真実はクラスメイトからもらえる意見で明らかになるだろう、と付け加えた。クラスメイトから意見をもらうことは、プロジェクトベースのアプローチで行われる授業の目玉になっていた。

この現実に気づくことが、部門づくりとチームづくり、プロセスの実行、意思決定に影響してくる。チームはマネジャーの鏡となる。自分の強みと同じくらい、他のスキルに強みのある人を大切にしなければいけない。このことをわかっていないと、チームはもろくなってしまう。

わたしは、力強く効果的なコミュニケーションを取るのが得意だ。やるべき仕事があったり、時間に追われていたりすると、さらに力を発揮する。その反面、立ち止まって耳を傾けるのを怠ってしまう場合がある。代わりに、すぐ行動に飛びついてしまう。チームミーティング、あるいは1on1の場で、意思決定や行動が必要な緊急事態を知らされたとき、わたしは個人的にひとつのルール

をつくって守るようにしている。「行動を起こす前に、まず質問する」というものだ。こうすることで、性急な行動のブレーキになる。また、このルールを決めておくと、コミュニケーションと問題解決のスキルに関するチームの自信を培い、強みを伸ばすためにも役に立つ。即断即決を好まないおっとりした人がチームにいる場合はなおさらだ。

マネジャーは、つい自分のスキルとケイパビリティを褒めてくれるチームを築きたくなりがちだが、本当に必要なのは自分の能力を補ってくれるチームだ。チームの戦略を決め、それを補ってくれるような人を採用し、メンバーへの仕事の割り当てを調整してそれぞれの仕事の好みや強みを最大限に活用するのは、マネジャーとしてのあなたの仕事になってくる。たとえば、あなたが戦略的思考の名人だとしよう。それなら、他の人がそれを得意としているかどうかは比較的簡単に見抜けるだろう。優れた戦略的思考がどのようなものかわかっているからだ。また、戦略的思考をつい高く評価しがちになる。自分が実践したり話題にしたりするのが楽しいからだ。いつの間にかチームは戦略家だらけになり、チームミーティングは2年計画のビジョン文書の議論や大局観のブレーンストーミングに費やされるようになる。似た者同士で話も弾むのでにぎやかだ。でも、遂行のしかたについては誰も考えないので、実績は何ひとつ生まれない。

幅広い好み、経験、スキル、ケイパビリティを備えた人々を揃えられたほうが、チームはずっと強くなる。ここで、自己認識力に続いて相互認識力を築くことが役に立つ。

相互補完的なチームでも、自分をコンフォートゾーンから強制的に押し出してくれるようなしくみを築く必要は出てくるだろう。たとえば、わたしはデータがぎっしり詰まったスプレッドシートを詳しくレビューする作業があまり好きではない。それよりも、データから重要なインサイトをささっとピックアップして、チームミーティングの残りをその議論に使いたい。でも、チームでは測定可能な目標を多く掲げているので、チームが表やデータを必ず精査してくれるように、ガードレールのようなしくみを築いている。また、数字に強く、こだわりのある人を大切にし、ミーティングで発表する時間をつくっている。彼らの才能を注ぎ込んだグラフを使って、成果について考えられる理由を説明

してもらう。こうして、チームとしてデータ分析に必要な時間を取ることができる。ただ、そうした詳しいデータ分析は個人的に疲れるので、その後で大局的な戦略について話し合うことで自分のバランスを取っている。

> 「自分の強みだけでなく、弱みも理解するのがとても重要だと、父は教えてくれました。これを理解するようになっても、前より劣った人間になるわけではありません。ただ、自分の弱点を補ってくれる人たちが周りにいてくれるようにしなければなりません。わたしは最初からこのことがわかっていました」
>
> ——ドミニク・クレン、〈アトリエ・クレン〉(ミシュラン認定の3つ星レストラン)オーナーシェフ

自己認識力の評価

自己認識力が足りていないことは、どうやってわかるのだろうか。明らかなサインを紹介しよう。

- さまざまな情報源から、自分が賛成できないフィードバックが次々と上がってくる(これらの意見がただちに正しいわけではないが、自分から見えている自分のイメージと、他の人から見えている自分のイメージがずれているという指標にはなる)
- チームの方針や判断に賛成できず、自分が理由を伝えようとしてもわかってもらえないような気がするので、ストレスが溜まり、イライラすることが多い
- 1日の仕事が終わるとぐったりと疲れているが、理由がわからない
- 自分がやっていて楽しい仕事、楽しくない仕事を説明できない
- 上司と摩擦があり、ふたりとも摩擦の解消に苦労している

いずれかの項目に心当たりがあったら、理由を深掘りしてみる好機だろう。本書の演習の多くは、あなた自身と他の人に関するよりよい理解を培う目的がある。“わたしと働く”文書を作成すると、どのように仕事をしてほしいかの好みについてじっくり考えることになる。部下とキャリアに関する対話をすると、これまでそれぞれの部下がたどってきた職業上の意思決定とその理由を、上司と部下の双方が理解できる（自己認識力、“わたしと働く”文書、キャリアに関する対話については、第3章で詳しく説明する）。

　わたしは、仕事で高い影響力を発揮するには奥深い自己認識力が必要だと、強く信じている。自分がどのように働いているかがわかっていなければ、自分の働き方は変えられない。同じように、自分自身を知り、自分が職場環境にどのように貢献しているかがわかっていなければ、成長企業で人材やチームを効果的にマネジメントすることはできない。

　「あるとき、メンターに教えられました。『エリック、自分を見つめなさい。毎日、自分の強みと弱みを見つめるようにするのです。毎日、自分自身をもっと認識できるようになるためのプランが必要です』、と。

　わたしはこれを今も実践しています。カレンダーに入れて、『15分の思考と瞑想』と呼んでいます。そして、こう自分に問いかけます。もし今日をやり直せたら、やり方を変えられるところはあるだろうか。失敗はしただろうか。明日はもっとうまくやれるだろうか。重要な内容を書き留めることもあります。でもほとんどの場合は考えるだけで十分です」

——エリック・ユアン、Zoom創業者兼CEO

2. 言いにくいことを伝える

　Stripeの各チームとの四半期ビジネスレビュー（QBR）をするようになってから、ある重要な製品分野のレビューに同席したことがある。レビューが途中まで進んだところで、参加者の話題の中に、ある重大な阻害要因が遠回しに含まれていることに気づいた。チームの業務が、似たような業務に携わる別のチームに左右されていたのだ。わたしはQBRを止めて言った。「どうも、大きな問題について話し合っていないように思います。もうひとつのチームとの関係に、問題があるのですか、ないのですか」それからミーティングの残りの時間を使って、表面化している問題について話し合い、両チームが問題に対応するためのプランを作成した。会議室からの帰り道に、出席していたエンジニアに声をかけられた。「いや、あれはすっきりしました」

　ミーティングの場で、「問題の本質は、目下の話題とは別にあるのではないか」と思ったことはどのくらいあるだろうか。部下と話していて、相手が気を悪くしたのではと心配になった経験や、奥歯に物が挟まったような言い方をしてしまった経験はないだろうか。これらの問いは、さらに大きな問いを呼び起こす。なぜ、マネジャーは本音を言わないのだろうか。

　一般的には、優れたマネジメントには多くのフィルターを持つことが重要だと考えられている。これにはもっともな理由がある。ある考えについて、そのまま口に出すとリスクがあるのでは、あるいは個人的な好き嫌いにすぎないのでは、と感じられることは少なくない。しかし、フィルターのかけすぎには注意が必要だ。フィルターを微調整し、勇気を出して自分の観察した内容を建設的に伝えれば、現状について、もっと率直で嘘いつわりのない話し合いができるようになる。そうすれば、全員が一丸となって問題解決に取り組むことができる。

　フレッド・コフマンは、著書『コンシャス・ビジネス』（駒草出版、2014年）で、自分の考えを率直に伝えるのが難しい理由について、あらゆる会話には次の3つの要素があるためだと説明している[13]。

- "it"：議論の対象となっている業務
- "we"：議論をしている当事者の人間関係
- "I"：議論における自分のスタンス

　3つの要素のそれぞれによって、会話に言外の意味合いが加わる。
　"it"は目下の問題だ。たとえば、配送の遅れを受けて生産スケジュールを変更する方法を考えるとする。現状に至るまでに各チームがとってきた手段について、チーム内で意見の不一致があるかもしれない。遅れを引き起こした責任者に対して、思うところがある人もいるだろう。"we"とは、会議室にいる他の出席者との、言葉に表れないあらゆる人間関係を示す。互いを尊敬しているか、好意的に思っているか、信頼しているかといった点がこれにあたる。"I"では、自分自身に抱いている疑念や批判を俎上に乗せる。こんなことを考えるなんて自分はバカじゃないんだろうか、面と向かって言ったら皆にどう思われるだろうか、配送の遅れへの対応を自分がわかっていないだけではないか、といった点だ。
　この枠組みは、阻害要因を理解して克服し、考えをしっかり話すために大いに役立つ。ここで、言いにくいことを伝えるために個人的に役立った3つのコツを追加しよう。

気持ちを伝える

　感情は誰にでも備わっているので、強力なマネジメントツールとして活用できる。心配しているときや負担がかかっているときの気持ちは、誰もが知っている。チームに気持ちを伝えれば、メンバーは状況を踏まえてメッセージの重要性を理解できるようになる。「チームは目標に達しませんでした」だけでは、状況の深刻さは何も伝えられていない。「チームは目標に達しませんでした。このことがチームとビジネスにもたらす影響を懸念しています」と伝えれば、修正すべき問題があるとチームはすぐに理解するだろう。

注意深く伝える

　仮に「チームは目標に達しませんでした。わたしは怒りに震えています」と伝えたとしたら、メンバーがどう思うか想像してみてほしい。チームがパニックに陥り、状況を前に進めることが難しくなりかねない。この章の前半で紹介した例では、イーライは部署の現状と自分の気持ちについて正直に伝えたが（「状況はめちゃくちゃで、大変なストレスを感じています」）、その現状認識や気持ちを注意深く伝えなかったので、チームが不安定になってしまった。

"人"と"アイデアやタスク"を区別する

　人と行動の区別をつけよう。議論においては"it"に集中すべきだが、"we"あるいは"I"に関する判断のように思えてしまうことがままある。わたしが以前にお世話になっていたコーチの見立てによれば、批判や厳しい意見を聞くと、相手と自分が対立しているように思える場合があるという。ふたりの人物が対決している様子を思い浮かべてみてほしい。しかし実際には、相手と並んで同じ問題を検討し、一緒に観察すれば、きわめて強力な効果が生まれる。「さっきのプレゼンはひどかったね」と「さっきのプレゼンについてどう思いましたか？　正直、がっかりした部分もあるので、○○さんの意見を聞かせてください」の違いを考えてみよう。前者のような言い方だと、相手は自分の果たした役割を弁解しようと身構えてしまうだろう。あるいは、芸術作品について議論しているところを想像してほしい。「この作品は嫌い」と言ったところで、たいした情報は伝わらない。なぜそう思ったのかを説明したほうが効果的だ。したがって、「チームはひどい成績です」の代わりに、次のように言ってみたらどうだろう。「思うに、チームのコミュニケーションが現在うまくいっていなくて、その結果締め切りを守れなくなっているのではないでしょうか。○○さんもそう思いますか、それとも別の原因がありそうですか」

　多くのマネジャーが本音を口に出さない理由は理解できる。マネジメントは、体操競技におけるバランス感覚のように思えることがある。自分だけではなくチームや会社の失敗にもつながる、ハイリスク・ハイリターンな競技だ。

一歩右に動けば、べらべらしゃべりすぎ。一歩左に動けば、近寄りがたい存在。でも、本音に最も近いことを建設的に言い表せる技を身につければ、バランスを保てるようになる。ハイリスクだと思えるのも当然だし、実際にその通りだが、この能力を磨けば、"信頼を築く"という着地もバッチリ決まる。

信頼を築く見返りは計り知れない。チーム全体が強くなる。本音を語り合えるチームは、そうでないチームに比べて、問題の提示と解決がずっと早くなる。また、メンバーの幸福度もアップする。仕事や職場環境に関する考えや感想を我慢しなくなるからだ。さらに重要なのは、オープンかつ率直でありながら建設的な姿勢を崩さないようにすれば、1on1の信頼が得られることだ。これは、直属の部下と効果的な関係を築くにあたってきわめて重要だ。複数のテクノロジー企業でCEOのコーチングを務めた経験があるキム・スコットの『GREAT BOSS：シリコンバレー式ずけずけ言う力』（東洋経済新報社、2019年）が全米で話題をさらったことにはれっきとした理由がある[14]。オープンで、かつ互いを気づかうコミュニケーションこそが、最も有能な人々、チーム、職場の基礎となるからだ。

言いにくいことを伝えるのが上手になってくれば、実践の積み重ねによって必要なフィードバックが得られるようになる。時には真意が伝わらない場合もあるかもしれないが、その経験に学び、アプローチの枠組みを考え直して、もう一度挑戦することができる。

あるチームのメンバーに、ミーティングで不安そうな様子なのが気になると伝えたことがある。その人はぽかんとした顔をしてから自己弁護を始めたので、そこで会話が終わってしまった。わたしが伝えようとしたのは、人は不安そうに見えると、その不安が本物かどうかにかかわらず影響力が落ちてしまう、ということだった。次にこの問題について話し合ったとき、その人にミーティングをどのように思っているか話してもらい、それからわたしの意見を付け加えた。「ちょっと不安そうに見えるけれど、あなたはどう思う？」その人は一瞬考えてから、なぜ不安そうに見えるのか聞いてきた。そこで、話し方の速さや質、クセなどでわかる場合があると説明した。こうした行動と、それが他人の抱く印象にどう影響を与えるのかに本人が気づいていなかったのは明らかだった。それから、今後のミーティングでそのような行動を減らす方法についての話し

第1章
事業運営の基本原則

合いに移った。これから仕事で活躍してもらうために必要な対話だった。

　観察した結果を伝えただけのつもりなのに、個人的な好き嫌いと思われてしまうのは辛いものだ。この点については、第5章で詳しく取り上げる。本書のQRコード先で掲載している各種のテンプレート——コーチング、パフォーマンスフィードバック、ミーティング、そして社内行事も、このスキルを鍛える機会になるだろう。

> 「リーダーシップは戦略で、マネジメントは実行寄りです。リーダーシップとは、方向性を定め、目的地を知り、他の人たちに同行するよう説得し、なぜそこを目指すかを説明することです。基準を打ち立て、期待値を設定し、トーンを定めます。マネジメントはそれを実行に落とすことであり、プロセスと、人と、チームを、適材適所に配置することです」
>
> ——ザニー・ミントン・ベドーズ、The Economist誌編集長

3. マネジメントとリーダーシップを区別する

　チームを編成し、部下の成長を促し、自分のキャリアのマネジメントを考える上で、マネジャーであることとリーダーであることの違いを認識するのはきわめて大切だ。マネジャーもリーダーも会社の拡大に欠かせないが、両者は同じではない。優れたリーダーはビジョンを打ち出し、必ずしも一本道ではなくても、社員が努力して目指せるような高いゴールを設定する。ビジョンが明確なので、全員が大局的なイメージに集中し、継続的にやる気を持って関われる。リーダーはマネジャーでなくても構わない。ただし、本人がマネジャーでなければ、ビジョンの実行に適したチームをつくるためのマネジャーを採用し、その人と協力する術を知っている必要がある。リーダーはたいてい少し高望みをしているように思えるが、結局、それこそがやる気を引き出す鍵なのだ。

優れたマネジャーは、実際の製品やしくみをつくるチームを運営する。マネジメントで肝心なのは、人間を中心にした実行力だ。優れたマネジャーは、ゴールを定義する方法や、業務をこなすためのリズムを設定しながら、それぞれの部下が現在の成績を把握し、将来の志をはっきりと思い描けるようにする方法をわかっている。

　優れたマネジャーのいるチームは、高いレベルで互いを信頼し、厳しい仕事がもたらす挑戦とやりがいを経験し、個人とチームの両方で進歩を感じている。優れたマネジャーは最初から優れたリーダーである必要はないが、マネジャーとしての職階が上がるとともに、リーダーシップスキルも伸ばすことが重要になってくる。将来的に、マネジャーはチームのビジョンと方向性を設定できるようになる必要がある。そして、場合によってはぬるま湯にならないように少し緊張感を与えないと、メンバーのキャリアが頭打ちになってしまう。

　同じことを別の方向から考えてみよう。わたしは、ロナルド・ハイフェッツ、アレクサンダー・グラショウ、マーティ・リンスキーの共著『最難関のリーダーシップ：変革をやり遂げる意志とスキル』（英治出版、2017年）で紹介されている、"技術的問題"と"適応課題"を区別する枠組みをよく参考にしている[15]。技術的問題には、明確で達成可能な解決法がある。一方、適応課題には、継続的に適応し続けなければならない。続けようと思えば無限に続くゲームだ[16]。

　たとえば、お客様の問い合わせに2時間以内に回答するというサービスレベル合意書を交わしているのになかなか達成できない、というようなケースが技術的問題である。一方、適応課題には、ユーザーニーズの変化や競争の激化といった要素の中で、製品の優先順位をつける方法などが挙げられる。マネジャーは、技術的問題を見事に解決する。でも、適応課題への対応にはリーダーシップが要る。優れたマネジャーになれば、大いに安心できる。しかし、真のリーダーになったら、安心できる日などほとんどない。両者を混同しないように気をつけよう。

　マネジメントとリーダーシップの違いを理解することは、わたしのキャリアの中で計り知れないほど貴重だった。この区別のおかげで、マネジャーに昇進させたくなるほど成績の良いメンバーでも、マネジャーではない職種のリーダ

第1章
事業運営の基本原則

ーのほうが才能を発揮できる場合もあると気づき、離職を防ぐことができた。また、わたし自身や他の人が、技術的な問題管理からアダプティブ（適応型）リーダーシップの領域へと成長するためにも役立っている。お気に入りの自己認識力評価テストのひとつ、ビッグファイブ性格診断[17]を受けたところ、「誠実で感じのよい、伝統的な優れたマネジャータイプ」と判定された。しかし、優れたリーダーになるには、感じのよさを犠牲にしても高い要求をつきつけなければならない場面がままある。わたしの場合、その方法は後から学ばなければならなかった。

　単純に、問題の枠組みを変えなければならないと指摘するだけで済む場合もある。最近、Stripeで、製品マーケティング部門の才能ある前途有望なリーダーをコーチングした。変わり続ける同社の製品ロードマップに自分のチームの仕事を合わせていく難しさに何度もぶつかっているということだった。1on1ミーティングでじっくり解決策について話し合った末に、この問題には1回限りで終わる解決策はないとわたしは気づいた。彼女は常に自分のアプローチを状況に適応させるとともに、製品チームのメンバーにも各自のアプローチを適応させるよう促す必要があった。この状況には、完璧なプロセスをつくり上げることよりも、影響力と慎重なコミュニケーションを通じたリーダーシップが求められている。そう認識することで、彼女は"マネジメントの"完璧な答え探しから解放された。そして、自分自身とチームが長期的に向上できるようにリーダーシップを適応させる方法へと傾いていった。彼女は、チームリーダーとして自覚的に振る舞う必要があった。経験豊富なチームメンバーは、仕事のこなし方の内部的な指針よりも、互いの利益のために他のチームのスピードアップを促進することを求めていたからだ。

　『最難関のリーダーシップ』の著者のひとりであるマーティ・リンスキーにはお気に入りの格言がある。わたしも同僚や直属の部下に繰り返しているが、「リーダーシップとは、部下が受け入れられる程度にがっかりさせることである」というものだ。リーダーシップとは究極的には変化を推進することで、マネジメントは安定性を築くことだ。安定性は職場環境では重要だが、難題に向き合って新たなアイデアを実現するためには、安心感を手放すことが必要になる。つまり、不確かではあるがわくわくするような新たな方向に向かうには、

なじみのある安定した環境を放棄しなければならない。

　経験豊富な従業員が求めるのは、たいていの場合リーダーで、マネジャーが必要になる状況はごくわずかだ。ある程度キャリアを積んだら、仕事をやり遂げるのはうまくなっているだろう。でも、総合的なビジョンを掲げ、目指すべきマイルストーンを設定し、チームの外で稼働するシステムについても進歩の道すじをつけるためには、リーダーに頼ることになる。リーダーは、チームが思考と行動を変え、変化を進んで受け入れ、そして最終的には、より野心的な成果を狙い、成し遂げるように後押しする。一方、経験の浅い従業員が求めるのはおおむねマネジャーで、リーダーが必要になる状況はほとんどない。そのような人たちは、仕事の戦術面についての考え方を指導し、日常の業務と生活を管理し、成長と業務遂行を手助けしてくれる上司の恩恵が大きい。

> 「マネジメントには、仕事をうまく進められているか、つまりツールを開発できているか、ダッシュボードの見方がわかっているか、ダッシュボードに注意を払っているかなどが大きく関係しています。リーダーシップには、組織のスピリットをどのように設定するかが大きく関係しています。ある程度までは、それはゴールの大きさや内容で決まってきます。ただし、ゴールは業務をうまく遂行できるように設定されているとは限りません。
>
> マネジメントとは、連動する部品のしくみを把握することです。そしてリーダーシップとは、やる気に満ちた社風やエネルギー、勝利の重要性への信念（を醸成すること）です。"我々ならできる"というエネルギーが大切なのです」
>
> ——リード・ホフマン、Greylock Partners パートナー、LinkedIn共同創業者、元最高責任者

4. オペレーティング・システムに立ち返る

　本書の大部分、つまりこの後の4つの章は、4つのコア・フレームワークを検討することにより、しっかりとしたオペレーティング・システムを築く手法を説明している。でも、この手法を実際の指針として説明できるようになったのは、つい最近のことだ。

　2018年に、わたしはテック業界にありがちなイベントの過密スケジュールをこなしていた。コロラド州で行われた会議から帰ろうとしたところで天気が崩れ、多くのフライトのキャンセルが発表された。結局、席が近かったベンチャーキャピタリストと銀行家と一緒に問題を解決し、帰宅することができた。この関係を、わたしたちは冗談めいて"脱出シンジケート"と呼んだりした。解決策は、小さな飛行機をチャーターしてベイエリアに戻るというものだった。幸いなことに、シンジケート仲間が、チャーター代をほとんど支払ってくれた。空港に足止めされた数時間、それから飛行機の中で、いろいろな話を交わした。多くの企業の株式公開に携わってきた銀行家が、知り合ったCEOやリーダーによく聞く質問を披露してくれた。「あなたの秘密の力は何ですか?」というものだ。あるCEOとの面談では、会社のためのとっておきのアイデアをすべての従業員に提出してほしいと依頼し、自らすべてに目を通している、と教えてもらったという。

　1分ほど考えてたどり着いたわたしの"秘密の力"は、マネジメントを担う一つひとつのチームに合わせて、再現可能なオペレーティング・システムを築ける、というものだった。どのチームにも、共通の構成要素がある。明確なミッション、明文化されたゴール、重要な指標、似たような構造のミーティング、週ごと・四半期ごとのリズム。そうすれば、リーダーとしてマネジメントが必要なチームを同時並行的にまとめられる。

　Googleで複数のチームのマネジメントを担当するようになった頃、頭をひっきりなしに切り替えることにすっかり参ってしまった。すべてのチームに共通の"ユーザーインターフェイス"があれば、事態はずっと楽になる。わたしと同じように、担当するすべてのチームに対して、同じコア要素を持つ共通の業

務遂行アプローチを導入すると、マネジメントにおける一種の近道になる。のちに、人材やチームの採用と能力開発を含む全社的なオペレーティング・システムが共通していれば、さらに強力だと気づいた。

空港での打ち明け話よりもう少し興味を引かれる話を探しているなら、お世話になったビジネススクールのある先生の話を紹介しよう。Think outside the boxという慣用句がある。"既成概念にとらわれずに考える"ことを箱にたとえた言い方だ。この慣用句について、先生はこう述べていた。「俗に"箱の外で考えなさい"と言う。でも、成功するためには、みんなに"箱の中で考えてほしい"と思うものだ。あなた自身がつくった"箱"の中でね」

わたしは、皆さんが思うよりもずっと頻繁に、この瞬間に立ち返る。チームや同僚のために問題の枠組みを設定しようとしているときには、基本的な要素の見方を皆で揃えられれば解決策が見つかることに気づかせてくれる。チームをマネジメントしているときには、たとえ変化の最中にあってもオペレーティング・システムが全員で頼れる一貫したやり方の基礎となることを思い起こさせてくれる。

あなたのシステムも、わたしのシステムと同じように、チームの採用方法、能力開発の方法、業務遂行のリズムに基づくようになる。四半期ごとのゴール、毎週月曜日の指標に基づくミーティング、火曜日のチームミーティング、毎週の1on1、大局観を養うための社外行事などだ。チームや会社が違っても、基本的なアプローチを揃えることで安定感が生まれる。誤解してほしくないのは、リズムを崩し、ルーティンを変えなければならない場合もある、ということだ。でも、こうした手段が効果的になるのは、ルーティンがあってこそだ。肖像画の基礎を極めてから抽象画に移行することや、定型詩の韻律を学んでから自由詩を書くことに似ている。

ビジネススクールの別の先生は、"ポーターの5フォース分析"や"マーケティングの4P"といったさまざまなビジネスフレームワークを丁寧に教えてくれた後で、うれしそうに宣言した。「さて、フレームワークは理解しましたね。これで崩せるようになりました」

自己認識力を築き、言いにくいことを伝え、マネジャーとリーダーの区別をつける。これらはすべて、優れたマネジメントと強いチームづくりの基本原則

第1章
事業運営の基本原則

だ。でも、どの項目もあなたが結果を出す方法を具体的に説明したものではない。あなたのチーム環境とチームの実行力の組み合わせが結果を生む。その組み合わせがうまく機能するようにするには、コア・フレームワークの枠内で業務を遂行しなければならない。この章で挙げた原則によって、積極的な信頼に満ちた環境が生まれる。本書の残りの部分は、その環境の中で結果を生み出すための推進力となるフレームワークの説明に費やしている。NFLの名監督、ビル・ウォルシュが『The Score Takes Care of Itself』でスティーヴン・ジェイミーソンに述べたように、そのような環境をつくれば、ただ勝てるだけでなく、繰り返し勝てるようになるのだ[18]。

＊QRコードをスキャンすると、印刷可能な演習とテンプレートをダウンロードできる。

第 **2** 章

コア・フレームワーク1
ゴールとリソースの
確立と計画

Core Framework 1
Foundations and Planning for
Goals and Resources

Stripeへの入社に向けて、創業者であるパトリックとジョンのコリソン兄弟と打ち合わせを始めたとき、最初に尋ねた質問のひとつは「会社のミッションは何ですか？」だった。答えを聞いて驚いた。正式なミッションがなかったからだ。

　ミッションは会社の"創業資料"に含めるべきだと、わたしは固く信じている。創業資料は、より大きな計画とアカウンタビリティ（説明責任）の枠組みの一部となり、その枠組みの中で会社が存在する。枠組みは、創業資料、事業運営のしくみ（オペレーティング・システム）、事業運営のリズム（オペレーティング・ケイデンス）からなる。家の基礎、家の柱と柱の間を補強する筋交いや、水回りなどの機械設備のようなものだと考えられる（**図3**）。

　この章では、会社という家づくりに取りかかるべく、企業にとっての最上位の志から、より短期的なワークフローまで、さまざまなゴールを設定するための枠組みを確立する方法について説明する。あわせて、進捗を測る方法についても扱う。また、成功に欠かせない、リソース配分、レビューとアカウンタビリティといったしくみについても取り上げる。まず創業資料から始め、それから他の要素に進もう。

創業資料

　創業資料では、会社の長期的な目標や原則、理念など、会社全体としての計画を説明する。つまり、あなたの会社はなぜ存在し、事業を営んでいるのか、ということだ。創業資料は、創業の比較的初期、経営に多少弾みがついてきた頃につくっておくとよい。会社が成長し、社員数が4、50名を超えてくると、判断の礎として重要性を増してくる。創業資料を通じて会社の存在意義を伝えたら、次に全社的なオペレーティング・システムをつくって実施することに目を向けよう。

　会社がなぜ存在するのか、何を成し遂げたいのかを伝えるしっかりした創業資料をつくっておけば、導入する各種のオペレーティング・システムが、共通のパーパスに基づき、また目標から生まれ、トップの経営幹部から一般社員一

図3 オペレーティング・システム、オペレーティング・ケイデンス、創業資料はそれぞれ、家の筋交い、機械設備、基礎にたとえられる

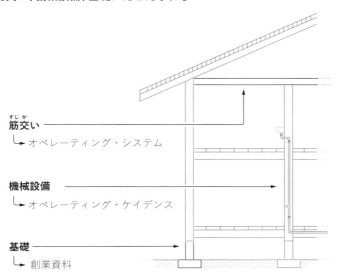

人ひとりまでが共有する明確な社風に沿った内容となるように、確実に図ることができる。こうしたシステムは、会社の拡大に伴って上下の階層に複製することができる。たとえ混乱期にあっても、パーパスと文化は会社を導く灯台となってくれる。また、価値観を明確にしておけば、期待している内容が誰の目にも明らかになる。これによって相互理解が進み、期待に見合っていない人がいる場合にフィードバックしやすくなる。

創業資料には、ミッション、長期的なゴール、原則（価値観、バリューとも呼ばれる）、チーム・チャーター（チーム憲章）を盛り込みたい。

「パーパスがあれば、人は人のために働きます。これを理解するまでにしばらくかかりました。

最初、軍でこのことに気づき、それが民間の世界にも通用するか自信がなかったのですが、通用するとわかりました。人々は昔ほど教会に通いません。彼らにあるのは会社なので、会社にどんどん多くを求めるようになっています。

バリューとパーパスに、思っていたよりもはるかに多くの時間を費やさなければなりません。パーパスこそがすべてなのです」

——チャールズ・フィリップス、Recognizeマネージングパートナー、Infor前CEO

ミッション

ミッションは、会社が存在する理由を述べた言葉だ。あえて明確に定義しようとしなくても、たいていの場合はおのずと浮かび上がってくる。

Stripeにミッションがあるかどうか聞いたときのパトリックの答えは、実際にはミッションがないわけではなく、共同創業者のジョンともども、何度も浮かび上がってくる言葉はあるが正式に定めていないという意味だった。しかし、Stripeが最初に作成した会社紹介ページに、パトリックは同社の目標を"インターネットのGDPを増やす"ことだと書いていた。この言葉が公開されると、従業員も求人への応募者も、ミッションとしてこの言葉を絶えず口にするようになった。会社にとって最高に魅力的なパーパスとして、自然に現れたのだ。

たしか、ある夜遅くのことだった。パトリックと電話しながら、年に1回行われる全社集会のコメントを見直していた。わたしたちはふたりとも、従業員が自然に打ち出すようになったミッションをそろそろ受け入れる時期だと考えた。こうして、Stripeのミッションは正式に"インターネットのGDPを増やす"になった。

ミッションは、会社そのものと、その高い志を表している。会社を表しているというのは、その会社ならではの具体的な内容であるということだ。別の会

第2章
コア・フレームワーク1 ── ゴールとリソースの確立と計画

社も掲げられるようなものであってはならない。志が高いというのは、ミッションを完全に実現できる可能性が低いということだ。

ビル・ゲイツはかつてこう言っていた。「昔、ポール・アレンとわたしは、"あらゆる家のあらゆるデスクにコンピューターを置く"というゴールを設定した。大胆なアイデアで、多くの人はそれができると想像することすら正気の沙汰ではないと考えたよ」[19] まさにこのような志こそ、会社がその結果を実現するために成し遂げる必要のある、達成可能な小さなマイルストーンに分解できる志である。Googleのミッションである"世界中の情報を整理し、世界中の人がアクセスできて使えるようにすること"にも同じことがいえる。

あらゆる階層で──チームにも、部門にも、会社にも──ミッションが求められる。チームのミッションの積み重ねが部門のミッション、部門のミッションの積み重ねが会社のミッションであるのが理想だ。

ここで、Stripeの全社ミッションを支える各部門のミッションを紹介しよう。

- **デザイン**：Stripeのブランドと製品のユーザーが触れる側面を定義し、制作し、届けるために、ユーザーが好み、他の人に勧めたくなるような、機能的で美しい製品とエクスペリエンスをつくり上げる
- **オペレーション**：ユーザーがビジネスを築くためのしくみを整え、Stripeの将来的な拡大を支えるようなオペレーション体制をつくり上げる。うまくできれば、インターネットのGDPの成長を加速することができる

そして、各部門に所属するチームのミッションは、このような感じだ。

- **ロジスティクスチーム（オペレーション部門）**：米国内と世界各地のサードパーティパートナーと緊密に連携して、Stripeの物流とフルフィルメント（受注から配送までの業務）を成長させられるような事業運営プロセスを築き、拡大する
- **インフラチーム（エンジニアリング部門）**：Stripeがイノベーティブな新製品を模索しながら、安全で信頼性が高くコスト効率に優れる成熟した事業分野を拡大していけるように、実用的なインフラを提供する

- **需要創出チーム（マーケティング部門）**：お客様の獲得とLTV（生涯価値）を成長させて加速し、セルフサービス部門とセールス部門で有望な見込み顧客を生み出し、当社との関係のライフサイクル全体を通じて有用なコンテンツを提供して心をつかむ

　個人もミッションを掲げることができる。ただし、個人のミッションは、役割や職責の発展に応じて大幅に変わる可能性が高い。個人にとって鍵となるのは、自分の仕事がどのようにチームに、部門に、さらには会社に貢献するかを把握することだ。

　ミッションがトップダウンで浸透する様子を、Microsoftの例で想像してみよう（ただし、以下はわたしの表現であり、Microsoftが社内で説明している内容と同じとは限らないことに留意してほしい）。

- **会社のミッション**：あらゆる家のあらゆるデスクにコンピューターを置く
- **部門のミッション**：コンピューターのオペレーティング・システムを構築する
- **チームのミッション**：OSの利用者向けにグラフィカルユーザーインターフェイス（GUI）を開発する

　「わたしが［初期に］犯した最も大きな失敗は、会社の業務の基本原則を文書にしなかったことです。他のリーダーに委任するには、採用、解雇、成績、セキュリティなどさまざまな点について基本原則を文書化する必要があります」

——エリック・ユアン、Zoom創業者兼CEO

長期的なゴール

　Stripeに入社したときにもうひとつ要望したのが、同社の長期的なゴール、つまり数年単位で達成または改善しようとする大局的な志の一覧だった。それはまだ執筆されていなかったので、2014年に入社してすぐに取り組み、シンプルな2ページの文書をつくった。当時、わたしはこの文書を、大局的な3〜5年計画の一部と考えていた。でも、8年経って目を通すと、今でも通用するゴールだとわかる。いくつか紹介しよう。

- インターネット対応のコマースを成長させる
- グローバリゼーションを加速する
- 開発者向けツールやインフラの構築の先端技術を進歩させる

　これらのゴールはすっかり根付き、会社のミッションを補強したといえる。おそらく、さらに3年から5年経っても変わらないだろう。ゴールは従業員に、会社の志と存在理由についての貴重な文脈を提供してくれている。もちろん、四半期ごと、1年ごとに設定する会社、部門、チームのゴールもある（この点については、この章の後半で説明する）。長期的なゴールは短期的なゴールの積み重ねで実現するので、短期的なゴール設定の前に長期的な志を持っておく必要がある。

> 「当社のバリューは、"配慮"（Care）です。つまり、コミュニティ、お客様、会社、チームメイト、自分自身に配慮するということです。同じバリューと文化を共有すれば、その他すべては後からついてきます」
>
> ——エリック・ユアン、Zoom創業者兼CEO

基本原則

　次に経営幹部レベルで定めるべき要素は、会社の文化の基礎となるバリュー（価値観）だ。ミッションは、会社がなぜ存在するかを説明する。長期的なゴールは、会社が達成しようとする目標を大まかに示す。バリューは、ゴールに向かって仕事を進められるような文化を確立する。Stripe では、バリューのことを"principle（基本原則、基本理念）"と呼んでいる。信念や行動の体系を共有している響きが気に入っているからだ。呼び方はともかく、こうした理念が会社のあらゆる行動に織り込まれている必要がある。この行動とは個人の行動と、集団としての行動の両方だ。

　基本原則について最も大切なのは、会社が自然に発達させているアイデンティティに沿っていると心から思えることだ。会社のブランドと同じように、基本原則も会社にとって有意義で、信じることができ、長持ちし、実現できなければならない。もちろん、ある程度高みを目指して制定する必要はある。ただし、わたしの見立てでは、多くの会社の基本原則はあまりに理想論に寄りすぎているようにも思える。理想主義が行きすぎると、従業員が基本原則と実際の事業運営とのつながりを見いだせず、共感できなくなってしまう。たとえば、基本原則のひとつとして"お客様を大切にする"を打ち出しているにもかかわらず、製品の使い心地ではなくお客様の人数しか把握できていないとすれば、つながりを欠いているのは誰の目にも明らかだ。

　マサチューセッツ工科大学（MIT）のエドガー・シャイン教授は、組織文化に3つのレベルがあると説明した。すなわち、人工物（artifact）、標榜される信条と価値観（espoused beliefs and values）、背後に潜む基本的仮定（basic underlying assumptions）だ[20]。シャインは組織文化を理解するために、有名な睡蓮池と氷山のイメージを考案した。このイメージは、人工物が目に見える組織文化の例であるのに対して、真の文化が水面下にあることを示している。基本原則をはっきりと表現するのが難しい場合がある。というのも、基本原則は標榜している信条と無意識の仮定の両方に基づくからだ。前者は目に見えていることもあるのに対し、後者は目に見えず、見抜くのも難しい。

　基本原則の草稿に取り組むときには、会社の歴史の中で印象深い瞬間を書き

出してみよう。それは重要な決断かもしれないし、製品に関する重要な選択かもしれないし、組織がひとつにまとまった瞬間かもしれない。こうした瞬間には、どんな真実があっただろうか。どのようなビリーフシステム（信念体系）が優勢だっただろうか。これらの例を詳しく検討するのは、基本原則を書き始めるための優れたスタート地点だ。

　組織全体の意見を求めるのを恐れないようにしよう。Stripeでは、基本原則のたたき台を従業員が書いた。すでに文化として浸透している、表に出る信条と背後に潜む前提条件の、とても魅力的な組み合わせとなっていた。その原稿をパトリックがレビューし、自分の言葉で表現した。それを社内で回覧して意見を求めてから、事業運営の基本原則の初版を公開した。わたしたちは、この基本原則を1年か2年に一度見直して更新することで、内容が自然で有意義であることを確認している。最も重要なのは、会社全体の採用、褒賞、指導、実施などのやり方に、基本原則が真の意味で表れていることだ（Stripeが掲げる最新の事業運営の基本原則については、章末にあるQRコード先を参照してほしい）。

Column

Stripeの文化の手引き

　以下は、Stripeで個人面接まで進んだ候補者に必ず読んでもらっていた文書の一節である。

　どんな会社でも、やりがいの大部分は、組織とその構成員の価値観と、あなた自身の価値観の方向性が、どの程度合っているかによって決まってくる。文化を外から評価するのは難しい。また、多くの会社は自らの本質を表現するのが得意ではない上に（魚はどうやって自分の周りの水について語れるのだろうか？）、本当のことよりも魅力的に響くことを口にしがちだ。このStripeガイドは、両方の課題を念頭に置いて構成してみた。当社の現在の文化を正直に伝えるために最善を尽くしている。Stripeがあなたの過ごしたい場所になっているかどうかを判断するために役立つことを願っている。

わたしたちはまだ勝っていない

　Stripeのように創業期に成功したスタートアップへの入社を検討する人の中には、入社のタイミングが遅すぎるのではないかと心配する人が少なくない。大きな問題はすべて解決してしまっているだろうか。重大な意思決定や、構築すべきものは、まだ残っているだろうか。

　ここで朗報をお知らせしよう。遅すぎではない。Stripeが今後解決することになる重要な問題の多くは、まだ解決していない。あなたも入社から数週間で、誰も解決したことのない問題に取り組むようになるだろう（社内どころか世界中見渡しても誰ひとり解決したことのない問題に取り組むこともままある）。会社の運命が変わるほどのインパクトにつながる手段はたくさんある。

　残念なこともお知らせしよう。わたしたちの成功は決して保証されていない。Stripeのような段階に達したほとんどの会社は、業績が横ばいになるか、あるいは悪化している。わたしたちは現在、多くの要素が"壊れている"と考えているが、大きく成功すればするほど、将来的に壊れるスピードは速くなる（タワーディフェンスゲームで遊んだことがある方はいるだろうか。キャラクターや武器などのユニットを配置して、自陣を守るタイプのゲームだ。急成長のスタートアップ企業を拡大するのは、あの感じに近い）。

緊迫感と集中力を持って動く

　当社のユーザーは、資金、事業、生活を当社に委ねている。個人からスタートアップ、さらには大企業に至るまで、世界中で数百万社のビジネスが、当社の事業なしには営業できない。当社が混乱したり、期限を守らなかったり、失速したりしたら、きわめて重大な影響が及ぶ。わたしたちはこの責任を真摯に受け止める。

　Stripeの優れた社員は、仕事に集中とけじめを持ち込んでいる。Stripeは不要な対面形式の打ち合わせにこだわらず、就業する場所と時間に非常に大きな柔軟性を持たせている。やり遂げるために必要なことがわかっているのは社員だからだ。多くの社員は、たいていしっかり家族や友人と夕食をとりながら活躍している。

　ただし、若干の残業や休日出勤は発生するし、さらに（特に責任の大きな職務では）勤務時間外にもメールに気を配る必要がある。職務によっては、サンフランシスコ、東京、パリから接続する同僚とミーティングする場合もある。このようなミ

ーティングでは、一般的な勤務時間に全員が出席するようにスケジュールを組む方法はない。当社の事業はグローバル経済と絡み合っているので、社員には休日があっても、会社にはないのだ。

また、社員の生活の状況や価値観や仕事のスタイルこそ多岐にわたるが、ずば抜けてモチベーションが高く、やる気のある人々に囲まれることになる。つまり、パーテーションの向こうにいる怠け者にイライラすることはほぼないというメリットがある（これはパーテーション型レイアウトを採用していないから、というだけではない）。ただ、ストレスは溜まるかもしれない。他人と自分をつい比べてしまう人は、だいたいの場合、自分以上に頑張って働く人、残業する人、あるいは成功する人が目に入るだろう。

当社の文化は、ある意味で競争的ではない。誰かを蹴落とさなければ勝てないわけではないからだ。勝者総取りの環境のように、足を引っ張る同僚はいない。しかし、当社の文化は、別の意味で競争的だ。あなたが高い基準を設定したとすると、一緒に働く人がそれに刺激され、基準をさらに高く押し上げようとするからだ。Stripeでの成功は、傾斜が少し急な斜面でスキーをするようなものかもしれない。

当社はすばやく動き、絶えず変化し、ほとんどのことについては細かくやり方を決めない。社員には、仕事と、自分自身の成長への投資の両面で、大きな自律性を求めている。当社はパフォーマンス・マネジメントとフィードバックの効果を信じているが、キャリアの道すじや作業ノルマについては厳密ではない。とはいえ、トップダウンの指示がないことを、トップの関心がないことと混同しないでほしい。成績の良い社員には、高い評価、権限、褒賞を与える。ストックオプションの追加付与やボーナスのような、"従来型"の表彰もある。しかし、当社が最も熱心なのは、評価の高い社員に対して、最も興味深くインパクトの大きい問題に取り組む機会を提供することだ。

厳しく考える

当社は、正しくあることを大切にしている。そこに到達するためには、最初の基本原則から議論の筋道を立てることがしばしば必要になる。多くの行動が実用的な寿命をはるかに超えて、なぜやるのかを深く考えずに踏襲され、繰り返されている。

当社は、対立する主張から最善手を導き出そうとすることを習慣にしている。批判されたときには、防衛するためのシールドを展開する前に、非難の中に真実を探

そうと試みる。当社の多数意見と合わない人物を招待して講演を依頼している。また、当社と明らかに相性のよくない見解も歓迎する。

厳しく考えるといっても、NIH症候群（自社開発ではないという理由で技術などを拒否すること）に陥るわけではない。当社は自社を取り巻く世界に関心を持ち、他の会社、業界、学術分野から多くを学べると考えている。他分野を積極的に模索して、先入観を揺るがす、学びのあるインスピレーションとアイデアを探し求める。

厳しく考えることは、日々の仕事にさまざまに応用できる。たとえば当社は、テック業界の面接方法がベストだとは思っていない。改善のため、ワークサンプルテストの導入、ホワイトボードプログラミングの廃止、資格証明書を重視する慣行の見直し、そして無意識のバイアスに立ち向かう積極的な取り組みなどに、大いに力を入れた。とはいえ、現在のプロセスに満足しているわけでもない。まだまだ大幅な改善が必要ではないかと考えている。

厳しくあることには、思慮深さも含まれる。Stripeの社員は、慎重な態度を取る。同僚と、骨の折れる難しい議論を戦わせるが、大声で怒鳴ることはない。激しく変化する状況に毎日のように取り組んでいるが、よく考え、冷静な対応を心がけている。

チーム憲章

また、創業資料の一環として、"チーム憲章"もあわせて作成することを勧めたい。チームのミッションは、会社のミッションとバリューに沿い、それらを支えるもので、一般的にひとつかふたつの文で構成されている（前述したStripeとMicrosoftのチームミッションを思い出してほしい）。チーム憲章は、チームのパーパスを明確にするもう少し長い文書で、1ページくらいになる。憲章を読めば、チームのメンバーにもそれ以外の人にも、チームが存在する理由とその長期的なゴールが明らかになっている必要がある。

会社が急成長中の場合や、部門が大きい場合、各業務の責任者と責任の範囲を把握するのが驚くほど難しいことがある。物事が複雑になってくると、優れたマネジャーはやるべき仕事をわかりやすく整理することで、仕事の簡素化を図ることがある。チーム憲章は、チームがやるべき仕事と、短期的と長期的の両面でチームに期待できることをまとめた文書だ。各チームの業務内容と責任

に関する情報をオープンかつ透明にすることで、各チームが自らの、ひいては会社のミッションに向かって取り組む際の道すじがスムーズになる。

チームのミッションと憲章は、社員が見つけられるところに置いておく必要がある。共有のイントラネットが理想だ（StripeのイントラネットであるStripe Homeについては、この章の後半で説明する）。ミッションと憲章の組み合わせにより、チームの業務内容が明確化され（たとえば"ユーザー向けの成果改善に役立つようなデータインサイトを生み出す"）、その業務が会社にとって重要な理由が明らかになり、主な指標、重大なリスクと依存関係が共有されるのが望ましい。チームの指標とゴールを示すダッシュボードへのリンクを設け、チームとの最適な連絡方法と連携方法をチーム憲章のページに載せれば、なおよい。そうすれば、新しい人が入社したときに、チームの枠を超えた連携が必要な仕事の際の連絡先と連絡方法がわかる。チーム憲章のテンプレートと文言の例については、章末にあるQRコード先を参照してほしい。

オペレーティング・システム（事業運営のしくみ）

創業資料が家の基礎だとすれば、オペレーティング・システムは機械系統のようなものだ。機械系統と同じように、オペレーティング・システムもさまざまな下部構造が連携して全体を構成している。家でたとえるなら、配線や配管にあたる。

オペレーティング・システムは、社内全員と共有する、一連の規範と行動だ。成長と成功には、共通のシステムやパラメーターが欠かせない。年間計画、四半期別ゴール、定期的なコミュニケーションなどの基礎的な要素によって、社内の全員が、全社的な進捗状況と共通の優先事項を認識することができる。さらに、同じシステムを部門単位、チーム単位で複製していけば、優先順位を明確にして、他の部門やチームとの相互依存を解消していくことができる。どのレベルでも、優れたオペレーティング・システムがあれば、望ましい結果、進捗を報告する方向とタイミング、達成度を測る方法などが明確になる。

何よりも、明確なオペレーティング・システムは、しっかりとした信頼の礎

となる。人は、何を期待されているかがわからないと、不安になる。職場では
なおさらだ。どのような協力体制で、どのような仕事に取り組むかを、理由も
含めて知る必要がある。そうしないと、行動ひとつ取るにもおぼつかない。
Googleの全社ミーティングで、CEOがこの点を明確に打ち出したのを覚えて
いる。「毎日どのように時間を使うかは、皆さんが選びます。わたしのゴール
は、皆さんが最善の判断を下すための情報を提供することです」

　また、オペレーティング・システムは、揺るぎない一貫した評価基準となる。
外的な力によって否応なしに優先順位が影響を受ける場合に、動かない基準の
役目を果たし、急成長が招く混乱の中にあっても会社を守ってくれる。オペレ
ーティング・システムの構造を会社、部門、チームのレベルに次々と複製して
いくと、概念的な筋が通る。それにより、すべての社員が共通の言葉を用いる
ようになり、業務の執行から摩擦が取り除かれる。

　GoogleがOKR（目標と主な結果）という目標フレームワークを用いている
のは、複製可能な構造の有名な例だ[21]。同社では、経営幹部レベルで真剣に
OKRに取り組み、チームや個人も同じようにOKRに取り組む流れをつくるこ
とで、きわめて効果的なオペレーティング・システムができあがった。会社に
とっての最重要事項に対する透明性が生まれ、チーム間の依存関係が解消され
ることになった。優先順位を決めるGoogle経営幹部チームの議論が長引いたた
め、OKRの策定が遅れた四半期もあった。それは、さながら新しいローマ教
皇を決めるコンクラーベのようだった。わたしたちは外で、新しい教皇が決ま
った印である白煙が流れるのをひたすら待つというわけだ。でも、わたしはこ
のスローペースが嫌いではなかった。会社がOKRに真剣かつ現実的に取り組
んでいて、最終的に揺るぎない意思決定ができていたからだ。わたしも、チー
ムのOKRを同じくらい真剣に受け止めた。

　さて、あなたも残念なオペレーティング・システムを備えた会社やチームに
出合ったことがあるかもしれない。そのような環境ではたいてい、誰が何を担
当しているか、チームが責任を負うゴールは何か、説明責任を負う利害関係者
は誰かといった点について多くの混乱がある。

　リーダーがオーナーシップと説明責任を明確にし、チームが社内での自らの
目的を理解して初めて、この不安は和らぐ（チーム憲章の策定が非常に重要な

のもこのためだ。チーム憲章は、残念なオペレーティング・システムを上書きしてくれるわけではないが、優れたオペレーティング・システムの基礎にはなる）。あらゆる組織、部門、チームには、アイデンティティの形成に専念するための期間が必要だ。この点については第4章で詳しく説明するが、ここではシンプルな会社全体のオペレーティング・システムをすばやく制定してから、試行錯誤を繰り返すことで社内の組織構成を練り上げていくのがベストだと述べておこう。冒頭で紹介したスポーツのたとえを覚えているだろうか。ルールも決めずに、用具を持たせて選手を競技場に送り込んではいけない。選手がけがをしてしまう。

　オペレーティング・システムの制定におけるマネジャーの役割は、適切なレベルで構造を理解して関わることだ。まず、会社のミッション、長期的ゴール、基本原則から始めよう。これらを自社の構造、特にチームミッションにどのように反映し、チームの仕事を事業運営の構造にどのように合わせていけるかを考えてみよう。家にたとえるなら、配線や配管にあたる部分だ（概要については、**表1**を参照）。マネジャーの仕事は、会社の各要素を強化し、いただけないと思う要素があるなら上司と連携して改善していくことだ。

事業運営の構造を打ち出すタイミング

　全従業員がひとつの会議室に収まらなくなったら、オペレーティング・システムと各要素の構造の策定に取りかかるときだ。この段階に達成していない場合、たとえば、まだプロダクト・マーケット・フィットを見つけていなければ、タイミングが早すぎる。会社の存在理由をまだ見つけられていないのに、存在理由を打ち出そうとしても仕方がない。

　しかし、ひとたび変化すべき段階にたどり着いたら、ミッション、創業資料、オペレーティング・システムを策定しよう。会社の存在理由だけではなく、そのビジョンを実現するために必要な人材と資源について考え始めるべきときだ。どのように意思決定を行い、優先順位をつけるか。成功と不成功をどのように判断するか。こうした問いについて考えることが、会社とチームの両方について、運営のためのしっかりとした基礎を築く役に立つだろう。

さて、創業資料とチーム憲章については説明した。次に、オペレーティング・システムのその他の要素を、ひとつずつ詳しく見ていこう。

表1 事業運営の構造およびリーダーとマネジャーの役割

事業運営の構造	リーダーとマネジャーの役割
● ミッション ● 長期的なゴール ● 基本原則と価値観	● ビジョン（WHY）、長期的な目標（WHAT）、行動や振る舞いの背後にある基本原則（HOW）を明確にする
● 戦略・財務計画 ● チーム憲章 ● ゴール ● 重要な指標	● 会社の戦略を決め、そこから最優先事項を決める ● 一定の期間における財務計画と損益目標値を設定する ● 戦略を最もうまく支える組織構造を決める ● やり遂げる必要のある業務に対してチームを割り当てる ● 各チームの目標を設定する ● 測定する内容と、進捗報告の方法を明確にする
● オーナーシップ	● 業務と役割の割り当てを確立する ● 割り当てられていない業務について、採用を行うか、役割を割り当てる計画を立てる ● 各目標と指標の責任者を明確にする ● 仕事を成し遂げるために、従業員のスキルと能力を開発する
● アカウンタビリティのしくみ	● 測定と報告のアプローチを確立する ● 進捗を確認し、ゴールを達成できていない場合は軌道を修正する ● 業務に対してフィードバックをし、従業員の成長のゴールを追跡する ● 褒賞や表彰を提示して、プラスの成果を補強する
● 社内コミュニケーション	● 一貫したコミュニケーション慣行を確立し、すべての従業員やチームが知る必要のある情報を定期的に共有する ● 会社のプロセスや構造に対して文脈を与え、自らすべてのプロセスに従うことで手本となる
● オペレーティング・ケイデンス	● 計画のケイデンスを調整する。このケイデンスに従って戦略的な優先順位や財務目標値を決め、ゴールや指標を確立する。また、業務の割り当てや進捗を明確化し、レビューし、社内に伝える

戦略・財務計画

2006年。Googleに入社して2年が経っていた。当時、Googleはまだ検索インデックス——自動的に登録され、検索結果の生成に使われるすべてのサイト——にこだわり、競合するYahooの検索インデックスの動向に気をもんでいた。同じ年に、Yahooのシニアバイスプレジデント、ブラッド・ガーリングハウスが、のちに"ピーナッツバター・マニフェスト"として知られるようになる社内メモを公開し、同社に戦略の集中を促した[22]。このメモが外部に漏れると、テック業界にいるほぼすべての知り合いの必読資料となった。このメモの論点は、次の一節に最もうまく捉えられている。「当社の戦略は、オンラインの世界で進化を続ける無数のチャンスすべてにピーナッツバターを薄く塗り広げているようなものだと言われているのを聞いた。手がけるものすべてに薄く投資しているから、重点分野が何もない」

ガーリングハウスが探し求めていたのは、戦略だった。劇的な成長の時期にあっても、会社は選択をしなければならない。たとえば、コア製品にどんな機能をどんな順番で追加するか、あるいは現在の成長の推進源を補い、超えていくには何を構築すればいいかといった選択である。わたしの好きな言い回しに"戦略には痛みが伴う"がある。会社が時間と資源をどこに投資し、どこに投資しないかのトレードオフは、社内的に、あるいはお客様にとって、痛みを伴い、失望を招くものでなければならない。すべてを同時に最優先として扱える強力な戦略などない。

戦略と並行して、長期計画も立てる必要がある。これは、会社の戦略を、複数年の財務目標として具体化したものである。この年間計画の慣行の中心には、望ましい年度末の財務目標を確立してから、このゴールを達成するための取り組みやチームのために資金と人材を確保することが含まれる。また、より長期的な戦略的・財務的成果を達成するための行動に割くエネルギーを確保し、ミッションと長期的ゴールを常に念頭に置かなければならない。

創業まもない企業の多くは、当然ながらプロダクト・マーケット・フィットを見いだすことに血眼になっている。したがって、当初の戦略は単純で、ひたすら火にガソリンを注ぎ続けるだけだ。そこから話が少し複雑になってきて、

図4 マッキンゼーによる3つの成長領域

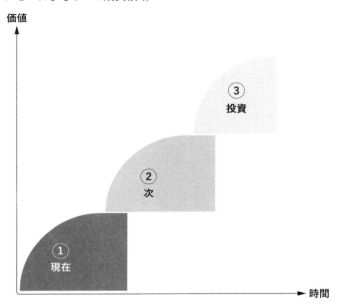

いつの間にか"ピーナッツバター"状態になっているのに気づくことがある。マッキンゼーには、3つの成長領域からなる有名なフレームワークがある[23]（**図4**）。

- 成長領域1：現在の成長源
- 成長領域2：次の成長源（まだ初期段階だが、前途有望である）
- 成長領域3：まだ確定できない第3の成長源への投資

テック企業では、成長領域2と3にきわめて早くから取り組む必要がある。

若い企業は戦略や計画といった概念に心からの抵抗感を抱きがちだ。こんなにたくさん仕事があるのに、象牙の塔のような活動をする暇などあるのだろうか、というわけだ。まだプロダクト・フィットまたはマーケット・フィットに至っていない場合は、うまくいく方法を見つけ次第すばやく適応させられるプロセスが求められる。この場合は、"製品のテストに取りかかり、需要があるこ

第2章
コア・フレームワーク1 —— ゴールとリソースの確立と計画

とを証明するために、達成すべきマイルストーンを挙げる"のように、短期的な目標にフォーカスしたほうが効果的かもしれない。しかし、ひとたびプロダクト・マーケット・フィットを達成したら、より長期間を見据えて考え始めるときが来たといえる。

成熟した企業は、複数年にわたる戦略と財務の明確なイメージと、その数字を達成できる業務を判別する優れた直感を持っている可能性が高い。そのため、各要素を担当するチームがゴールを達成できるような会社のゴールや計画を簡潔に述べることができる。

スタートアップとはいえないものの成熟しきってはいない企業は、もちろんその中間だ。大切なのは、適切なバランスを見つけることだ。進歩を加速できるようなしっかりした構造が必要だが、確立しきっていないチームや製品に負担をかけすぎるほどであってはならない。コリン・ブライアーとビル・カーの共著『アマゾンの最強の働き方』から得られたお気に入りの教訓のひとつは、同社が試行錯誤を重ね、痛みを伴う社内プロセスを数多く経た末に、独自のOP1・OP2のアプローチに至ったということだ（OPはOperating Plan、つまり"業務計画"の略。上位目標から細分化してOP1を導き出し、秋から冬にかけてOP1を運用した結果を調整して年間計画であるOP2に落とし込む）[24]。特に不人気だったのはNPI（New Product Introduction）というプロセスで、各チームにプロジェクト案を提出させ、トップダウンで優先順位をつけて、不採用だったチームをただちに採用されたチームの支援に回すというもので、多くの社員のやる気をくじいてしまった。Stripeにも同じようなことがいえる。まずはできるだけシンプルに始めて、それから徐々に適応させればいい。

短期の重点事項と長期の重点事項の間で最適なバランスを取るために、ふたつを策定することをお勧めしたい。

- 今後3年前後の**財務モデル**と、目標の数値を達成するために求められる要素のリスト。このリストを作成するには、一連の戦略的な対話や意思決定が必要になる。この長期的な予測は結果的に正確であるとは限らないが、年1回見直せる。最初の予測がどれだけ正確だったかによって、見直しが最小限でいい場合もあれば、もっと総合的な一連の修正が必要になる場合

もある。より成熟した企業は5年から10年のスパンでこのような作業を実行し、短期的な計画の試行錯誤よりも、新たな成長分野を見つけ出すためにより多くの時間を割く傾向がある。そう、マッキンゼーの成長領域3だ

- "今後6カ月、あるいは12カ月で何をやり遂げるか"や"今年12月の時点で損益はどうなっているか"といった問いに答える、**より短期的な計画。**これを行うためのシステムはチームや会社によって異なるが、どのようなシステムを採用しても、短期計画はチームの長期的な計画の方向性を示し（長期的な戦略テーマと大まかな財務目標にリンクさせ）、重要指標で結果を出すための四半期ごとの重点事項が伝わる内容にすべきだ。財務的成果は計画そのものでもなければ会社の存在理由でもない。しかし、損益計算は会社の実際の業務に規律をもたらし、業績を測るしくみとして、重要な手段であることは覚えておいてほしい

ミッションを達成するにあたって、3つの領域からなる構造を踏襲している会社であれば、たいてい、成熟した事業と、新しい事業または製品の両方を組み合わせているはずだ。前者については達成すべき指標や短期的ゴールが明確である一方、後者については「製品をローンチしてプロダクト・マーケット・フィットをテストする」程度のシンプルなゴールしか設定されていないかもしれない。さまざまな成熟度を区別して、会社の発展段階に応じて異なる計画を立てるようにしよう。

リソース配分

計画でもうひとつ重要なのが、リソース配分だ。簡単にいえば、あなたの主なリソースは"人"と"お金"である。リソース配分にあたっては、初期の取り組みに十分な資金と従業員を配分して成功を実証するチャンスを与えると同時に、成熟した事業を合理化して運営を効率化し、成長を妨げずに利益率を向上させることが大切だ。

営業チームや事業運営チームのリソースのニーズを管理するのは、新たな見込み顧客数や解決済みサポートケース数などの測定可能な成果がある分、比較

的たやすい。しかし、エンジニアリング部門のリソースについて、信頼できる標準のROI（投資利益率）測定方法は率直にいってわたしにもわからない。人員配置の戦術のひとつは、役割ごとの比率に注目することだ。たとえば、10人のエンジニアに対してひとりのプロダクトマネジャー、ひとりの人事ビジネスパートナーに対して250人の従業員といった形である。しかし、比率ベースのアプローチには欠点もある。他社を基準にした場合、自社とそのビジネスモデルとは事情が異なる。時間の経過に伴って効率化が進んでも考慮されない。さらに、一般的にはチームの人数ではなくインパクトを基にリソース配分したいと考えるものだ。それでも、目標に向けての現状分析のため、比率には留意しておきたい。

　さて、いったん人を配置したら、現在の主力商品を枯らしてしまわないかどうかも、現状分析に含めたい。領域2と領域3の結果を追い求めたいのはやまやまだが、現在の事業における最重要領域、つまり領域1で成長を続けるには、必然的に人と資金を増やさなければならない。

　人員配置は、創業者との会話でよく持ち上がるテーマだ。「人は増やしているのですが、製品開発や進歩のスピードはかえって落ちているような気がするのです。わたしの認識がおかしいのでしょうか」というような感想を聞く。キャッシュバーンレート（資金燃焼率）に着目すると、創業者は人を増やすことに慎重になりがちだ。また、実際に増やした場合でも、増やした分だけのアウトプットに責任を持ってもらいたくなる。創業者がよく目にする成長の減速は、調整の増加ややりとりの複雑化など、業務拡大に伴う困難な面の表れである（図5）。

図5 **インターフェイスの複雑性。**チームのメンバーが増えるほど、
　　　使えるインターフェイスが増え、コミュニケーションや調整が難しくなる

人数　　　　　　　2　　　　人数　　　　　　　3　　　　人数　　　　　　　6
インターフェイス　1　　　　インターフェイス　3　　　　インターフェイス　15

こうした創業者への助言として、わたしが観測した事業拡大の各フェーズについて説明する。これらのフェーズはエンジニアリング部門の生産性に関連しているが、最終的には会社の規模の表れにもなってくる。

- **フェーズ1**：小規模でまとまりのない開発者チームが、共有のコードベースで仕事をしている。動きは速いが、新たな機能や製品をリリースする際に、技術的負債をため込むことがある
- **フェーズ2**：各チームは共有コードベースの要素を分解し、開発者の生産性向上のために、より優れたツールを開発しようとしている。経験豊富なエンジニア、エンジニアリングマネジャー、リーダーの採用もここに入る
- **フェーズ3**：各チームは、痛みを伴うインフラの完全な再構築に取り組み、完全なプラットフォームまたは共有サービスアーキテクチャを構築する。それとともに、エンジニアリング部門だけではなく会社全体が、経験豊富な人々が率いる複数の部門で構成される必要があることを認識する。こうした部門は、依存関係に関してはある程度柔軟に連携しているが、計画とゴール設定の方向性はしっかりと一致している

これらがごく一般的な現象で、成功の兆しですらある、と説明すると、創業者は安心する。しかし、課題への対応は決して楽ではない。インフラに適切な投資を行ったか、最適な組織構造を開発したか、適切なリーダーを採用したかを絶えず評価し、生産性低下の根本原因に多面的に取り組む必要がある[25]。

Column

開発者の生産性への投資

開発者の生産性に関しては、StripeのCTO（最高技術責任者）であるデイヴィッド・シングルトンが魅力的な社内向け記事で次のように説明している。

さまざまなエンジニア、環境、プロジェクトで成果を比較して管理するためのひとつの指標は断じて存在しない。ソフトウェアの変更を作成する方法には幅がある。

第2章
コア・フレームワーク1 ── ゴールとリソースの確立と計画

ユーザーにとってまったく同じひとつのバリューを、ひとつの大きなプルリクエスト（ソフトウェアの共同開発において、開発したコードを他の開発者に通知してレビューを依頼すること）でも、20個の小さなプルリクエストでも達成できることがある。プルリクエストに至るまでに開発者が行うコミット（変更や作成の登録）の回数も、個人の趣味の問題だ。この業界で従来使われてきた手法の中には、良くない習慣を促してしまうものがある。たとえば、各エンジニアの成果を1日あたりに作成したコードの行数で測ることにすると、複雑で冗長なソリューションの作成が促されてしまう。しかし本来は、理解とメンテナンスが容易で、信頼性の問題を起こす可能性がはるかに低い、シンプルで簡潔なソリューションのほうを誰もが好むはずだ。

それでも、開発者の生産性向上を達成するには、生産性を測定して前より良くなっているのか悪くなっているのかを知り、適切な領域で向上を図ることが重要だ。当社では、可能な限りの開発者ツールを導入して指標に注目する客観的な方法と、エンジニアにツールとコードベースの生産性についてどう思うかを定期的に尋ねる主観的な方法の両方で生産性を測っている。

また、開発者の生産性に投資する、言い換えれば次のような点に積極的になるのも重要だ。

- インフラに大規模な投資を行い、エンジニアリングの生産性を上げる
- 他のエンジニアの生産性改善に常時専任で取り組む、大規模なチームを設ける

2018年にStripeに入社したとき、あらゆる開発業務が密に連動していることに衝撃を受けた。大半の作業を共有コードベースですることで、生産性の上では大きなメリットが生まれていたが、製品インフラの要となる部分の多くが絡み合って理解不能になっているため、変更が難しかった。再利用可能なインフラが複雑な製品とあちこちで混ざり合っていた。単純化につながる変更ができるほどコードベースに精通している人はほとんどいなかった。そのため、きわめて重大なフローについても、ほとんどの場合、既存のコードに論理的な分岐やゲートをどんどんぶら下げて更新していた。

それ以来、コアモデル間の連動を解消するためのさまざまな取り組みに投資してきたが、製品インフラの構築と、将来的にそのインフラ上に製品を構築するためのオペレーションに関しては、パラダイムシフトの実現はまだ道半ばだ。コードの連動の解消に力を入れているといっても、既存の環境における開発者の生産性向上を

優先するのをやめたわけではない。しかし、優先順位の検討はさらに重要になる。それぞれのサービスには、明確に定義されたStripe向けAPIが設けられている（**図6**）。内部実装や基となるデータを完全に抽象化することで、実装を大幅に変更できるようになっている。各サービスは他のサービスとの連携は緩いが、可用性、遅延、スループットについて、他のサービスから見て、当てにできるような強力な契約を提示するようになっている。

図6 開発者の生産性を優先する製品インフラストラクチャのしくみ

明確に定義されたAPI
- 内部の状態を露出しない
- 実装をカプセル化する

緩い連携
- 相互に依存した状態で展開可能
- 後方互換性を維持

強力な契約
- サービスレベルのコミットメントが定義されている
- 責任者のいないサービスが存在しない

では、これがどのように開発者の生産性に関わってくるのだろうか。

- 事業を拡大しながら開発者の生産性を維持できる。大半のエンジニアリングチームは、あらかじめ約束したインターフェイスを維持する限り、他の部署などに確認しなくても構築・運用するサービスの内部構造を変更できる全面的な権限を持っている
- コアを抽象化するためのサービスをいったん導入すると、エンジニアは、変更が必要なカスタマーサービスの実装の細かい内部仕様よりも、カスタマーサービス部門が機能を稼働させるために表に出すインターフェイスの作成方法などの検討に取りかかれる

これは、デイヴィッドの記事の一部を抜粋したにすぎない。他にもセキュリティや信頼性へのフォーカスを維持する方法や、コードオーナー制度や標準のレビュー・プロセスの説明、開発者のワークフローを改善する取り組みに注力する方法などを論じている。さらに、Stripeの開発プラクティスをさらに強力にするための原則と行動、開発者の生産性改善を専門とするエンジニアの割合の目標値（全エンジニアの5〜8％）、そして速度に関してベンチマークを超えるというStripeの意思決定についても説明している。

第2章
コア・フレームワーク1 ── ゴールとリソースの確立と計画

　初期のGoogleにも、ピーナッツバター問題があるように思えたことはあった。各チームが人数に関するゴールと計画を提出しても、財務計画部門は計画を無視して、各組織の既存の従業員数に基づいて採用人数を割り振っているように見えた。要するに比率に基づいたアプローチだ。当時はやや不条理にも思えたが、今はもう少し理屈がわかる。事業の先行きはまだ予測不能で、リソースの追加に対するROIを測るのが難しかったため、各チームは前年の計画に基づいて人員配置を計画していた。計画を提出する大局的な理由は、各チームが一歩引いて、長期的なゴールと、来年の目標を達成するために必要なリソースについて考えることだ。将来の計画を立てるための筋力をつけ、会社の目標の実現に向かって方向性を修正し直し、計画に対して実績を測定することが重要になってくる。

　会社にとっては、この計画筋力をつけることが大切だ。またリーダーにとっては、主張の一番うまい人が最も多くのリソースを得るような状況に陥ることがないように、客観的な評価手法を導入することが大事になってくる。

　人員計画は心配を伴う。リーダーは人員配置を深読みして増員を多めに要求しがちだ。人員ひとりあたりの収益や、特定の製品や販売手法による収益の年別比較などの客観的な測定方法は、プレッシャーを軽減するための戦略のひとつだ。他には、6カ月ごとに人員を配置する、会社にとっての予備の人員を確保しておくなどが考えられる。どちらの戦術も、新たな優先順位に向けて採用をシフトするための選択肢を提供し、会社全体で人員配置が1年ごとの勝ち負けと感じられないようにする。

　ただし、難しい問題が発生することがある。というのも、人材パイプラインを構築する基準となる予測の正確性が下がるからである。短期的なニーズや内部のロビイングにだけ対応するような会社にならないように、最も役立つ戦術を使おう。全体的なゴールは、どのような方法でも構わないが、計画とリソース配分に対する、より統制の取れたアプローチを策定することだ。

　また、リソース配分を増やすことが、表彰や褒賞とみなされることにも注目したい。リーダーは、実際に事業運営の効率を高めているマネジャーを公開の場で表彰するべきである。たとえば、年度末に活動を予算内に収めた場合や、人員の枠を"返還"できた場合だ。

Column

リソース配分の期待値を設定する

　先日会ったある創業者は、リソース配分の時期が来るとリーダーシップチームの内部がぎすぎすすると嘆いていた。ふだん協力的なはずの集団が崩壊し、一人ひとりが自チームの利益のみを追求するようになる。意思決定者が自分しかいないように感じられ、悪者扱いされて心外だ、というのだ。リソース配分に客観的な指標を用いることも勧めたが、急成長中の会社には、予測を立てるのも、ベンチマークを追跡するのも難しいとの答えだった。

　そこで、経営幹部の期待を基準にしてチームと対話するようにアドバイスした。採用や昇進について判断する前に、一人ひとりが生まれながらに持っているバイアスの存在を思い出させると効果がある。同様に、大きな意思決定に直面したときに、リーダーとしてどのような期待をしているかを部下に思い出させることも役に立つ。結局、この創業者には、経営幹部チームの面々に対して次のような助言をするように勧めた――全体像を常にイメージし、個々のチームではなく会社にとって何がベストかを考えてほしい。協力して最終的な決定に達してほしい。複数チーム間で建設的に協力して効率化の機会を見いだしてほしい。幹部がチームとして前面に出て会社を導いてほしい、と。また、チームが意思決定でもめるたびに、このような助言を打ち出しても害はないとも伝えた。

　Gmailのサービスが開始され、GoogleがKeyhole（現Google Earth）を買収した後しばらくの間は、会社の優先順位をめぐって社内に緊張が走った。現行製品にも、主力事業の検索・広告事業の国際展開にも、多くの取り組みを行う必要があった。主な収入・成長源が十分に成熟していないのに会社が新たなプロジェクトに気を取られている、と感じるチームも少なくなかった。そこで、CEOのエリック・シュミットが、この緊張を解く、シンプルながらきわめて効果的な枠組みを共有した。それが"70・20・10の法則"だ。Googleは今後、リソースの70％を中核事業に、20％を新製品に、10％を将来の製品に向けた研究開発に充てる。この枠組みを全社に提示すると、議論は落ち着いた。これはマッキンゼーの成長領域を、シュミット流にアレンジしたものだ。さらに、具体的な割合を出すことで説得力が増し、率直なメールや、TGIFと呼ばれる全社ミーティングでのコメントといった伝達ツールによって補完されている。こ

うしてGoogleでは、中核事業がまだ成熟していない早期でも、新たな分野に継続的に投資する状況が整った。

Stripeでも、新製品に取りかかると同じような緊張が発生した。長時間のミーティングを何度も重ねた末に、厳格な優先順位づけの枠組みを1ページにまとめた。要約すると、会社の存在に関わるリスク＞主力製品（どの国にさらなる投資をするかの判断もここに入る）＞新製品だ。その次に、会社の基礎となる業務（社内ツール開発、人材開発）に割くリソースの確保に関する説明が続いた。完璧ではなかったが、全員が計画を調整するための指針にはなった。

"会社の存在に関わるリスク"についてもう少し説明しよう。経営幹部チームの重要な役割のひとつに、誰も率先して優先順位をつけない重要な業務への投資がある。会社の計画、インセンティブ、指標が、リスクの緩和や作業の中止・やり直しを想定していることは珍しい。セキュリティへの投資、技術負債の解消、プロジェクト中止の決定などを断行するには、経営幹部からトップダウンで指示を出す必要がある。マネジャーとしては、経営幹部によるトップダウンの要望や、優先順位の高い業務に就いている他のチームからの要望を、ワークフローに組み込まなければならない場合があることを認識しておこう。戦略と全体像を常にイメージしながら、自分のチームが打ち出すゴールの中に必ず、トップダウンの優先事項と、その優先事項を基に（残念ながら自分の人員配置計画が流れたとしても）他のチームが要求する業務をこなせる余地を確保しておこう。

年間ゴールと四半期ゴール

年間ゴールと四半期ゴールは、この章の前半で説明した長期的なゴールよりも戦術的かつ明確に測定可能で、その期間における会社のアウトプットを表すものにする必要がある。これらは、やり遂げるべき業務に関する、担当チームと部門内の他の人々との契約の役割を果たす。たとえば、Microsoft WindowsのGUIを最初につくったチームは、1983年11月に予定されていた一般向けデモに合わせて開発を進めたはずだ。つまり、デモに間に合わせることがゴールだ。ゴールに向けた進捗は、達成した結果とそれを証明するデータを示す具体

的な指標を用いて測る。

　会社とチームにとっての明確に定義されたミッションなしではゴールの設定が難しいのと同様に、明確なゴールなしでは進捗を測るための優れた指標の設定は難しい（指標については、この後すぐに説明する）。

　ゴールには2種類ある。できたか否かを明確に判定できるバイナリーなタスク（"当社のチェックアウト製品向けに、ローコードの地域別決済方法のパイロット版を作成する"など）と、継続的な指標（"クレジットカード以外の決済金額のシェアを20％増やす"など）だ。ミッションと同様に、会社のゴールは部門、チーム、個人へと複製されていくのが理想となる。Stripeの事例から、バイナリーなゴールと継続的なゴールをそれぞれいくつか紹介しよう。

会社のゴール：セキュリティ業務。各チームはセキュリティ対策ダッシュボードで80％以上をキープしなければならない。そのためには、新たなツールやインフラの導入が必要になる。もう少し広い言い方をすると、すべてのチームが自身の領域を徹底的に疑わない限り、当社のセキュリティは維持されない。

部門のゴール（エンジニアリング）：セキュリティのベースラインを維持し、テクノロジー優先度トップ3のプログラムをサポートするように移行を進める。これにより、当社が、ひいてはユーザーが頼ることのできる、計画に沿ったインバリアント（平常時に成り立つ不変の関係）を、セキュリティプロジェクトで実現する。

- **バイナリーなゴール**：最も重大な"S0"のセキュリティインシデントを0件に抑える
- **継続的な改善**：当四半期末までに全チームがセキュリティ対策ダッシュボードで80％以上を達成する（そのために、新たなインフラを導入する必要がある）

チームのゴール（管理プラットフォーム）：
- **バイナリーなゴール**：レベル2データへのアクセスの100％で、自動化されたビジネス上の正当化か、2名の確認による正当化を必要とする

第 2 章
コア・フレームワーク1 —— ゴールとリソースの確立と計画

ゴールの書き方に関しては、今や多くの流派がある。OKRとSMARTゴール（本書ではSpecific〈具体的〉、Measurable〈測定可能〉、Achievable〈達成可能〉、Results-oriented〈結果志向〉、Targeted〈目標値が明確〉の略と説明されているが、諸説ある）はふたつの有名な例で、併用もできる。どちらの戦略も、部下に責任を持たせる、明確で測定可能な目標を確立するという望ましい成果をもたらすために役立つ。

「わたしが気に入っている本に、インテルの元CEOであるアンディ・グローブが書いた『パラノイアだけが生き残る』（日経BP、2017年復刊）があります[26]。わたしたちはとてもパラノイア的です。いつもこんなことを考えています。

"10倍のキャパシティや10倍の使用量があったらどうなるだろうか。生き残れるだろうか。セキュリティや信頼性やパフォーマンスに穴はあるだろうか"

CEOとしてのわたしの最優先事項は、注力する必要のあるリスク要素の種類について検討することです。それに気づいたとき、チームに対して率直に、自分は間違っていたと伝えました。『前は文化、バリュー、製品にしかフォーカスしていなかった。でも、今はそれは正しくないと思う。わたしの最優先事項は、リスク要素について考えることだ』、と」

——エリック・ユアン、Zoom創業者兼CEO

Column

優れたゴール

次に紹介するのは、優れたゴールの設定方法に関して、今でもStripe社内で参考にしている記事である。もともとはStripeでプロダクトリーダーを務めたマイケル・シリスキーが公開したものだ。

あらゆる成熟度の製品について、ひとりから500人までさまざまな規模のチームのゴール設定を率いてきた経験上、わたしは毎回多かれ少なかれ同じような問いを投げかけられ、同じような反発にあってきた。この記事は、それらの問いに対する答えだ。ゴール設定のプロセスに関する戦術的なアドバイスは簡単に数多く見つかるが、ここでは実際にやり遂げようとする内容への心構えと、実際にできたかどうかを確認する方法に焦点を当てる。そのため、この記事では次の内容を扱う。

- ゴールを設定する理由
- 優れたゴールの条件
- ゴールをテストするための経験則
- よくある質問

ゴールを設定する理由

"ゴールのゴール"とでもいえる条件を次に示そう。

- **成功を定義する**：ゴールとは、成功した終了状態を表すステートメントのことだ。何をしようとしているのか、どうやったら"できた"とわかるのか。計画は、一連の行動だ。計画の実行はゴールの達成を後押ししてくれるかもしれないが、計画自体はゴールではない。成果を上げる可能性を高めるには、まず最終形を描き、それから逆に考えて、ゴールにたどり着く可能性が最も高い行動を導こう
- **フォーカス**：取り組めるキャパシティよりも、できることのほうが常に多い。生産的なチームは、数多くの優れたアイデアの中から最重要事項を明確に区別し、その最優先事項に絶え間なく取り組む。また、そうすることで、チームの各部が関連する仕事にそれぞれ取り組むのではなく、協調して働くようになる
- **自律的に動ける余裕をつくる**：成功の共通定義に向かって足並みを揃えて取り組むと、アカウンタビリティが生まれる。具体的な行動を義務づけないで方向性だけを合わせるようにすれば、アカウンタビリティが自律性や創造力と共存できるようになる

第2章
コア・フレームワーク1 —— ゴールとリソースの確立と計画

優れたゴールの条件

　覚えておこう。大切なのはFOCUS（S）だ。優れたゴールは焦点（フォーカス）が明確化されていて、簡潔で、わかりやすい。チームのゴールは、メンバー全員が簡単に覚えられるものにしよう。これが重要なのは、一つひとつの判断の結果が何千回も積み重なって、1四半期あるいは1年間の進歩が生まれるからだ。ゴールが多すぎたり、細かすぎたりすると、この点に支障が出る。人間は、3つから5つのことしか覚えていられないという説もある。優れたゴールの条件を、F・O・C・U・S・Sの6項目にまとめ、次に紹介する。

- **最重要事項にフォーカスする**（**F**ocus on the most important things）：ゴールは、万一脱線したときに、それに気づいて軌道を修正できるような内容であるべきだ。簡単な言葉を使って、チームの戦略をほとんど知らなくても誰にでも簡単にわかるゴールを設定すれば、戦略の明確さ、覚えやすさ、伝わりやすさがアップする。ジャーゴン（業界用語）を使うと、戦略が一部に伝わらなくなるおそれがある
- **客観的に評価できる**（**O**bjectively assessable）：チームの全員が、成功した場合としなかった場合を同じイメージで理解している必要がある。ゴールは定量的である必要はないが、主観的であってはならない
- **厳しいが達成できる**（**C**hallenging but possible）：ゴールは信じられるものでなければならない。想像もつかないような成果をゴールに設定しても、単に無視され、あきらめられる。また、ゴールはチームに背伸びをさせ、メンバーに刺激を与え、挑むものでもなければならない。チームに背伸びを求めれば、たいてい期待以上の成果を上げる方法を見つけてくれる。経験上優れているのは、成功率70％くらいを目指すゴールだ
- **ユーザー志向**（**U**ser-oriented）：チームのゴールを機能別に（エンジニアリング、デザインなどで）整理してはならない。成功は、あらゆるチームの機能が一丸となって優れた製品を実現できるかどうかにかかっている。一式のゴールによって、取り組みの方向性を一致させることができる。ゴールによっては、ある職務の果たす役割が別の職務よりも大きい。しかし、そのような場合でも、メンバーのできることを柔軟に整理して、クリエイティブな問題解決ができるようにチームに権限を与えられる。実現しようとしている機能を中心にしたゴ

ール設定をするのはやめよう。想定されるアクティビティについて考え、そこから取り組んでいくと、大きなギャップが生まれる可能性が高い。解決しようとしているお客様の問題にフォーカスし、できるだけお客様に寄り添ってゴールを設定しよう

- **行動ではなく状態を定義する**（**S**tates, not activities）：追求すべき具体的な行動を詳しく書いてしまうと、チームが自律的かつクリエイティブに、試行錯誤を重ねて問題を解決するチャンスを奪ってしまう。代わりに、達成してほしい成果にフォーカスしよう。成功した場合、世の中はどうなるだろうか。この成果を、できるだけ詳しく定義しよう
- **感度と具体性**（**S**ensitivity and specificity）：設定するゴールは、あなたが成功とみなす成果を採用とし、不成功とみなす成果を除外しなければならない

ゴールをテストするための経験則

次のガイドラインを用いてゴールを評価しよう。

- 動詞中心のゴールになっていないだろうか（"ローンチする"、"構築する"、"リファクタリングする"など）。それはおそらくアクションなので、目指すべき成果を名詞で示すように捉え方を変えてみよう。よくあるのは、"X so that Y（YになるようにXする）"を、"Y via X（Xを通じてYを実現する）"に変換する（そして、そもそもXが必要なのかどうかを考える）方法だ。ここで、適切な枠組みを見つけるコツを紹介する。ゴールを声に出して読み、何のためにそれを目指すのかを自問し、その問いに答え、真のゴールが浮かび上がるまでそれを何度か繰り返す、というものだ（例については**表2**を参照してほしい）
- "エンジニアリングゴール"と"ビジネスゴール"のような立て方をしている場合は、やめよう
- ゴールが2ページ以上になっていないだろうか。あるいは、OKR形式を使う場合に、3〜5個を超えるO（目標）があったり、ひとつのOに対して3〜5個を超えるKR（主な結果）があったりしないだろうか。情報量が多すぎると、ゴールの文言を覚えるどころか読む人もいなくなってしまう
- あなた（もしくはチーム）がゴールに向き合ったときに、一瞬緊張して「Xについてはどうなっているだろう。この四半期で絶対に達成したいのに」という

気持ちが沸き起こるだろうか。そうでない場合、そのゴールは具体性が不十分で、付加価値がない

- あるチームメンバーが「ゴールを達成した」と考えるにもかかわらず、別のメンバーが真っ向から反対するようなケースは考えられるだろうか。そのようなケースでは、ゴールの具体性が足りない（一方、全員が「だいたいできた」と感じているが、評価がおおむね60〜80%達成あたりに収まっている場合、それはどうでもいいゴールかもしれない）
- ゴールを達成したのにまだ満足できないようなシナリオを思いつくだろうか。その場合、ゴールが十分に具体的でないか、ゴールからなんらかの観点が漏れている
- ゴールを達成しなくても成功できるだろうか。その場合は、ゴールが具体的すぎるので、成功を定義する方法を考え直す必要がある

表2 ゴールのフォーカス変更

元のゴール	新たなゴール
バックエンドをリファクタリングする	バックエンドで、並行して機能を追加するチームを5つ以上サポートする
製品のバージョン2をローンチする	新しい決済インテグレーションを通じてコンバージョン率を倍増させる
検索に無限スクロール機能を追加する	検索クエリのX%で結果のクリックが発生する

よくある質問

ゴールまでどうマネジメントするか?

　設定したゴールが優れていて、強く支持されているならば、チーム全体が一連のゴールを共有していて、それを基礎として使えるはずだ。チームのパフォーマンス、ミーティング、スプリント（アジャイル開発における開発サイクルの基本単位）の計画、進捗状況などを話題にするときは、設定したゴールに対して対話の枠組みを決めよう。ゴールを中心に業務を整理し、ゴールについて頻繁に話し合い、ゴールの達成にどのように役立つかという観点から日常業務を検討しよう。これらは全員が常に念頭に置くようにしよう。

ゴールはどのようにスコアづけするか?

わたしは通常、軽めの四半期中間レビューと四半期末レビューを行い、緑・黄・赤の色分けによるスコアをつけている（緑が成功、黄が成功と不成功の混在、赤が失敗を表す）。四半期中間レビューは、脱線を修正して全員が再びゴールに集中できるようにするための、大切なチェックポイントだ。四半期末レビューは、業務へのアグレッシブさの度合いを見直し、進展のなかなか見られない分野を明らかにするために役立つ。レビューに大きな労力がかかる場合や、レビューの頻度を上げたほうがいいと思われる場合は、おそらくチームはまだ完全にゴールを内面化して日常業務の指針にすることができていない。

期間が終わる前にゴールが変わった場合は?

時には、戦略が変わることや、新たに知った事実により優先順位が変わることがある。それは問題ない。すぐに新しいゴールに取りかかろう。前のゴールに0点をつけて※印で説明を添えておけば、誰も気にしないだろう。しかし、このような事態がしょっちゅう発生している場合は、ゴールが具体的すぎるか、ゴール設定にアクティビティ計画が組み込まれてしまっているかもしれない。

"数量的に測定可能"である状態をどのように考えればいいか?

明確に定義された測定可能な指標がゴールに組み込まれていることは、一般的にはメリットになる。たとえば、"レイテンシー（データの送信にかかる遅延時間）の中央値が200ミリ秒未満"は"レイテンシーを削減する"と比べ、成功の定義として明らかに優れている。

しかし、定量化を推し進めるあまり、本当に重要なポイントがぼやけてしまう場合がある。成功の定義が明確であり、主観的な問いではない限り、数値のないゴールがあっても構わない。たとえば、"MVP（必要最小限の製品）が本番環境のハードウェア上で稼働し、複数の外部企業がテストして早期のフィードバックを返した"は、数値が入っていないがとても具体的な目標だ。大切なのは、チーム全員が成功と失敗を同じように評価できることだ。ゴール評価における重要な点について、アンディ（アンドリュー）・グローブは次のように語っている。「最終的に、議論の余地なく、できたかできなかったかを言えるかどうか。イエス。ノー。単純だ」

第2章
コア・フレームワーク1 ── ゴールとリソースの確立と計画

最適化の対象が測定不能な場合は?

　一般論としては、それでもゴールに指標を用いて、間接的な評価をすることを勧めたい。まるっきり間違ったゴールを設定するよりはましだ。数学者で統計学者のジョン・テューキーが述べている通り、「答えがあいまいになりがちな正しい問いに対するだいたいの答えのほうが、常に正確に答えられる誤った問いに対する厳密な答えよりもずっといい」のだ。それに、チーム全体の成功を測るために実際に指標を使ってこそ、適切な指標を開発しようというモチベーションが上がるものだ。

指標はあるが適切な目標値がわからない場合は?

　成功を測定するための優れた方法については合意したものの、基準値がまだないので妥当な目標値を正確に定めるのが難しいという事態は、非常によくある。しかし、それはどうでもいいではないか。合理的な数値を推定し、暗中模索の上の値であることを正直に伝え、ゴールを目指して頑張り、新たな事実がわかってきたら目標値を更新しよう。望ましい目標について確証がなくても正確な方向にゴールを定めたほうが、誤った方向に進むよりもましだ。

ゴールについて合意を得られない場合は?

　そのような事態に陥る理由はいくつでもある。ここでは、チームにとって最善の行動を取ろうと協力している合理的な人々からなるチームで問題が発生していると仮定しよう（そうでなければ、そもそもゴール設定の問題ではない）。最初のステップは、言い争いをやめさせ、行き詰まりの原因を診断することだ。それがわかれば、ほとんどの場合に優れた解決法が見つかる。

　行き詰まりの原因になる一般的な問題をいくつか紹介しよう。トップダウンで取り組んで、認識のずれが起きている要因を突き止め、いったん他の業務をすべて脇においてその問題を解決してから先に進もう。

- **ビジョンや戦略についての想定が異なる**：チームでやろうとしていることについての認識がずれていたら、途中のマイルストーンを決める効果的な方法などない
- **優先順位についての想定が異なる**：先にAを片づけてからBをやろうという人と、Bを済ませてからAに取り組もうという人がいたら、ゴールのイメージを一致させることはできない

- **解釈が異なる**：これをあぶり出すには、具体的なシナリオに沿って話し合い、成功と不成功のイメージについて合意できるか確認してみよう
- **成功のステートメントが不完全**：ゴールが成功の重要な要素を捉えきれていない場合、他の人から、抽象的で大まかな文言が提案されることがある。その場合、優れた成果の範囲を絞り込むための具体的な文言を追加して全員の認識を合わせてから、必要に応じて簡略化しよう
- **実現可能性についての想定が異なる**：ゴールが根本的またはコスト的に達成できないと考える人がいる場合、できないと考えている理由をその人に具体的に説明してもらい、深掘りするとよい
- **キャパシティについての想定が異なる**：総合的な計画には全員が合意していて、特定の期間の達成目標にのみ意見が一致していない場合もある。この状態かどうか確かめるには、スケジュールを少し延ばしてみよう

なぜ"OKR"ではなく"ゴール"なのか？

OKRは、特定の構造を持つゴールにすぎない。やろうとしていること（目標＝Objective）と、成功の具体的な定義（主な結果＝Key Results）を切り分ける考え方だ。この構造の定義は気に入っている。成功の定義を徹底的に明確化しやすくなるので、わたし自身もOKRのフレームワークをよく利用している。"目標による管理"の大先輩であるアンディ・グローブが『HIGH OUTPUT MANAGEMENT』（日経BP、2017年復刊）で打ち出しているように、OKRではふたつの主要な問いを切り分ける[27]。

- **どんな状態を目指すのか？**　その答えがOだ
- **目標に順調に向かっているかどうかを確認するために、どのようにペースを配分するか？**　その答えがマイルストーン、言い換えればKRだ

ゴールを効果的に設定し、利用するためのアイデアをさらにいくつか紹介しよう。

期待するゴール達成率をあらかじめ伝えておく

会社やリーダーによっては、ゴールをできるだけ現実的に設定することを好む。その場合、期待するゴール達成率は100％である。一方で、もっと野心的なゴールを好む会社もある。その場合、20〜30％のゴールは達成されないと想

定されている。どちらでも構わないが、どれが野心的ゴール（想定達成率70%）で、どれが必須のゴール（100%）なのかを明確にしよう。いずれにしても、ゴールを達成するために必要な依存関係を常に検討しよう。

必須のゴールは、次のような場合に適したアイデアだ。

- 会社の存亡に関わる脅威が発生している。たとえば、主力製品のひとつについて、機能が向上した新製品を競合他社が開発した
- 最優先のプロジェクトに取り組んでいる別のチームの手が空かない
- 特定のスケジュールに従って製品を納入またはプロジェクトを実施していくことを、顧客に説明済みである

より野心的なゴールを目指すための議論はシンプルだ。人間もチームも、定義した成果に向けて目標を定め、解決しようと行動する。より厳しいゴールを設定すると、達成方法に関する発想の転換につながり、斬新なアイデアと新鮮なエネルギーが生まれる可能性がある。また、チームは、"達成可能な"ゴールを達成すると気が抜けてしまう場合がある。そうすると、仕事をさらに進めて期待以上の結果を出し、それにより今後の各四半期でチームが自らの能力への自信を高める可能性が失われてしまう。野心的なゴールで重要なのは、期待値の設定だ。ゴールの70〜80%を達成すれば成功とみなされること、しかし期待を上回れば非常に高い表彰と褒賞が得られることを、各チームが認識する必要がある（チームが優れたOKRを記述するためのガイドについては、章末にあるQRコード先を参照してほしい）。

各従業員のゴールにひとつかふたつの個人的なゴールを盛り込む

マネジャーとして覚えておいてほしいのは、従業員の業務には会社を重視したもの（部門に貢献するための目標）と、個人を重視したもの（業務内容がより広いキャリアの流れと成長にどのように貢献するか）の両方があるということだ。ゴールはこれを反映する必要がある。従業員は、四半期ごとに、達成を期待される仕事以外に個人的な成長ゴールをひとつかふたつ決めるべきだ。そうすることで、チームメンバーは今必要な仕事をこなせるだけでなく、チーム

の影響力を高め、チームが将来的に求められる可能性のある業務に貢献し、自身のキャリアを前進させるための能力を培うことができる。

　たとえば、基礎的な分析しかできないチームメンバーがいるが、データのほうはますます複雑化しているとする。その場合、社内システムからデータにアクセスするためのSQLクエリ（データベースのデータを操作するための命令文）を書くなど、高度な分析スキルを身につけてもらうことが重要になる。当四半期に最大30個の基本的な分析をするというゴールのほか、四半期終了までにSQLの講座を受講し、複雑な分析プロジェクトを主導する、といったゴールを設定することが考えられる。経験を重ねるにつれて、ゴールはスキルに重点を置いたものから、ケイパビリティに重点を置いたものに移行すると考えられる。一例を挙げると、「詳細なプロジェクト計画を立案する」ではなく、「複雑なプロジェクトを計画から完了まで主導して、測定可能なプラスの結果を得る」のようになるかもしれない。

　マネジャーとしては、発展的なゴールに取り組むより、当四半期でやり遂げるべきことのみに集中してもらいたいと思いがちである。しかし、会社はひとつの製品の収益成長に永久に頼るわけにはいかず、将来的な製品や収入の流れを対象とした、先を見据えた業務にも投資しなければならない。これは、特に高成長環境でいえる。第1四半期に仕事をやり遂げるために必要なスキルと労力は、6カ月から12カ月後に必要になるスキルや労力と同じにはならない。チームのプラクティスとメンバーの両方に関して、将来的な拡大と課題に対応する必要がある。さらに考えてみよう。もし、あなたの職務に部下のコーチングと能力開発が入っているとして、部下を本人自身の成長に向けたゴールに集中させられないのだとしたら、どうやってその職務へのコミットメントを示せるだろうか。マネジャーが「あなたをコーチングするためにここにいます」と言うのはたやすいが、重要なのは言葉ではなく行動だ（コーチングについて詳しくは、第5章で扱う）。

"HOW" は "WHAT" と同じくらい重要

　あるプロジェクト、四半期、あるいは年を振り返る際、達成したゴールそのものだけにレビューの範囲を限定しないようにしよう。個人またはチームがど

第2章
コア・フレームワーク1 ── ゴールとリソースの確立と計画

のように仕事にアプローチしたかという観点にも注意を払いたい。たとえチームがゴールに到達したとしても、より痛みを伴わない方法や効率的な方法が可能だったかもしれない。アウトプットの質よりもチームメイトとのコミュニケーションやコラボレーションに注力すべき場合や、問題解決の技術よりも問題の範囲設定に注力すべき場合もある。"WHAT"と同時に"HOW"も確認し、部下一人ひとりに適切にフィードバックしよう。

皆さんも"ピュロスの勝利"の概念になじみがあるかもしれない。損害が大きく、割に合わない勝利のことだ。ピュロスの勝利と変わりない仕事を、あまりによく見かける。たしかに製品は期限までにローンチされたが、チームとその人間関係は虫の息。メンバーは疲れきっていて、コミュニケーションももろく、翌月は質の高い仕事ができなくなっている。本書の草稿を読んだ方がこう語ってくれた。「パフォーマンス＝結果×行動。掛け算だ。たとえ目標を達成しても、不安や誹謗中傷の土壌が醸成されたら、結果は目標値の95％ではなく0％になってしまう」

チームがゴールを定義して達成できるようにするのが、マネジャーの役割だ。しかし、そのためにチームメンバーが今後のゴールを定義して達成する能力を犠牲にしてはならない。会社が成長しているときには、一貫して持続可能な形で仕事をこなさなければならない。そうでなければ、成長は停滞してしまう。

このときにこそ、マネジメントとリーダーシップのバランスを取ることが求められる。仕事を達成した方法に関するフィードバックを収集し、プロセスに貢献したメンバーを認め、足を引っ張ったメンバーに改善点を伝えることで、チームの対人関係や手続き上の問題を修復したり、そうした問題の発生や悪化を防げる。

言いにくいことを伝えるのを忘れないようにしよう。プロジェクトは達成されたが犠牲が大きすぎた場合、個人またはチームに直接のフィードバックを提供しよう。これには、その現実における自分自身の役割を認めることが含まれる。誠実な姿勢を保ち、反省と改善ができるところを見せれば、互いに自己認識力を高められる。そうすれば、リーダー陣は完璧ではないし、楽をしているわけでもないと示せる。このような状況で立ち止まって学べるチームであれば、マネジャーがチームの背中を押すような野心的な目標を打ち立てても、平凡な

結果に戻ったり機能不全に陥ったりするのではなく、しっかりと心の準備をしてくれるだろう。

重要な指標

　会社の中核的な指標もまた、全社レベルから部門、チーム、さらには個人へと複製できる（そして複製すべき）構造だ。ゴールと同様に、指標は長期的視野と短期的視野の両方に基づいて設定できる。

　経験上、長期的な指標は遅行指標になりがちだ。これらの指標には、“入力”される大量の短期的な事業運営指標のアウトプットが表れる。Stripeでは、1年のはじめに全社目標値と呼ぶものを設定する。これは、会社の優先順位を最も適切に反映する、今年1年に関する指標だ。今年度の業務を反映する財務成果の指標や、戦略的な入力指標（当社の製品を利用する月間アクティブ企業数など）などがある。たとえば、新たにローンチされた製品の、1日あたりまたは1週間あたりのユーザー導入を追うとする。これらの値が入力指標となり、最終的に損益計算書の収益やマージンが測定される。また、“ゼロ目標値”もある。停電など、発生しないことが望ましい成果となる測定値だ。

　公開企業では、投資家に報告する内容が、特に重要な指標である可能性が高い。報告では、どのリーダー、部門、チームが、各四半期のこれらの成果を左右する指標の責任を負うのかが明確になっている必要がある。

成果を測定しにくいチームにも指標は必要

　福利厚生、人事、財務などのチームについては、部門に与えた付加価値を捉える指標を決めるのが難しい場合がある。人事チームが必要なのは誰の目にも明らかだが、所属メンバーの仕事を具体的に測定する方法はそこまで明らかではない。それでも、チームのゴールと指標を設定することは理にかなっている。ゴールや指標がインパクトの測定に使われることは少ないが、データを用いて一般的な進捗を監視するのは、チームの健全性を保つために良い慣行だ。

　社内チームにとっては、たとえ年1回または2回でも従業員エンゲージメント調査を実施するのが、進歩を測るのに最適な手法だ。たとえば、職場環境へ

第2章
コア・フレームワーク1 ── ゴールとリソースの確立と計画

の満足度と、福利厚生への公平感について尋ねることができる。法務や財務などのチームは、インプット（時間）とアウトプット（作業量）の測定に取り組んで、ROIを計算することができる。場合によっては、チームが特定のタスクに費やしている時間の測定に抵抗することがある。でも、たとえば法務チームが第3四半期に潜在的な法的問題に800時間を費やし、その結果、会社に1000万ドルの損害を与える可能性のある訴訟または和解を防げたとする。その場合、1時間あたり1万2500ドルの損害を防いだことになるので、健全なROIだろう。このような情報は会社のためになる。

　以上は、仕事とインパクトを定量化する価値があることをチームに示すためのたとえ話だ。会社のレベルでは、このような情報がリソース配分の意思決定に役立つ場合がある。チームのレベルでは、定量化された貢献度を知ることは、士気を上げるためにも役に立つ。

Column

指標の書き方

　この資料は、Stripeのデータサイエンスチームが書いた指標とゴールを改稿したものである。

はじめに

　指標をどのように開発し、どのように利用するかは必ずしも明確ではない。
　そこで、皆さんとチームが優れた指標を開発できるように、このプレイブックを作成した。

指標のフレームワーク

　次の指標のフレームワーク（**図7**）を用いると、チームの効率的な管理に役立つ。

図7 目標と指標の使い方

目標
└▶ わたしはどこへ行きたいのか？

指標の設定
└▶ 目標に向かっていることをどうやって判断できるのか？

指標の使用
└▶ 進歩しているのか、いないのか？ 理由は？

目標

目標は、優先順位、戦略、意図の大まかな記述だ。目標は、"わたしはどこへ行きたいのか"という質問の答えになっている必要がある。

指標を作成する

目標を達成できているかどうかは、指標で測ることができる。指標は、"目標に向かっていることをどうやって判断できるのか"という問いの答えになっている必要がある。ひとつの目標には、ひとつまたは複数の指標を持たせることができる。

長期的指標：ミッションとビジョン

長期的指標は、チームのミッションと3年間のビジョンに対する成功の定義に役立つ。ミッションの指標は遅行指標である場合が多い。つまり、軌道から外れていないかを確認するために定期的に監視するような指標とは限らない。ミッション指標は長期にわたってゆっくりと動く。その中で、年間計画では長期的指標に対するマイルストーンを常に設定すべきだ。

ひとつのチームが2〜5年などの長期にわたって同じ指標を用いるのが理想だ。指標の例には、決済額、収入、合計損失、API信頼度などが考えられる。ひとつのチームあたり、3つから5つの憲章指標を目指すことをお勧めしたい。

短期的指標：事業運営指標または入力指標

短期的指標は、活動または中間成果を測定するリアルタイム指標または先行指標だ。短期的指標を用いても、ミッションや3年後のビジョンの成功を占う

ことはできないかもしれないが、望ましい成果に向けて軌道に乗っているかどうかの情報を得られる。事業運営指標は、チームのゴールと直接結びついていることが多い。ひとつのチームあたり、3つから5つの事業運営指標を目指すことをお勧めしたい。

その他の指標

チームが半期で達成したいその他の結果を測定しよう。連続指標であることが望ましい。1か0かの指標（"製品Xをリリースする"など）がある場合、この指標を、製品の連続的な測定値を検討する起点とすることができる（"製品Xを50人の新規ユーザーにリリースする"など）。

いったん指標を設定したら、各指標を定期的に確認できるようなダッシュボードを必ず整備するようにしよう。

指標を活用する

指標は、常に利用し、常に見直して初めて役に立つ。そうして初めて、「わたしたちは進歩しているのかいないのか、それはなぜか」という問いに答えられるようになる。

指標は完璧ではないので、定期的に見直してこそ、改善する方法や、さらによくする方法が見えてくる。指標を見直すタイミングについて、いくつかのアイデアを挙げてみよう。

- 毎週または隔週で指標ミーティングを実施する
- 月曜朝のスタンドアップミーティングまたは隔週のスプリント計画で指標について話し合う
- 隔週でメールする最新情報で指標を共有し、必ず確認してもらう
- 毎月、ビジネスレビュー・ミーティングを実施する

重要な指標の設定にどのようなアプローチをとるにしても、目標をはっきりと示す基礎データと文言を使って、部門全体で一貫した形でゴールを追跡し、付随する指標を定義しよう。コア・コンセプトの共通の定義を持つことは、おそらくあなたが思うよりも重要だ。たとえば、お客様はどのような方だろうか。製品を一度だけ利用したのだろうか、それとも製品を積極的に使っているのだ

ろうか。

　たとえば、製品に季節性があり、ホリデーシーズンのギフト需要で第4四半期によく使われるとする。そして、お客様の約20%が第4四半期にしか利用しないとする。多くのコンサルティングプロジェクトで、そしてGoogleとStripeの両方で、わたしは“チャーン（解約、ユーザー数減少）”の定義に苦しんだ。解約と契約を繰り返すユーザーもいるからだ。最終的には、“チャーン”をはじめとする用語の全社的な定義について合意し、決して完璧にはならないという事実を受け入れなければならない。

　さて、チームのゴールの積み重ねが部門のゴールやミッションであり、部門のゴールやミッションの積み重ねが会社のゴールやミッションである、という説明に立ち返ろう。もし、積み重ねる一歩ごとに指標の定義が違ったとしたら、何が起こるだろう。アカウンタビリティが失われ、チーム間に激しい摩擦を起こす。組織のリーダーとマネジャーにとって悪夢だ。オペレーティング・システムを確立するにあたって、測定は特に難しく重要な部分だ。うまく導入するには、中核的な指標と定義に合意するため、部門横断的に、または部門の上下にわたって取り組む必要がある。これには労力をかけるだけの価値がある。あなたとチームは、会社の他部門とまったく同じ測定値を用いていることを確信しながら、成功度合いを測定できるようになるからだ。これにより、集合的な信頼を築くことができ、理想的には一丸となって目標を達成できるようになる。

オーナーシップ

　ゴールと指標には、仕事をやり遂げる最終責任者“オーナー（所有者）”を決めるべきだ。オーナーシップの割り当ては、マネジメントの重要な要素である。誰の権限、経験、能力、希望が特定のタスクまたはプロジェクトに最も適しているかを判断する必要があるからだ。ミーティングでやることに決まった作業の担当者といった小さなタスクから、チーム、グループ、部門の成果の最終責任者まで、オーナーシップの範囲は幅広い。実際のところ、会社としての目標値にはひとりまたは複数のオーナーを割り当てる必要がある。たいていは経営幹部チームのメンバーだ。たとえ目標値に外的要因との依存関係があったとし

ても、進捗を管理して、進捗が止まった場合は、上司に相談するか障害を取り除くのが大切になってくる。

わたしが覚えている例を挙げよう。あるStripeの会議が、収益計画の割り当てで行き詰まっていた。収益予測はローンチされる新製品に左右される。製品やエンジニアリングチームに大きく左右されるため、責任を引き受けるのを営業チームが嫌がった。無理もない。結局、新製品に関する数字を分離し、既存製品の収益については営業部門のトップが責任を負い、新製品の収益については製品チームが責任を負うことになった。特に幹部レベルでは、こうした問題を表面化させて切り分ける価値がある。明確なオーナーシップを重視することでモデルができあがり、それがあらゆる階層に浸透して実行力がアップする。

プロジェクトの早期にオーナーシップを定義しなければ、部門とチームの文化が悪影響を受ける。オーナーシップの割り振りが不明確なチームはよくある。次のような発言で、状況を他人のせいにして非難する人たちのチームだ。「営業開発部が見込み顧客を回してくれると思っていたのですが。これでは営業担当者が収益を上げられません」「セキュリティ部門がネックです。リングフェンスで囲まれた人事データストアを構築してくれなかったので、人材データダッシュボードを開発できませんでした」

さらに悪いのは、明確なアカウンタビリティのないチームは政治的になるおそれがあることだ。誰もが自分の仕事が一番重要だと常にアピールし、達成できなかったときに他の人のせいにするようになる。

オーナーシップの定義は、測定可能な成果のあるチームのほうが楽である。たとえば、北米における収益目標は、北米担当の営業部長の責任とすることができる。製品とエンジニアリングのように、ふたつのチームがあるひとつの成果を達成するために協力しなければならない場合は、ふたりに共同でオーナーシップを持ってもらうか（可能ではあるがリスクがある）あるいは、タスクを細分化する必要がある。たとえば、「イブは今週末までに製品の要件文書を執筆し、ティムは今月末までにプロトタイプを作成する」といった形だ。

ここで考えられるマネジメントの失敗には、チームに向かってタスクを提示し、「来週のユーザーイベントまでにデモをつくる必要があるのですが」などと言って、誰かが手を挙げることを願う方法がある。わたしに言わせれば"神頼

み"だ。誰かがやってくれることを当てにして言わずに放置するのは、さらに悪い（オーナーシップの割り当てについては、第4章で詳しく取り上げる）。

アカウンタビリティのしくみ

アカウンタビリティのしくみは、ゴールやミッションへの進捗を確認するためにリーダーとマネジャーの両方が用いるべきツールだ。すべての階層、つまり会社、チーム、個人に当てはまる（この節では3つすべてを扱う）。これらのしくみには、計画やアクション項目をレビューするためのミーティング、指標ダッシュボード、プロジェクトのスニペット（断片）の文書化などがある。

アカウンタビリティをしくみ化する最初のステップは、しくみを誰が、どのようなリズム（ケイデンス）で利用するかを決めるということだ。導入するしくみがダッシュボードなら、誰が確認するのだろうか。スニペットなら、どのくらいの頻度で提出させ、誰が読むのだろうか。ミーティングなら、誰が出席するのだろうか。どんなしくみを使うか、部門あるいはチームの進捗をチェックするためにどのくらいの頻度で使うかを決めよう。

たとえばStripeの経営幹部チームは、月曜朝のスタンドアップミーティングを控えた日曜の夜に、先週得られた重要情報のスニペット、今週の優先順位、やるべき業務の進捗状況を共有する。月曜のミーティングの議題の大半は、これらのスニペットから導く。

他の創業期スタートアップのCOOと会うと、よくQBR（四半期に1回のビジネスレビュー）と年間計画の話になる。どちらのしくみも適切に運用するのは簡単ではなく、会社の成長とともに発展させていく必要がある。中核的な事業運営の基礎的要素について絶えず試行錯誤していくのは、大変な仕事だ。時々、他のリーダーと慰め合って、息抜きをしている。こうしたしくみを完璧につくることはありえないが、それをつくり上げて最新に保つための労力に価値があることを誰もが意識して取り組んでいる。

QBRは、従業員数が200人を超え、多くの製品やチームを抱えるなど、複雑になってきた企業の間で一般的なアカウンタビリティのしくみだ。QBRは、過去を振り返って評価する場（四半期におけるチームまたは事業部の業績を重要

第 2 章
コア・フレームワーク 1 ── ゴールとリソースの確立と計画

指標などで確認する場）であるとともに、事業部が今後の数四半期にわたって達成しようとしている業務を前向きに議論する場でもある。典型的なQBRは、1時間から1時間半くらいかかる。Stripeでは、レビュー対象となる部門が約5ページの文書またはプレゼンを作成して参加者に回覧し、会議前または冒頭の資料確認の時間に読んでもらうようにしている。

　日常業務から一歩引いた四半期レビューには、次のようなメリットがある。

- 部門またはチームの重点分野や進捗状況について、主な利害関係者とリーダーの認識を合わせる
- 指標または主要ゴール達成の障害になっている継続的な問題を解決する機会となる
- 今後の優先事項と進捗の測定方法について経営幹部間の意識を合わせる。ずれがある場合は、戦略とビジョンを仕切り直す業務を前面に打ち出す
- 事業部のリーダーとマネジメントチームにとって、アカウンタビリティのしくみの役割を果たす

　経験上、すべての部門がQBRに参加するわけでもなく、全社ミーティングで言及されるわけでもない。たとえば、財務チームはQBRや全社指標レポートの対象となる仕事を支える重要なパートナーかもしれないが、財務自体が四半期単位でレビューされたり言及されたりするのは珍しい。もちろん、財務が重要ではないというわけではない。このようなチームの進捗管理をするには、組織レベルのQBRのしくみを導入することが考えられる。たとえば、財務の幹部チームが財務組織内の各チームの四半期ごとの進捗をレビューするような形だ（QBRについて詳しくは、章末にあるQRコード先のQBRガイドラインとテンプレートを参照してほしい）。

　会社レベルでもうひとつ一般的なのは、週ごと、月ごと、または四半期ごとの全社ミーティングで指標やゴールを披露し、進捗状況を報告する、というシンプルなしくみだ。概要のメールと、全社目標値に対する進捗を確認する全社ミーティング以外に、あまり多くの全社レビューのしくみを取り入れても役に立たない、とわたしは考えている。頻度を絞った全社レビューを一貫して実施

し、職務や事業分野ごとの最善のアプローチはそれぞれの部門やチームに決めてもらおう。

　会社のしくみを絶えずいじくり回していると生産性が下がりかねないが、少なくとも年1回のペースで棚卸しをすると、事業拡大に合わせて発展するための役に立つ。Stripeでは通常、ミーティングとアカウンタビリティのしくみの一部を、1月に見直す。休み明けに仕事に戻ると、前の年に会社の経営や運営でうまくいったところ、いかなかったところを検討する。それから社内で他の人の意見を聞いて、1月末には今年のアプローチを導き出す。

　チームレベルのアカウンタビリティのしくみは、全社的なケイデンスを反映して、年ごと、四半期ごと、月ごと、週ごとに設定することが多い。すべてのチームがすべてのしくみを利用するわけではない。チームが独自のしくみを導入する場合もある。しかし、あらゆる階層で広く採用される中核的なしくみを会社としていくつか持っておくと心強い。標準のしくみを会社全体で複製していくと、認知の負荷が少なくなり、チーム間の認識のずれが少ない形で運用できる。

　少なくとも、次のふたつの形式によるアカウンタビリティのしくみを、すべてのチームに導入するようお勧めしたい。

- **週1回のチームミーティング**：最新状況を確認する場合もあれば、議論と意思決定の場として使う場合もある。チームのスタンドアップミーティングを少なくとも週1回実施することは、チームの規範を維持し、優先順位、進捗、活動内容、活動の責任者について、全員で意識を合わせるために欠かせない（ミーティングについて詳しくは、第4章で扱う）
- **週1回のチーム指標レビュー**：チームミーティングの最初の15分を使って、指標をレビューしよう。ミーティングよりもレポートを通じた指標レビューを好むマネジャーもいるが、チームとして指標について話し合う時間を確保することには大きなメリットがあるとわたしは思う。そうすることで、全員が同時に同じ数字に注目するようになるとともに、全員に利害関係があって効果測定と目標達成に投資すべきインサイト、トレンド、兆候についての議論が可能になる

第2章
コア・フレームワーク1 ── ゴールとリソースの確立と計画

マネジャーがアカウンタビリティのしくみを実施する頻度は、チームが指標の数値に影響を与えられる速さに合わせることをお勧めしたい。そうすれば、前進するためのアクションに集中できる。たとえば、サポートの応答時間について週1回のチームミーティングで話し合うのは理にかなっている。チームが目標値に達していないことが判明したら、増員する、暫定的な製品アップデートを行う、顧客への応答に費やす時間を変えるなど、7日で結果が出る現実的な変更を実施することができる。マネジャーの意思決定が実際の結果に影響するまでには数日かかる。そのため、指標のレビュー頻度を増やすと、メンバーのやる気がそがれる可能性がある。逆に頻度を減らすと、対応すべき重要なトレンドや問題が目につかなくなるおそれがある。

アカウンタビリティのしくみは、モニタリングとは異なる。自動ダッシュボードもあわせて導入し、サポート応答時間が突然増えたなどの異常事態の発生を追跡できるようにしておきたい。このダッシュボードは、理想的にはリアルタイムで測定するものであってほしい。数値が特定のしきい値を超えたら警告が出ればさらによい。多くのエンジニアリングチームは、システムに発生する問題のリアルタイムダッシュボードと警告システムを導入して、問題の見える化に取り組んでいる。この場合に導入すべきアカウンタビリティのしくみは、ダッシュボードの突然の変化に対処する担当者と、その人が根本原因と解決策を利害関係者に伝える方法を、あらかじめ決めておくことである。

社内コミュニケーション

会社の大きさが12カ月ごとに倍になる様子を想像してみてほしい。今の従業員の約半数は、1年前にはいなかった。あと1年経てば、従業員4人のうち3人以上は、わずか24カ月前の議論や意思決定に無関係だったことになる。そのため、新たに入社した人々が重要な文脈をすばやく理解できるように、重要な情報を会社として登録する方法を決めることが大切になる。加えて、会社の内情をわかっている人といない人の間で組織文化が分断されないように、明確なコミュニケーションポリシーの策定が必要だ。社内コミュニケーションは、アプローチ次第で、組織を平等にする力にも、格差を広げる力にもなりうる。

最高の社内コミュニケーションは、一層の信頼を築くしくみになりうる。会社の規模とともに拡大し、重要な情報をアクセスしやすく便利な状態に保ってくれる。一方、最悪の社内コミュニケーションは、社内向けのプロパガンダを生み出す。言うまでもないが、「わたしの計画は素晴らしいものであり、何もかもがうまくいくはずだ」と説得するために専任のチームが必要だとしたら、大きな問題がある。信頼はごまかしに反比例する。優れたコミュニケーションでは、タイミングよく誠実な情報提供が大切だ。これには、失敗を積極的に認めることが含まれる。失敗は許してもらえるが、情報を隠したとき、嘘をついたとき、ミスリードしたとき、あるいは経営幹部として発言を貫徹しないときには、信頼が失われる。

　優れた社内コミュニケーションに力を入れるのは、リーダーあるいはマネジャーとしての役割のひとつだ。あなたの部門に属する人々は、どのような情報が、いつ、どこで伝えられるかを把握している必要がある。すべてのミーティングで意思決定の内容と次のステップを記録したメモを残す、とチームメンバーがわかっていれば、ミーティングの際にもっと自信を持って議論に貢献できるだろう。また、あとで当事者ごとに議論の内容の記憶が異なった場合にも、常にメモを参照できる。同様に、従業員には、仕事をきちんとこなすために必要な情報にアクセスできるという実感が重要だ。社内の人脈や社歴にかかわらず、安心してこうした知識にアクセスできなければならない。

社内コミュニケーションへの投資を始めるべきタイミング

　ダンバー数（ある学説で提示されている、ひとりの人が社会的関係を維持できる人数の認知的限界）は、社内コミュニケーション戦略を策定するために役立つしくみだ[28]。

　社員が150人前後に達すると、一人ひとりの名前と所属チーム、担当を覚えるのが難しくなってくる。あなたもすでに社内コミュニケーションの慣行の文書化に取りかかっていることを願いたいが、その頃には、社内向けの会社ウェブサイトが完成し、明確なコミュニケーションガイドラインと、格納する情報、コミュニケーションの伝達ルート、各チームが管理を担当する情報などのポリシーが確立されているべきだ。また、古くなったコンテンツを廃止する手段も

第2章
コア・フレームワーク1 ── ゴールとリソースの確立と計画

正式に決めておきたい。

全社コミュニケーションは、事業運営の基本原則を会社という布に織り込む最善の方法のひとつだ。特定の種類のコミュニケーションについて、各チームがばらばらのプレイブックに従っていると（たとえば、部門レベルの変更を広く周知するチームと、そうでないチームがあると）、会社全体の事業運営の原則と共鳴しない下位文化が成立してしまう。

Stripeを支える大切な砦（とりで）のひとつが、長文を書く文化だ。Stripe内で回覧されている長文コンテンツがやや多すぎると考える人も少なくないだろうが、明確な文書化は結局のところ、アイデア、仕事、文化を迅速にスケールアップするために欠かせない姿勢である。

Column

Stripeの"文書化"文化

Stripeには、コミュニケーションの原則を記した多くの社内文書がある。Stripeが文書化の文化に投資している理由をまとめたこの文章は、イーキ・ド・ミリアーノが書いたものだ。事業運営チームのリーダーと数々のプロダクトチームのリーダーを歴任した、初期のStripe従業員である。

Stripeでは、文書化は社内コミュニケーション戦略の重要な部分を占めている。議論の内容は、メモとして書き残し、送信する。会社の重要なレビューは、あらかじめ読んでおくことを求められる。そして、"プレゼン"は、しばしば文書によるメモとして配布されることが多い。文書は誰でも見つけられるように、会社のWikiに格納される。

Stripeが文書化にまとまった投資をしている理由は3つある。

- **第一に、文書化は、平等にするためのしくみである。** 優れた文書は、その場にいなかった人に文脈を提供する。たとえば、他のチーム、別のオフィスにいる同僚、あるいはまだ入社していない人だ。最後の項目は、急成長企業にとって特に重要だ。社員数が毎年2倍になるとすると、3年目には90%のチームメンバーが創業時の議論を知らないことになる。強力な文書化の文化は、場所、年齢、在職年数などが異なる従業員のフィールドを平等にする。誰もが同じストーリー、考え、意思決定にアクセスできるようになるからだ

- 第二に、Stripeでは長文を書くと思考の質が上がると信じている。書き手にとっては、文をたくさん書き連ねて筋の通ったナラティブに仕上げたほうが、論理の穴がわかりやすい。読み手にとっては、ビジュアルなプレゼンよりも文章によるレポートのほうが斜め読みが難しい。その点については、おおむね不具合ではなく仕様だと考えている。長い文章を書くと、否応なしに細かい点に気をつけるようになる
- 最後に、文章は効率的だ。文章で伝えるのがうまい人は、ある意味で怠惰な伝達者でもある。つまり、一度言った内容を繰り返したくないのだ。文書に文脈があらかじめ盛り込まれていれば、何が起こったかの認識合わせの時間を減らし、前進することに多くの時間を割くことができる

　強力な文書化文化に伴うコストは、大量の文書ができてしまうことだ。したがって、会社全体のコンテンツマネジメントに熱心に取り組まなければならない。永久保存版の文書、作業中の文書、一度だけの文書を区別する必要がある。強力なデータ・ディスカバリー・ツールを導入し、明確なデータ階層を定義して、データアクセスが過負荷にならないようにするべきだ。

　文章のガイドラインについても厳密に運用する必要がある。会議のメモを送信するタイミングや、メモに盛り込むべき内容について、チームに期待する内容を決めておこう。重大な決断を書き出すことだけに力を入れるのではなく、会社の用語集（全社ミーティングをATH、または"オール・ザ・ハンズ"と呼ぶ理由など）やストーリー（会社の非公式マスコットがリャマである理由）なども文書化しよう。

　会社における"優れた文書"の定義を明確にしよう。チームメンバーに、スタイルガイドと、優れた文書のサンプルを提供しよう。作成した文書にフィードバックしたり、文章講座を開講したりして、従業員の文章力向上を支援しよう。

　これらすべてに、リーダー、チーム、個人の取り組みが求められる。そして、優れた文書化文化を重視したければ、最初の一歩はその取り組み自体を文書化することになるだろう。

社内コミュニケーションプログラムの構築と評価

　チーム、部門、会社全体のいずれかにかかわらず、社内コミュニケーションを構築して評価するには、社内コミュニケーションが次の条件に合っているかを確認しよう。

- **完全か。** アクセスできるようにしている情報は、仕事をやり遂げるために必要な情報か
- **アクセスできるか。** その情報を必要としているすべての人がアクセス権を得られるか。入社年数、地域、言語など、会社や部門におけるさまざまな分類について考えてみよう
- **信頼性があるか。** 内容は正確か。全社ミーティングは時間通りに始まるか。参加者は、毎回同じレベルの質を期待できるか。チームに、その週の最新情報を、一貫した形で、予測可能なケイデンスで送信しているか
- **透明性があるか。** 透明性とは、何もかも共有することではない。何を、いつ、誰と共有するかについて全員が明確にわかっているということだ。たとえば、人事関係の資料を会社全体に共有しないことは、誰でも理解している。それでも、給与、職階といったどの人事情報をどのチームや個人と共有するかを、従業員が正確にわかっているのが重要だ

重要な情報は、異なる手段や経路で少なくとも3回伝えるように計画しよう。コミュニケーション用の掲示板は、あまりチェックされなくなる傾向がある。従業員はある意味で消費者に似ていて、情報処理の好みが人によって違う。最も重要な全社向け指標をチームに確実に認識してもらうには、たとえば2週間に1回の全社ミーティングで伝え、いつでも見られる社内ダッシュボードに載せ、そして社内報にトレンドの説明を添えて共有しよう。

社内コミュニケーションについて覚えておきたいその他の点を次に挙げる。

危機や変化のときこそコミュニケーションを増やす

危機が発生すると、社内コミュニケーションの量が目減りしがちだ。従業員に詳細を伝える前にすべての答えを用意しておこうとする過ちを犯さないようにしよう。多くの情報を知りたいまさにそのときに、コミュニケーションが少なくなってしまう。不確かな時期におけるマネジメントについては第4章で詳しく説明するが、危機のときは、合理的に必要だと思う以上に頻繁に従業員と向き合おう。共有する内容が意思決定や新たな情報でなくても構わない。個人的なメッセージ、あるいは全体的な考え方を伝えるメールなどが、めぐりめぐ

って会社が危機や問題を真剣に考えているという安心感を従業員に与えることもある。

また、不確かな時期や変化の時期には、マネジャーが思うよりも多くのコミュニケーションが求められることがある。たとえすべての答えがわかっていなくても……いや、わかっていなければこそだ。GoogleがYouTubeを買収したとき、わたしはGoogle Videoのオペレーション部門のリーダーを務めていた。買収のニュースが知れ渡ったときに、チームに疑問や混乱が沸き起こったのは想像がつくだろう。わたしは将来的な戦略について深く理解していたわけではなかったが、チームに対しては、この買収が最終的にグループを強くする賢い買収だと思っている、と説明する短いメモを書いた。YouTube統合チームの一員を務めていたことで、Google VideoとYouTubeに関する計画が明確になるにつれて全員に最新情報を提供できる、と言えたことも役に立った。わたしのメールでは、共感を示し、透明性を保つように努めた。これによって、買収に向けた計画を固めている間にチームとの時間を取り、信頼を得ることができた。

大口顧客を失うなど、まだ広く知られていないものの会社に影響を与えそうな事象や危機が迫っている場合、その状況を共有するタイミングと方法を慎重に検討しよう。たいていちょうどいいタイミングを模索する必要が出てくる。伝えるタイミングが早すぎると不確かさと不安が生まれ、遅すぎると怒りや敵意をかき立てる。時間を割いて同僚と経営陣に相談し、効果的なバランスを追求しよう。その際に念頭に置くべき重要なルールがある。"自分が背景情報を知らない従業員だったとしたら、何をどんなタイミングで知りたいと思うか"を常に考えるというものだ。マネジャーとしては、経営陣からヒントを得て、メッセージを支えられるように熱心に取り組もう。

全社ミーティングを有意義にする

全社ミーティングの回数は少なめにしたほうがいい。会社が小さいときは、頻繁な全社ミーティングが、主な情報共有のしくみの役割を果たすことがある。しかし、会社が大きくなるにつれて、全社ミーティングの効果が落ちてくるので、あまり頻繁に開催するものではなくなる。代わりに、社内サイトやメールなど、他のコミュニケーション経路を使おう。全社ミーティングは、リー

第 2 章
コア・フレームワーク1 ── ゴールとリソースの確立と計画

ダーの声を届け、心情的なつながりをつくる機会や、事業の重要な成果や達成事項を強調する機会のために取っておこう（どんなことを表彰の対象とするべきかを、必ずモデル化しておこう）。ミーティングの質が悪ければ、出席率も伸びないし効果も上がらないだろう。全社ミーティングの質の向上に投資するか、あるいは時間をじっくり使って良いものにできるときにだけ、全社ミーティングを開催しよう。

社内サイトといえば、わたしたちはStripeの社内サイトをStripe Homeと呼んでいる。Stripe Homeは、会社全体にわたって一人ひとりをつなげるように設計されている。従業員の生産性向上ツールを担当する社内ツールチームは、他のしくみとともにこのStripe Homeにかなりの力を入れ、情報を見つけやすくしている。こうした社内のしくみは、将来的な業務拡大に向け、小さいがきわめて重要な投資となる。自社の製品の機能が完成した後でようやく優先できるぜいたく品と考えるべきではない。

Column

Stripe Homeの役割

Stripe Homeに関する次の説明は、当時の社内ツールチームのトップだったマイケル・シェードのブログ記事の抜粋である[29]。Stripe Homeは従業員のコラボレーションと情報検索が楽になるだけではなく、設計とエンジニアリングが美しい。Stripeに長年勤めたエンジニアであるブライアン・クラウスとトップデザイナーのひとりであるビル・レイバスが個人としてこのツールに取り組んだ。彼らの貢献により、社内のコラボレーションとコミュニケーションの重要性が示された。

Stripeでは、コミュニケーション、情報共有、そしてつながりを保つ方法について、常に意図的に取り組んでいる。会社が小さかったときは、コミュニケーションや情報共有が自然に起こっていた。しかし、社員数が150人近くに達すると、全員の名前を把握するのが難しくなった。その頃、会社のハッカソン（開発コンテスト）で、ある社員のグループが制作したのが、社員同士が会って互いの人となりを知るために役立つ、Peopleというディレクトリだ。

それ以来、PeopleはHomeという名前の多機能な製品としてつくり込まれ、従業員同士が知り合うための機能と、メールよりも便利な情報共有機能の両方が組み込

まれた。先月の時点で99％の社員に利用されているHomeは、Stripe社員の自己紹介、行動、その理由が掲載される信頼できる情報源であり、社員同士が互いを知るためにも役立つ。

Peopleの精神を受け継ぎ、Stripeの新入社員はHomeの中心となる。動画による新入社員の簡単な紹介、既存社員の簡単な紹介、そして開講しているクラスからユーザー向けイベントまで各種のアクティビティのリストが並ぶ。

Stripeの社員は数多くの共同作業に携わる。検索システムを使って文書、社員、チーム、さらにはAPIモデルを串刺し検索し、ライブフィルターですばやく絞り込める。検索インターフェイスは完全なAPI駆動型で、モジュール式のコンテンツインデクサー（コンテンツを検索できるようにデータを整理するプログラム）を基礎としているため、他のものを検索するのと同じインターフェイスに新たなコンテンツタイプを簡単に追加できる。

内部的には、HomeはStripeのユーザー向け製品（ダッシュボードなど）と同じテクノロジーに基づいて構築されている。これは、ユーザー向け製品開発と社内向け製品開発の間での移動を楽にするためだ。これにより、Homeは新入社員の慣らし運転用のプロジェクトやハッカソン用のプロジェクトに最適な場となった。

透明性と情報過多。偶然の出会いと厳選されたコンテンツ。明確なインターフェイスやチーム間の境界と、会社を形づくる"人"。これらの要素の間でバランスを取る方法について、わたしたちはこれからも模索を続ける。

オペレーティング・ケイデンス（事業運営のリズム）————

ここまで、優れたオペレーティング・システムの構成要素について扱ってきた。上手な事業運営を可能にする、言うなればオペレーショナライズする方法が、オペレーティング・ケイデンスだ。以前に、DirecTV向けのコンサルティングプロジェクト"CRMのオペレーショナライズ"に携わった。プレゼンの各ページに"オペレーショナライズ"と書き込みながら、やけにぎこちなく、ぱっとしない単語だと思ったものだ。それなのに今、こうしてオペレーティング・システムをオペレーショナライズする効能を持ち上げている。

人間は根本的に習慣で行動する生き物だ。だからこそ、自然に従えるオペレ

第2章
コア・フレームワーク1 —— ゴールとリソースの確立と計画

ーティング・ケイデンス、つまり会社、部門、あるいはチームが進捗レポート
を提出したり、意思決定を行ったりするにあたってのリズムを確立したい。緊
急事態やその他のもっともな理由があればケイデンスを崩しても構わないが、
ほとんどの場合は安定性と予測可能性が求められる。チームごとに別々のタイ
ミングでゴールを設定し、異なるデータ定義に基づいて結果を測定しているよ
うでは、業務遂行が混乱し、士気が低下する。

　ケイデンスはマネジャー、チーム、個人によって異なるが、あらかじめ関係
者全員が合意する必要がある。これらのケイデンスは全社的なケイデンスを反
映している可能性が高く、暦年のマイルストーンによって推進されている。オ
ペレーティング・ケイデンスを設計する方法は秘密でも何でもない。率いてい
るチームのタイプによって、さらには会社や事業のタイプによっても異なって
くる。重要なのは、ケイデンスは設定するが、それにとらわれないということ
だ。ケイデンスには反復が必要になることが多い。定期的に見直して業務との
関連性や新鮮さを保つべきだ。

　オペレーティング・ケイデンスの例には、次が挙げられる。

- 年1回の計画プロセス
- 四半期に1回のビジネスレビュー
- 月1回の全社ミーティング
- 2週間に1回の1on1ミーティング
- 1週間に1回のOKR進捗報告とチームミーティング（指標のレビューもあわせて実施）
- 毎日のスタンドアップミーティング

　オペレーティング・ケイデンスを定めていない場合は、自然に発生している
やりとりやレビューを観察してみよう。たとえば、すでにいくつかのチームが
所定のプロセスやコミュニケーションのしくみを用いているかもしれない。そ
の場合は、理由を確認し、役立っているところとそうでもないところを確認し
よう。現状が詳しくわかってきたら、もう少し広く、あるいは全社でアプロー
チを1カ月か1四半期試し、それからフィードバックを求めてみるなど、何度
も反復しながら改善する心構えを持っておこう。

ケイデンスごとに、チームと個人はさまざまなレポートを作成する。文書による最新情報、自動レポート、その他進捗を確認するための手段だ。サポートチームなら、週のはじめに顧客満足度、フィードバック、応答率をレビューし、次の週に数字を向上させるためのゲームプランを作成するかもしれない。製品リーダーシップチームなら、ローンチのカレンダーを確認し、今後のローンチに関する最新状況を共有するかもしれない。

重要なのは、部門やチームのすべてのメンバーにとって基準として機能する、予測可能な、共通の、一貫した構造を提供することだ。総合的なオペレーティング・ケイデンスは、週次チームミーティングの細かい単位と同様に、業務の重要性、その達成方法、成功した状態、測定方法に関する共通理解を育むのに役立つようにするべきだ（全社的なオペレーティング・ケイデンスの例については、**図8**を参照）。

オペレーティング・システムとケイデンスについては、次の点について頻繁にフィードバックを求めるようにしよう。

- 会社、部門、チームのミッションと、一人ひとりが期待されている仕事を、全員が把握しているか
- 計画と実行の明確なスケジュールはあるか。また、目標値に対する進捗の測定方法は確立されているか
- チームどうしが依存するプロジェクトでは、関連するチームとリーダーの間で意識合わせと合意ができていて、オーナーシップと優先順位が明確になっているか
- 成功したかどうかの測定方法と、業務の各構成要素の責任者を、全員が把握しているか。計画や結果をいつ実現するかを把握しているか
- 進捗を監視し、意思決定を行い、チーム間の垣根を壊すためのしくみが確立されているか
- ゴールに関する最新情報を提供し、変更があれば関連するチームに伝えるコミュニケーションの構造が確立されているか
- 成功を表彰し、お祝いしているか。失敗を共有し、失敗に学んでいるか。社内コミュニケーションによって、会社のバリューと事業運営のアプローチが補強されるか

図8 オペレーティング・ケイデンスの例（取締役会、全社ミーティング、イベント）

	Q1	Q2	Q3	Q4	Q1
取締役会のフォーカス	● 予算の最終決定 ● 報酬計画 ● 幹部評価	● マクロトレンド ● M&Aレポート ● ESGレポート ● 取締役会評価	● 人材データとインサイト ● 人材戦略 ● 後継者育成	● 戦略計画の更新 ● 予算プレビュー	
	長期的項目：CEOの最新情報、事業部・部門別最新情報、委員会報告、取締役会の業務、経営幹部セッション				
会社のフォーカス	● 従業員アンケート結果 ● 最終決定された予算とゴール	● 外部／マクロトレンド ● お客様フィードバック	● 長期戦略 ● 長期財務モデルの更新	● 従業員エンゲージメント調査 ● 翌年の予算と計画	
	長期的コミットメント：週次チームミーティング、週次社内ニュースレター、月次全部門集会、月次または四半期ごとの全社ミーティング、四半期ゴール、QBR				
イベント		● 年間お客様イベント		● 年間社内集会	

経営幹部チームの好みや能力に合うように、オペレーティング・ケイデンスの設計と委任をお勧めしたい。幹部がプロセスの導入に力を入れていると確信できたら、その時点で初めて全社的な運用を始めよう。オペレーティング・ケイデンスのそれぞれの主要な構造に対してオーナーをひとりだけ設定し、他のリーダーはその構造を尊重することに同意するのが理想だ。

　ある同僚の観察によれば、わたしは何回レビュー・ミーティングを実施しても毎回"スイッチオン"できているという。一般に、事業運営の強力な責任者は、会社を運営するための構造をどのように尊重するかについて、常に献身的で一貫している。また、優れた業務遂行には、繰り返しと、長期間にわたる着実な改善が重要になることが多い。若い会社は、往々にして発明とものづくりが大好きな人でいっぱいになる。そのため、繰り返し可能なプロセスや現に繰り返されているプロセスを認識して、投資できるリーダーを採用するか昇進させることによって、傾向のバランスを取る必要がある。創造力や発明力と、厳格な事業運営のマリアージュを実現する、リーダーとプロセスの組み合わせが理想だ。どのリーダーがどの組織構造のオーナーであるかを明確にして、構造を各リーダーの強みや能力とマッチングできるように注意を払おう。リーダーが模範を示すことで、文化と業務遂行を重んじる構造に息を吹き込まれる。逆に、オーナーシップが欠如していたり、さらに悪い場合は会社の事業運営アプローチに従わない経営陣がいたりすると、毎日、毎週、毎月、毎年のミッションと長期的なゴールを達成する基礎となる安定した構成をつくる機能が損なわれてしまう。

プロセスに関する簡単な注記

　プロセスは、現代のビジネス環境では避けられがちな話題になっている。人々のスピードを落とし、やる気をそぐものとして知られている。実のところ、この章を"確立と計画"という名前にしたのは"あなたのプロセス"という名前だと一部の読者が抵抗するかもしれないと考えたからだ。

　わたしは、自社がプロセス、ミーティング、チェックイン、最新情報にまみれるのを心配する創業者から、よく相談を受けている。無理もないが、多くの

マネジャーはプロセスの増やしすぎに慎重だ。それに、ミーティングが多すぎると生産性の足を大きく引っ張る場合がある。しかし、物事の進め方の指針となってくれるプロセスを持つのは、本質的に悪ではない。ダメなプロセスは肥大化を起こすが、優れたプロセスは明確化に役立ち、業務遂行のスピードアップにつながる。

　プロセスに関する個人的な考えをいくつか共有しよう。

防衛的プロセスに注意

　明確なオーナーと意思決定者のいない環境では、わたしが防衛的プロセスまたは言い訳プロセスと呼ぶ現象が起こる。

　この手のプロセスは、何かがうまくいかなかったときに発生しがちだ。今後の再発を避けるための明確な責任者を定義する代わりに、プロセスを作成してしまう。

　Google時代に、新たな機能や製品の承認のために導入した"ビットフリップ"制度の対象者が、約3人から20人以上に膨れ上がったことがあった。最初は法務部門がレビューを要望したことから始まったが、あちこちの部門が近い将来のローンチを公式に知らせてほしいと要望して膨れ上がった。やがてプロダクトマネジャーから当然の苦情が上がり、オーナーシップとアカウンタビリティを明確にすることによって、ビットフリップ制度の対象者は片手で足りるくらいの人数に戻った。

　たとえば、プロダクトマネジャーは、ローンチの影響を受ける法務などの各部門に相談するタスクを割り当てられるようになった。相談して得られたアドバイスに基づいてローンチの準備ができているかどうかを判断するのはプロダクトマネジャーの仕事、というわけだ。慎重な検討を必要とするローンチを防衛的に阻止するのは、法務部門の責任ではなくなった。

　優れたプロセスは、意識合わせを強固にし、スピードとベストプラクティス準拠を同時に実現するような、負担の軽いチェックを導入する。これにより、最も優れたやり方をいちいち模索する必要がなくなる。一方、防衛的プロセスは、ある意思決定のオーナーが誰であるかについて合意がないために存在するプロセスで、必然的にスピードダウンにつながる。

陳腐化したプロセスに注意

　誰しも経験があるだろう。参加者が、必要な資料の締め切りを無視する。ミーティングで自分のPCを広げるようになり、業務の最新状況を報告しなくなる。結束が弱まり、「それにしても全体像はどうなっているんだ」「責任者はいるのか」といったことをそれぞれが主張し始める。ミーティングと同様に、プロセスも陳腐化、形骸化することがある。もともと悪いプロセスではなかったが、目的を終え、見直しの時期が来たのかもしれない。あるいは、そもそも防衛的なプロセスで、全員が守りに入ってしまうような混乱の原因がわかったため、役目を終えるべきものなのかもしれない。

　一方で、あまりに早くプロセスを変更するのも良くない。マネジャーは、十分に効果を発揮できるだけの長さがありながら、問題のあるプロセスがチームにまとわりついて生産性を落とすほど長すぎないくらいの、期間の絶妙なバランスを追い求めることになる。だいたい6カ月ごとにプロセスの見直しを実施しよう。それ以上の頻度だと運営が不安定になり、それ以下の頻度だとチームがプロセスに主体的に関わらず、手癖で処理するようになってしまう。

試行錯誤を許容する

　人は、さまざまなプロセスで試行錯誤するのを恐れる傾向がある。プロにふさわしくない、あるいは優柔不断に映るのではないかと、心配になるからだ。でも、チームにとってどんなプロセスが一番うまくいくかは、やってみないとわからない。わたしは、システムやプロセスの試行錯誤を大いに勧めている。ただし、プロセスについて試行錯誤する場合は、次のような点に気をつけたい。

- お試しの期間を明記する
- うまくいっているかどうかをチェックするタイミングを決める
- プロセスを続けるか見直すかの評価条件を設定する

プロセスとミーティングは同じではない

　ミーティングは、情報の共有、議論、意思決定、チームの絆の形成など、チームをうまく運営するために必要な多くの作業を実施するための便利なツールだ。でも、チームの好みや、やり遂げようとしている業務によっては、ミーテ

ィングなしで仕事をする方法はたくさんある。ミーティングを見直す方法のひとつは、文書で最新情報を伝えたり、プロジェクトトラッカーに書き込んでもらったりすることで、このミーティングの目標を達成できないだろうか、と自分に問いかけることだ。優れたプロセスは、ミーティングの数を増やすのではなく、減らすべきだ。

オペレーティング・システムやケイデンスの問題を見抜く方法

次の黄色信号に注意しよう。オペレーティング・システムやケイデンスの見直しが必要なサインかもしれない。
- 仕事のゴール、タイムライン、またはアカウンタビリティを負うオーナーが不明確。言い換えると、どのチームがいつ何をやっているのかを把握できていない
- 何もかも進行が遅すぎるように思える
- 問題の報告は上がってくるが、解決策の提案は上がってこない
- 業務の状況について、簡単な情報が見つからない
- プロジェクトの意思決定者が誰で、会社やチームの優先事項が何なのかを、誰も説明できない
- 重要な情報を出すように、あるいはミーティングに参加するように言われると、参加や出席をしなくなる人がいる
- どの最新情報やミーティングが重要なのか不明で、トラッカーの更新や自分が企画したミーティングへの出席すら気が進まない

効率的なリズムで稼働するしっかりしたオペレーティング・システムは、実行に不可欠で、優れたマネジメントの土台を築く。それは、あなたの会社づくりとマネジメントの基礎となる。オペレーティング・システムがいったん実施されると、次をはじめとする会社のあらゆる側面が導かれ、形成される。

- **採用**：最優先の仕事を前に進め、会社にポジティブな文化を定着させる人を招き入れる

- **チーム育成**：従業員がコミュニケーション、意思決定、協力するために役立つプロセスと、チームの業務のインパクト測定を通じて、インパクトと効率を最大化する
- **フィードバックと向上**：組織の成功に必要なスキルを総合的に特定して能力開発とコーチングをするとともに、各従業員自身の成長のゴールやキャリアの志を明確にする手助けをする

今後の章では、これらの要素をひとつずつ取り上げる。まず、会社の成長に応じて適切な人材を採用する方法から始める。

＊QRコードをスキャンすると、印刷可能な演習とテンプレートをダウンロードできる。

第 **3** 章

コア・フレームワーク2
総合的な
採用アプローチ

Core Framework 2
A Comprehensive Hiring Approach

人材こそがすべてだと信じるなら、採用プロセスもまた"すべて"であるべきだろう。活躍する人、会社に最もポジティブなインパクトをもたらしてくれる人をあらゆる職階で見つけることがゴールになる。いったん採用した人には、確実に業績を上げ、会社のミッションと文化を好きになるような形で、会社に慣れてもらう必要がある。

Google入社前の最終段階の面接で、取締役がわたしの職場環境への適応力と組織文化へのなじみやすさをテストした場面があった。取締役はとてもオープンで人当たりがよく、こちらが安心して話せるようにしてくれた。しかし、面接が終わりに近づくと、厳しい質問をつきつけてきた。「では、あなたにとって真の仕事の抱負は何ですか」と聞かれ、わたしは即答した。「組織を中から崩して変えることです」口に出して言えた自分が信じられない（"言いにくいことを伝えられた"のかもしれない）。

結果的に採用されたのは、率直で誠実に振る舞えたのもあるが、わたしの答えが革新的な会社のミッションにフィットしていたからだと思う。Googleに惹かれたのは、テクノロジーは良い社会的影響を及ぼし、機会へのアクセスを民主化する、というのがわたしの信念だからだ。一方、Google側は、製品開発・運営方法で今までと異なる考えを持つ人を探していた。20年近く前に現在Googleがある世界を想像し、そこへ至る道すじを見いだせる人材である。

わたしが受けていたのはマネジャー職の面接だったが（そう、忌まわしい中間管理職だ）、やがてGoogleの面接プロセスは職務を問わず幅広く厳しいものだと知った。妥当なことだと思う。人材は会社の命運に等しい。そして、急成長企業では、経験の浅い人材が未来のリーダーになる。Stripeに入社した頃の直属の部下に、メモリアル・スローン・ケタリングがんセンター（1884年に設立された、ニューヨークの著名ながんセンター）のリクルーティングと運営プログラムのマネジメントを担当していた女性がいる。彼女は実に有能なリクルーティング担当者だった。さらに、運営プロセスの構築も得意で、コミュニケーションのスキルも高かった。また、社内で育った人材の好例でもある。現在は、数百人が属するグローバル組織であるStripeのリクルーティングおよび人材パートナーチームのトップを務めている。

会社によっては、ほとんどの職務の採用を機械的に実施し、リーダー層だけ

第3章
コア・フレームワーク2 —— 総合的な採用アプローチ

まったく異なる形で採用しているが、このやり方は人材の質を破滅させ、信頼も失うおそれがあると思う。有能な人材を迎え入れることが会社の将来を正しい方向に導くために不可欠だ、というメッセージを伝えたければ、あらゆるレベルの採用で厳格なプロセスが必要になる。リーダー採用は、職階にふさわしく一人ひとりに合わせた内容が増えるが、採用の基礎的要素と組織文化の取り込みは、リーダー採用でも一般従業員の採用でも同じであるべきだ。もしリーダーがやすやすと入社しているようなら、たとえ職務経歴書が印象的でも信頼性に疑問符がつく。

すばやい採用の必要性と、最も都合のよい人物ではなく最も成功する人物を採用する必要性とのバランスを取るアプローチを追求しよう。経営幹部が事業運営部門のリーダーに伝える最も恐ろしいセリフは「わたしは質とスピードの両立を求めています」だ[30]。運営部門のリーダーはそれがいかに難しいか知っているが、他の幹部はこの悪気のない要望を満たすことが実際に何を伴うのか、いまひとつぴんとこないかもしれない。しかし急成長企業の採用アプローチでは、質とスピードが両立する理想的な運営をぜひとも実現しなければならない。そのために、ほぼすべての社員を採用に関わらせる必要がある。社員たちは、事業運営と組織文化の基準を満たすために、業務に絶えず優先順位をつけなければならない。良いニュースは、社員がやる気を出してくれるということだ。なにしろ、採用するのは将来の同僚なのだ。期待する内容をいったん決めたら、採用に関連するさまざまな業務とプロセスが、"質とスピードの両立"というゴールへの道に欠かせないものであるかを確認しよう。同時に、通常業務から外れた行動が良し悪しを問わずプロセスに影響を与えていないか、測定・監視することも必要だ。

この業界で"人材獲得"と呼ばれる仕事は、実のところ単なるマーケティングと営業にすぎない。具体的には成長マーケティングやパフォーマンス・マーケティングと呼ばれる。最も抽象的なレベルでは、採用ブランディング、候補者の特定、アウトリーチにしっかりと取り組み、求人ページの閲覧回数が増え、候補者が会社の"ファンネル"（じょうご）に向かう流れをつくる必要がある。それから候補者の質を評価し、最も成功しそうな候補者を獲得できるように、プロセスの各段階を通じてコンバージョンを最適化しなければならない。

多くの会社は、結果を出せて繰り返し可能な営業とマーケティングのしくみを築いてきた。あなたの人材ファンネルも、同じようにしくみ化できる。ただし、人間ならではのばらつきがあることには留意してほしい。

あらゆる強力な事業運営と同じように、採用においても、最初に組織の総合的目標と組織文化の基本原則を明確にすることから取りかかり、その次に、プロセスの骨子と、成功を測定する方法の概要を定める。このプロセスは、候補者が入社を承諾するところで終わるわけではない。オンボーディング（組織に受け入れるプロセス）を成功させ、新規採用者がマネジャーと、さらには会社全体と強い絆を形成するまで続く（図9は、採用プロセス、言い換えると採用コンバージョンに関わる手順の概要）。

図9 採用のコンバージョンプロセス

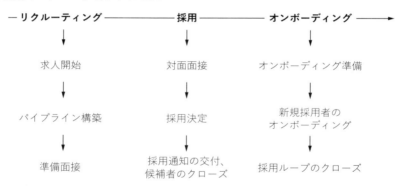

この章では、ファンネルの各ステップを説明し、続いてリーダー職のリクルーティングではアプローチをどう変えるべきかを考える。

営業を顧客のセグメントごとに変えるように（たとえば、小規模な見込み顧客はセルフサービスなど手のかからない方法でも構わないが、大口顧客には各社に合わせた対応が求められるかもしれない）、採用とオンボーディングのアプローチについても、会社の成長段階や職種によって調整する必要があるだろう。各職階ならではの採用ニーズに関しては、ピラミッドのように考えるとわかりやすい（**図10**）。

第3章
コア・フレームワーク2 —— 総合的な採用アプローチ

図10 職位ごとに異なる採用ニーズ

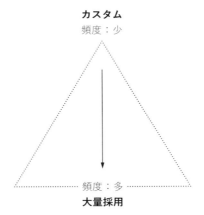

　ピラミッドの一番下で多くの職種の人材を大量に採用する場合、採用業務と面接のほとんどは該当する職種で実績のある社員が担当し、最終面接をマネジャーが行う。このレベルの採用では決まったプロセスを踏み、携わる社員数は採用者数と同じくらいだ。独立した採用委員会や採用ミーティングではなく、より一律な候補者レビューと承認プロセスを導入する場合もある。

　ピラミッドの上に行くほど、プロセスとアプローチは職務に合わせてカスタマイズされる。ピラミッドの中央から上の採用では、独立した採用チームまたは採用委員会を設立し、部門横断的パートナーを含む同じ面接官のグループが担当することを勧めたい。採用委員会の中で候補者と職務の相性を見抜けるようになる。採用委員会が一定の傾向を認識できるようになると、判断への自信が強まり、採用活動のレベルが上がる。

　最高幹部を採用する場合もチームで進めるが、アプローチはさらにオーダーメイドになる。このチームには、現在の経営幹部と、採用プロセスのために選び抜いた人々を含める（詳しくはこの章後半のリーダー採用に関する項を参照）。

Column

採用時の創業者の役割

　最近、別々の創業者からほぼ同じ質問をいただいた。ある職種のすべての最終候補者を自ら面接すべきか、というのだ。事業拡大の初期段階にある場合、たとえば創業者や信頼できるシニアリーダーひとりあたり従業員100人くらいの規模なら、答えはイエスだ。黎明期に採用する社員は、会社の今後にとってきわめて重要だ。そして、創業者こそが、理想の採用姿勢、具体的には厳しい面接や高い要求水準をモデル化する力を備えている。

　創業者が最も大きなインパクトを発揮するのは、採用候補者が無難なときだ。たとえば、すべての資格を満たし、評価ルーブリック（基準）では合格判定だが、言葉にできない懸念が沸き起こって、抜きんでた結果を目指す姿勢やポテンシャルが備わっているか心配な場合だ。多くの面接担当者は、あいまいな懸念を口に出すのをためらう。面接アプローチの中で確立されている質問ではなく、直感に基づいているからだ。このため、無難なだけの人物を不採用にする意思決定をモデル化する必要がある。やがてそのモデルをプロセスへ組み込むことになるが、まずは経営幹部が行動で示すのがベストだ。候補者を不採用にする際は透明性を保ち、理由を説明しよう。そして、実際の事例を用いて、評価を実施する方法と、"役割は何でもいいのでこの人と働きたい"と思わせる定義不能な要素を見いだす方法を、他の人に伝えよう。

　うまくいけば、同じ行動を他のリーダーに伝授できるようになる。Stripeでやったのが、まさにこれだ。創業者ふたりが模範を示し、Stripeにおける採用の原則と期待する内容を新たなリーダーに手ほどきした。Stripeの規模が大きくなると、シニアリーダーが最終面接を担当し、創業者または経営幹部が最終選考に残ったすべての候補者と面接するようになった。この体制は、Stripeの従業員数が数百人になるまで続いた。やがて、経営幹部チームは、厳しい採用プロセスだけでなく適切な採用姿勢を採用マネジャーと部門リーダーに任せられると確信した。そのとき初めて一歩下がり、採用ピラミッドの中央から上に集中して時間を割くようになった。

ここからは、採用プロセスの大まかな流れを示す。
- **リクルーティング**：候補者を会社の採用パイプラインに惹きつける
- **採用**：面接から採用までの意思決定
- **オンボーディング**：新入社員の成功の礎を整える

第3章
コア・フレームワーク2 ―― 総合的な採用アプローチ

それぞれの節で、一般従業員の採用とリーダーの採用の両方について説明する。最後に、採用ループを閉じ、時間をかけて改善していくためのアドバイスで章を締めくくる。採用はリクルーティングから始まるので、そこから説明しよう。

リクルーティング

新製品を市場で認知してもらうのは難しいが、採用候補者に会社を認知してもらうのも同じくらい難しいだろう。候補者に会社の存在を積極的にアピールし、採用できそうな人を探す必要がある。小さな会社は求人サイトや案内広告サイトを使うが、成長しているテック企業はこのアプローチでは苦労する場合がある。技術スキルを備えた候補者を求めるテック企業では、競争が激しい。高収入の選択肢がいくらでもある候補者たちに、自社の優位性を示さなければならない。はじめのうちは、創業者や初期従業員の個人的なツテをたどるのが一番簡単だ。ただし、当初はうまくいくかもしれないが、事業の拡大には対応できない。また、多様性に欠けた採用になるおそれがある。人は、経験、学歴、人種、性自認などの面で、自分と似た人と友達になりがちだからだ。

Stripeは当初から、採用パイプラインの構築で独自路線をとっていた。開発者向けの製品なので、初期ユーザーを何人か採用できた。具体的には、フィードバックの量や質が特に優れていた人たちだ。しかし、それからまもなく新たな戦術を取り入れた。創業者がQ&AサイトのQuoraやニュースコミュニティのHacker Newsに投稿する、チャットシステムのIRCで質問に答える、自社サイトにブログを掲載してTwitter（現X）でシェアするなどである。

黎明期のStripeの手段のひとつが、CTF（Capture the Flag）というコーディングのコンテストだ。大きな話題を呼び、何よりうれしいことに優秀な候補者になりうる人材を見つけられた。最初のCTFイベントには、12000人の参加者（ユニーク訪問者）がいて、そのうち250人が問題に正解した。そして、250人のうち3人がそのままStripeに入社した。このイベントが他のオンラインフォーラムでの活動と相まって会社の存在感を高め、候補者を採用プロセスに惹きつけるために役立った。

Column

StripeのCTF（Capture the Flag）

　Stripeの強力な文書化文化の例に漏れず、初期のStripeエンジニアでCTFの主要な貢献者クリスチャン・アンダーソンがCTFの由来について書き下ろし、すべてのStripe社員が読めるようにしている。次の文章は、アンダーソンの文章を少しだけ編集した抜粋である。

　Stripeで最も有名なコミュニティ・イベントといえば、2012年にスタートしてこれまで3回実施したCTF（Capture the Flag）だ。第1回のCTFは12日間で企画し、ブログ記事で発表した。わたしたちは一日中オンラインに張り付き、プログラマーを楽しませ、参加者にとって挑戦しがいのある課題を提供したつもりでいた。コンテストは大胆な予想すら上回るほど大人気を博し、公開中の1週間に約12000人の参加者を惹きつけた。その週から、CTFは当社の主要オーディエンス（開発者、イノベーティブなオンライン製品を構築する人々）からの評判が上がった。CTFはわたしたちが製品づくりを愛し、テクノロジーに魅入られ、最高品質を推進していることを、世間に示してくれる。多くのエンジニアがStripeに入社するきっかけとなったのは、驚きでも何でもない。そして今度は、入社したエンジニアたちが次のCTFを制作してくれた。

　2012年2月に、Stripeの社員は18人だった。SmashTheStackというオンライン・コミュニティで、セキュリティ脆弱性を発見して攻撃する〈IO〉というコンテストが開催されていた。それに刺激されたStripeのエンジニア、シッダース・チャンドラセカランが、当社も同じようなチャレンジをつくろう、と提案した。チャンドラセカランは2月9日にコードを書き始め、すぐにふたりのエンジニアが加わり、3人で第1回CTFを完成させた。参加者は、徐々に難しくなっていく6つのレベルからなる問題を解く。次のレベルに進むには、脆弱性を攻撃してユーザー名に対応するパスワードを発見しなければならない。レベル4ではバッファ・オーバーフロー攻撃、最難関のレベル6ではタイミングベースのサイドチャネル攻撃が登場した。

　最終日までに全レベルをクリアしたのは250人。そのうち数名が入社してくれた。中には、CTF2（Capture the Flag 2）のアーキテクトもいた。このアーキテクトは、大卒者の採用シーズンを盛り上げるウェブ・セキュリティCTFを提案してくれた。3週間にわたってCTF2の制作に集中し、2012年8月22日にローンチした[31]。その3週間で、Stripeの社員は28人から31人に増えた。中心のチームは小さいままだった

第3章
コア・フレームワーク2 ── 総合的な採用アプローチ

が、新たに何人もの社員が（当社初の夏季インターンも含め）、新しいCTFの改良とテストに参加した。

CTF2は、あらゆる面でCTF1よりも考え抜かれていた。たとえば、規模の拡大を考慮したインフラで稼働させた。CTF2の実施をローンチの1週間前に発表し、計画的な事前マーケティングを行った。目に見える最も大きな違いは、社内デザイナーのルドウィグ・ペターソンが映画〈トロン〉のテーマを用いて制作した美しいCTF2のウェブサイトだった。

CTF2のサイトには、16000人の参加者の8レベルにわたる進捗を表示するリーダーボードを用意した。CTF1と同様に、はじめの数レベルは多くの人に楽しんでもらえるようにして、最後のほうは悪魔のような難易度にした。ウェブへの攻撃について議論するときに、今でも「StripeのCTFを思い出す」と言ってくれる人がいる。これはCTF2のことだ。たとえば、レベル7では難易度の高いハッシュ関数の伸長攻撃をテーマにした。MD5の伸長攻撃に関する有名な論文を著したタイ・ズオンとジュリアーノ・リッツォが評価してくれた。のちに、TLSプロトコルを対象としたCRIME攻撃の論文を公開したときに、わたしたちに知らせてくれただけでなく、発表の動画でも言及してくれたのだ。

さて、美しいが骨の折れたCTF2を終えてから、CTF3を企画する意欲が沸き起こるまで数カ月かかった。しかし2013年の夏までには、CTF3を開催する機運が高まってきた。わたしたちは、CTF3をやるのなら、CTF1とCTF2で気にしていた点を見直そうと決めた。それは、CTF1とCTF2がどちらも、システムをつくる人ではなく、壊す人に最適化されていたということだ。この点を踏まえ、わたしたちはCTF3の意欲的な新テーマとして"分散システム、パフォーマンス、スケーリングを含むシステムエンジニアリング"を選んだ。Stripeが志の高い会社であることを考えれば驚きではなかったが、新たな不安も生まれた。セキュリティのCTFには大量の先行技術があったが、分散システムのCTFは初だ。CTF3は非実用的であるように思えた。各参加者が思い思いにつくって提出した分散システムのコードを、こちらでビルド、実行、テストしなければならない。

Stripe創業時から在籍したエンジニアで初代CTOのグレッグ・ブロックマンが、2013年7月下旬から8月上旬にこの分散システムのアイデアを検証し、アーキテクチャを試作した。しかし、同年の晩夏から初秋は創業以来最も忙しい時期だったため、2013年末に向けて中心業務を優先できるように、ローンチを2014年1月に延期した。この頃、CTF3が無期延期になってしまうのではないかと誰もが心配してい

た。しかし、分散システムCTFの実施がどれほど素晴らしい取り組みなのかを理解できるくらいには、作業は十分に進んでいた。12月、グレッグは社内向けにサンプルとしてふたつのレベルをリリースした。当時74人いた社員には大好評だった。ホリデーシーズンが終わると、Stripe社員はCTF3のリリースに全力を注いだ。

エンジニアの中心チームはノースダコタ州にあるグレッグの実家に集まり、CTFの開発に1週間集中した。1月に北米を襲った大寒波のため、気温はマイナス10度に達し、米国中の飛行機が立ち往生したが、開発はとんとん拍子に進んだ。5つのレベルのドラフトを仕上げ、1月15日にCTF3の予告を出した。それからローンチまでの1週間は、多くの社員が手伝ってくれた。完徹や半徹の連続だったが、1月22日にリリースしたCTF3は大好評で迎えられた。7500人の参加者が、64万回以上にわたってコードを更新した。現実の業務に近い問題だったため別解も多々発生したが、挑戦者の楽しみは損なわれなかった。CTF3については、「プログラミングで一番楽しかった」というコメントをいただいた。

3つのCTFは、開発者にどうリーチするかという研究になっている。開発者は、会社にとって中核的存在であり、（過去、現在、未来にわたって）中心的ユーザーでもある。CTFに挑戦した開発者は、「自分が大切にしていることを大切にしてくれる会社がある」と感じてくれる。製品や今後のサイドプロジェクトでこれからも継続的に期待に応えていかなければならない。さらに、各CTFではボランティアのグループが自然に形成されて、会社のために素晴らしい作品をつくり上げてくれた。そう考えると、CTFはわたしたちの価値観に関する研究にもなっている。

人を集めたら、職場環境を説明するページや、募集中の求人の職務記述書をチェックできるページを、ウェブサイトにつくっておく必要がある。これは大きなマイルストーンであり、ここまでにかなりの作業が必要だ。会社紹介も職務記述書も、うまく作成するのは驚くほど難しい。特に、製品がまだ開発中で、職種ごとの業務範囲も固まっていない場合はなおさらだ。この時期には、誰もがあらゆる仕事の担当者のようなものだ。職場環境、社員全般に期待されること、職種ごとに期待されることをできるだけ明確にするのと同時に、細かすぎず、くどすぎない説明を心がけるのが重要だ。

求人を出すほうとしては、能力のある候補者を惹きつけられるように間口を広くしたい。しかし、あまりに一般的すぎる内容にして、採用した本人の投影

第3章
コア・フレームワーク2 ── 総合的な採用アプローチ

したイメージとかけ離れた仕事をやらせてがっかりさせるわけにはいかない。職務範囲がはっきりしない場合は、そのこと自体を伝えることも候補者の絞り込みに役立つ。職務範囲のあいまいさに不安になる候補者は、その職務には向いていないということだ。

もうひとつ決定的に重要なことがある。職務や適性を書くときには、応募すべき人やすべきでない人に関するバイアスが伝わるような文言に注意しなければならない。文言のバイアスは目立たないため、見つけにくい。幸い、TextioやGrammarlyなど、バイアスの兆候を見つけ、中立的な文章に書き換えてくれる会社や製品がある。また、AdeptIDのようにまだ発見できていない有望な人材を探すためにデータを掘り起こす製品もある。

黎明期に会社や職種についてどう表現するかが、社内の人材も会社のブランドも大きく左右することを覚えておいてほしい。こうした基礎については、製品の初めてのリリースくらい気をつかおう。最初に来る候補者とその候補者の経験は、製品を最初に採用したユーザーと同じくらいしっかりと検討し、綿密に調査するべきだ。

しばらくの間、Stripeの採用プロセスは、リクルーターではなくエンジニアが管理していた。良かったのは、社員一人ひとりが全プロセスで採用を自分ごととして考え、すべての新入社員に成功してほしいと願うようになったことだ。

一方で欠点もあった。このシステムを愛でるあまり、エンジニア部門の初期のリーダーがQuoraに「Stripeにリクルーターは要らない」と投稿してしまったのだ。やがて会社が大きくなり、リーダー層をはじめとしたリクルーティングのためにチームが必要になってくると、このように公言していたことが、リクルーターを採用する際の支障となった。

すべての社員に採用を自分ごとと思ってもらうのはとても重要だとは思う。ただ、候補者を絞り込んで、候補者との関係や採用プロセスを進める専門家が必要になる時期がやがて訪れる。最初のチーム（10〜20人くらい）を超えて、常時採用が確実になったら、少なくともひとりのリクルーターと、場合によってはスケジュールやロジスティクスを補助するリクルーティング・コーディネーターが必要になる。1週間に複数人を採用する時期が来たら、経験豊富なリーダーが率いる採用チームの結成を考えるべきだ。ただし、候補者を集めるリ

クルーターは、採用と不採用の判断に責任を負う採用マネジャーの代わりを務めるべきではない。リクルーティングのエクスペリエンスとプロセスに責任を負う人と、最終的に新入社員の仕事に責任を負う人の間には、緊密な連携が必要だ。会社が大きくなると、新入社員のマネジャーが誰になるかがはっきりしないことがある。採用の時点で、配属先のエンジニアリングチームが決まっていないことがあるからだ。その場合、職種に最もふさわしい候補者を見つけるという採用マネジャーの業務を代行できる人々とプロセスが必要になる（詳しくは、この章後半のコラム「候補者レビュー」を参照してほしい）。

新入社員のリクルーティング

　採用はみんなの仕事だ。Stripeでは、リーダーレベルより下のリクルーティングと採用のプロセスについて一人ひとりの役割を示した、詳しい社内ガイドがある。中には採用業務が本業の付属品として扱われ、新しい金融アナリストを注文すると1カ月後にひとり仕上がる人間工場のようになっている会社もある。驚かされるが、幹部以外のほとんどの職種の大量採用では、こうなる理由は理解できる。会社が大きくなるほど、各職種が属する分野や下位分野の専門化が進んでいく。やがてリクルーティング部門が独立し、チームメンバーは面接ではなく本業に集中する。

　しかし、この傾向には注意してほしい。採用業務は、外部の人である候補者を相手に会社の組織文化を表現し、一緒に働く人を自ら選び、その成功に責任を負うことを学べる場だ。採用業務と本来業務を完全に切り離すと、学びの場がなくなってしまう。

　会社の成長に合わせて採用プロセスに携わる人を増やし、（特に、大量採用の場合にも）積極的に関わり続けてもらうには、強力なプロセスと、採用部門とその参加者との間の明確なコミットメントの両方が必要になる。また、採用が片手間の仕事ではなく、社員全員にとって重要な責任だというメッセージを繰り返し伝えるには、特に大きく貢献している社員を正式に表彰することも大切である。

第3章
コア・フレームワーク2 ── 総合的な採用アプローチ

Column

リクルーティングへのコミットメント

リクルーティングに関するStripeの社内文書の一部を紹介しよう。この文書は、Stripeのリクルーティング・チームと他部門の間の相互コミットメントである。すべての項目は当社のイントラネットであるStripe Homeにリンクされ、詳しく説明されている。

リクルーティング部門へのStripe社員のコミットメント

カレンダーをきちんと管理する。

職務と面接について把握する。

職務記述書、求められる能力、合否の基準などを確認する：
- 面接トレーニングに参加し、あなたが頻繁に携わる面接の最新情報に精通しておく
- 面接前に準備用の資料をすべて読んでおく（特にロールプレイやシナリオベースの面接の場合）
- 面接で評価を任された能力を詳しく理解し、評価の基準があればあわせて把握する

ルーティンを把握する：
- 候補者をひとりで放置しないように心がける。面接に遅れる場合や、候補者を部屋に残さなければならない場合は、リクルーティング・コーディネーターに連絡する
- 自分の面接の終了時間と、次の面接の担当者を常に把握しておく。候補者に次の面接に備えてもらえるとともに、質疑応答の時間を残せる

候補者を知る：
- 面接の前に、職務経歴書、LinkedInプロフィール、その他の応募書類にしっかりと目を通しておく
- マネジャーのみ：筆記課題と、これまでの面接から得られたフィードバックの

内容を確認して、さらに深掘りが必要な領域を把握する

期日までにフィードバックを提出する。

採用ミーティングに積極的に関わる[32]：
- （自分のフィードバックを出した後）判断を下す前に他の面接官のフィードバックを読んでおき、懸念や意見の不一致などを議論できるように準備する
- FUD（Fear、Uncertain、Doubt──恐怖、不安、疑念）がある場合は、内容を具体的かつ明確にし、評価を求められている能力と直接結びついていることを確認する。たとえば、「この候補者は、過去の職務について話しているときにXさんに対して否定的な姿勢を取り、チームへの貢献度を過小評価していた」という指摘は、単に「この候補者は当社の組織文化に照らして不安がある」よりも役に立つ
- 率直に話す。採用判断は、合否を決める前に意見や懸念を伝えるチャンスだ。公開の場で話したくないことがあれば、遠慮なく直接リクルーターに伝える。問題について黙っているよりもずっといい

候補者をフォローアップする：
- 合格通知を出すとき、あるいは候補者が受諾したときには、熱意のこもったメールを送る。対面面接で長い時間を一緒に過ごした場合にはとりわけ大切だ
- 候補者からのフォローアップの質問に迅速に返信する。すぐに連絡する余裕がなければ、質問をリクルーティング部門や採用マネジャーに転送する
- プロセス中にリクルーターから候補者の紹介があったら、48時間以内に連絡を取る

ABR（Always be Recruiting）──最高の人材を獲得できるように、常にアンテナを張っておく。

Stripe社員へのリクルーティング部門のコミットメント

Stripeの年間行事を尊重する。

第3章
コア・フレームワーク2 —— 総合的な採用アプローチ

紹介と、紹介者を大切にする。

候補者が成功できるように準備する：
- 面接に入る前に、明確な職務記述書を作成し、面接の枠組みを設定しておく
- 候補者に、面接で何を期待しているか共有する
- 最初の連絡から合否を出すまで、候補者の支持者、サウンディング・ボード（反響板のように、共感を持って対話・相談できる相手）として振る舞う
- 会社の意図を常に率直かつ明確に説明し、合否にかかわらず、お世話になったという印象を候補者に残す
- 候補者を好意的に捉え、プロセスの全段階で共感を持って接する。面接は骨が折れるので、重要だ

明確かつ頻繁に、候補者とコミュニケーションを取る。

対面面接の際に、候補者をきちんと案内する。

採用ミーティングが成功するように準備する：
- （採用マネジャーと協力して）積極的に議論を円滑化し、脱線を防ぎ、効率的かつ時間通りに終わるようにする
- モデレーター役を務め、候補者に対する敬意ある公平な議論を保つ
- 議論は具体的な能力に結びついた内容とし、主に、面接の対象となっている職種を候補者がこなせるかどうかにフォーカスする

リクルーティングのプロセス全体を通じて、採用マネジャーや面接官と効果的なコミュニケーションを取る。

機密情報を慎重に、プライバシー厳守で扱う：
- 候補者とのやりとりを通じて、リクルーターが個人情報や機密情報を知ることがままある。当社はこの情報を知る必要のある人にのみ通知することを約束している
- 面接官は、リクルーターに個人的な懸念を安心して伝えることができ、リクルーターがこの情報を慎重に扱うと理解しているべきである

> Stripeにとって正しいことをする：
> ・採用基準をメンテナンスし、Stripeの長期的な成功のために最適化することが、何より重要だ。リクルーティング部門では、現在も今後も、Stripeにとっての最善手を支持していく

どんな人材が必要か、活躍できるかを見抜く

職務を定義して採用プロセスを始める前に、会社における成功の形を必ず調査しよう。手始めに、次のように振り返る。

- これまでどのような人材を採用してきたか
- 非常に成功しているのはどの人材か
- 会社の業務拡大に合わせて成長できているのはどの人材か。それはなぜか。どんな性格や能力が表れているか
- 会社に欠けている視点や経験はあるか。多様性が欠けていないか。会社の弱みや不足している能力は何だろうか

ジョージ・W・ブッシュ元大統領のもとで国務長官を務めたコンドリーザ・ライスがインタビューされた場に、何度か同席したことがある。あるとき、政治家の後の仕事はよりどりみどりだったにもかかわらず、なぜスタンフォード大学に戻ったのかを尋ねる質問があった。ライスは、抜きんでることができて、インパクトを与えられて、情熱を追求できるような仕事に就きたかったからだ、と答えた。それが教育分野だったというわけだ。

ライスのアドバイスは、3つの円からなるベン図に落とし込むとわかりやすい（**図11**）。仕事のできる人、会社の進歩に大きなインパクトを与える人、自分のやっていることが好きな人だ。理想の従業員は3つすべてに当てはまる。会社の中でこのグループに入る全員のリストをつくってみよう。他にどんな性質が共通しているだろうか。リクルーティングの際に、ある候補者が共通する性質を備えているかどうかを調べるのは、どんな質問だろうか。こうした質問を社内向けに用いて、適切なスキルを備えているだけではなく常に情熱とエネ

第3章
コア・フレームワーク2 ── 総合的な採用アプローチ

図11 理想的な従業員

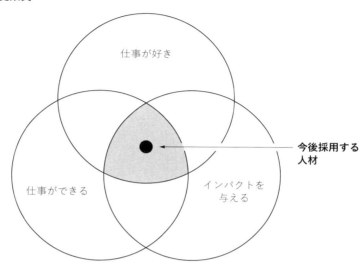

ルギーを仕事にもたらす人をもっと採用しよう。仕事に一生懸命で、それでいて明らかに楽しそうな人々には、本質的にやる気が備わっている。そのことはおのずと表れる。

　ダニエル・ピンクは、著書『モチベーション3.0 持続する「やる気!」をいかに引き出すか』(講談社、2010年) で、モチベーションは自律性、マスタリー (熟達)、目的を通じて沸き起こると説いた[33]。わたしも、高いパフォーマンスを発揮するには、モチベーション、ひいては達成感が不可欠だと思う。そうした気持ちを抱く人こそ、好奇心があって学ぶためのエネルギーと余地を持っているのである。

　わたしが入社した頃のStripeは、まだ国際的なプレゼンスを確立したばかりだった。カントリーマネジャー (海外支社代表) はゼネラリストとして担当する地域で事業を軌道に乗せるため、手を打っていた。しかし、会社の成長に伴い、これらの人々は収益に責任を負う本格的なチームビルダー兼マネジャーに役割を変える必要があった。そのうちの何人かは、やがて大規模な部門を運営することになった。カントリーマネジャーの中には、この新しい職務に合わせ

て成長した人もいたが、そうでない人もいた。創業期には優れた社員だったが、事業拡大後の職務に合わせて成長する意欲や能力に欠けていた。

　拡大のために新しいカントリーマネジャーを採用する際には、この職務で活躍している社員のタイプを理解して候補者を採用した。職務の変化に応じて、わたしたちの理解も少しずつ変わっていった。わたしたちは、積極的に時間を取って会社に必要なことを学び、常にフィードバックを求め、製品と現地市場について自ら知識をつけるくらい、業務拡大に伴う課題を楽しめる人々を探した。会社とともに成長する人材とは、6カ月先の職務に合わせて優れた結果を出すために、今学ぶべきことを予測できる人材だ。職務によっては、この適応能力は決定的に重要だ。

　Stripeの海外支社幹部の職務は、変化し続けている。成熟市場向けには、営業能力を一から築くよりも、最適化して拡大することが重要になる。その他の市場にとっては、今でもエバンジェリズム（製品の熱意ある伝道）、土台づくり、そして早期段階の営業による、新たなユーザーを惹きつけられるようなユーザーの獲得などが大切だ。職務に求められる内容への認識を絶えず進化させ、その結果、どの候補者が最も成功しそうかの見立ても調整できるように、態勢を整える必要がある。候補者は、職務の変化に合わせて適応する能力をアピールすべきだ。理想的には、一歩引いて自分に何が欠けているかを自問できる人であってほしい。採用戦略について考えをめぐらせる際には、会社の次のフェーズで必要となる経験やスキルがあるかどうかを、常に自分に問いかけよう（この点については、「新しいリーダーのリクルーティング」の項でさらに詳しく取り上げる）。

募集内容を詳しく説明して、候補者を手助けする

　いったん求人を始めると、職務記述書で会社とチームのバラ色の宣伝をしたくなる。この誘惑に負けず、会社に合いそうな人を惹きつけ、合いそうにない人を遠ざけられるよう、職務記述書と採用プロセスを設計することをお勧めしたい。職務への期待を明確化し、会社のミッション、組織文化のガイド、福利厚生や職場慣行といった事実などの情報を提供して、あなたのチームと会社で

働くのはどんな感じか、候補者が理解を深める手助けをしよう。

　最も重要な点は、職場環境について率直に伝えることだ。ハイペースな職場で、自立した行動が期待される場合は、はっきり書く。会社に自己認識力が備わっていること、つまり、一人ひとりが自分にとってのベストな働き方を理解している会社となることが、業務拡大すればするほど重要になる（事業運営の基本原則1「自己認識力を高め、相互認識力を築く」を思い出してほしい）。あなた自身を知ることで、優れた採用ができるようになる。

　第2章で抜粋した「Stripeの文化の手引き」にも、Stripeで働きたいかどうかを候補者が評価するために役立つ質問を掲載している。Stripeの基本原則には、それぞれ対応する問いがある。

わたしたちはまだ勝っていない
- Stripeの価値（と、株の価値）は、確定しているわけではない。あなたも結果に一役買うことになるとはいえ、大きなリスクとあいまいさが伴うことに問題はないか

緊迫感と集中力を持って動く
- 楽勝とはいえない職場で一生懸命働きたいか
- ひとりの意思決定者によって明確なゴールやマイルストーンを指示されるよりも、自分自身で結果に責任を取る職場のほうがやりやすいか

厳しく考える
- 自分の根本的な意見を最後に変えたのはいつか。よくあることか
- Stripeの社員は、日々、変化の激しい状況に対応しているが、対応は思慮深く慎重である。これはあなたの探し求めている職場だろうか

紹介（リファラル）

　ある職務に対する成功の定義が明確になり、職務記述書を書いて公開すると、うまくいけば書類選考に入って面接に進む候補者を決める段階になる。ここまでの活動に加え、強力な紹介プロセスを築くのも非常に大切だ。現在の従業員こそが、有力な候補者を知っている可能性が高いからだ。また、採用がうまくいっていれば、従業員同士のネットワークも、一人ひとりの能力に匹敵するくらい価値あるものになっているだろう[34]。

　ただし、候補者探しを紹介だけに頼るべきではない。紹介プロセスは拡大が難しいうえ、先述の通り多様性を揺るがすおそれがある。とはいえ、紹介の有効性の過小評価もしないほうがいい。紹介された候補者は大切に扱うべきだ。また、紹介がどれだけあるかは、従業員の幸福度やエンゲージメントを測る優れた指標でもある。理由は明らかだろう。

　わたしがGoogleで面接のご縁をいただいたのは、ビジネススクールの友人が、Googleでマネジャーだった大学時代の友人を紹介してくれたからだ。カリフォルニアの曲がりくねった道を婚約者とドライブしながら、知人からの推薦による自己紹介の電話を待っていたときのことははっきり覚えている。いざ電話がかかってくると、軽いあいさつだけかと思いきや、突っ込んだ会話が45分も続いた。終わり頃になると、友人がわたしをこのマネジャーに紹介したのは、Googleで活躍するスキルと姿勢をわたしが兼ね備えていると強く確信したからだとよくわかった。マネジャーが割いてくれた時間は、Googleの採用プロセスへの強いコミットメントを示していた。今でもよく当時を思い出し、このマネジャーが体現していた当事者意識と、それがGoogleという会社を物語っていたこと、そして全社員がリクルーティングのプロセスに携わることの重要性について考える。

スクリーニングのプロセス

　スクリーニングのプロセスは、候補者数によって変わり、最初の書類選考をする人（または機械学習アルゴリズム）が異なってくる（紹介の場合、このス

テップは省略されることがある）。最も大ざっぱな場合は、職務経歴書に目を通し、各候補者があなたの挙げた職務の資格（"同様の職種における急成長や成功"など）に合っているかどうかを確認する。特に人気の高い会社では、スクリーニングのプロセスをもう1段階加えて、候補者をテストしたり、採用判断のための追加データを収集したりする。後者の例には、コーディング評価や短い筆記課題などがある（章末にあるQRコード先で、文書による演習の例を紹介する）。ただし、まだ会社の知名度を上げ、採用のパイプラインを確立している段階では、あまり多くのハードルを設けないようにしよう。

　候補者が有力だという手ごたえがあったら、リクルーターまたは採用マネジャーが最初の電話スクリーニングを実施し、職務にふさわしいかどうかを判断する。合格したら、その候補者を対面面接に進める。会社によってはリクルーターが候補者と会い、正式な対面面接の前にチームメンバーまたはマネジャーに2回目のスクリーニングをする。いずれにしても、プロセスの最後に、正式な面接に招く。正式な面接プロセスについては「非リーダー職の採用プロセス」の項で説明する。そこまで飛ばしていただいても構わないが、本稿ではその前に、リーダーをリクルーティングする場合と一般社員の場合とのプロセスの違いを見ていきたい。

新しいリーダーのリクルーティング

　かつて自動車王ヘンリー・フォードは、自動車を開発した当時、「もし人々に何が欲しいか尋ねていたら、もっと速い馬が欲しいと言われただろう」と述べたという。リーダー採用も、この教えのようになることがある。わたしがStripeで面接を受けた頃、社員数はまだ100人を少し超えたところだった。CEOのパトリック・コリソンから、現場のチームのフィードバックを伝える電話があった（採用プロセスに他の人を関わらせる重要性については、この章の後半で説明する）。わたしを採用するのは「400人になったら必要かもしれないが、今は時期尚早だ」という内容だった。「明日には400人になるかもしれないのに」とパトリックが続けて、ふたりで力なく笑い合ったのを覚えている。

　これは、一般社員がリーダーの必要性を教えてくれるわけではない、という

真理の典型例である。適切なタイミングを決めるのは幹部のあなたであり、そうしなければ後悔するかもしれない。弾みがつき始めたら、社員100人から400人への成長はあっという間だ。わたしは、急成長を"ドラゴンに乗る"と呼ぶことがある。ドラゴンが高く飛び立つ前に、ドラゴン乗り、あるいは勇敢なリーダーが必要になるのだ。

　リーダーが必要になるタイミングかどうかを正確に認識するのは難しいかもしれない。創業者をはじめ、草創期に会社を形づくってきた面々ならなおさらだ。仕事が身近すぎて、自分たちが他者に任せられる仕事をどれほど兼任しているのかに気づかないのだ。

　先日、社員300人ほどの急成長企業の創業CEOと電話で話した。リーダーの増員や特定職務のリーダーの採用が必要かどうか、必要ならそのタイミングも含めてどのようにわかるのか、という質問だった。このCEOに、直近3週間の仕事をすべて書き出してもらい、次にその中で創業者兼CEOにしかできない仕事を検討してもらった。リーダー採用、投資家との会話、組織文化の確立、戦略的ビジョンの形成、将来的な製品や潜在的脅威からの防衛などの重要な投資判断などが挙がった。他の人でもできる業務については、すでに誰かがその職務に任命されているのにCEOが関わりすぎているのか（現在の担当者が業務拡大に合わせて成長できていないサインかもしれない）、そもそも職務を定義しておらず本能的にニーズをカバーしてしまっているのか、詳しく話し合った。

　このように全体像を把握した上で、仕事が増えて複雑になりすぎたときに新たに人を採用したり役職をつくったりするタイミングが来たと理解するのは、骨が折れる。半年から1年後に業務が大幅に増えることを予測し、今すぐ採用活動を始める判断を下すのは、さらに大変だ。そのためには、日常業務をいったん棚上げし、過去3〜6カ月の変化を調査する必要がある。それから、どの業務が今後も変化を続けて重要性を増し、リーダーを必要とするかについて、仮説を立てなければならない。

　事業が拡大中なら、自分が仕事をしないで済むようにするのが主なゴールだと覚えておくといい。Google時代のわたしは、リーダーからチームとわたし宛に質問のメールが届くと、すぐに返信するのを控えて、チームの他の人が返信するのを待った。誰も質問に答えられない場合、または行動できない場合は、

第3章
コア・フレームワーク2 —— 総合的な採用アプローチ

失敗だと考えていた。

成長企業の間で特に人気があるのが、Google、Facebook、そしてCOOを務めたスタートアップ企業Quipで急成長を経験したモリー・グレアムの名言である。グレアムは、急成長企業での仕事をレゴで遊ぶ子供にたとえ、「子供にたくさんレゴを与えても、今持っているレゴをシェアするのをためらいます」と述べた[35]。

急成長環境では、自分の成果と、担当する複数の職務を明け渡すのは難しい。しかし、あなたと会社が成長する唯一の方法は、その心理的抵抗を克服し、レゴを手放せば手放すほど、新しいレゴ——そして、おそらくもっと良いレゴ——が手に入ると認識することなのだ。グレアムは言う。「あなたは自分の仕事を6カ月ごとに明け渡さなければなりません」リーダー、特に創業者やCEOにとってはこれがよく当てはまる。

また、会社の将来的な成功に不可欠になりつつある能力が不足しているかどうかにも、絶えず警戒する必要がある。自分の能力と、会社のリーダーシップチームの能力の両方だ(第1章「スキルとケイパビリティを分析する」を参照)。言い換えれば、自己認識力の観点から、自分がわかっていないこと、苦手なことを把握しなければならないというわけだ。

エゴを脇に置いて、自分自身と自分の部門に厳しくなるのは難しい。今足りない能力だけではなく、3年から5年先に必要になる能力についても考えなければならない。これには絶妙なバランスが求められる。会社が生き残りのために戦っている段階では、現在よりスケールの大きい職務に、経験豊富な人材が必要になると想像するのは難しい。一方で、事業に弾みがつき始めていれば、おそらくすでに運営がややこしくなってきているだろう。今日うまくいっている業務でも、明日は変わる場合がある。たとえば、現在は小さな非公開企業で資金調達が順調でも、今後は公開企業の資金調達と財務報告を統括した経験のあるCFO(最高財務責任者)が求められるかもしれない。

未来の可能性に対して自信を持ちつつ、驕らないことが重要だ。自分でできないと認めるのは心が痛むかもしれないが、レゴを渡すなら遅すぎるより早すぎるほうがいい。そうしなければ、会社を死のスパイラルに追いやってしまうおそれがある。

> 「CEOとして、優れたリーダーになるために最も重要な成功要因は、人材を選ぶことだと思います。それと、フォロワーシップをつくることです。
>
> しかし、わたしが学んだ最も厳しい教訓は、他の人がもっとうまくやってくれる、と信頼しないと成功できない段階がいずれやってくるということです。そのブレイクスルーこそが、あなたがひとりのマネジャーを超える瞬間なのです。
>
> リーダーは、他の人にできないことをしなければなりません。チームの他の人にできることをやっているなら、単に時間を無駄にしているのです」
>
> ——リサ・ワーデル、Adtalem Global Education元CEO・現エグゼクティブチェア

必要なタイプのリーダーを見つけ出す

　Googleの黎明期のエピソードで気に入っているのが、創業者たちがオミッド・コーデスタニを採用した方法だ。オミッドはGoogleの11人目の従業員で、草創期の社員たちが初めて収益をプラスにしたときから、Googleが12000人以上の従業員と200億ドル以上の収益をたたき出す会社になるまで、事業運営部門を築き上げた。オミッドは創業者のラリー・ペイジとセルゲイ・ブリンとの打ち合わせに現れると、そのまま卓球台に腰かけた。そしてすぐに、ふたりが何を聞こうか迷っていることに気づいた。オミッドは言った。「この職務について面接するなら、自分ならこんな質問をします」それから自然に、自分を面接するように勧めた。残念ながら誰もがオミッドのような候補者ではないので、求める能力とその評価方法をしっかり調べなければならない。

　新しい職種のリクルーティングはやっかいだ。新しい職種を採用するときには、求めている人物像がおそらく正確にはわからないだろう（だからこそ経験者採用があるのだ）。さらにややこしい状況を説明しよう。比較的経験の浅い人に職務の一部を任せているが、より経験豊富な人物だったら職務や組織に何をもたらせるかがわからない場合がある。たとえば、会計と戦略ファイナンス

第3章
コア・フレームワーク2 ── 総合的な採用アプローチ

には、どのような違いがあるだろうか。

会社が高成長モードにある場合、必要な能力が社内に完全には備わっていない状況は珍しくないが、会社の現状を徹底的に評価するまでこのことに気づかない場合がある。職務への理解を蓄積し、リーダー候補者に求められる経験、特性、スキルの概要をまとめることが、最善の出発点となる。社内で昇格させるにしても、社外から採用するにしても、次の3つの点を明確にしておきたい。

- やるべき仕事は何か
- その仕事に秀でているとはどのような状態か
- その基準に沿ってどのように候補者を評価するか

大まかなスケッチができたら、会社のニーズとこれから進むべき道を考え、社内外の候補者の経験と能力を、必須と推奨に分けて考える必要がある。

社外採用を考えていないとしても（社内採用か社外採用かを判断する方法については、この章の「社内昇格か社外採用か」を参照）、他社の同様の職務で成功した相談役や幹部、あるいは現在同様の職務に就いている人に話を聞き、求めるべき人材と、面接のパイプラインを築いた後に候補者の評価方法についてアドバイスをもらおう。戦術的には、あなたの会社と同じ、あるいはそれ以降の成長段階にたどり着き、想定している職務の採用に成功している会社とつながり、そしてあなたの会社の投資家、相談役、取締役の知識を仰ぐことになるだろう。必要な候補者の特徴を見つけ出し優秀な人材を確保した採用側と、採用されて実務をうまくこなしている人の両方と話せるのが理想だ。重要なのは、実際の面接プロセスを用いて職務への理解や期待する内容を調整すべきではないということだ。有望な候補者を無駄遣いする上に、下手をすると会社の評判にも傷をつけかねない。

わたしは、COOの必要性を検討している多くの創業者の問い合わせに答えてきた。よく聞かれるのは、わたしの経歴と、StripeにとってのCOOの意味とその進化の経緯だ。また、採用プロセスと、入社の決め手を知りたがる方も多い。シリコンバレーの輝かしい伝統の一端として、わたしはできるだけこうした会話の時間を取り、力になれるように努めている。それぞれの会社にとってベストなアプローチを調べるための取り組みを心から支え、貢献したいと思う。

> 「まず、事業の中核を理解する必要があります。そこから、レイヤーを剝ぎ取り、改善すべき点や、業務の遂行を助けてくれる人を採用する必要性を理解していきます。わたしは何もかも知っているわけではないのです」
>
> ──ドミニク・クレン、〈アトリエ・クレン〉（ミシュラン認定の3つ星レストラン）オーナーシェフ

Column

わたしがCOOになったときの話

StripeのCOOになった経緯は、わたしたちが語る多くのエピソードと同様に、おそらく推測や個人的解釈に満ちている。それでも、ここに書き記す価値はあると思う。COO採用のアプローチを検討する際の参考になることを願っている。

ほとんどのスタートアップと同様に、Stripeもプロダクト・マーケット・フィットに達して初期のユーザーに魅力が伝わり始めるまでには多少の時間がかかった。3年ほどは、従業員数は30〜40人で落ち着いていた。また、創業者のパトリックとジョンは手堅い成長にこだわっていた。Stripeは最初から製品を有償で販売し、コストが収益の伸びを大幅に上回る事態を避けるために損益を注意深く監視した。この慎重さのため、ユーザーと収益が加速度的に伸び始めても、Stripeの事業拡大に向けた投資はゆっくりだった。これは多くの会社で起こるように思う。弾みをつけようと長い間努力していると、脱出速度に達したことがなかなか信じられないのだ。個人的な感覚だが、この頃に次のふたつの点について、投資家や相談役から創業者への要望が強まったのではないか。第一に、営業チームの拡大。第二に、あらゆる部門での採用拡大と、新たな部門の創設だ。

創業者たちは営業部門のリーダーと、COO的な役職の候補者を対象に、ミーティングを始めた。COO的な役職というのは、市場投入、事業運営、大規模なプロセスの運営など、Stripeが次の段階へ成長するために必要な複数の部門で深い（あるいは、少なくとも十分な）経験を持つゼネラリスト系のビジネスリーダーだ。

パトリックと初めてミーティングしたのは2014年2月。社員数が約70人前後で

第3章
コア・フレームワーク2 —— 総合的な採用アプローチ

急速に採用が進んでいた頃だった。わたしたちの会話は、きわめて戦術的なマネジメントのシナリオから、将来の経済発展についての全体像まで多岐にわたった。また、営業部長の職務を提示されてもわたしはGoogleを退職するつもりはないことと、Stripeの規模を考えるとわたしの事業拡大の経験が必要になるにはまだ早いかもしれないとも伝えた。

それから数カ月間、パトリックからの連絡はなかったが、春になるとわたしの人となりと経歴についてもっと知りたいと再び連絡が来た。Stripeに興味を持ってもらえたきっかけは、サポート運営の拡大と営業チームの構築・主導の両面で、お客様を対象とする部門の深い経験があったことだと思う。しかし、わたしとしては、会社づくりと、採用や人事への投資にも大きな興味があった。後者については、人事部門そのものよりも、持続可能かつ健全に成長していくのに必要なしくみや組織文化的な側面に関心を抱いていた。パトリックとジョンは、わたしのこうした経験と関心領域の組み合わせが、ふたりとビリー・アルバラード（創業者と最高法務責任者を除くと、当時在籍していた唯一の幹部社員）の経験と関心領域を補ってくれると考えたのだろう。わたしはStripeに欠けている部分を埋められるだけでなく、協力し、責任を共有することが好きで、同社の意思決定モデルに合っていた。この資質発見のプロセスで特にありがたかったのは、わたしが責任を負う範囲について、事前の仮定がなかったことだ。他社の面接も受けたが、こうはいかなかった。だからこそ、強みと関心を互いに探り合うことができた。

その年の8月までにStripeの社員は100人以上に達し、パトリックとジョンは、営業だけでなく複数の部門をまたいでチームを構築して率いるリーダーが会社に必要だと判断した。この役職の採用によってふたりとビリーは一部の仕事を手放し、会社の拡大に役立つ経験豊富なリーダーを獲得できる。ふたりは、この役職にわたしが適任なのではないかと考えたようだった。わたしは、入社を決めた。

ひとつ複雑だったのは、ビリーがすでにCOOに就任していることだった。しかし、ビリーはStripeの成長を後押しする、重要な財務、製品、流通パートナーシップに集中していた。また、CFOの職責も兼ねていた。わたしのリクルーティング・プロセスの際に、フローズンヨーグルトを食べながら、ビリーとミーティングをした。ビリーは、パートナーシップ（および財務。これはありがたかった）に集中したいため、事業拡大に必要な採用やプロセスづくりを喜んで引き受けてくれる人に入社してほしいと明確に語った。ビリーが会社の新たなステージと新たなニーズを認識して、これほど積極的に自らの地位を手放し、新たなCOOのリクルーティング

に手を貸した事実は、パトリックとジョンがビリーを採用した理由と、本人の人柄について、雄弁に語っていた。

　2014年10月に、わたしはビジネス・オペレーション部門長として正式に入社した。目の前に現れたとたんにビリーの仕事を奪っていると思われては、社員に納得してもらえないのではないか。そう考えて設定された肩書だった。入社から約6カ月経って、パトリックは、ビリーをCBO（最高ビジネス責任者）、わたしをCOOに任命するという短いメモを全社員に発信した。今でも、Stripeのリーダーは事業のために何が最も大切で、誰が最も適任かという考えの基に、役職を変えていくことに抵抗がない。黎明期からずっとそうだったらしい。

　入社したときのStripeの社員数は約160人で、わたしの持つスキルを必要とするには少し規模が小さすぎるように思えた。しかし何よりも、創業者ふたりがアイデアと志、そしてEQとIQを兼ね備えているところに惹かれた。また、新しいユーザーの割合と収益の拡大、市場規模、自分の経験がもたらせる影響、そして幹部として採用されることで得られる職業人としての成長といった面にも心を動かされた。

　振り返って考えると、未知の人物を採用してCOOをやらせるのは、Stripeにとってかなりの冒険だっただろう。実情はともかく、COOと聞くとだいたいCEOの代理人や右腕としての立場をイメージする。Stripeは組織文化面のリスクを緩和してくれた。具体的には、特にパトリックが、わたしの能力を知り、考え方を掘り下げ、価値観の方向性が一致するかどうかを理解するために、限りなく長い時間を割いてくれた。パトリックとジョンのふたりとは互いに補い合う関係になっているが、得意分野がまったく異なるにもかかわらず、価値観とリーダーシップへの姿勢に重なりがあって、善き人とはどんな人であるかの根本的な定義が似通っている。そんなことを、わたしは多くの人に話している。採用後、ふたりは物事を前に進めるわたしの力に絶大な信頼を寄せてくれた。Stripeを率いる機会をもらえたことに、常に感謝している。

第3章
コア・フレームワーク2 ── 総合的な採用アプローチ

COOは必要か

　COOの採用について創業者に助言する際には、この章に盛り込んだ多くの助言を伝えている。また、COOは本当に必要なのか、採用すべきタイミングは今なのかを考えるように促している。多くの大企業にある役職ではないが、成長段階、さらには創業期の企業ではCOOを任命するのが流行している。

　お客様、製品、経営判断から、会社のインフラの導入や組織文化への適応まで、CEOにのしかかるさまざまな要求を考えると、COOを置きたくなるのは無理もない。しかし結局のところ、COOはマネジメントの追加のレイヤーである。会社がますます拡大し、経営幹部チームがさらに発展すれば、そのレイヤーは不要になるかもしれない。それに、COOという役職の中で1年以上かけてスケールするような候補者を惹きつけられるほど、会社のほうが十分に成長していないかもしれない。

　Stripeに入社したときの職務は幅広かった。営業とオペレーション全体を統括する職責に加えて、リクルーティング部門長、リクルーティング・マネジャー、リクルーターでもあった。やがてCOOになり、リクルーティング部門長の上司の上司になった。あなたも、戦略立案から実務までこなす機動的な人物を採用するか、さもなければある程度会社の規模が大きくなってから適任者を採用して、影響を与えられるような態勢を整えるしかない。

　Stripeに入社したときに受け継いだ素晴らしい概念のひとつに、ビジネス・オペレーション・チームという考え方がある。DevOps（開発担当者と運用担当者が連携するソフトウェア開発手法）にならってBizOpsと呼ばれているこのチームは、コンサルティング系と起業系の経歴を持つ人々が集い、Stripeの事業拡大に合わせて、新たな状況で活躍しつつ既存の問題を解決する。BizOpsチームの初期メンバーは当初の営業担当者で、その多くは当初のプロダクトマネジャーでもあった。つまり、Stripeに当時に求められていた仕事を何でもやる部隊だった。それは、COOの仕事によく似ている。COOを採用する前にBizOpsチームを構築し、COOの職責を代行できるビジネス・オペレーション部門長の採用を検討しよう。そうすることが、事業を拡大し、COO候補に本当に必要な資質を探り出すために役立つ。ビジネス・オペレーション部門長がCOOになることも考えられる。結局のところ、わたしもビジネス・オペレーション部門長としてStripeに入社したのだ。

　理想をいえば、社外の人々に相談することで、あなたの会社に新しいリーダー職が必要かどうかを検証できるはずだ。また、社外の人との対話は、候補者

を評価するためのルーブリック（枠組み）を作成するためにも役立つ。

ルーブリック作成の参考のために社外の人に尋ねる質問を次に挙げる。

- **あなたの会社では、この役職の定義はどのようになっていますか？　担当者はどのような職責を負っていますか？**

  この答えが、イメージしている役職と一致しているかどうかを確認しよう。一致していない場合、理由を理解できるように調査しよう。ビジネスモデルの違いだろうか、それともリーダーが備えているスキルセットの違いだろうか。

- **この職務で成功するために、どのようなスキルや能力が最も重要ですか？**

  求める能力の一覧を作成し、面接でどのようにテストするかを検討してみよう。

- **候補者の（またはあなたの）経歴で、合格の決め手になったのはどのようなことですか？**

  この質問では、採用の決め手となった経験を確認し、あなたがこの役職に対して抱いているイメージと一致しているかどうかを調べる。

- **1年目に起こった最大の難題について教えてもらえますか？**

  新たに採用するリーダーを手助けするためのヒントを知り、同じような難題が自社でも起こるかを検討する。そのような難題を克服するための能力をテストする方法を考えよう。

- **あなた（あるいは採用側）は、CEOやその他の協力者あるいはリーダーとどのように協調していますか？**

  この質問は、新しい役職の職責を明確にするとともに、新しいリーダーと最も緊密に協力する人々にとって意思決定や責任分担のしくみがどのように影響するかを理解するために役立つ。

第3章
コア・フレームワーク2 —— 総合的な採用アプローチ

- **この職務に適任の候補者を見つけるためのアドバイスはありますか？　こうした候補者に強い会社や、わたしが話を伺うべき方をご存じですか？**
　　うまくいけば、調査すべき会社や、さらには会ってリクルーティングする価値のある候補者の名前を聞けるかもしれない。

　もうひとつ戦略を紹介しよう。同様の役職で成功した実績のある人に、模擬面接で候補者の役を頼むことだ。そうすることで、この役職に対するあなたの見方と、この成功者が評価された項目が似通っているかどうかをチェックできる。また、あなた自身の採用プロセスにおいて適切と思われる回答の感覚がつかめてくるので、ルーブリックの内容を詰める役に立つ。

　もちろん、あわよくば本人をリクルーティングしたいという思いを秘めて、社外の人に助言を求めたり、模擬面接をしたりするというのも、よくあるリクルーティングの秘訣だ。ただし、そういう意図があるのなら、正直に伝えたほうがいい。わたしの経験では、多くの人は喜んで力になってくれるうえ、リクルーティングに応じる可能性があるかも教えてくれる。

　いずれにしても、調査の最後には候補者になりうる人材のLinkedInプロフィールをまとめたExcelファイルができているはずだ。優れたエグゼクティブリクルーターは誰でも、プロセスの最初に、何らかの対応が可能なプロフィールを大量に蓄積する。それを用いて、それぞれの候補者が、募集する役職に合っているかを考えられる。やがて、候補者評価ルーブリックを作成し、職務記述書をさらに練るためのパターンが見えてくる。時間をかけて、リストの候補者を追加したり候補者にマークをつけたりして、人材探しを継続的に磨き上げることができる。

　社外との対話とは別に、役職に根本的に必要な要素について、あなた自身の直感を磨くことをお勧めしたい。職務経歴書とLinkedInプロフィールには、業界特有の専門用語が散りばめられている。しかし、専門用語をすべて取り去れば必ず、やるべき仕事は何で、その仕事をうまくこなすためにどのようなスキルやケイパビリティが必要か、という根本的な問いへの答えに行きつく。

　たとえば、ある役職の候補者に、グロース・マーケティング（企業、事業、製品などの持続的成長を目的としたマーケティング）部門を立ち上げてほしい

とする。候補者はユーザー登録や営業のプロセスに見込み顧客を誘導するイベント開催、コンテンツ作成、広告出稿などに通じている必要がある。また、見込み顧客から顧客へのコンバージョンに有効な手段のテストや測定を実施することにもなる。検討の結果、この役職では、魅力的なプログラム、コンテンツ、広告を設計できて、各媒体を利用する適切な手段や場面、効果を判定するツールや測定の手法、製品部門やエンジニアリング部門の協力による登録やオンボーディングの改善、そして最終的にはROIとマーケティング経費の最適化に精通している人材が求められるということがわかった。

ビジネスモデルによっては、一部の業務が他より重要になる場合がある。たとえば、エンタープライズ市場がメインなら、セルフサービス・チャネル中心のビジネスと比較して、展示会やホワイトペーパーに精通した人材を重視するだろう。また、候補者はこれらの仕事を実行するチームを立ち上げる方法も把握している必要があることに留意してほしい。詳細すべてを把握した上で、スキルやケイパビリティを候補者評価用のルーブリックに追加できる。チームづくり、説得、分析などのケイパビリティは不可欠だ。また、効果的なマーケティング・キャンペーンをイメージして実施するなどのスキルにも価値があるだろう。必須の条件と、できれば欲しい条件を、枠組みの上で明確にしよう。たとえば、候補者は同じようなチームづくりに携わったか？　そのチームは素晴らしい結果を残したか？　本人はどの部分を担当したか？　といった質問が考えられる。入社の時点ではまだチームができていないので、最も重要な仕事を自ら、または外注で進める必要がある。その経験はあるだろうか。

誰よりも自分の会社を知っている創業者だからこそ評価できる、その会社で成功するための要素もある。そうした要素も、候補者評価のルーブリックに追加できる。完成したルーブリックは、面接官向けのガイドになる。求める資質、質問案、候補者の回答の評価方法などを盛り込む（ルーブリックの例は章末にあるQRコード先、面接の詳細はこの章の採用の節を参照してほしい）。

新しいリーダー候補のマネジャーとしては、ルーブリックに盛り込むことを検討したい要素がもうひとつある。既存の経営幹部チームとの補完関係だ。会社によっては、すべてのリーダー候補に対してワークスタイル調査や性格調査を実施している。Stripeはそこまではしていないが、初めてのCFO候補には、

第3章
コア・フレームワーク2 —— 総合的な採用アプローチ

第1章で紹介したInsights Discovery調査を受けてもらった。この調査では、青、赤、黄、緑の四分円からなるカラーホイールで結果が提示される。わたしには、この採用によって青の四分円に該当する人が入社し、チームのカラーホイールを完成させてくれる予感があった。青は内向的、分析的、タスク志向の性格を示す。この予感は正しかった。調査結果を他の幹部の結果とともに共有して議論したことで、各幹部の好みについて相互理解を築き、候補者がチームのバランスを取ると示せた。彼はチームの各メンバーをよりよく知った状態で入社した。そして、わたしたち全員が、議論や意思決定に異なる視点を導入する必要があるときに使える、共通の言葉を持つことができた。

　この集中調査フェーズを終えるときには、役職と職務記述書への理解が深まり、候補者のスクリーニングと面接に用いる評価ルーブリックが完成し、パイプラインに求めている人材の質に最も合う候補者のリストができあがっているだろう。

　最後にもうひとつ注意してほしい点がある（わたしは"経験の罠"と呼んでいる）。第一に、経験が豊富な人ほど、面接を受けるのが上手である可能性が高い（この章の後半にある、「リーダー候補者の面接」で詳しく説明する）。第二に、ある程度の経験を得た時点で満足してしまっている候補者や、成長が頭打ちになっている候補者には要注意だ。キャリアが停滞している理由のひとつは、いわゆるマニュアル思考に陥っているからかもしれない。ひとつかふたつの実績を上げたことで、あるやり方に固執してしまうと、志や創造力をプロセスに持ち込んだり、新たな環境に適応したりできなくなる。候補者がこれまで働いてきた会社の質をじっくり検討しよう。この人は素晴らしい会社と強いチームを常に求めてきているだろうか。これは、判断力と志の両方を示すサインだ。あらゆる採用、特にリーダー採用の候補者には、成長志向を示す軌跡と勢いが求められるが、何よりもむき出しの好奇心と純粋な学びの姿勢が必要だ。候補者は志を抱き、新たな挑戦を求めているか。また、難題を克服し結果を出せるか。こうした点は、意欲、根気、知性を表す。形のある経験だけではなく、これらもテストしよう。

社内昇格か社外採用か

　上級職またはリーダー職に必要な人材のタイプを特定したら、次に考えるべきは、社内から昇格させるか、社外の人材を採用するかだ。

　上級職に外部の人材を採用するにはリスクが伴う。職位が上になるほど、リクルーティングに時間と資金がかかる。シニアリーダーを探すには少なくとも6カ月はかかると想定される。それだけの手間をかけても、うまくいくのは社外採用者の約25〜50％にすぎず、上級職ではもっと低い[36]。可能な限り、人となりを知っている社内人材を教育し、昇格させたいところだ。

　しかし残念ながら、社内人材の利用ができないこともある。成熟した組織には、大規模な人材プールを築くための時間と資金がある。もし、こうした組織で重要な役職の社内後継者を育成していなければ、それは失敗だ（現在のGoogleはいつでも、重要な部門の将来のリーダーを何千人も教育できる）。しかし、成熟していない会社や比較的規模の小さい会社は、ジレンマに直面する。時期尚早だが潜在能力の高い社員を内部昇格させるか。プールで一番深いところに放り込んで、うまく泳ぎ切ることを期待し、失敗したらその人の経歴に傷をつけるリスクを負うか。あるいは、市場に出て、合わないかもしれない未知の人材を採用するリスクを負うか。

　また、会社の現状と、今後5年強の間に必要な人材を惹きつけられるか率直に考えることも重要だ。会社が小さく黎明期にある場合、すでに安定企業で十分な報酬をもらっている幹部候補には会社自体にリスクがあると感じられ、説得しても入社してもらえないかもしれない。その結果、数年間は会社に合うが、それ以上会社の規模が大きくなると合わないような人材を採用する場合がある。これは難しい状況だ。事業拡大を助けてくれる人材が今すぐ必要だが、必要な人材を惹きつけるのは拡大後でないと難しい。

　選択肢は3つ。社内人材に賭けるか、これから数年間役に立ちそうな人材を採用して事業拡大後にも対応してくれることを願うか、あるいは5年後にも光る人材を探すのに長い時間をかけて、リスクを取ってくれるように説得するかだ。状況や役職ごとに異なる判断をすることになるだろう。大局観を持って意識的な判断を下してから、採用した人の成長を追跡し、会社の変化に合わせて

第3章
コア・フレームワーク2 —— 総合的な採用アプローチ

採用判断を見直すべきかどうかを決めるのが重要だ。黎明期の急成長企業に関しては、わたしの経験では少なくとも3分の1の人材を社内昇格させたほうがいい。これより少ない場合、既存の人材の育成に十分投資できていない。また、3分の1は社外から採用したい。黎明期では、社内昇格だけで事足りるような人材プールが整っていることは少ない。最後の3分の1は五分五分だ。会社の成長率、組織のニーズ、社内人材をサポートして教育する能力、社外のリーダーをオンボーディングする能力によって変わってくる。

先述したが、事業に弾みがついてくると、会社は採用部門を設立せざるを得なくなる。リクルーターは、新しいリーダーの獲得よりも大量採用に集中することになるだろう。リクルーター自身もキャリアの早期にあって、リーダー採用の経験が少ないことも多い。上級職については、黎明期の多くの企業がサーチファーム（経営人材紹介会社、ヘッドハンター）に頼る。

サーチファーム経由の採用では、良い結果も悪い結果も経験した。優れたサーチファームは、ニーズに合う候補者のリストをすぐに取りまとめ、初回の顔合わせまで支援してくれる。しかし、採用を成功させるには、想像以上に真剣な取り組みが求められる。サーチファームは、あなたの会社の概要とこれまでの軌跡、役職の詳細、それを候補者に提示する方法や、会社の発展段階も深く理解する必要がある。そうでなければ、報酬面にしても、その職場環境でリーダーとなる日常にしても、候補者に求めることをわかりやすく設定できない。

しかも、サーチファームからの打診は、会社じきじきの勧誘に比べて無視されやすい。サーチファームに頼るよりも、あなた自身のコネクションや、取締役会、顧問などに連絡し、候補者のリストを収集するほうがうまくいく場合も多い。

しかし、個人的なネットワークがネタ切れであれば、サーチファームに目を向けるべきかもしれない。経験上、大手の一流エグゼクティブ・サーチファームは、CFOのようなよくある役職の採用支援に強い。一方、会社独自の定義やニーズに合わせた役職は、たいていの場合、営業・マーケティングやエンジニアリングなど、専門職に特化した採用支援会社のほうが得意だ。サーチファームに依頼するかしないかにかかわらず、シニアリーダー職のリクルーティングには大変な労力がかかる。最終的には、あなた自身がリクルーターであること

を忘れないでほしい。リーダー職の候補者は理解力に優れていて、CEO以下の幹部チームこそ、自身が成功するか否かを左右する鍵だとわかっているのだ。

社内昇格と社外採用をどう決めるか

　リーダー職の要件と資格を明確にし、候補者のプロフィールが何通か手元に揃ったら、**図12**のチャートを見て人材プールを評価し、社内昇格と社外採用のどちらにするかを決めよう。

　新規採用と、社内人材の育成の間で適切なバランスを取るのは難しい。組織は社外採用者にロマンを抱き、外部の人間がすべての問題を解決してくれると信じがちだ。たしかに偉大な人物は絶大なプラスのインパクトをもたらしてくれるが、上級職の外部採用がうまくいかないと、組織面でも文化面でも高くつくおそれがある。

　一方で、忠誠心や感謝の気持ちから、既存の人材にこだわってしまうこともある。忠誠心や感謝をなおざりにすべきではない。社員には感謝の意を示し、キャリアの成功を後押しすべきだ。しかし、たとえ会社を現在の規模まで大きくしてくれた能力があっても、さらなる規模の拡大にその能力が通用するとは限らない。

　事業拡大期のFacebookとPinterestに在籍していた、とても経験豊富なリクルーティング・リーダーとランチをご一緒したことがある。そのとき、ものうげに言われたことが今でも耳に残っている。「ここまで連れてきてくれた社員がさらに遠くまで連れて行ってくれると思い込まないほうがいい」絶えず次の問いに答えよう——自分のチームまたは会社が成功するために、今必要な人材、そして今後2年から4年の間に必要な人材は足りているだろうか。

　大量採用による人材獲得からオーダーメイドのリーダー採用までを考える中で、幹部または上級職採用の際に、純粋なスキルから真のケイパビリティ（チームを築いて導く能力など）までどんな能力を求めているかも検討する価値がある。ケイパビリティ、とりわけ後天的に身につけた能力は、表に出て成長するまで長い時間がかかる。経験から培われることも多いこうした能力に大きく依存する役職では、より一人ひとりに合わせたリクルーティング・プロセスが必要になるだろう。

第3章
コア・フレームワーク2 ── 総合的な採用アプローチ

図12 社内登用か社外採用かを決める方法

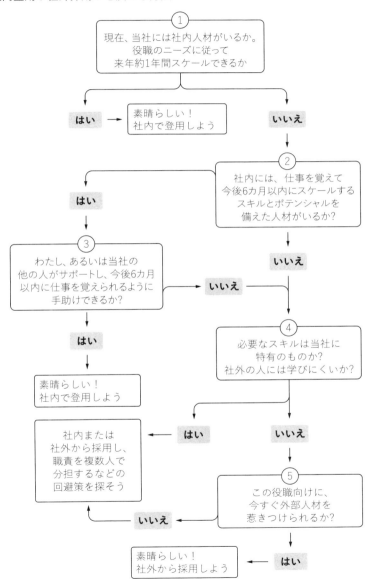

また、会社の成長の初期段階では、社外から来るケースのほうが多い。しかし、社内採用にもメリットがある。会社が、候補者の人物像と貢献内容を深く知っていることだ。そして、候補者は製品と会社に関する深い知識を持っている。長い目で見ると、経営幹部、マネジャー、個人にかかわらず、最も価値の高いリーダーの一部は、勤続年数の長い初期の社員となるだろう。社員にキャリアを積ませ、会社のさまざまな部署を経験させる。そうして成長を促すとともに、本人が体現する組織文化を、一緒に働く全チームに浸透させる。社外採用者については、社員よりもはるかに堅固な面接プロセスを用いて、能力を評価し、会社にとって最も重要な意思決定のひとつをする必要がある——そう、採用通知（オファー）の提示だ。

採用

これまでに、何千人も面接してきた。Googleに入社してしばらくの間、わたしたちのほとんどは週40時間を面接に費やし、夜は30〜40時間を本来の業務に使っていたと言っても過言ではない。

わたしは、面接とは実地で上達するスキルだと考えている。また、進め方や評価方法をあらかじめしっかりと決めておくことで活用しやすくなるスキルでもあると思う。決まった進め方といっても、それほど手の込んだものを想定しているわけではない。すべての面接における重点事項、候補者が体験することになる具体的な手順の明確なイメージ、そして採用を決めるまでの比較的シンプルな枠組みが必要になる。

また、候補者には十分準備して面接に臨んでもらいたい。事前に質問を教えるのではなく、リラックスしてもらうということだ。面接のプロセスと所要時間、面接の形式、候補者に期待する要素を説明しよう。たとえば、コードを一緒に検討するビデオ面接なら、候補者にコンピューターの画面を共有する準備をしておいてほしいと伝えよう。また、ドレスコード（普段着、ビジネスカジュアルなど）と、面接官を明確にすることもお勧めする。

ビジネススクール時代に、組織設計と人事に力を入れるコンサルティング会

第3章
コア・フレームワーク2 ── 総合的な採用アプローチ

社の面接を受けたことがある。面接当日は、会う人会う人が職務経験のさまざまな部分を1時間かけて細かく尋ねてきたので、9時間近くかかった。わたしの人となりと経験を知ろうと、組織で協力して集中的に取り組んでいることに感銘を受けた。しかし、心の準備ができるように、こんなにも長くなるということは事前に教えてほしかった。

Stripeでは黎明期からずっと、面接プロセスと対面面接の流れを予想できるガイドを候補者に送信している。候補者からは、このガイドへの感謝の声をよくいただく。より温かく公平な候補者体験が、よりよい採用につながるというのが、わたしの持論だ。

リクルーターと採用マネジャーによるスクリーニングを通じて、候補者のパイプラインができあがったら（パイプラインには、社内推薦を求める、パイプラインの多様性が足りない場合に多様な候補者を社外で積極的に探すなどの取り組みが含まれる）、現地またはリモートによる対面面接の準備が整ったことになる。

強固な面接プロセスを築くための一般的なガイドラインを次に示す。以下は創業まもない会社の初めての採用プロセスにも、その後の採用ピラミッドにおける中級から上級職にも適用できる。

- 職務記述書の内容を明確にする
- 面接の主な担当者を決める
- 候補者と顔を合わせる社員は、最大で8人以下にする。Googleの研究によれば、それ以上増やすとかえって結果が悪くなる。内容が十分に理解されている初級職ならば、人数を最大4、5人まで減らしても構わない
- 面接官が全員、効果的な面接のトレーニングを受講済みであることを確認する
- 評価ルーブリックをすべての面接官と共有し、各面接官にひとつまたはふたつの担当項目を割り当てて重複を避ける。より複雑な役職、あるいはめったに募集しない役職では、キックオフミーティングを実施して面接官全員が職務、ルーブリック、担当分野についての意識を合わせる
- 場合によっては、面接官全員に参加を依頼する前に、第1ラウンドとして

3回の面接を実施する。次に、合格した人に対し、残りの3人の面接官が最終面接を行う。少なくとも3人の候補者がこの段階に進んでいるのが理想だ

- 採用委員会または候補者レビューのプロセスを実施して、最終候補を選出する
- リクルーターまたは採用マネジャーが、候補者の身元照会をする
- 採用通知を出す。候補者が承諾すれば、入社日を設定し、オンボーディング情報を送付できる

プロセスの複雑さは、会社の成長段階と採用規模によってかなりの差がある。大量に採用する職種の場合、より迅速で大人数のプロセスを実施できる。職務がよくわかっていて、面接チームが適性を判断しやすいからだ。初級職であることが多いため、プロセスをかなり合理化できる。場合によっては、採用委員会のミーティングも取りやめていい。オーダーメイドの要素が強い職種については、このプロセスの密度をさらに濃くしよう。採用の頻度が低い上に、求めている人材について面接官がよく理解しなければならないからだ。

ここで述べておきたいのが、優秀な人を繰り返し採用する全社的なシステムを築けるかどうかは、リクルーティング担当リーダーの人選次第だということだ。リクルーティング担当リーダーのほとんどは、リクルーティングの名人ではあるが、ツールの利用、プロセスの構築、能力の測定がうまいとは限らない。あらゆるリーダーと同様に、リクルーティング担当リーダーも自己認識力が高く、自らの能力を補完してくれるような人材を、適切な職務で採用できる必要がある。プロセスと測定を得意とする賢い人物をできるだけ早くリクルーティング運営部門に配置するのには価値がある。候補者体験も、採用に関する投資のROIも最適化できるのだ。

しかし、最強のリクルーティング担当リーダーとチームをもってしても、採用プロセスの成功は最終的には面接官をはじめとする関係者にかかっている。この点の改善は、まず強力な面接スキルを養うところから始まる。

面接のトレーニング

20年以上にわたって面接していても、最新の面接スキルを学んでおいて損はない。面接やその枠組みに関しては、STAR（Situation＝状況、Task＝タスク、Action＝行動、Result＝結果）メソッドなど、多くの優れたトレーニング資料が市場にある。面接の最も効果的な戦術は、一貫性の維持。つまりすべての候補者への質問を基本的に統一することだ。ただし、面接の回答を深掘りして根本的な行動や能力を知るための余地は残すべきである。

特にありがちな面接官のミスを次に挙げる。

- ルーブリックを使わない。候補者ごとに質問を変えるので、優れた回答を判定するための基準がない
- その役職に最も必要な能力について聞かない
- 候補者がその役職で成功できるかではなく、好感を持ったかを評価する
- 候補者の経験を過度に重視して、成長曲線や学びへの姿勢が二の次になってしまう

最も優れた面接では、候補者が次の業務をどうこなしているかを探り出す。

- 他の人と一緒に働く
- 単独で質の高い仕事をやり遂げる
- 自分自身のやる気を引き出して成長を促す
- 職務に必要な専門知識を持っているか、学習できる
- リーダーシップとレジリエンスを示す

わたしはあらゆる面接で、候補者に自己認識力が備わっているか、学びの姿勢があるかをテストしている。このふたつの要素は密接に関連している。自己認識力をテストする最高の方法は、同僚からどう思われているかを候補者に聞くことだ。プラスのことしか言わない場合は、これまでもらった建設的なフィードバックがあるかどうか深掘りしよう。それから「改善するために何をしたか」も尋ねよう。これで学びと自己改善への志向と、フィードバックを真摯に受け取ったかどうかをチェックできる。

面接の際には、候補者が"わたし"と"わたしたち"をどれくらい使うか観察しよう。"わたし"が多すぎる場合、謙虚でないか、協調性が足りないおそれがあるので、深掘りが必要だ。"わたしたち"が多すぎる場合、特定の状況下で本人が何をしたかがあいまいになることがあるので、明確にしたい。個人的には、"わたしたち"を多く使う人のほうがはるかに好みだ。職務に関して具体的に聞くと、必ず意義深い答えが返ってくる。たいていは「それはたしかにわたしのアイデアですが、やり遂げられたのはチーム全体のおかげです」といったポジティブな内容だ。ちなみに、あまりポジティブでない回答には「他の人が決めたことを実行しただけです」などがある。

　面接では、つい職務経歴書に関連した質問に頼りすぎてしまいがちだ。これは、若手を評価する際には、特に効率が悪い。職務経歴書に基づく質問を少なくともひとつすることは、候補者の緊張感を解き、経験を測るための優れた方法だが、こちらが提示する特定のシナリオで何をするかを考えてもらうか、あるいは職務経歴書ベースに近いアプローチなら、特定の状況下で候補者が果たした役割について考えてもらったほうがいい。優れた面接には、状況（"この状況にどう対処しますか"）や行動（"これまで克服した難題について教えてください"）から厳密な能力（"直近に構築したExcelモデルについて教えてください。その設計にはどのようにアプローチしましたか"）に至るまで、幅広い質問が含まれる。行動に関する質問が一番思いつきにくいこともあるので、面接における質問の例を、章末にあるQRコード先に掲載している。

　また、行動に関する質問は、会社のバリューを対話に組み込む絶好の機会でもある。たとえば、あなたの会社が掲げる基本原則のひとつが"お客様第一"である場合、お客様を第一に考える必要があった仕事の例を、候補者に尋ねることができる。お客様に対応する仕事について具体的に聞くよりも、候補者自身がお客様について少しでも触れるかどうかを観察しよう。筆記演習も、候補者を現実に近いシナリオに置き、どのように考えをまとめて問題を解くかをテストし、職務と特に関連の深いスキルを審査するための優れた方法だ。章末にあるQRコード先に、筆記演習の例も掲載している。

　採用ミスを防ぎ、結果を改善し、バイアスと採用者の質のブレを避けるには、採用プロセスと面接スキルを明確に定義し、厳しく観察・測定する必要が

ある。一方で、候補者体験も忘れてはならない。たいていの場合、採用する候補者よりも不採用にする候補者のほうが多い。ほとんどの人にとっては、採用プロセスが、会社と会社が象徴する価値観の唯一の体験になるのだ。Stripeでは、不採用になった候補者からリクルーター宛てに、お礼の言葉や贈り物が数多く届く。まさに、候補者ファーストの強力なプロセスを示すサインだ（候補者体験の測定について詳しくは、この章の「採用ループを閉じる」を参照）。

> 「わたしが面接で真っ先に見るのは、候補者が本当に学びたいかどうかです。学びたいのであれば、もう経歴は気にしません」
>
> ——エリック・ユアン、Zoom創業者兼CEO

非リーダー職の採用プロセス

　リーダーと非リーダーの採用は多くの面で共通しているが、役職が採用ピラミッドのどこに位置するかによって、重要なプロセスが異なってくる。まず非リーダーの採用プロセスから検討し、それからリーダー採用の場合の相違点を説明しよう。

面接

　大量採用をする役職と、採用数の少ない役職では、面接のアプローチを変える必要がある。大量採用については、数多くの面接官候補がいるはずだ。在籍年数がある程度長く、成績の良好なエンジニアや営業の人々が候補になる。面接パネルのメンバーは、スケジュールによって変わってくる。また、採用マネジャー、あるいは採用のためのチームをまだ編成できていない場合は採用マネジャーの役割を果たせる経験豊富な人も、面接チームに入れる必要がある。

　採用頻度の少ない役職やリーダー職については、同じメンバーで全候補者を

面接するとよい。そうすることで、複数の候補者間の意識合わせやパターン認識がしやすくなる。また、各面接官がルーブリックに基づいて割り当てた担当分野に集中できる。さらに、面接パネルを部門横断的にするのも重要だ。チームメンバーだけでなく、候補者が一緒に働くことになる、さまざまな職階や部門の人々が入っているのが望ましい。たとえば、人事パートナーを募集している場合には、法務チームの社員も採用チームに入れるべきだ。財務職なら、連携するエンジニアリングや製品のチームの社員が候補者の評価に役立つだろう。

　経営幹部が全候補者と面接できないほど会社が大きくなったら、Amazonの"バー・レイザー"に似たプログラムをつくることを勧める。『アマゾンの最強の働き方』（ダイヤモンド社、2022年）で詳しく紹介されているプログラムで、同社が一貫してスター人材を採用できるように考案された[37]。バー・レイザーとは、"水準を引き上げる人"という意味で、高い水準と組織文化の優れた牽引役と考えられている特別な面接官のグループである。面接パネルごとに必ずひとり含めるが、候補者が配属される予定のチームに所属している人は除外する。バー・レイザーは、採用委員会のミーティングと同等の役割を果たす。また、単独で候補者を不採用にする権限を持つ。Amazonはバー・レイザーのトレーニングに大変な労力を投入している。バー・レイザーは採用に関する対話をマネジメントするとともに、面接官が候補者を高い水準に保っているかどうかを確認する。そのため、Amazonでは、バー・レイザーを引き受けるのは大変な名誉だと考えられている。途方もないコミットメントのように思える業務を、組織文化を最も体現している社員への表彰に変えた例だろう。

　多くの企業が、バー・レイザー・プログラムに似たしくみを採用している。たとえば、Stripeでは以前に、他のチームの面接パネルに参加する"エレベート"面接官を設けていた。エレベート面接官は、成績の良い社員であり、特に優れた面接官でもある。多くの面接を経験してスキルを磨いている場合が多い。エレベート面接官（と、その後継となる組織文化インタビューの担当面接官）は、成績データ、面接経験、候補者の評価能力の組み合わせに基づいて選抜していた。候補者追跡システム（ATS）のフィードバック履歴で、エレベート面接官の候補者が採用候補者に出した"絶対に採用""採用""不採用""わからない"などのフィードバックを確認した。候補者が不採用だった場合、面

第3章
コア・フレームワーク2 —— 総合的な採用アプローチ

接官が"不採用"を提出するほど固い意見を持っていたかどうかを確認した。採用されていた場合、面接官による"絶対に採用"または"採用"の評価が、Stripeに入社した後の業績と比較して適切だったかどうかを検討した。

　誰よりも早くここで告白すると、エレベート・プログラムを設計し、Stripeの業務拡大に伴って拡大するのは、かなりの難題だった。全部門がエレベート面接を採用したわけではない。後ほど紹介する候補者レビューを使っていた部門もある。また、組織文化に関する面接の形式については、引き続き試行錯誤を続けている。それでも、エレベート面接のようなプログラムが、強力な採用慣行が重要というメッセージを伝えるために大切だという確信は変わらない。思うに、Amazonがバー・レイザー・プログラムに時間と資金を投資し続けているのは、組織文化を補強する強力な手段だと証明されたからではないだろうか。Stripeのエレベート面接の質問にも、同じ意図がある。候補者は問題を自分ごととして行動する人物だろうか、厳しく考える人物だろうか、好奇心と学ぶ姿勢があるだろうか、といった内容だ。

Stripeの採用通知承認プロセス

　Stripeの創業期に、新規採用者向けのシンプルな採用通知承認プロセスを構築した。わたしは、これを今でも気に入っている。会社の規模が大きくなると、経営幹部チームはすべての候補者に会うことはできなくなったが、すべての採用通知の確認と最終承認にはこだわった。このバランスを取るために、幹部チームは面接のフィードバックと採用通知の詳細を確認する必要があったが、リクルーティングのプロセスのペースを維持し、候補者の期待に応えるために、手早く処理しなければならなかった。

　Stripeでは、業務、テックなど部門ごとにSlackチャンネルを設定し、部門ごとに採用通知を承認するリクルーターとリーダーを追加した。リーダーは24時間以内の承認にコミットし、リクルーターは採用通知の提示に所定の形式を用いることに同意した。この形式には、確認・承認待ちの採用通知があることを適切なリーダーに連絡するためのタグが組み込まれていた。テンプレートには提案する職階、採用委員会によるサマリーへのリンク、そして各面接官と推薦者によるすべてのフィードバックが含まれていた。その情報をレビューして、採用を承認するか詳細を質問するのが、リーダーの役割だった。

　面接パネルのメンバー同士で候補者への意見が異なるときもよくあったが、その場

合、わたしは深掘りして詳細情報を得るか、あるいはチーム内に強く推す人がいるか尋ねた。採用の取り消しを指示することはめったになかったが、ごくまれに、面接のフィードバックや身元照会先がそっけない場合、あるいは採用パネルがこの人物を最高の人材ではないと示した場合は、そうなることもあった。この方法はせいぜい1年か2年くらいの命だろうとわたしは思っていた。しかし、5年以上の時を経て数千人を採用した後、少し制度疲労を起こし始めているものの、Stripeのチームの多くがまだこのプロセスを使っている。ただ、Slackチャンネルに前よりもたくさんのリーダー承認担当者やリクルーターがいるだけだ。

採用の意思決定

　どのような規模にしても、候補者の面接を始める前に、最終的に採用・不採用を決める主体を明確にしておくことがきわめて重要だ。わたしは協力型の人間で、かつ集合知を信じているので、採用マネジャーだけが候補者を選抜すべきだとは思っていない。部門または会社全体で実施する、協議のプロセスのほうが効果的だと考えている。ただし、主要な意思決定者は結局、採用マネジャーまたは同等の職位の人物が務める。チームの結果に責任を負う役割だからだ。また、委員会や経営幹部による最終レビューなど、プロセス全体のチェック・アンド・バランス（抑制と均衡）を導入するのも賢明だ。

　Stripeが早期に導入したチェック方法のひとつは、最終的な採用判断の前に経営幹部が全候補者を面接するというものだった。幹部は面接官を押し戻し、不採用を決めることも多かった。採用プロセスに関わっていた社員は候補者をより深く検討し、役職を埋めるためだけの人物ではなく、会社と一緒にハイペースで成長してほしい人材だと理解した。のちに、会社の規模が拡大してプロセスが標準化されると、幹部が全員を面接するアプローチはなくなった。

　この推移は、Googleでの最初の数年間を思い起こさせる。創業者が全員を面接できなくなり、その代わりに候補者の資料一式をすべて確認してから採用通知を出すようになった。やがて、資料のレビューは部門のリーダーに委任された。一方、Stripeでは、エレベート面接を用いたアプローチ、採用承認プロセス、そしてチームによっては候補者レビューについて試行錯誤している。

第**3**章
コア・フレームワーク**2** —— 総合的な採用アプローチ

職階の選択

　採用通知を出すにあたって必要な次の判断は、候補者をどの職階に置くかであり、その結果として報酬が決まる（報酬について詳しくは第**5**章を参照）。黎明期の会社は職位や職階が確定していないことが多いが、基本的な構造を決めておくのは価値のある投資だ。

　Stripeに入社して**1**年目の遠い記憶になるが、米国営業チームのリーダーを採用したことがある。昔の部下だが、とても固い信頼関係で結ばれていたので、営業チームを拡大してインパクトを測定してほしいというわたしの指示に「それなら、まずはそれぞれの役職に期待する内容と、会社の職階構造を完成させていただく必要があります。それなしで、どうやって部下に期待する内容や報酬を設定できるのでしょうか」と正直に真っ向から反論してきた。

　表3では、職階について簡単にまとめている。

表3 職階（ジョブレベル）

レベル１	初級職の新卒者
レベル２	2〜3年の関連業務経験
レベル３	3〜4年の関連業務経験に加え、独立して仕事ができること
レベル４	8〜10年以上の関連業務経験に加え、上級職に必要な職務の経験と影響力（マネジャーなど）
レベル５	15年以上の関連業務経験に加え、上級職に必要な職務の経験（シニアマネジャー、ディレクターなど）
レベル６以上	シニアディレクターまたは経営幹部に加え、上級職に必要な職務の経験

　多くのエンジニアの友人が指摘するように、経験年数は誤解を招く場合がある。経験があまりなくても同僚より**10**倍の生産性を上げることがありうるエンジニアリングのような業種ではなおさらだ。ちなみに、エンジニアの世界には"**10**倍エンジニア"という俗語まである。

よく使われるたとえに、職階に期待される能力を、経験年数の代わりにロープと結び目で表現するというものがある（**表4**）。ある報酬コンサルタントに教えてもらったたとえだが、ウェブでも広く入手できる。ロープと結び目のように、部門ごとに仕事に合わせた職階を作成できる。職階ごとに、部門で期待する内容の大まかな説明を記載する。

　しかし、職階の定義をつくり込みすぎることには警鐘を鳴らしておきたい。従業員に、これさえ達成すれば昇進できると思われると、たちまちチェックリストに変わってしまうからだ。第1章で説明したスキルとケイパビリティの違いを覚えているだろうか。経験上、スキルはチェックリストにしやすい。他の人と協力・連携できる能力などのケイパビリティはスキルほど捉えるのが簡単ではないが、職階を上がっていく中で成功に不可欠な要素になる場合も少なくない。

　さて、採用を行う職務の職階を決め、候補者を選抜したら、報酬を決められる。単一の職務または一連の職務に対する各職階について、通常はふたつの項目が定義されている。給与範囲と、新規採用者への目標提示額だ。Stripeでは、バイアスを避けプロセスを効率化するために、採用通知を交付した後の交渉をできるだけ避けるように心がけている。その代わりに、リクルーターと採用マネジャーは、給与範囲内の2点のうちひとつを候補者に提示する。Stripeではコンパレシオ（報酬の相対位置）を用いて提示している。

　コンパレシオ（**図13**）では、個人の給与を、あらかじめ決めた給与範囲の中間点で分割する。たとえば、ある職階（たとえばレベル1）の最小給与が8万5000ドル、中間点が10万ドル、最大給与が11万5000ドルであるとする。給与範囲上の点は、主に候補者の経験と、その職階で期待されるインパクトによって決まる。たとえば、レベル3のうち非常に経験豊富な候補者には、給与範囲の下のほうではなく、上のほうを提示する。Stripeでは、候補者がインパクトを与える可能性の評価は必ずしも正確でないため、あわせて平等賃金レビューを毎年実施し、同じ種類の職務、同じ職階、同様の業績の社員の賃金がほぼ同じになるようにしている。

　報酬の決め方については本が1冊書けるし、そういう本があればいいのにと思う。ここでは、報酬レベルとその外部への影響について何年も考えるうち、

表4 職階をロープと結び目のたとえで説明した表

	レベル1	レベル2	レベル3	レベル4	レベル5	レベル6
	初級	成長中	キャリア	上級	エキスパート	幹部
たとえ	ロープについて学んでいる	基本的な結び目をつくれる。他の人が難しい結び目をつくるときに一緒に参加する	難しい結び目をつくる。ロープの強さを測る。結び目についてよく知っている	ロープのつくり方を理解する	社内の誰よりもロープについて知っている	とにかく、誰よりもロープについて知っている
知識	専門的な概念の使い方を学んでいる。定期的な問題を解決するために会社の方針や手順を適用する	専門性を磨いている。さまざまな問題を解決するために会社の方針や手順を適用する	分野を完全に理解している。さまざまな方法で問題を創造的に解決する	幅広い経験がある。専門的な概念や会社の目標を用いて、複雑な問題を創造的な方法で解決する	幅広い専門性、また独自の知識がある。スキルを用いて会社の目標や基本原則の発展に寄与し、創造的かつ効果的な方法でゴールを達成する	分野の専門家、専門的な概念を用いて、重要な問題への解決策や幅広い設計上の解決策を開発する
業務の複雑さ	限られた範囲の問題に取り組む。標準のプラクティスや手順に従う。社内の仕事上の安定した関係を築く	状況またはさまざまな要素からの検討が必要な、中程度の範囲の問題に取り組む。定義済みの手順やプラクティスの範囲内で判断をして、適切な行動を決める	状況またはデータの要素に一定の評価が必要、幅広い範囲の問題に取り組む。解決策や技法、手法の選択に優れた判断力を示す	状況またはデータの詳細な評価が必要な、複雑な問題に取り組む。結果を出すために、手法、技法、評価基準の選択に関する判断を下す	状況またはデータの分析に、実体のあるいは評価が必要な、重大で独自性のある問題に取り組む。結果を出すために、手法、技法、評価基準の選択に関する独立した判断を下す	設計や販売の成功を左右する、あるいは将来的なコンセプトや製品、テクノロジーに対処するような問題に取り組む
監督	一般的に、すべての業務について詳しい指示を受ける	一般的に、定常業務についてはほとんど指示を受けず、新しいプロジェクト職務については詳しい指示を受ける	一般的に、定常業務についてはほとんど指示を受けず、新しい職務については大まかな指示を受ける	新しい職務について手法や手順を決定する。また、他の従業員の業務を調整する場合がある	新しい職務や特別な職務について独立して行動を取り、手法や手順を決定する。他の従業員の業務を監督する	重大な職務への目標やアプローチの決定に、幅広い裁量を使う

図13 コンパレシオ（報酬の相対位置）

　基本は職階ごとの固定給とし、報酬上のモチベーターはすべてボーナスとストックオプションでつけるべきだと考えるようになったと言うにとどめる。ある職務の固定給は市場データの変化に合わせて変わることがあるが、そうでなければ、異動するか昇進するしか昇給の道はない。この考え方のメリットは多いが、特に社内の異動がシンプルになる。新たな職務の固定給が異なる場合、それは単に市場の反映であって異動判断からは中立であり、社員の実際の価値や、職場で認識されている価値とは関係がないことになる。

　会社の最大の支出がたいてい人件費であることは、覚えておくとよい。そのため、人件費は年間計画のプロセスで重要になる（計画について詳しくは第2章を参照）。部門の採用人数は毎年決める。報酬費の概算を出せるように、採用者の職階も想定しておくのが理想だ。成熟企業では、ある年に計画する採用者の職階が決まっていて動かせない傾向があるが、若い企業では想定する経験に幅のある職務（たとえば、レベル2～3）を求人に出すことがある。

　また、採用計画の担当者のために必要な意思決定もある。担当者は、採用する職務と職階を年度のはじめに設定すべきだろうか、あるいは予算に従うべきだろうか。予算型のアプローチをとると、必要に応じてレベル2の従業員の採用を増やし、代わりにレベル4の採用を減らせる。わたしは柔軟なアプローチに一般的に分があると思っているが、各部門の正確な予算を割り出すことは難

しくなる。部門横断的な収支を各チームに正確に配分するのは一筋縄ではいかないからだ。会社によっては、各部署の従業員数に基づいてコストを確保するなどの基本システムをつくって配分していて、検討の価値がある。社員が「うちの部署では何人採用したか」などと頭数にこだわるよりも、収益と支出に集中してくれるほうがいい。他部署と比較してチームの予算配分が多いか少ないかにこだわるのではなく、与えられたリソースでできるだけ業務をこなすことを、成功を測る基準にするべきだ。

候補者の選抜

　Stripeでは、候補者の選抜と職階の割り当てに、**図14**のようなふたつの中核的なアプローチを採用している。

　初期のStripeでは、候補者一人ひとりに対して採用委員会で議論していた。のちにプロセスを効率化して、一般職では候補者に対する見解が分かれた場合、新しい職務の場合、特殊な職位の場合などにのみ、対面の採用委員会を開いて議論するようになった。一方、すべての上級職では、今でも主に面接官が複数の候補者との面接を終えた後に、対面の採用委員会で話し合う。

　図14のアプローチ1のような段階を踏む場合、リクルーターがフィードバックを取りまとめ、議論を円滑に進める。採用人数が少ない職種で採用マネジャーがいる場合、そのマネジャーが委員会を諮問し、フィードバックを得る。委員会から不採用や身元照会を勧められた場合は検討して結論を出し、やはり採用すると決めたら通知を出す。

　ここで重要な注意点を挙げる。Stripeのリクルーターは採用人数を評価されるが、採用人数は成功の主な測定基準ではない。主な測定基準は、ファンネルの効率、つまり採用プロセスのある段階から次の段階へとコンバージョンする候補者の割合と、何よりも採用した候補者の質になる。候補者の質については、マネジャー調査やパフォーマンス評価を通じて測定している。リクルーターには、Stripeで最も活躍する優秀な候補者を採用するのが皆さんの仕事なので、面接のフィードバックや候補者に対する懸念は真っ先に伝えてほしい、と何度も話している。リクルーティング・チームと採用マネジャーに、大局的な

図14 候補者の選抜と職階の割り当てに対する、Stripeの中核的アプローチ

アプローチ1

> 面接官が候補者追跡システム（ATS）にフィードバックを入力
>> 採用委員会による議論（必要な場合）
>>> 採用を推奨（不採用の場合はここで終了）
>>>> 職階の決定と条件の提示
>>>>> 部門リーダーによる、候補者、職階、条件の
>>>>> 最終レビューと承認

アプローチ2

> 面接官が候補者追跡システムにフィードバックを入力
>> 採用委員会による議論（必要な場合）
>>> 候補者レビューによる採用・不採用、職階、給与範囲内の提示の決定

ゴールへ向けた適切なインセンティブと方向性があることを確認しよう。

すべての採用を採用マネジャーの判断に任せる会社とは異なり、Stripeはより話し合いを重視したプロセスを導入している。最終レビューに候補者を推薦するのは採用マネジャーの仕事だが、その判断に達するまでに他の面接官に相談する。採用委員会のメンバーは誰でも候補者を不採用にできるという基準も設けているが、これはきわめて珍しい。思いあたる事例はひとつだけだ。そのときは、ある面接官が候補者の回答に不安を抱いたために、その人が不採用になった。面接に時間を割いている全員が、採用に反対する確たる信念があれば採用を阻止できる、というのは、Stripe全体の組織文化に支えられた重大なメッセージとなっている。

候補者レビューのアプローチ（コラム「候補者レビュー」を参照）、あるいは採用マネジャーがリクルーターと連携してプロセスを進めるアプローチのいずれをとるにしても、採用プロセスの管理者のゴールは次のようなものになる。

- **候補者体験を守ろう。**面接プロセスは、候補者に会社の印象を残す。たとえ不採用であっても、ポジティブな印象を抱いてほしい（詳しくは、「採用ループを閉じる」の項を参照）。採用が決まった場合、採用プロセスは評価ツールと同じくらいの営業ツールにもなる。経験豊富な候補者には、採用プロセスを、打ち解けた対話、相互の学びの体験であると感じてほしい

第 3 章
コア・フレームワーク 2 ── 総合的な採用アプローチ

- **面接官の意見に真摯に耳を傾けよう。**面接官こそが、採用された候補者と最も密接に連携して働く人々であり、候補者が就く仕事を一番よく知っているからだ

- **組織を巻き込もう。**社内の全員が、採用判断を信頼し、採用された人を熱くサポートできるように、プロセスを十分理解している必要がある

- **チームまたは個人ではなく、会社にとってベストな判断をしよう。**チームが人を採用してほしくて必死になっていても、採用者について妥協する理由にはならない。これは言うよりやるほうが難しい。候補者が経験豊富だったり、社員の紹介があったりした場合はなおさらだ。それでも、採用委員会に留保事項があるならその意見を取り入れ、候補者または紹介者ではなく会社にとって適切な判断をするのが、リクルーターと採用マネジャー両方の仕事である

Column

候補者レビュー

Stripe のエンジニアリング部門は従業員を大量に採用し、採用プロセスが終わって初めてエンジニアをチームに配属することが多い。採用チームとエンジニアリング部門のリーダー陣は、こうした現実を念頭に置いて候補者レビューのプロセスを設計した。

候補者レビュー（CR）に参加するのは重要な仕事で、誰もがまじめに取り組んでいる。大成功を収めたので、他の部門でも真似しようという動きがあるくらいだ。このようなプロセスに漏れず、わたしは候補者レビューの成功を、アプローチの一貫性とレビュー参加者の体験のおかげが大きいと考える。レビュー参加者は多数の候補者と顔を合わせ、面接フィードバックに目を通してきている。そのため、バイアスをコントロールしながら適切なパターンマッチングによる採用判断ができる。

候補者レビューとは

候補者レビューは、Stripeのエンジニア職に応募する候補者に対する面接のフィードバック、採用・不採用の推奨、職階の判定をレビューするプロセスである。CRパネルにはそれぞれ、CRリード、CRレビュアー、CR管理者がいる。1週間に何回かミーティングを開いて、対面の面接プロセスに進んだすべての候補者のフィードバックをレビューし、採用・不採用の推奨と職階の判定結果について、承認または不承認の結論を出す。

候補者レビューのミッション

CRのミッションは、Stripeにおけるすべてのエンジニアリング職を、抜きんでて優秀な社員で確実に埋めることだ。そのために、一貫性があり、効率的で、透明性に優れ、かつバイアスのコントロールを模索する意思決定の枠組みを確立している。次のようにして、このミッションを達成する。

- **Stripeにおけるすべてのエンジニアリング職を、抜きんでて優秀な候補者で確実に埋める**：まず、職位や職階に対応する具体的なケイパビリティや経験をテストするための、標準化された面接プロセスを確立する。次に、面接フィードバックの資料を一貫した意思決定の枠組みを用いて評価することで、プロセスがうまくいっているかどうかを確認する
- **一貫性と効率性**：CRの意思決定の枠組みを、Stripeのエンジニアリング職の候補者全員に一貫して適用する。面接、面接ルーブリック、CRプロセスで一貫性を保てば、意思決定を効率化できる。ある従業員の面接時の成績が、職位・職階ごとの期待とどのように対応するか、関係者間に共通理解が生まれるためだ
- **透明性**：Stripeでは、面接官とCRの間の双方向フィードバックを推奨している。CRリードは、面接官と採用マネジャーにフィードバックを適宜メールする。フィードバックには、面接のルーブリックと無関係なフィードバック、面接フィードバックにバイアスが影響している明らかな事例、面接フィードバックにおけるジェンダー中立でない代名詞の使用、Stripeという会社への広い適性よりも職務への狭い適性に注目したフィードバックなどが含まれる。強固で透明性のあるフィードバックのループをつくることで、面接官とCR担当者の技能の向上を図れる。また、CRがブラックボックスのように感じられなくなる

第3章
コア・フレームワーク2 ── 総合的な採用アプローチ

- **バイアスのコントロール**：誰もが生まれつきバイアスを持っている。しかし、面接とCRのプロセスを一貫して適用し、結果を厳しく測定して分析すれば、コントロールできる。Stripeでは、CRデータの累積的分析を実現するため、CRのすべての結果を記録し、それぞれの面接ルーブリック領域に対応するスコアをつける。CRリード、リクルーティング・マネジャー、テック部門の人事担当者が定期的にミーティングをして、EEOC（米国雇用機会均等委員会）に基づく自己申告書のような重要なデータセットに関連するCR結果をレビューする。そうすることで、CRで正確に意思決定できるようにするとともに、面接とルーブリックが職位・職階ごとに期待する内容と効果的に対応しているかどうか確認する

　Stripeとの対面の面接を終えたエンジニアリング部門の候補者はすべてCRに回され、意思決定の枠組みに対して面接フィードバックがレビューされる。

意思決定の枠組み

　意思決定の枠組みは、CRの参加者と採用関係者が正しく合否決定できるようにするプロセスだ。採用判断が正しかったかどうかは、最初のパフォーマンス・レビューで、職位と職階において少なくとも "期待通り" 以上の業績を上げられたかで判定する。すべての候補者に、Stripeで働く適性を測る平等な機会が与えられる。CRは、次に挙げるプロセスをすべての候補者に対して実施する。
　資料をレビューした結果、CRが出す結論は次の6つだ。
- 提案した職階で採用
- 提案より上の職階で採用
- 提案より下の職階で採用
- 不採用：採用委員会の結果を覆す
- 不採用：採用委員会の結果を確定する
- 未決定：追加情報を得るために差し戻す

　CRは次の手順に従って、面接フィードバックの資料に対してどの結果が最も適切かを判定する。CRの意思決定の枠組みについては、章末にあるQRコード先を参照してほしい。

1. 候補者の書類提出
2. 面接官によるスコアカードのレビュー
3. スコアカードの検証
4. 議論、判定、職務経歴書レビュー
5. CRスコアカードをCRの結論とともに提出

候補者レビューの職務と責任

CRリード：CRパネルのメンバーのひとりで、意思決定の枠組みが一貫して適用されていることを確認し、各資料についてのレビューの議論を仕切る。また、CRリードは意思決定プロセスの結果を承認し、その根拠を採用マネジャーまたはリクルーターに返送し、フィードバックを採用マネジャーまたは面接官に送る。CRリードは定期的に予定されたセッションに出席し、集められたCRの結論をレビューする。セッションのゴールは、参加するパネル間でCRが管理されており、CRの結論が正しく、バイアスができる限りコントロールされているのを確認することだ。なお、バイアスがコントロールされている状態とは、各CRの結論に統計上の有意な差がない状態のことである。

CRレビュアー：意思決定の枠組みの記述に従って面接フィードバックをレビューし、採用・不採用と職階に関する結論が適切か対話する。面接ルーブリックに従っているか、面接フィードバックがルーブリックに直接対応しているか確認する。CRレビュアーは、職位や職階に期待される内容、面接プロセス、面接の質問、評価ルーブリックを深く理解していなければならない。CRのミーティングでは、次の質問を念頭に置いてすべてのフィードバックを念入りにレビューする。
- 最終的な採用・不採用と職階の推奨は正しいか？
- スコアカードはルーブリックを反映しているか、それとも主観的なフィードバックが混ざっているか？
- スコアカードの結果は、ルーブリックに照らして正しいか？
- 正しい面接プロセスに従っていたか？

CRレビュアーは、これらの問いをCRリードと話し合う。CRレビュアーには、リクルーティング・チームのメンバーをひとり含める。

第3章
コア・フレームワーク2 ── 総合的な採用アプローチ

> **CR管理者**：CRをスムーズかつ効率的に関連するプロセスに責任を負い、実施する。これには、CRレビュアーとCRリードの選定と研修プロセスの責任を負い、文書の正確性を確認する業務が含まれる。CRでは、管理者がプロセスを管理する。レビュー対象となる資料の順序を管理し、資料を回覧し、CRの結論と候補者へのフィードバックを記録する。

リファレンス・チェック（身元照会）

　候補者の採用を決めたら、すぐに採用通知を出したくなるものだ。長く慎重なプロセスを経てきたので、今すぐに決着させたいというわけだ。しかし、そのプロセスは何度かの30〜45分の面接にすぎない。要するに、身元照会をしないのは悪手ということだ。

　チーム・スクリーニングと同様に、リクルーターと採用マネジャーは身元照会の連絡の責任を分担できる。たとえば、初級職の採用では、夏休みのアルバイトやインターン先など1カ所に電話をかければ十分であることが多い。その場合、リクルーターが最適な立場だろう。経験豊富な候補者であればあるほど、また職務のインパクトが大きくなればなるほど、より多くの身元照会先への確認が必要になる。わたしの意見では、採用マネジャーが少なくとも照会電話の1本を（理想的には候補者の現職のマネジャー相手に）担当するのが重要だ。

　留意してほしいのは、照会先を提供しているのは候補者であるということだ。あなたも真っ先に思うだろう──候補者の出した照会先は偏っているのではないか？　一般的にはその通りだ。だからこそ、もし照会先がそっけない返事をしてきたらどれほどの危険信号になりうるか考えてみてほしい。その場合、採用は見送ろう。

　また、わたしは身元照会電話の担当者に、会話の最後のほうで相手がリラックスしてきたときを見計らって、こう質問するのを勧めている。「この人は、これまで一緒に働いてきた人の中で上位50％に入りますか？」答えがイエスなら、さらに「上位20％なら？　10％なら？　5％なら？」と聞いてみよう。身元照会でポジティブなことを言うのは簡単だが、ほとんどの場合、人は数字で聞かれると正確に答える。上位20％程度という答えが返ってきたら、非常に優

秀な候補者だとはいえない。

「一緒に働くとどんな感じですか」「長所と短所は何ですか」「改善余地はどんなところですか」「マネジメントしていて、何が難しかったですか」といった、意見を探る一般的な質問は、あいまいな答えになりがちだし、相手も候補者を悪く言うのを避ける。もっと具体的で、候補者の行動に関連する質問例を次に挙げる。

- ○○さんは3年後どうなっていると思いますか？

  5年後の姿について聞く人が多いが、それでは長すぎる。3年後について聞くことで、照会先も、候補者のより近い将来での理想的な成長をイメージしてくれる。候補者の軌跡を理解するために役立つ情報収集に力を入れよう。

- ○○さんと最後に意見が合わなかったのはいつですか？

  この質問をすれば、候補者が葛藤にどう対処するか具体的な例を挙げてくれるだろう。

- ○○さんが他の人を手助けしていた例を教えていただけますか？

  この質問では、候補者の協調性と関係構築のスキルを掘り下げる。照会先が言葉に詰まったら、もう少し掘り下げて、協調性に問題がないか探れる。また、あなたの会社にチームとチーム環境を優先するような事業運営の基本原則があれば、それを強調する機会にもなる。

- ○○さんにコーチングしたときのことを聞かせていただけますか？

  この質問は、候補者の苦手な分野を明らかにしてくれる。さらに重要な点として、指導を受けたときの候補者の態度もわかるだろう。

- ○○さんを10段階で評価していただけますか？　ただし"7"は避けてください

  これは、"上位何％に入ると思いますか"という質問のバリエーションだ。ありそうな答えは"6"（平均より少し上）、あるいは"8"以上（優秀から非常に優秀）で、多くのことを教えてくれる。

- ○○さんのスキルのうち、成長したと思うところは何ですか？

  この質問では、候補者の要改善領域、学びへの姿勢、自己決定力の感触をつかめる。

- 〇〇さんが役職で活躍できるように、マネジャーのわたしへのアドバイスはありますか？

　わたしは必ずこの質問をしている。これは、候補者の苦手分野について最終的な知見を得る機会になるし、社内採用なら先方のマネジャーと異動について打ち合わせを始める際のたたき台になる（社内採用に関する項で詳しく説明する）。

採用通知（オファーレター）を出す

　さて、身元照会で良い結果が出て、正式な採用通知を出すときが来たとしよう。採用通知は重要な書類で、付属するストックプラン（自社株購入の機会を提供する制度）は、法的な契約である。会社が発展し始めの段階で契約書類の作成を自動化して、正しい文書を送る方法を模索しよう。採用通知に書かれている給与額や購入株式数が間違っていたら、信用を失うか、さらに悪い事態に陥りかねない。わたしの知っている事例では、年間給与額と4年後に完全行使できる株式付与数を取り違えて書いてしまった会社がある。この候補者は記載通りに報酬を受け取ると主張し、1年後に株式を売却しすぐに退職した（がめつい人を採用してしまったようだ）。採用通知はリクルーターか採用マネジャーが口頭で採用の連絡をした後に送るはずなので、その内容に重大な間違いがあるなら、プロセスがどこかで失敗しているということだ。

　リクルーティングのプロセスは、会社（通常はリクルーターまたは採用マネジャーによって代表される）と候補者の間の長い会話のようなものだ。最初のうちは候補者のモチベーションの理解に努め、募集している役職が候補者のキャリア上の志や経験と合っているかを確認する。採用した場合の報酬の大まかなイメージを提供することもある。また、職位と職階を説明し、職階の透明性によって（肩書は、社内の職階と一致しない場合もある）、候補者に適用されそうな職階と、その地位が候補者の経験とどう関連するかを話し合うのもいいだろう。Stripeの場合と同様に、多くの職務に正式な肩書がない場合は、候補者にその点をきちんと理解してもらうのが最善だし、求人でも明らかにしておくべきだ。結局のところ、採用通知の段階で初めて聞くような情報があっては

ならない。プロセス全体を通じて候補者と意見を交わし合って、関心の範囲を絶えず測るべきだ。候補者を採用したいと思っているのなら、関心を持ってもらえるようにしよう。

こうしたことすべてを首尾よくやり遂げれば、会社と候補者の両方が採用通知に胸を躍らせ、スムーズに入社してもらえるようになるだろう。場合によっては、その場で承諾が得られるほど簡単に終わる。しかし、候補者の側に未解決の質問があれば、相手の意欲がしぼまないように速やかに答えるのがベストだ。かつて、ある営業リーダーが「時間があらゆる取引をダメにする」と教えてくれた。リクルーティングも同じだ。役職の重要性が高かったり、ぜひとも会社に迎えたい候補者だったりする場合ほど、候補者の質問に速やかに回答するとともに、その職務にとって重要な社員か幹部が、"営業電話"を候補者にかけることを検討しよう。会社の急成長期であれば、幹部のスケジュールに余裕を持たせ、15分の電話で役職や候補者に熱意を伝えられるようにしておくのがベストプラクティスである。時間を取るという簡単な行動でも、会社が候補者を大切にしているというメッセージが本人に伝わる。

幹部の"営業電話"で、候補者が一般的に知りたいのは以下のような点だ。
- 幹部は候補者が就く職務とその重要性をどのように認識しているか？
- 会社の中長期的な見通しはどうなっているか？
- 会社の未来について、幹部が心を躍らせていることは何か？
- 考えられる課題はどのようなことか？

何よりも、候補者は会話から刺激を受け、この会社で仕事をするとは現実にどういうことなのか、イメージをつかみたいと思っている。特に役職について、幹部の答えと、採用プロセスでの説明とが一致しているか確認したいと考えている。だからこそ、職務記述書とルーブリックを明確に記述することが大切なのだ。最高の人材を得るために役立つだけでなく、社内の意識も合わせられるだろう。

第3章
コア・フレームワーク2 —— 総合的な採用アプローチ

経営幹部の採用プロセス

　採用ピラミッドに戻ると、リーダー採用は採用プロセスのうちで最もオーダーメイドな部分だ。募集する役職に求める能力への理解（ルーブリックの精度）から、リーダー採用に伴う人材探しを秘密にする度合い（社内を動揺させないため、あるいは候補者を守るため）まで、さまざまな観点からカスタマイズする。手順のほとんどは、この章で説明してきた採用プロセスから流用できる。しかし、一般社員の採用と異なる側面がふたつある。透明性の度合いと、意思決定プロセスだ。

リーダー採用における透明性

　わたしは、リーダー職の採用を検討していると社内に周知するのが最善だと考えている。現在その職に誰も配属されておらず、異動も考えづらいようなときには比較的簡単だ。たとえば、初のCFOを採用する場合だ。しかし、その場合でも、現在財務を担当している人の上司を採用することになるため、他の社員に知らせる前に、財務担当者に知らせて心の準備をしてもらう必要がある。新たに採用する人物をあなたたちの上に配属します、と説明するのは難しい。レイヤーを増やすようなものだからだ。現任者を置き換える場合はさらに困難になる。このようなケースでは、状況を検討しながらも、原則的に透明性を守ろう。ただし、発表するタイミングには細心の注意を払おう。

　新たに上司を採用するシナリオでは、根回しの一環として、最も影響を受ける人やチームに、彼らが会社にもたらしているインパクトと経験の度合いを伝える必要がある（伝え方の詳細は、第5章を参照）。貢献している点については前向きに励ましつつ、現在の部門が満たせていない会社のニーズを指摘し、より経験豊富な人物の必要性を受け入れてもらえるように促そう。新たなレイヤーを早く公表しすぎないように注意すること。リーダー採用には6カ月ほどかかることがあり、顔も名前もわからないマネジャーの就任をあまりに長い間待たせてしまっては、社員を不安にしてしまうおそれがある。可能であれば、今後予定される引き継ぎの内容を確定する前に、初期のリクルーティング作業、

つまり職種に求める条件を特定して最初のパイプラインを築く作業に着手することを勧める。そうすれば、影響を受ける人々と初回の話し合いを持つときに、ゼロからではなく数カ月先行した状態で議論できる。

たとえば、最高顧問弁護士を採用するが現任者がすでにいる場合、プロセスを公にすることがさらに重要になる。職種に必要な条件を特定する、評価の高い顧問弁護士と顔合わせするなどの初期の業務には手をつけても構わないが、袂を分かつ必要のある人に伝えるまでは、秘密であっても候補者と打ち合わせを始めるべきではない。理想的なのは、あなたが現任者をコーチングして新任者への引き継ぎについて合意することだ。そうすれば、その時点において引き継ぎをマネジメントできる（詳しくは第5章で説明）。移行の傍ら、あなたと1、2名が連れ立ってこっそり候補者と顔合わせできるかもしれないが、現任者の処遇を社内に発表するまでは、正式な面接プロセスに進むべきではない。ここでも、文脈、慎重な対話、そして透明性の情報共有の意識的なスケジュールが、信用を築き維持するのに大切になってくる。

候補者の側からも見てみよう。他社の幹部職を務めながら、あなたの会社の候補者として選考プロセスを進んでいる人物は、選考時の会話が外に漏れたら当然、疑い深くなるだろう。あなたとリクルーティング・チームやサーチファームは、極秘で仕事を進める必要がある。社員はリーダー職の面接を受ける人の最新情報を知りたいかもしれないが、機密を尊重し、予定を非公開に保ち、大まかな情報提供にしなければならない。たとえば、「わたしたちが尊敬する一流企業から、3人の優秀な候補者を選考中です。選考が終わり、就任を承諾していただけたら最新情報を共有します」のような形だ。身元照会の段階では難しいかもしれないが、なんとか乗り切ることはできる。

リーダー採用の意思決定

わたしは集合知を信じているが、リーダー採用は採用委員会ではなくCEOあるいは上級経営幹部が判断すべきことだと考えている。なぜかといえば、前述した"もっと速い馬が欲しい"現象のためだ。幹部ではない人は、どのようなリーダーが会社に必要かわかっていないことが多い。また、新たなリーダ

ーがもたらす変化を恐れるかもしれない。さらに、採用した人が会社の事業や文化に莫大なインパクトをもたらすかもしれず、そのインパクトについては採用したCEOまたは上級経営幹部が責任を負う必要がある。会社の上級リーダーは、リクルーティングの手法と連れてくる人物について、他のあらゆる業務と同じように評価の対象とされるべきだ、とわたしは考えている。たとえあなたが最終的な意思決定者であっても、選出の前に面談をしていなければ、まずい事態に陥るかもしれない。

リーダー採用プロセスのマネジメント

　スケジュールと透明性への懸念、そして意思決定がクーデターのように受け止められる危険性を考え合わせると、採用担当のリーダーには、リーダー採用プロセスをチェンジマネジメントと、受け入れ態勢づくりのプロセスとして扱うように勧めたい。

　ある意味では、採用の前からのオンボーディングの一形態だといえる。

　最近、ロジスティクスで成功しているスタートアップ企業の創業者と話す機会があった。新たなCOOの採用を検討していて、適任と思われる人物に目をつけていた。しかし、新COOの部下になる現在のリーダーのひとりが抵抗すると予想した。このリーダーはチームにとても好かれていたので、採用に反対すると、チームの大半に影響が及ぶと考えられた。創業者は、COOがうまくやっていけるようにどのような準備をすべきだろうか。

　これは、一般に思われているよりよく起こる問題だ。組織へ新しいリーダーを招き入れることは、体内に異物を取り込むようなものである。だから、組織が新しいリーダーに拒絶反応を起こさないように苦心するのは当然だ（社内採用について詳しくは、「社内採用」の項を参照）。従業員と同様に、新しいリーダーの成功も、究極的には役職に合わせた採用プロセスから始まる。

　リーダー採用プロセスのゴールは、基本的には通常の中核的採用プロセスと変わりない。ただ、支持を得る際には、より広いコミュニケーションが必要になる。職務と採用について、広く門戸を開き他者の意見を受け入れ、組織で適切なレベルの透明性とコミュニケーションを保ちたい。一方で、事前に予想し

た以上のチェンジマネジメントが必要になっても、会社にとってのニーズを常に最も重視しなければならない。

　採用したリーダーが受け入れられて活躍できる可能性を最大限に高められるように、リーダー採用のプロセスを構築するにあたってお勧めの方法を次に挙げる。

少なくともふたりの重要人物が大きな期待を寄せるような候補者を選ぶ

　リーダー採用は、時間の面でも人員配置の面でも非常にコストがかかる。したがって、採用者への期待が社内に十分にあることを確認してから、他の人たちに関わってもらおう。実務面では、他の経営幹部、重要なチームメンバー、取締役などが事前に候補者たちと十分な時間を取り、採用プロセスがうまくいくという確信を培ってから、先に進むことになる。

リーダー採用の影響を受ける主なステークホルダーを特定する

　新しいリーダーを支持し、歓迎してほしい人々をリストアップしよう。リストには、新リーダーの直属の部下だけでなく、影響を大きく受ける人や、仕事での連携が予想される人などが含まれる。たとえば、重要なパートナーチームや、この採用のおかげで注目度が低下あるいは上昇するチームなどだ。そのようなチームのマネジャーは、何らかの形で採用プロセスに関わってもらうべきである。

　採用に対して否定的になる理由がある人たちは、つい除外してしまいたくなる。リーダーの着任がもたらす影響に、意見が左右されるおそれがあるからだ。しかし、ここではふたつのことを覚えておいてほしい。第一に、最終的な意思決定は、採用マネジャー（あるいはCEOやその他のシニアリーダー）が下すということだ。第二に、ステークホルダーはリーダーが会社で将来的に成功できるかに大きな影響があるということだ。したがって、プロセスに関わってもらうのがきわめて重要なのだ。とはいえ、ステークホルダーの意見だけを考慮すべきだというわけではない。採用委員会には全体で、あなた以外の経営幹部があとひとりかふたり、重要なステークホルダーや直属の部下の代表がふたりから3人、そして部門横断的なパートナーがひとりかふたり含まれる可能性が高

い。特に重要な役職については、取締役に候補者と面談してもらったり、候補者への職務内容のプレゼンを手伝ってもらったりといった手段も考えられる。

職場の同僚とステークホルダーの代表を含む面接

面接を始める前に、該当する役職を募集する理由、職務記述書、求めている主なケイパビリティを共有するメールをすべての面接官に送信しよう。このメールには候補者のリーダーの経歴、会社側ですでに顔合わせしている人、簡単な所感を盛り込むが、バイアスを生むほどの情報量にしないように注意しよう。すべての面接官が、面接の重点事項（専門知識、チームマネジメント、戦略的思考）と、面接官が候補者の回答を評価するためのルーブリックをわかっていることを確認しよう。

採用協議は意思決定ではなく意見集約の場とする

面接官の予定を調整し、採用レビュー・ミーティングを開催しよう。冒頭で採用マネジャーは、ミーティングの目的が参考意見の聴取であることを明確にすべきだ。採用委員会は採用マネジャーに意見を述べるが、身元照会を経て最終的に判断するのはあくまで採用マネジャーである。

採用委員会のミーティングでは、採用マネジャーは次のことをする。

- 役職、会社にとってのニーズ、採用者に求めることの概要を説明する
- 候補者の経歴の概要を述べる
- このミーティングは面接のフィードバックを収集するための場であり、それを採用マネジャーの意思決定の参考にすると念押しする
- 提出されたフィードバックをリクルーターに要約してもらう
- フィードバックを理解して最終判断に役立てるため、委員会の各参加者に質問する
- 意見をまとめてミーティングを締めくくる。その際、候補者またはその身元照会先に対して調査が必要な懸念点を忘れずにまとめて共有する
- 判断に向けた概算スケジュールを提供する。意思決定の結果はグループに報告し、その決定に至った理由を説明しよう

すべてがうまくいったら、最後のステップは社内への採用の告知だ。告知には、採用プロセスの参加者、採用者への祝福の言葉、会社と役職にとって適任である理由の説明を盛り込もう。

社内採用

先ほど紹介した**図12**のチャートをたどった結果、社内人材を登用することにした場合、社外の場合と同じようにチームを結成して慎重にプロセスを進めるが、プロセスはずっと簡素化して構わない。最初の手順は、社内の候補者がひとりしかいないのか、それとも、少し背伸びする必要のある人を含めて複数の候補者がいるのかを見極めることだ。社内募集をかけた後でも、その職務にふさわしい人物が実質ひとりしかいない場合は、見せかけの選考を実施するのはやめよう。その代わりに、昇進を適切に伝えるための仕事をしよう。まず影響を受ける人に伝えて、その後に広く知らせる。社内採用者が新たな職に就いたことを祝い、摩擦を減らして職場に入りやすくしよう。

実際、あなたには、採用者が遭遇するかもしれない摩擦の度合いを探り出す義務がある。プロセスがうまくいけば、選抜が成功したことが裏付けられる。適切な人材を社内から選抜できたという最もはっきりしたサインは、公開の場と個人的なメッセージの両方で、就任が歓迎されることだ。

摩擦の根本原因を探すのは難しいが、全社に知らせる前に、非公開のグループに名前を共有することもひとつの手だ。たとえば、採用した場合に部門横断的なパートナーになる数人の人物と話し、この人物（仮名をジャネルとしよう）を抜擢することを前向きに考えていると伝え、相手の反応を見よう。また、ジャネルの部下になる人々が、新しいマネジャーの発表にどう反応するかも確認しよう（自分が昇進できなかったことにがっかりするかもしれないので、留意しておく必要がある）。非常に強い抵抗があったら、間違った判断をしたサインかもしれない。正しい人選だと確信がある場合、ジャネルの成功を後押しするためにさらなるチェンジマネジメントが必要になることがある。

摩擦を軽減する方法としては、社外の候補者と何人か会って、それを社内に伝えることだ。社外採用のみの職務に比べて、リクルーティングに大幅に投資

することは勧められない。しかし、社外面接は、社内採用の判断を検証するために役立つ。また、さらにふたつのことを伝えられる。まず、あらゆる経路を通じて最適な候補者を選抜していること。これは社内での選任に関する明確なシグナルになるだろう。次に、新たな昇進のチャンスが生まれたときに、オープンかつインクルーシブなプロセスで人材を登用していること。これにより、候補者と会社への信用と信頼が生まれる。

　社外候補を検討しないとしても、候補者がふたり以上いるという感覚が少しでもあれば、社内選任プロセスを実施するのがベストプラクティスだ。このステップは伝統的な社外面接プロセスより簡素化して構わないが、社内の信頼を築くために不可欠だ。また、厳しく判断をしており、インクルーシブなプロセスを重んじているというシグナルも伝わる。

　簡素化したプロセスでは、採用マネジャーと1〜2名の他のリーダーで各候補者と面接してから、採用委員会で議論する。不採用だった社員はがっかりするかもしれないが、選考対象となったことには感謝するだろう。さらに、今後その社員が同様の職種に登用されるために改善すべき分野を理解できるように、フィードバック・ループもつくりたい（フィードバックについて詳しくは、第5章を参照）。

　社内選考プロセスを実行する場合、候補者を固く伏せておくのが重要だ。登用されるのはひとりだけで、残りの人は「他の部署に応募したが不合格になった」と説明せずに現職に戻りたい可能性が高いからである。

　最後に、社内から登用された人には、考え抜いたメッセージを送ろう。採用側が求めていた能力、実施した採用プロセス、適任だと判断した理由を説明しよう。その人は、今後どのような能力を発揮していくべきかを考える必要がある。一般職から管理職への昇進の場合はなおさらだ。採用側がその人を選んだ理由と新たな職で期待することを周囲にはっきり伝えるほど、本人が新しい仕事になじみやすくなる。

リーダー候補者の面接

　候補者のリストを取りまとめているときに経験の罠でつまずくように、面接

のプロセスでも経験の罠で道を誤ることがある。経験豊富なリーダーは通常、面接での受け答えがうまい。長年経験してきたからだ。しかし、口のうまさに動かされてはいけない。じっくり時間を取って面接し、フォローアップの質問で知識の深さを調べよう。何よりもまず、候補者の好奇心と学びの姿勢を最優先でテストする。シナリオを提示したときに、自分がこれまでやってきたことを説明するだけで、こちらの話の文脈を理解しようとする質問をしてこない場合は、警戒のサインだ。詳細を探るために、「では、そのプロジェクトで具体的に何をしたのですか」といった質問をして、プロジェクトが成功したかも忘れずに確認しよう。あいまいな内容に終始して、結果をぼかす人には注意しよう。面接が終わったときに、「今の人はトップクラスだった」と思える人が理想だ。

採用に関する意見の不一致

ここで疑問がある。あなたが、ある上級職の採用マネジャーを務めているCEO、創業者、シニアリーダーだったとする。あるリーダー候補者をあなたは素晴らしいと思ったが、他の社員がこぞって反対している場合は、どうすればいいだろうか。

そのようなときは、徹底的な調査が役に立つ。身元照会の電話をかけ、取締役または社外相談役と候補者との顔合わせを設定する。あらゆるフィードバックを取りまとめて、関係者向けに要約を作成する。候補者と顔合わせした会社側全員が採用に反対したら、理由をしっかりと理解する必要がある。正しいのは彼らかもしれない。しかし、調査を尽くした末に、採用することが正しいと直感したら、チームあるいは会社にとって最善の手を打てるように苦渋の決断を迫られる場合がある。

人は「直感を信じてください」と言われるとイライラする。真意がわからないからだ。しかし、わたしたちにはみな直感が備わっている。直感に肉付けできるように最善を尽くそう。この候補者は会社とそのニーズを真に理解できているように思えるだろうか？　候補者と話すたびに何かを学べるか？　あなたの考えを慎重に説明し、採用者が成功できるように、積極的な姿勢と支援を全員にはっきりとお願いしよう。

第3章
コア・フレームワーク2 ── 総合的な採用アプローチ

一方、逆のケースも目にしたことがある。採用グループは適任者を見つけたと確信しているのに、シニアリーダーにはまだ迷いがある場合だ。採用グループが正しかったあるケースでは、CEOの直属の部下3人が、この候補者こそ会社に必要だとCEOを説得した。3人は最終候補者全員と会って、ルーブリックを用いてあらかじめ同意していたので、信頼性と説得力があった。これは、プロセスがうまくいっていて、リーダーシップチームとCEOが健全である証しだ。採用委員会が候補者の評価を誤っていたケースもあったが、たいていは自らの職務や採用する職種に関する経験の浅い人が委員会に何人も入っていたからだった。

これらはわずかな例にすぎないが、要点はわかるだろう。つまり、プロセスが強力で、面接官が経験豊富かつ採用職種に近ければ近いほど、採用マネジャーとして重要な判断に直面したときに、チームの判断に重きを置ける、ということだ。

身元照会と採用通知

リーダーに採用通知を出す際の手順は通常のプロセスと同じだが、会社全体の関与の度合いは大きくなり、時間もかかる。身元照会は難しいことがある。候補者は現在の職場の社員と接触してほしくないうえ、前述の通り機密保持上の理由から無理強いするのも勧められない。その代わりに、候補者が以前に勤務していた会社の照会先を詳しく掘り下げてみよう。照会先の人物に対し、候補者の現在の職場に信頼できる人がいて、現在の仕事ぶりを教えてもらえないか聞いてみよう。また、候補者を通さずに照会先を探したいとつい思いがちだが、これはリスクが高い。下手を打つと、機密情報が損なわれてしまう。代わりに、わたしは候補者に次のように伝えている。「実は、○○さんと以前に一緒に働いたという方を知っているのですが、機密保持を厳守した上で連絡してもよろしいですか？　信頼できる人にしかお話ししませんので」候補者はたいてい許可してくれる。また、想定している人物について質問してくる場合もある。候補者を知り、採用プロセスを厳しく実施するのがゴールであって、マイナスの情報を探り出そうとしているわけではないことを候補者に伝えよう。

プロセスが優れていれば、採用通知に書く役職名と業務範囲は明確になっているはずだが、報酬については交渉が必要になる可能性がある。経験上は、CEOと採用マネジャー以外の人に交渉を任せるのが得策だ。理由を挙げよう。ひとつは、採用者の上司となったときに最初からぎくしゃくするのを防ぐためだ。そしてさらに重要な理由は、もしCEOが交渉すると、会社の規定を覆して希望を通せるのではないか、と期待されるおそれがあるからだ。実際に可能か不可能かにかかわらず（可能であるべきではないが）CEOが自ら交渉に出るのは良い考えではない。それよりも、経験豊富なリクルーター、サーチファーム、CFO、あるいは報酬リードが経営幹部向け報酬の枠組みの概要を提示して、条件を説明するのがよい。枠組みから外れた要求を防げる。

相手が採用を承諾したら、仕事が終わったような気になりがちだ。しかし実のところ、承諾は次の段階への前提にすぎない。新しい従業員、特にリーダーに、入社後の最初の数週間で会社になじんでもらうことは、入社に関して双方の合意に達することと同じくらい重要である。

オンボーディング（研修・オリエンテーション）

学校の入学式やサマーキャンプの初日など、新入りだったときのことを思い浮かべてほしい。何もかもが重要に思え、周りの状況を感じ取ろうと敏感になり、学びの機会をうかがっていたはずだ。採用者も同じだ。新入社員を初日から単に出社させ、手続きをさせ、PCを設定して仕事をさせる会社は、自社とその組織文化になじんでもらう大きな機会を失っている。

新規採用者のオンボーディング（研修・オリエンテーション）プロセスは、会社の価値に沿っていると感じられるように設計するべきだ。オンボーディングには次の内容を含める必要がある。

- 会社の "WHY"（なぜ）。ミッションとその背景となるストーリーなど
- 事業の "WHAT"（何）。現在の優先事項やゴールなど
- 会社の行動の "HOW"（どのように）。職場での協力体制や事業運営の基本原則など

第3章
コア・フレームワーク2 —— 総合的な採用アプローチ

　わたしは、経営幹部が新規採用者のオンボーディングに関わるべきだと強く信じている。会社のバリューや事業運営の基本原則を語るセッションを月1回設ける方法などが考えられるが、さらにお勧めなのは、基本原則が実際に活用されたストーリーを共有することだ。箇条書きではなくストーリーこそが、メッセージを真の意味で伝えてくれる。そしてもちろん、カリキュラム全体を念入りに設計し、会社での成功への可能な限り早い道を新規採用者に提示する必要がある。

　Stripeの新規採用者には、職階にかかわらず1週間のコア・オンボーディング・プログラムを実施している。このカリキュラムと並行して、エンジニアリングや営業などさまざまなチームが、第1週だけでなく第2週に続くプログラムを設けている。

　マネジャーとしては、会社レベルと部門レベルのオンボーディング・カリキュラムの範囲を理解し、それ以外に新規採用者へ入社から数週間のうちに伝えるべき情報を検討することが重要になる。その情報は、最初の1on1ミーティングで提供できる。あるいは、1〜2時間のセッションを実施し、ひとりまたは複数の新規採用者に対して、チームと現在の業務や優先事項を説明するやり方も考えられる。

　要するに、会社のオペレーティング・システムをチームレベルに落とし込むことで、各部門の業務がどのように蓄積されて全社的な計画の一部になっているかを、新規採用者がすぐに理解できる。

　会社にしっかりしたオンボーディング・プログラムがある場合、手続きから機器の設定まで、あらゆる準備作業をプログラム開始前に順次進めておく必要がある。プログラムを履修すると、次が得られる。

- 他の新規採用者との連帯感。個々の職位にかかわらず、非公式のつながりが生まれる
- 会社、会社のバリュー、事業運営の基本原則に関する経営幹部のビジョンへの理解
- 業界と主力製品への強い意識を含む、事業に関する深い知識
- ユーザーの視点と意見に関するインサイト
- 会社の運営構造と最新のゴールと優先事項

- 会社の大まかな組織構造の可視化
- コンプライアンスやメディア対応の手順など、会社の主なプロセスの理解
- 所属チームが会社全体のうち、どの部分を担うかのイメージ
- 自習や問い合わせのための社内リソースの検索方法

> 「わたしの業界では、人々が仕事の前にただ放り出されます。このやり方は間違いだと思っています。
>
> トレーニングはとても大切で、会社のあらゆる階層を理解することがきわめて重要になります。たとえば、コックとして採用されても、キッチンだけが重要なわけではありません。運営会社のしくみ、農場での仕事、接客の仕事、業務部長による数字の分析などを理解する必要があります。会社全体の総合的な理解が要るのです。だからこそ、トレーニングが非常に重要です。
>
> また、理解を常にリフレッシュしなければなりません。なぜなら、トレーニングとは"はい、これで終わりました"と言えるようなものではないからです。常に動しまなければならない、絶え間ない作業なのです」
>
> ——ドミニク・クレン、〈アトリエ・クレン〉（ミシュラン認定の3つ星レストラン）オーナーシェフ

社内流動性

社内異動した新規採用者は、オンボーディング・プロセスで見過ごされがちだ。社内流動性は会社運営が健全である証しの場合もあるが、特定のマネジャーまたは部門に関する警告を表している可能性もある。わたしの経験上、人は転職や異動の際に、何かに飛び込もうとしているか、何かから逃げようとしている。あるいは、成績が悪いために追い出されたという最悪のケースもある。最初のケースがもちろん望ましいので、社内異動についてデータ収集に早めに着手するのが重要だ。

第3章
コア・フレームワーク2 —— 総合的な採用アプローチ

たとえば、チームが替わった候補者がいる場合、社内ツールなどを使って本人、現在のマネジャー、そして可能であれば人事部門の担当者に、次の点を調査するプロセスを入れよう。

- この異動は従業員主導か、会社主導か
- この異動は従業員が現在のキャリアパスに沿って成長するためのものか、それともキャリアの方向性の変更か
- 従業員の現在の上司と新たな上司は、異動決定前にこの異動について話し合っているか
- 現在のチームとマネジャーについて、あなたは（またはその従業員は）どのくらい満足しているか。1〜5の5段階で教えてほしい
- この異動によって、従業員はより大きなインパクトを残せるようになるか

このデータを従業員エンゲージメント調査とあわせて長期にわたって観察すれば、特定のチームあるいはマネジャーについてどのような兆候をあぶり出す可能性があるか、想像できるだろう。特定のチームまたはマネジャーにひとりかふたりが不満を持っているというデータなら、過度に重視する必要はない。チームが大きな変革の時を迎えている場合はなおさらだ。しかし、従業員の希望による異動が常に多いというデータが出ているなら、この"不適切な流動性"の根本原因を理解するための行動を取らなければならない。

急成長期では、チームを替わるか否かにかかわらず、短い間に何度もマネジャーが交代することが避けられない場合がある。Google と Stripe では、残念ながら1年間でマネジャーが6回以上変わった人が何人もいた。

このような事態が引き起こす不安定さを軽減する方法は、マネジャー同士の引き継ぎのベストプラクティスを共有することだ。考え抜かれた引き継ぎを実施することで、従業員の混乱や不安を最小限にとどめ、新しいマネジャーが部下をサポートできるように状況を適切に把握し、仕事上の強固な関係をすばやく築ける（章末にあるQRコード先に、マネジャー引き継ぎのための簡単なガイドを用意した）。引き継ぎにはそれほど時間はかからないし、わたしの経験上も、かけた労力は信頼と効率の両面で報われる。

新規採用者のオンボーディング

　社内登用か社外採用かにかかわらず、あらゆる新規採用者に役立つとわたしが気づいた慣行が、もうひとつある。数年前、イラッド・ギルから著書『爆速成長マネジメント』（日経BP、2021年）執筆のためのインタビューを受けたときに、〈クレアとの働き方〉という文書に触れた[38]。すると、インタビューと一緒に本に載せていいか聞かれた。余分な情報だと思ったのでわたしは驚いたが、イラッドはこう言った。「わかってくれるかは自信がないけれど、こうしたディテールが創業者にはマタタビのように効くんだ」

　イラッドは正しかった。マタタビについてのコメントは避けるが、〈クレアとの働き方〉に触発されて同じようなガイドをつくったと声をかけてくれた人は、創業者を中心に数えきれないほど多い。とりわけ、会社あるいはチーム全体で同じようなガイドをつくったという話はうれしかった。

　単なるマネジャー向けのツールではなく、関係を深めるための方法であり、自己認識力の演習となっている（〈クレアとの働き方〉は、章末にあるQRコード先に掲載する。あなた自身のバージョンをつくるためのひな型〈わたしとの働き方〉も用意した）。

　〈わたしとの働き方〉を使う最初の場所は、新しい部下との最初のミーティングだ。このミーティングでは、どのように協力して仕事を進めていくか、双方の期待を設定することを中心に話し合う。次の項目を扱うようにしよう。

- **オンボーディング**：共有できるようなチームの背景情報があれば共有する
- **業務遂行アプローチ**：仕事を進める際の協力体制、ミーティングのタイミング、ミーティングの内容をおさらいする
- **マネジメントのスタイル**：あなたはどのようなマネジャーか。また、部下は自らの仕事やキャリアについて、あなたがどのように関わってくると期待できるのか。〈わたしとの働き方〉文書を共有し、やる気があれば部下にも書いてもらう
- **コミュニケーションの好み**：互いが好きなコミュニケーションの手段と、相手に期待する返信のスピードについて話し合う。また、1on1ミーティングの時間の使い方についても、意識合わせが必要だ

第**3**章
コア・フレームワーク2 ── 総合的な採用アプローチ

- **初期の優先事項**：チームの仕事と個人の役割に関して、互いの優先事項を話し合う
- **今後のキャリアに関する対話**：将来的に、数カ月間一緒に働いた後で長い面談を予定していることを伝える。経験やキャリアの推移、そして重要な点として将来の希望を詳しく知るための機会だ（詳しくは、第4章「キャリアをめぐる対話」を参照）

　新規採用者が皆、最初の1on1ミーティングで仕事のやり方の好みについて話す心構えができているとは限らない。そもそも本人が、自分の仕事のやり方を熟知していない可能性もある。これまで、そんな調査を受けていないことも考えられる。それは問題ない。本人にゆっくり考えてもらい、その間に〈わたしとの働き方〉の執筆を検討することを勧めてみよう。

　何より大切なのは、自分自身の経験や好みをシェアして、相手を受け入れて信頼する雰囲気をつくること、そして部下にも同じ行動を取るよう促すことだ。相手がマネジャーに心から期待することや求めていることを確実に探り出そう。しっかりとした身元照会をしていれば、あなたはすでに、どのようなサポートができるかを前職の上司に尋ねているはずだ。こうした潜在的なニーズに軽く触れ、相手の成長を支えるためにできることを検討しよう。たとえば、コーチングの頻度を増やす、プレゼンしたりプロジェクトリーダーを務めたりするときの助言などが考えられる。

新しいリーダーのオンボーディング

　一般社員とリーダーの採用には、共通の採用アプローチを構築し、正当な理由があるときにだけ調整すべきだと述べてきた。同様に、オンボーディングについてもプロセスを標準化し、リーダー採用にのみ要素を追加することをお勧めしたい。オンボーディングは、入社する人すべてに組織文化を浸透させる、重要な総合的体験だ。しかし、リーダーの採用とオンボーディングは社内からの抵抗にあうリスクが高く、また新しく採用されたリーダーの影響は良くも悪くもすぐに感じられる。そのため、新しいリーダーを会社に組み込み、成功で

きるようなサポートのしくみを築き上げるために、一般社員以上の労力をかけることが大切になる。

Stripeでは、ニュー・リーダー・エクスペリエンス（NLE）というプログラムを設計した。ウェルカムメール、スケジュール済みの一連のミーティング、事前に読んでおく資料（会社の概要や主な社内文書などの説明）、リーダーシップ評価（ホーガン・パーソナリティ・インベントリー性格調査）[39]、コーチへのアクセスなどで構成される。また、就任した当初に会社で取るべき一連の行動もお勧めしている。リーダーが配属される部門への定期的なメール、会社が感じたリーダーの強みと改善の余地を伝えるための90日間、360度のフィードバック・プロセスなどだ。

プログラムが成功するか否かを決める最も決定的な要素は、参加者全員のコミットメントだ。新しいリーダー本人だけではなく、そのマネジャー、スピンアップ・バディ（オンボーディングを手助けするチームメンバーの、Stripe流の呼び方）、Stripeガイド（「なぜこういう方法で仕事をするのか」「この会社はどういうしくみで動いているのか」などを安心して質問できる同僚）、人事パートナー、直属の部下など、全員が積極的に関われば、リーダーは確実にうまくやっていけるだろう。

Column

ニュー・リーダー・エクスペリエンス

新しいリーダーのオンボーディング体験は、標準の新規採用者を対象とした標準のオンボーディング・プロセスに加え、右のような要素が必要になる（**表5**）。

ニュー・リーダー・エクスペリエンス・プログラムと、最初の3カ月にリーダーが取るべき行動について詳しくは、章末にあるQRコード先を参照してほしい。

第3章
コア・フレームワーク2 —— 総合的な採用アプローチ

表5 ニュー・リーダー・エクスペリエンス（NLE）の目標と戦術

目標	戦術
部門に、新しいリーダーの受け入れを歓迎してもらえるようにする	この章で説明しているオンボーディング・プロセスを参照 **NLE：**新しいリーダーのマネジャーから、リーダーを紹介するウェルカムメール。マネジャーが、リーダーの入社に心を躍らせている理由と、入社してもらった理由を説明する。個人的な写真（家族やペットと一緒のものなど）や、個人的な情報（前職、趣味など）を盛り込む
新しいリーダーにビジネスと会社の背景情報を、受け入れられる程度で提供する	会社の中核的オンボーディング **NLE：**入社前に、公開されている資料をシェアして読んでおいてもらい、入社初日に社内向けの資料を渡す。事業、製品、組織の概要を説明できる社員との重要な1on1ミーティングを勧める
新しいリーダーのマネジャー、主な同僚、ステークホルダー（特に経営幹部）と迅速に関係を築く	会社の中核的オンボーディング・プロセスと並行して、入社後数週間のうちに、最も重要な1on1ミーティングを設定する
リーダーが、傾聴・学習と初期の判断・行動の間の最適なバランスを取るのを手助けする	リーダーの入社後最初の数カ月で、日常のアドバイザーとサウンディング・ボードとして機能するスピンアップ・バディとガイドをつける
リーダーの強みと、会社の事業運営の基本原則との自然の一致点を強化する	**NLE：**ホーガン性格調査とコーチングを行う。さらに、人事パートナーとの追加の時間を取って、チームと初期のフィードバックに関する観察をレビューし、その後に週次ミーティングを設定する（人事パートナーがまだいない場合、採用マネジャーまたは同格の社員がこの役割を果たせる場合がある） **90日間のフィードバック・プロセス：**重要なステークホルダーや直属の部下に対し調査やインタビューを実施して、新しいリーダーへのフィードバックを取りまとめる
摩擦が発生した場合、あるいは新しいリーダーの行動や態度にネガティブな意見が寄せられた場合は、すばやく軌道修正するか、さらなるフォローをする	同上。ホーガン性格調査は、自己認識力を築き、向上の余地のある領域を理解するために役立つ。人事パートナーは翻訳者、ときにはコーチとして機能する。フィードバックのプロセスにより、軌道修正が必要かどうかのさらなる情報が得られる。新しいリーダーに、自身が受けたフィードバックをチームと共有し、改善の余地のある点について手助けを頼むよう勧める

経営幹部などの重要な役職に就く新しいリーダーにとって役立つもうひとつの行動は、1日または2日に1回、マネジャーとのスタンドアップミーティング（アジャイル・エンジニアリングで一般的な、立ったままの簡易的なミーティング）を実施することだ。たとえ15分ほどであっても、質問にすばやく答え、新しいリーダーの所感を知り、新たな優先事項、組織改編、リソース追加など、部門や会社に今後必要となる可能性のある施策について意識を合わせるための時間になる。この時間は、就任からまもない時期に傾聴と行動の適切なバランスを取るために特に役立つ。新しいリーダーへのオンボーディングで最も高度な技術は、情報収集から行動のフェーズに切り替えるタイミングを把握するための視点を提供することだ。切り替えが早すぎると、まずい判断を下して長期にわたる害をもたらすおそれがある。切り替えが遅すぎると、部門を麻痺させたり、問題を悪化させたりしかねない。最適な切り替えのタイミングは短い。新リーダーのマネジャーは、入社当初の数カ月のうちにリーダーがこの判断を下す際に役立つ、重要なサウンディング・ボードとなりうる。

　また、リーダーの直属の部下に、新しい上司と協力して仕事をするだけの十分な時間を与えることも、非常に大切だ。部下たちはおそらく、前述のようにいくつかのレゴ（仕事）を返上して変化を受け入れなければならなかっただろう。担当していた仕事の一部も新しいリーダーに割り振られたに違いない。新しいリーダーのオンボーディングを直属の部下の視点から説明する次のコラムでは、リーダーのオンボーディング・プロセスと、それを部下が手助けする方法として、ためになる知見を提供してくれている。

Column

新しいリーダーのオンボーディング：部下の視点

　次のコラムは、Stripeで長い間働いた元従業員のジョージ・オーティスが執筆している。ジョージはStripeで数多くのリーダーのオンボーディングを担当した。わたしはジョージと長年何度も話し合い、オンボーディング・プロセスだけでなく、自分の上司、上司の上司、あるいは重要な仕事に従事する同僚を歓迎するのはどのような気持ちか教えてもらった。このコラムは、さまざまな教訓をまとめたものだ。

第3章
コア・フレームワーク2 ── 総合的な採用アプローチ

成功にコミットする

新しいリーダーのオンボーディングに密接に関わる立場なら、そのリーダーの着任によって職務、職責、職場環境が大きく変わるのはほぼ確実だろう。

あなたは新しいリーダーを採用するという意思決定に賛成したかもしれないし、反対したかもしれない。着任を熱烈に歓迎しているかもしれないし、懸念や不安でいっぱいかもしれない。あるいは、期待の山と幻滅の谷が交互に訪れるジェットコースターのような気分かもしれない。事情にかかわらず、リーダーの成功にコミットすることはきわめて重要だ。

新しいリーダーが失敗したら、全員が敗者になってしまう。リーダーは当然ながら会社で大きな責任を負うので、リーダーの失敗はすなわち部門の失敗になる。ゴールは達成できず、ユーザーと従業員が苦しみ、あなたのキャリアにも傷がつく。影響範囲、潜在的な損害、時間のロス、機会費用を考えると、新しいリーダーの失敗はとんでもなく高くつくのだ。

情報をすばやく

新しいリーダーは、膨大な量の情報をすばやく学ばなければならない。組織のごく狭い範囲にも、膨大な背景情報や複雑さがある。新しいリーダーは、組織の幅広い部分について責任を負う。

本人にとって最も効果的な学習のスタイルを直接尋ねるか、見つけよう。効果的な学習法は人によって異なる。文書を読むのが得意な人もいれば、プレゼン、ホワイトボードを使ったセッション、1on1ミーティングが向いている人、さらには直接たくさんの質問をぶつけるのがしっくりくる人もいる。情報提供のペースは、知識をすばやく身につけられるくらい速く、本人が消化して効果的に学べるくらいゆっくりでなければならない。

ここで覚えておきたいのは、何がわからないかは本人もわかっていないということだ。学ぶ必要のある内容に優先順位をつけ、今知るべきこと、1カ月後に知るべきこと、3カ月後に知るべきことを区別する。短距離走ではなく、マラソンなのだ。

事実が第一

新しいリーダーには、判断ではなくデータを提供しよう。判断力が優れていると思ったからこそ、この人物を採用したはずだ。しっかりした結論を導き、現在行き詰まっている分野について新たな知見を得られる人材だと信じているはずだ。事前に作成した結論を提示するのは避け、元のデータだけを提示して判断してもらおう。

判断を左右しない、根拠のある事実のみを示すための枠組みを設けるには、優れたフィードバックの提示と同様に、能動的かつ意識的で配慮の行き届いた労力が必要になる。あなたなりの仮説や結論を伝えるのは、相手から求められた場合、あるいは相手が事実を消化する十分な時間を得られた後に取っておこう。

意思決定に備える

新しいリーダーの担当業務に、あなたの担当分野が含まれていることがある（業務の引き継ぎ、新たなマネジャーの就任ではよくある）。わたしの経験ではシャドーイングとリバース・シャドーイングのパターンがとても効果的だ。新リーダーと合意のうえ、最初の数週間はあなたが普段と同じように担当業務を遂行し、あらゆる行動を観察して真似してもらう（シャドーイング）。そのあと数週間は、新しいリーダーが担当業務を遂行し、あなたが細かく観察する（リバース・シャドーイング）。

また、あなたの意思決定を観察してもらう（模範の提示）、意思決定の内容を提案して承認してもらう（先回りによる委任）、あるいは意思決定の内容を助言して相手に実施してもらう（コーチング）手法によっても、リーダーを手助けすることができる。1日または2日に1回、業務の最後に1on1ミーティングを実施し、報告を受けたり、さらなる状況説明を伝えたり、根拠を説明したり、フィードバックを提供したりしよう。

会社のバリューを体現する

入社する新リーダーにとって最大の変化のひとつは、組織文化だ。そして、最大の課題のひとつは、組織文化における不文律を理解することだ。

新しいリーダーは、組織文化への不適応に気づかないことがままある。しかも、それを直接教えてくれる人がめったにいないという、さらなるハードルも立ちはだ

かる。あなたが行動の模範を示し、気づいてくれるように願うことで、リーダーのために大いに貢献できる。特に、新しいリーダーの性格や直感にあまり合わないような姿勢には注意が必要だ。自ら手本を示そう。

迅速・頻繁にフィードバックする

新しいリーダーは、おそらく華麗な経歴、実証済みのリーダーシップ、専門分野の深い知識、大いなる自信を兼ね備えているだろう。しかし、どれほど印象的な経歴であっても、現在の会社ではあなたのほうが無限大の経験と専門知識を備え、成功していることを忘れないでほしい。リーダーが聞き入れるべきことがある場合、あなたには迅速、頻繁、かつあらゆる視点からフィードバックを届ける責任がある。

このフィードバックは、共感を持って届けるべきだ。新しいリーダーにとっては、タイミングが特に重要だ。責任範囲の幅広い職種では、一見ごく些細なフィードバックであっても、はるかに大規模で重大な問題が起こる予兆かもしれない。小さな軌道修正が、莫大な問題を防いでくれる可能性がある。

新しいリーダーがあなたの上司でもある場合、信頼を築き始めたばかりのときに厳しい意見を述べるのが難しい場合がある。この場合は、データを新リーダーの上司に渡して、フィードバックしてもらうのが適切かもしれない。新しいリーダーが上司の上司にあたる場合は、直属の上司に頼んで意見を伝えてもらえばよい。上司もその上司も新しく入社した人なら（実際にある）、彼らと同格で、あなたが信頼を築いている人を見つけよう。

適応力の向上を奨励する

新しいリーダーが成功する最大の要素のひとつは、新しい環境への適応力の高さだ。新しいリーダーは、しばしば昔の成功や経験に基づいて採用される。会社は、過去の成功の糧となった専門知識とプレイブックを導入してくれることを期待する。しかし、プレイブックは前の環境にあった前提や制約に依存している場合も多い。条件が変われば、プレイブックも新たな条件に合わせて調整する必要がある。新たな環境でどの前提や制約が以前と異なっているのかを示して、リーダーの適応を手助けしよう。

組織図への理解を手助けする

　新しいリーダーが公式の組織図と非公式の組織図を理解するのを手助けしよう。公式の組織図をホワイトボードに描き、それぞれの部門の責任範囲、やりとりの手段、既存の課題を説明する。非公式の組織図には、公式の組織図に関するあらゆる背景情報を盛り込もう。たとえば、主な意思決定者、分野の専門家、インセンティブの構造、難しい状況、業績の素晴らしい人、いまいちな人など……。また、社内掲示板、組織構造、オペレーティング・ケイデンス、プロセスなども確実に網羅しよう。

社会資本を貸す

　就任したばかりの新しいリーダーは、膨大な責任の割に社会資本（信頼、ネットワークなど）をほとんど持ち合わせていない。会社で成果を上げられるかどうかは、ある程度の社会資本があるかどうかにかかってくる。

　現任のリーダーであるあなたは、おそらく社内で社会資本をすでに築き上げているはずだ。それをいくらか"貸す"ことで、新しいリーダーを手助けできる。いくつか例を挙げよう。リーダーが一緒に仕事をする重要人物との間に立って紹介する。新しいリーダーを少人数あるいは大人数の聞き手の前で褒める（"〇〇さんがお持ちになっているXの経験は当社にとって非常に役立ちます"、"〇〇さんがYを行うスピードに感銘を受けました"など）。リーダーの行動や意思決定が成功すること請け合いだと、他の人に信頼してもらおう。新しいリーダーの社会資本を最もスピーディに築く方法は、早く実績を上げられる環境を整えることだ。

社会資本を譲る

　場合によっては、新しいリーダーの成功は、社会資本を貸すだけではなく譲り渡すことにもかかってくる。

　あなたのチームにも、おそらくスター社員がいるだろう。あなたが自らチームに誘い、教育し、成功への態勢を整えた人物かもしれない。その部下と一緒に働くのは心からの喜びで、キャリアの中でも特筆すべき瞬間だ。素晴らしいチームをつくり上げたなら、どんなミッションでも、世界の果てまでも、部下はあなたについて

きてくれるのではないだろうか。新しいリーダーの成功に尽くすため、直属の上下関係だけでなく、こうしたスター社員との特別なつながりもあわせて譲ることも考えられる。

物語と歴史を共有する

製品、テクノロジースタック（開発を円滑化するために会社やチームで採用する、プログラミング言語、フレームワーク、ライブラリ、ツールなどの技術の組み合わせ）、部門が多岐にわたると、ある瞬間における会社の状況を説明あるいは理解するのが非常に難しくなることがある。意思決定や結果の実に多くが、たどってきた軌跡に左右されている。

多くの場合、会社の現状を理解するメンタルモデルを構築するための、最もわかりやすく簡潔な方法は、創業期から今までの歩みを理解することである。新しいリーダーに、入社前の製品、テクノロジー、部門のストーリーや歴史を伝えると、会社の現状を理解するためにきわめて役に立つ場合がある。

採用ミス

ほとんどの採用ミスは、入社してから数カ月後まで気づかない。要するにパフォーマンスの問題だ（パフォーマンスの問題について詳しくは、第5章を参照）。しかし、入社日すら迎えていないのに判断を誤ったと気づくケースもままある。

あらゆる兆候を捉えるのは難しいが、候補者あるいは新規採用者の行動で、採用判断の取り消しにつながりかねない事例を次に挙げる。

- 会社の機密情報を SNS に投稿する
- 経歴や経験を詐称する
- 入社日前に、あるいはオンボーディング中に、他の人に対してひどい扱いをする
- 1週目に新たなチームメンバーに対して尊大さや悪い態度をあらわにする

基本的に、従業員ハンドブックの何らかの違反か、極端にまずい判断を示すあらゆる行動だ。もう少し軽度だがフィードバックを伝えるべき内容、たとえばミーティングに毎回遅刻するなどの場合は、できるだけ迅速に、強く意見を伝えよう。改善されるのが理想だが、つぶさに観察し、変わらないようなら、速やかに袂を分かつように行動しよう。

さて、採用ミスに気づいたら、どうすればいいだろうか。重要なのは、何らかの行動を取ることだ。入社日と、採用する国または州などにより、最善の措置は採用取り消し、または速やかな解雇へ向けた動きとなる。社内向けに不必要に詳しい説明をする必要はない。チームに対して、当該人物の登用は見送られたと説明するだけで構わない。迅速な対応ができない地域の場合は、交渉する方法を模索しよう。対応によってまとまった支出が必要になるかもしれないが、チームに負の影響を及ぼす状況を長引かせるよりも、支払って別れたほうがいい。

採用ループを閉じる

偽陰性、つまり活躍してくれる人材だったにもかかわらず不合格にしたケースをたどるのは不可能に近い。しかし、偽陽性はたどれる。ミクロのレベルでは、採用ミスが発生したら、採用マネジャーがプロセスをざっと遡って分析すべきだ。採用プロセスの中で、気づくべきだった問題はあったか。役職に求めた能力がまずかったか。インタビューのフィードバックや身元照会の際に何らかの兆候はあったか。面接と身元照会の電話の担当者は誰だったか。オンボーディングは完全だったか。あなたが果たした役割と改善点を検討し、リクルーティング・パートナーと打ち合わせて教訓をシェアし、同様のミスの再発を防ぐためにパートナーの協力を仰ごう。

個々の教訓も役立つが、本当に重要なのは、データに基づく全社的な評価システムと、採用へのアプローチを改善する手法だ。GEのCEOだったジャック・ウェルチは、データを追跡してどの面接官が最も優れていたかを確認し、優秀な面接官に他の面接官をトレーニングさせたり、優秀な人だけに面接官を任せたりするようにしていたといわれる。

第3章
コア・フレームワーク2 —— 総合的な採用アプローチ

　ここで朗報をお伝えしよう。最も基本的な候補者追跡システムでさえも、プロセスを改善するための次のようなデータ収集に役立つ。

- **プロセスにかかった時間**：採用に時間がかかった役職やチームはあっただろうか。それはなぜか
- **ファンネルのパフォーマンス**：営業指標と同等のリクルーターにとっての指標。会社の基準と比較して、一部のチームの採用人数が少なすぎたり多すぎたりしないだろうか
- **面接官に関する統計**：最も多く面接を担当しているのは誰か。面接官の社歴や経験レベルはどのようなものか。それは、評価している候補者に対して適切か。面接官には決断力があるか（採用、不採用を明確に述べているか）。面接官は洞察力を備えているか。採用者をよく推薦しているか

　候補者追跡システム以外に、会社のエンゲージメント調査に採用プロセスに関する質問を盛り込むことを検討しよう。あるいは、急成長企業であれば、パルスサーベイ（簡単なアンケートを短期間に繰り返し実施する調査手法）を実施し、採用プロセスや新規採用者がつくる環境において会社の基本原則やバリューが尊重されず、優秀な人材ポートフォリオを求める気持ちに応えられていない状況が会社で起きていないかを探るのもよい。
　半年または1年に1回行うエンゲージメント調査では従業員に次のような文章を提示し、“まったく当てはまらない”から“よく当てはまる”の5段階で評価してもらおう。

- チームメンバーは会社の基本原則を体現している（各原則を調査に記載することも考えられる）
- この会社を素晴らしい職場として勧める
- わたしたちは優秀な新しいチームメンバーを一貫して採用している
- 職責を果たしていないことが明らかな人がいたら、何らかの対策をとる

　また、急激な採用と変化の時期には、もう少し具体的なパルスサーベイを月1回くらいのペースで実施し、従業員に次のような文言を評価してもらうこともできる。

- チームに新たに採用されるメンバーは、すばやく効果的にオンボーディングされている
- 過去6カ月間にチームで採用したメンバーは、現在のチームの水準を満たしているか超えている
- 一緒に仕事をする人々は、志があり、熱心に働く
- 一緒に仕事をする人々は、親切で献身的である。自分自身ではなく会社やチーム全体に合わせて最適化している
- チームの中で最も重要な仕事に就いているメンバーは、それぞれその仕事に適任である

　候補者追跡システムや調査から得られるデータのほとんどは、原因究明の起点にはなるが、あまり具体的ではない。真のインサイトは、採用プロセスのデータと、入社後のパフォーマンスを照合することから得られる。これは骨の折れる作業になることがある。候補者追跡システムのデータ、人事情報システム（Workdayなど）、さらに正式なパフォーマンス・レビューのアプローチ（第5章参照）を自動化できれば、会社の成長に合わせて貴重なインサイトを導くことができる。たとえば、次のような比較ができる。

- **入社後12カ月の成績データと、採用プロセスでの成績データの比較**
　入社6週間後、12週間後、6カ月後など決まったマイルストーンごとにマネジャーにパフォーマンス調査を送付する方法が簡単だろう。もう少し大変だが役に立つのは、センチメント分析ツール（まとまった量の文章から、肯定的、否定的、中立的などの感情のニュアンスを分析するツール）で面接のフィードバックをサンプリングして、面接時の質的な評価と入社後の成績をマッピングし、面接ルーブリックを磨き上げる方法だ。

- **長期的な成績データ**
　面接官の採用・不採用の推奨との比較。

第3章
コア・フレームワーク2 ── 総合的な採用アプローチ

　最後に、偽陰性に関する覚え書きをもうひとつ共有しよう。直感に反するかもしれないが、書類選考に合格して一次面接以降まで進んだが不採用になった人々へのアンケートを検討してみよう。あまりうれしい結果にはならないかもしれないが、候補者向けのプロセスを改善するために役立つかもしれない。

　Stripeでは、10段階の調整済みネットプロモータースコア（NPS）調査を用いる。9〜10（ポジティブ）を選んだ人の割合から、0〜6（ネガティブから中立）を選んだ人の割合を引いて、不採用にした候補者がそれでもまだStripeへの応募を他の人に勧めてくれるかどうかを評価する。また、リクルーター、面接体験、プロセス全体に対するフィードバックも求める。回答率は20〜30％ほどで、調整済みNPSは約7となっている。会社とのやりとりが長期的な印象を形づくる場合があることを思い出してほしい。したがって、不採用にした候補者のフィードバックも、お客様のフィードバックと同じように扱おう。つまり、不採用になったことによる皮肉が文面からあふれていても、検討の価値がある貴重な意見として扱うわけだ。

　急成長企業では、本書のアドバイスに盛り込まれた膨大な時間を採用プロセスに割けるとはとても思えないかもしれない──執筆しながら、何度もそう考えた。わたしも昔はそう思っていた。でも、想定以上に報われる時間の使い方が本書のどこかに載っているとすれば、まさにこの章だ。

　採用は高価だが、人材はすべてだ。採用を、会社の基礎を築く重要な仕事だと考えよう。その基礎のおかげで、強い家を建てられる。特に、リーダーのピースを正しく嵌めることが重要だ。そして、ひとたび"家"ができあがったら、それぞれのチームが家の中でうまく機能しているか確認に取りかかれるのだ。

＊QRコードをスキャンすると、印刷可能な演習とテンプレートをダウンロードできる。

第 **4** 章

コア・フレームワーク3
意識的なチーム育成

Core Framework 3
Intentional Team Development

今日のビジネスを取り巻く環境では、変化は避けられない。大きく成長している会社ならとりわけそうだ。強いリーダーやマネジャーを採用、育成するのに加え、変化をうまく乗り切るための最善の策が、強いチームづくりを心がけることだ。しかしながら、一般に"チーム"と呼ばれるものは、多くの場合、仕事を通じて同時に進んでゆく個人の集まりにすぎない。こうした集団でもおそらく成果は上げられるが、大きな仕事を成し遂げるような働き手の集合体にはなりえない。

マネジメントするチームがきちんと結束し、個別に動く人の集まりではなく融合してまとまれば、実に画期的だ。この章では、高いレベルで機能するチームになるための基礎を構築し、実際に到達することをゴールにする。

先日、モデルナの最高人事責任者であるトレーシー・フランクリンと、健全な会社にはどんな構造が必要か話し合う機会があった。そこでフランクリンはチームのパフォーマンスを測るツールがないことを嘆き、こう口にした。「最近は何でも個人に意識が行きすぎている。仕事を成し遂げるのはチームなのに」

わたしもまったく同感だった。なぜそうなってしまうのか推測はできるし、パフォーマンス評価の手法をめぐる複雑な問題も論じられる。だがここでは、良いチームの構築につながるとわたしが感じた具体的なアクションをご紹介したい。

重要な点だが、完了したタスクを消していける"Todoリスト"と違い、強いチームづくりに終わりはない。チーム育成は時間をかけて育んでいく一連の習慣のようなものといえる。マネジャーが身につけて実践する習慣もあれば、チームのメンバーが実践する習慣もある。

企業のリーダーの皆さんと話していてまずよく聞くのが、組織には常時新しい人が入ってくるので、チームのプロセスを手直しする必要性が常に生じる、という懸念だ。だがわたしはそんなことはないと思っている。ひとつには、高いパフォーマンスを発揮しているチームの文化（しきたりといってもいい）に新しい人が入ってきた場合、チームの規範や規範同士の関係性を理解できるよう周囲が後押しすれば、新しいメンバーはその文化を吸収して自分のものにしていくからだ。もうひとつは、新たなメンバーが加わるかにかかわらず、どんなチームも絶えず起きる変化を乗り越えていくもので、変化を吸収し変化に適

第4章
コア・フレームワーク3 —— 意識的なチーム育成

応していく力はチーム育成の一部であるからだ。以前、ある人から"変化をマネジメントするエキスパート"を採用してチームに迎えたい、という提案があったが、わたしはこう思った。「変化に対するマネジメントをどのように後進に伝え、推進していくかをわたしたち全員が学ばなければ、みんなかなり困るはずだけど」（そのチームは大がかりな変化を伴う全社横断的なプログラムを導入するために大きく貢献していた。それでもわたしは、外部のエキスパートにチェンジマネジメントを担わせたい、という提案に反発を覚えたのだった）。

　では、どのように環境を整え、チームのしきたりを定め、絶えず起きる変化に対処していけばいいのだろう？

　まず、今の役割に就いてまもない、あるいはチームができて日が浅い場合は、どんなタイプのチームが必要かを決め、説明責任を負う仕事を把握するところから始めよう。それが定まったら、チームとメンバー一人ひとりの現状を分析し、メンバーのこれまでのキャリアと長期的な希望を、時間をかけて理解していく。これにより、どのタスクを誰に任せるか、組織の再構成が必要になるかどうかが見えてくる。そうしてわかったことをすべて活用して環境を整え、チームが目標以上の成果を上げられるような、筋の通った業務遂行アプローチの構築に役立てよう。

　はじめは、チームの共通認識を構築することがあなたの仕事だ。メンバー同士の理解、目指すチーム像や達成したい結果の認識。こうした基礎があれば、ミーティングの進め方や意思決定といった要素に非常に役立つ。グローバルなチームや、リモートと対面を合わせたハイブリッド型チームの場合、チーム構築は特有の複雑さをはらむが、これについてはこの章で後述する。また、成功を左右する重要な要素である、他チームとの協働、多様性とインクルージョン、チーム内のコミュニケーションといった要素についても触れる。

　優れたチームを育むためには、一貫した献身的な労力が要るが、そのぶん大きく報われることもある。光栄にもわたしが初めてマネジメントの機会を持たせてもらえた、優秀かつ高いレベルで機能しているチームのことは、特によく覚えている。このチームのメンバーとは今も全員と連絡を取り合っている。これは偶然ではないだろう。優れたチームは生涯を通じての友人も生み出す、と言ったらできすぎた話に聞こえるだろうか？

チームの構造

　抽象的なレベルでは、組織の構造はゴールの達成を支えるため、最善な形で
リソースを集結させるものになる。チームの構築にあたっては、常に戦略を立
てるところから始めること。計画と優先順位を考える際は（計画についての詳
細は第2章を参照）、短期的ゴールと長期的な戦略の軌道の双方を満たすため
に、どうすれば最高の形でチームをアレンジできるかを考えよう。

生きるよりどころになる言葉

　人気ドラマ『テッド・ラッソ　破天荒コーチがゆく』で、主人公ラッソはスタジア
ムのロッカールームに"Believe（信じろ）"の言葉を掲げている。これが実際に何かの
引用なのか、はたまた貼ってありそうな標語として描かれただけなのかはさておき、意
欲を高める金言にわたしが最初に出合ったのは2006年、〈ニューヨーク・タイムズ・
マガジン〉誌にマイケル・ルイスが寄稿した記事だった。NFLダラス・カウボーイズ
のヘッドコーチを務めたビル・パーセルズが貼り出した、ルイスの言葉を借りれば
"生きるよりどころになる言葉"が記されていた。いわく「誰も責めるな、何も期待す
るな、行動せよ」「敗者は小さなグループをつくって集まり、コーチやシステムや他の
小さなグループの選手たちについてぐだぐだ愚痴をこぼす。勝者はチームとして集ま
る」「負ければ信用を多少失うかもしれないが、投げ出せば完全に損なう」「ルーティ
ンをコミットメントと取り違えるな」[40] こうした言葉は、意外なほど折に触れて頭の中
に浮かんでくる。

　どんな構造も完全無欠ではない。さまざまな構造については追って詳しく説
明するが、まず指摘しておきたい大切な点がある。チームの構造を決めるとき
に重視する点は、会社の戦略とある程度一致する、ということだ。もう少し具
体的に説明しよう。会社が成長するために重要な鍵を握る製品や地域があっ
て、その部門に強力なリーダーがいるとする。この場合、そのリーダーにどれ
だけの直属の部下（組織図上の実線の関係）と間接的につながる人員（点線の
関係）を配置し、補助的な役割を担う人も含めて活用、コントロールしてもら
って、職務遂行のスピードを速められるかが大切になる。

第4章
コア・フレームワーク3 —— 意識的なチーム育成

　チームの構造は戦略と対応しているべきだが、構造は一般に思われているよりもずっと柔軟性がある。チームの構造において選択の余地を残しておくことは賢いやり方だ。数カ月後や数年後に、状況の変化や戦略の展開に合わせてチームを再構成する必要が出てくるかもしれないからだ。現時点でとるアプローチは明確にすべきだが、将来のチェンジマネジメントを見据え、構造は変化するものであること、戦略や企業の発展に伴ってメンバーの仕事の範囲も変わっていくことを前提として伝えておくといい。変化の速い環境では、年に一度は部門やチームの構造を見直したほうがいい。あまり頻繁だと不安定化を招くおそれがあるが、長く見直さずにいると仕事上のニーズや現状の人材に見合わない構造になりかねない。

　チームの目指すゴールは最高の結果を出すことであり、マネジャーの仕事はそのためにチームを組織しまとめることに尽きる。それでは、チームの定義から始めよう。

"チーム""プロジェクト""ワーキンググループ"の違い

　持続性のあるミッションやゴールを掲げてチームを組織する場合もある。あるタスクを実行するためにプロジェクトやワーキンググループを結成し、タスクの完了やゴールの達成をもって解散する場合もある。主な違いは、チームは持続性のある仕事の集合体に取り組んでいくのに対し、プロジェクトやワーキンググループは期間を区切って限定されたアクションないしミッションの完了に向けて取り組む。

　チーム、プロジェクト、ワーキンググループの3つは一緒くたにして使われがちで、それが集団としての生産性を損なうことにもなる。チームが必要な状況でワーキンググループを設け、結果として必要なリソースを適切に手配できなかったりする。あるいは3人前後にプロジェクトを割り当てたものの、本来はもう少し正式なサブチームをつくってきちんと長期的な責任を担ってもらうべきだった、というケースもあるだろう。

　何らかのしくみを導入する前に、いったん一歩下がって次の3点を考えてみよう。

- このグループの目標は何か
- どんなスキルを備える必要があるか
- グループはどの程度の期間、存続する必要があるか

　これらの答えがあれば、どのタイプの構造を取り入れるべきか、そのグループにどれだけ投資すべきかが見えてくる。**表6**に一覧をまとめた。コミットメントや期間に適切な見込みを設定するため、そしてさらに重要なのが、グループとそのメンバーの仕事への投資を調整するための一助になるはずだ。

　必要な業務の種類や存続期間を見誤ることもあるだろう。そんなときは過ちを認めて変えていけばいい。プロジェクトやワーキンググループに割り当てていた仕事を、恒久的なチームの仕事に移行させるケースも考えられる。ワーキンググループを結成してから何カ月か経っても業務が終わらないようなら、全体の構想が適切ではなかった可能性がある。本来は独立したチームを立ち上げるべきなのかもしれない。プロジェクトやワーキンググループのタイムラインに必要と見込まれる時間が明確なら、業務が完了したかや組織の構造を見直すべきかを評価する時期をプランに入れるといい。

　最も避けたいのが、期間限定のはずの構造をいつまでも継続させてしまうことだ。これはふたつの問題につながる。ひとつは、そのチームが成功するために必要なレベルのリソースを割けなくなること。もうひとつは、臨時の構造がいつまでも存在すると、継続的な業務を主に担っている常設のチームにとってまぎらわしいことだ。

Column

コードイエロー

　Stripeには"コードイエロー"と呼ばれる取り組みがある。単発の緊急事態に速やかに対処するための体制だ。コードイエローは実際に発動するケースは少ないものの、部署の垣根を越えて人を招集し、ワーキンググループを立ち上げ、特にリスクの高い、または一刻を争う危機的状況の解消にあたる格好の事例といえる。Stripeで導入しているコードイエローのしくみについて、CTOのデイヴィッド・シングルトンに概要を紹介してもらう。

表6 チーム、プロジェクト、ワーキンググループの対比

タイプ	構造	期間	考察と投資	タスクかミッションか
チーム	同じ長期的ミッションのために長期的に働くグループ	少なくとも1年	依存関係が少ないほうがチームの仕事ははかどる。チームは長期にわたって継続するため、持続性のある構造、規範、カルチャーの醸成に注力する	チームには"ミッション"があり、ミッションは"完了"することがない。チームは時間とともに柔軟に変化しながら前進しなければならない
プロジェクト	短期的なゴールのためにつくられるサブグループでありながら、通常は同じ長期的ミッションを共有する同じチームに属する（例：同じチームに属するメンバーが一緒にプロジェクトに取り組む）	数週間～数カ月	性質上、プロジェクトはチーム内に形成されるサブグループになる。明確な目標があり、準備や段取りはあまり必要としない。部署をまたがるプロジェクトもあるが、部署の数はたとえばデザインと製品のそれに限定される	タスクが完了すればプロジェクトは終了するはず。終了しないプロジェクトは、プロジェクトではなくミッションを掲げるチームやサブチームにする可能性を考える
ワーキンググループ	短期的ミッションのためのグループ。通常、複数のチームや部署から集まった人員からなる	3カ月未満	ワーキンググループ（WG）は複数の部署によるすり合わせが求められる業務に適している。個人の集合体であり、チームとは異なる。設置時には目標を明確にするための時間ややり方や労力を要する。WGには最終的な責任を持つ常置の責任者はいないため、ガバナンス構造を明らかにする必要もある。直接責任者（directly responsible individual：DRI）を定め、WGの扱う範囲を明確にし、ミッション達成後やニーズ対応後にWGを解消するプロセスも大まかに決めておくとよい	通常はミッション志向型。WGのミッションは多くの場合、部署の壁を越えて人員を招集し、課題やニーズを検討し明確化することにある。解決への道すじを提案し、その内容がWGの各参加メンバーが所属するチームにタスクとして割り振られることもある

コードイエローとは

　コードイエローは、特定のプロジェクトの実行スピードを上げ、実行リスクを下げることを意図した、いわば特殊なオペレーション・モードをいう。理屈の上では目的は何でもいいのだが、Stripeでは多くの場合、業務上重大なリスクに緊急で対処しなければならない事態に発動する。人員が集められ、ゴール達成のために特別な権限と処遇が与えられる。

特徴は？

　コードイエローチームは以下のように稼働する。

- 組織における他の義務を免除される。参加している他のプロジェクトだけでなく、面談や新規プロジェクトの着手なども含まれる
- 迅速かつ積極的にリソースが割かれる。部署をまたいで人員を集めることが一般的で、他のプロジェクトの優先順位がその分下がるケースもある
- 短時間のミーティングを毎日行い、進捗や優先順位についての状況報告も頻繁に（基本的に毎日）提出する
- 専用のリアルスペース（部屋など）が用意される（必須ではないが推奨）
- 意思決定のリーダーシップチームを招集し、24時間以内に回答を出してもらう（サービスレベル合意、SLA）権限を持つ
- 通常のチームより長時間労働になる場合が多い。必要に応じ休日出勤も含む
- 稼働中のコードイエローについて、全社会議で都度進捗を報告する

期間はどのくらい？

　コードイエローは、基本的にはゴール達成に必要な期間は継続する。ただし、燃え尽きを避けるため、稼働期間を最長10週間までにすることを念頭に置いている。多くはそれよりずっと短い。

どんなときに発動する？

　むやみな濫用を防ぐため、コードイエローの発動には経営幹部チームの承認を必

要とする。この体制で臨むべきプロジェクトや状況が発生したと感じた人は、マネジャーに相談するか、幹部チームに直接働きかける。

チームを構築する

マクロレベルでは、組織は機能ごと、製品ごと、事業分野ごとのいずれかで構築される。組織内には各チームが縦型または横型に配置される（図15）。

起業から日が浅い会社は、"製品""エンジニアリング""サポート""セールス"のように、機能を軸にチームを構築する傾向にある。たいていのスタートアップはひとつの製品からビジネスを始めることを考えれば妥当だろう。機能ベースの構造は急成長期にも都合がいい。急成長期は各チームがどう機能するかの理解にメンバーが集中する時期であり、同時に進化途上のプロセスやプラクティスに対して新たな人員に迅速に慣れてもらう段階にあるからだ。

個人的には、機能ベースの構造はまず縦型がいいと考えている。縦型構造は部門レベルにまで分解でき、縦構造の中の各部門に横型のチームをつけることも可能だ（図16）。

縦構造のチームの例としては、"APAC（アジア太平洋地域）担当セールスチーム"や"決済手段を担当する製品チーム"などが考えられる。つまりは特定の地域、製品、ビジネス領域に注力するチームのことだ。部門内にあるすべて

図15 縦型チーム構造と横型チーム構造の例

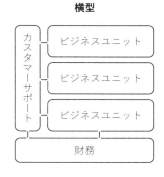

の縦型チームにまたがる業務をする、セールスオペレーションチームや中央解析・データサイエンスチームなどは横型チームにあたる。Stripeの場合、サポートチームは特定のユーザーセグメントを担当する複数の縦型チームを含み、さらにすべてのユーザーセグメントチームに関わる3つの横型チーム(オペレーション・プラットフォーム、セントラル・オペレーション、解析・インサイト)もある。

さまざまな企業の創業者から、製品が複数になったときのビジネスユニット構築についてよく質問を受ける。最も単純な状況では、ひとつのビジネスユニットはひとつの製品を持ち、その製品は小規模事業者や大企業など特定の顧客セグメントを対象に価格設定や販売をすると考えられる。財務や人事のように中央でつかさどる管理部門を除けば、単独で機能できるのも原則だ。

ただし実際には、そのようにきれいに線引きできる例はあまりない。まず、ひとつのセグメントの顧客はたいてい複数の製品を購入する(それはもちろん好ましいことだ)。となると、各ビジネスユニットの外側にも、同じ顧客に複数の製品を届けられるようなしくみが必要になる。顧客は一貫性のあるサポートを受けたいため、同じブランドなのに製品ごとにサポートチームがばらばらなのはいただけない。製品が複数あり、各製品の責任を持つリーダーを1名置きたい、かつ製品の流通とサポートは中央に集約したい、という状況なら、ハイブリッド型の構造に落ち着くことが多い。その場合は責任所在の枠組みをよく考えて設計し、"ヒンジ(蝶番)"にあたるしくみをどこに据えるかを考える必

図16 機能ベースの縦型チームの中に複数の縦型チームを組み、さらに横型チームをサポートにつけた例

第 4 章
コア・フレームワーク 3 —— 意識的なチーム育成

要がある（**図17**）。

　ハイブリッド型になるのは、たとえばプロダクトリーダーかビジネスリーダーが製品の利益と損失（P&L）に責任を負い、プロダクトチームと技術チーム、場合によっては製品に直結するその他の機能を持つチームまでを直接指揮するようなケースだ。他の部署では、プロダクトオペレーション担当のような人員を窓口として置き、組織のサポートにつけるかもしれない。データサイエンス担当などを間接的にリーダーの下に配置する場合もあるだろう。前述した"ヒンジ"は、製品側から顧客側へと重点を変える立場になる。

　ヒンジ役として一般的なのが、各製品専任のマーケターがいるプロダクトマーケティングチームだ。顧客のニーズとセグメントを把握し、営業チームと製品チームの橋渡し役を担う。プロダクトマーケターは一連の製品群を対象に一貫した戦略やキャンペーンを進めたり、特定の顧客セグメント向けのソリューションを売り込んだりするため、両チームとともに動く役回りだ。

　ひとつの製品しかなかった会社が拡大し、複数の製品や事業分野を展開するようになるなら、結果を出すためにチームの構造を絶えず見直していく必要がある。それにはヒンジを動かす、権限や責任の所在を特定の製品や顧客セグメントに移行するなどの変更を伴うことが多い。組織の構造も事業の拡大に応じて変えていかねばならないのだ。

Column

ビジネスリード

　Stripeでは、ビジネスユニットを率いるリーダーをビジネスリード（BL）と呼んでいる。BLは決められたビジネス領域について責任を負い、通常は個別製品、または決済などの特定の領域における関連製品群を担当する。BLの下の組織図はハイブリッド型の構造になる。この構造がどう機能するのか、Stripeの事例で紹介しよう（**図17**）。

BLの役割

BLは、組織としての実行能力と意思決定能力を最大限に伸ばすために設けた役割だ。各ビジネス領域に対して、明確に指名された直接責任者（DRI）そしてリーダーとなるのがその役回りになる。BLは製品開発系の複数の部署を直接統括する。また、管轄するビジネスに欠かせない役割を担う他部署のメンバーが間接的に下につく場合もある。

該当するケース

明確に定められた業務があるチームは、基本的にチームが直接コントロールできて、合意が得られやすく、社内の他部署の影響をあまり受けない指標（当該プロダクトラインの売上、マージン、30日間のアクティブユーザー数など）を基に評価されるのであれば、複数部門を統括するマネジャー1名の下で組織構造に組み込める。

これらのチームの設立は、正式な承認が必要になる。Stripeでは主に、新規事業がこうしたチームに成長することを想定している。それ以外でも、業務の範囲がはっきりしていて、現行の組織構造ではスムーズに運営できないチームは、ビジネスユニット制とビジネスリードの導入を検討できる。

指揮命令系統

製品開発関連の職務担当者（エンジニア、エンジニアリングマネジャー、プロダクトマネジャー）は、組織の規模に応じてBL直属とするか、間接的にBLの下に配置する。

直属の他にも報告する上司がいるデュアル・レポーティングのケースは、多くの役割に当てはまるとみられる。特に、市場進出戦略チームがわかりやすいだろう。デュアル・レポーティングの場合、従業員は主要なマネジャー（直属のマネジャー）と2番目のマネジャー（間接的なマネジャー）を持ち、どちらかがBLの組織に属するマネジャー、もう一方が機能上のリーダーになる。

Stripeではこのケースを人事システム上でも正式な構造として扱う。実務の上では、社員のゴール設定やパフォーマンス評価をマネジャー陣が共同で行い、1on1ミーティングもそれぞれのマネジャーと個別に設ける。事業開発、データサイエンス、

第4章
コア・フレームワーク3 —— 意識的なチーム育成

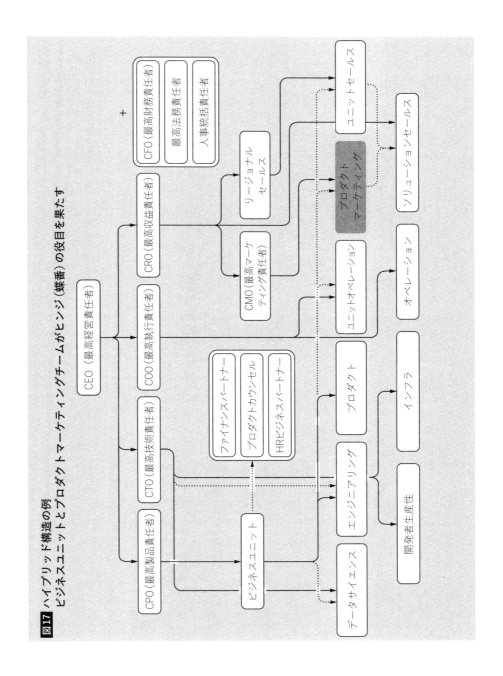

図17 ハイブリッド構造の例
ビジネスユニットとプロダクトマーケティングチームがヒンジ（蝶番）の役目を果たす

デザイン、プロダクトマーケティング、テクニカル・プログラム・マネジャーなど、レポートラインがふたつある部署では、機能上のリーダーが直属のマネジャー、BLが間接的なマネジャーになる。

しかし、関係が逆転する職種群が2種類ある。ビジネスオペレーションとプロダクトオペレーションだ。より柔軟性が求められるゼネラリスト寄りの職種であることが大きい。こうした職種に属する社員は、BL内に直属マネジャーを持つと同時に、機能上の組織に間接的なマネジャーを持つことになる。各担当者がBLの直属になるケースもあるだろう。

人事や財務、法務、採用など、監督的な役割を担う職種は、組織としては管理部門に（間接的にではなく）直属するが、実務では事業や地域をカバーすることが求められる。

特定の機能との間接的なレポート関係にある役割を設けるには、該当する領域の機能上のリーダーからの合意が必須になる。機能上のリーダーはこうした要請を受けた場合、明らかに非現実的でない限りサポートを求められる。領域ごとの四半期ビジネスレビュー（QBR）における人事関連の項目には、業務に関わる全人員を含めた報告を提出することになる。内容としては組織構造、人員数、間接的な指揮命令関係がこれにあたる。

ヘッドカウント（人員数）

BLは毎年、自身のビジネスユニットについて、ドルベースの予算を（収益もあわせて）設定する。BLには、各業務への投資を、QBRで発表することが求められる。1年ごとや半年ごとに見直し、予算のさらに詳細までを報告していく。これらの計画を社内の他の人員予算や人員計画に組み込む際には、財務部門のパートナーが各QBRのためにデータをまとめ、かかるコストについての知見をBLに伝える。

BLが直轄する組織の外（間接的なレポート先など）に所属する人員を数に入れる場合、その人は専属とし、部門のリーダーの合意がない限り他の仕事をさせないようにする。BLと財務パートナーはこうした割り当てを都度把握し、QBRで報告する。

第 4 章
コア・フレームワーク3 —— 意識的なチーム育成

意見交換の機会

BLは意見交換の場とプロセスを設け、組織上で直接・間接のレポート関係にあるか否かを問わず、チーム全体が生産性を持って仕事を進められるようにする。全社規模の意見交換の場をチーム内で再現してもいいが、担当領域の進捗を最適化するためにふさわしいしくみを選ぶことも望ましい。一般には、できるだけ少なく、シンプルかつ柔軟で業務に沿った形を築く努力を求めたい。

ゴール設定

ビジネスユニット、サブチーム、個々の社員にとってのゴールは、意見交換の場を使って設定するのが望ましい。ビジネスユニットはこれらのゴールと、次のサイクルに向けて計画したゴールへの進捗をQBRで報告する。間接的なレポート関係にある場合も同様にゴール設定をする（BLと間接的なレポート関係にある人の目標の大半は、業務をいかに前へ進めるかに関連する）。

営業など一部の職種群には四半期ごとのゴール達成に連動した報酬制度があるので、該当する職種がBL組織との間接的なレポート関係にある場合は特に注意が要る。BL（または財務パートナー）が必要に応じて、関連する機能上のリーダーや機能上の専門チーム（セールスオペレーションなど）と密に連携し、ゴールの設定を進めることが望ましい。

パフォーマンス管理

BLは所属組織の人員の評価測定（キャリブレーション）を担い、社内の他部署と相互に正確な測定を実施する責任を負う。人事部門は評価セッションの参加者を複数のビジネスユニットから集めることによってこれをサポートする。

BL自身のパフォーマンスは主にビジネスユニットが出した結果と、メンバーのエンゲージメントを基に評価する。測定はBL直属のマネジメントグループおよびリーダーシップチームが行う。

現状、BLにはキャリアを登っていくために用意された"はしご"はない。BLは採用時の職種群内にとどまるか、採用時や転属時に最適とみなされたはしごを割り当てられる（プロダクトチームなど）。どの職種群の中に位置づけられるとしても、BL

は第一に自らのチームが会社とユーザーにもたらした成果によって評価される。これはたいていの場合、チーム憲章で規定される。BLはメンバーのマネジメントにも優れていることが求められる。マネジャーに一般的に期待される責任を果たせなければ、"期待に応えられていない"という評価を与えられてしまう。

大切なのは、ユーザーに寄り添う製品をつくり出していきたい点だ。だからこそ、ユーザーのニーズをくみ取った製品にしていくべく、各所のBLが社内全体で動くことが常に期待される。各チームには、中央に集約した当社のインフラを活用すること、またニーズの取りこぼしがある場面では、インフラ開発部門がそのニーズを理解できるように支援することも求められる。

エンジニアリングとの連携

各BLが報告する相手はさまざまな上職であることから、BLの配下にあるエンジニアリングチームは組織上、エンジニアリング部門の大半から切り離される場合がある。インフラやセキュリティのようなプラットフォームチームから組織上で分離される可能性が含まれるわけだ。BLモデルをうまく機能させるためには、BLのエンジニアリングチームとエンジニアリング部門全体の連携をしっかり確保することが非常に大切になる。

全エンジニアリングチームが密に協力し合う状況において、わたしたちは以下を目指している。

- エンジニアリング部門全体で組織文化と価値観を共有する
- 人材の評価基準、採用プロセス、開発プロセスを共有する
- テクノロジーとベストプラクティスを共有する

日常業務の特に大きな難題は、BL配下のチームが共通のテクノロジーを使って業務のユースケースをサポートするために、中央インフラチームの力を借りなければならないときに生じる。BLチームが拡大していくと、中央のインフラ部門にとってBLチームの問題の大半が最優先事項から外れていく。したがって、エンジニアリングチーム全体で共通のテクノロジーを維持するには、BLチームが通常よりも幅広く自力で問題解決を担っていくことになる。その際には、エンジニアリングチーム全体に共通するテクノロジーの範囲で、ロードマップおよび中央のインフラチームの判断と相容れる形で問題を解決していく必要がある。

第4章
コア・フレームワーク3 ── 意識的なチーム育成

マネジャーは自身のチーム内で構造に関するミクロの選択を迫られるため、マクロな組織構造とその展開を追っておくのは有意義だろう。たとえば、ハイブリッド構造のデザイン・インターフェイスのような機能の場合、鍵になる選択をどこでするのか、製品と業務パフォーマンスは最終的に誰が責任を持つのかによって、どう変える必要があるのか。プロジェクトごとのハイブリッド構造でいくのか、それとも自分のチームのメンバーをハイブリッド型組織に組み込む必要があるのかを考えてみよう。間接的なレポート関係を正式に設ける必要も出てくるかもしれない。こうした構造は顧客やビジネス上のニーズに合わせて発展していくもので、それが普通であり望ましいという認識をチームのメンバーと共有しておこう。

部下の人数

急成長中の環境では、レポート関係の構造にも多くの変化が求められる。あなた自身の直属の部下の人数についてはじっくり考えよう。縦型と横型、全チームのリーダーを直接あなたにレポートさせる形にしてもいいし、優秀な人材を新たに採用するか起用するかして横型チームをすべて任せることもできる。どう進めるかは、自身が管轄するその他の範囲の構造と、短期的にリーダー職を追加する必要性を感じているかによる。

わたし自身は、ひとりのリーダーに直属の部下がひとりかふたりしかいない構造はあまり好まないものの、かといって直属部下が大勢いて、仕事に対処するキャパシティを超えてしまう状態も最適とはいえない。自身が管轄する範囲、部署が負う責任の複雑さ、そして会社と部署の成長速度を継続的に精査して、ちょうどいい落としどころに落ち着くチーム構造を構築できるようにしたい。すなわち、適切にフラットでありながら、新たに雇用する新規リーダーに充てる余力とスペースを残した構造だ。

チームの層

直属の部下が多すぎるのは、リーダーが共通して抱える課題だ。内部からの

登用であれ、外部から新たに雇うのであれ、リーダーの権限の下に新たな層を導入することは簡単ではないが、急成長中の環境では必要なケースが多い。

　導入する必要のある役割を理解するには、戦略に立ち返り、チームのゴール達成に一番適したチーム構造を精査してみよう。わたしはよく、希望するチームの構造を紙かホワイトボードに書いてみるところから始める。各役割に与えられる権限はしっかり書くが、メンバーの名前はまだ入れない。それから、なぜ新たな構造が戦略上必要になるのかを書いていく。製品の完成前にプレスリリースを書くのと似ていて、意思を伝えるためのプランをこの段階でつくってみると、考えの欠陥が見えてきて、他の人から寄せられそうな反論が浮かび上がる。

　変更について論理的にまとめられたら、チームの中で要請に応えてくれるのは誰なのか、すなわちより深く主体的に取り組む能力を示してきたのは誰なのか、そして次の役割を依頼した場合、その人の成長にどうつながるかを考えてみよう。人材と職務の組み合わせは、その人自身とビジネスの双方にとって、新たに据えるリーダーの下で最適に機能するようによく考えることが大切だ。加えて、新体制については、人事部門のパートナーと少数の同僚、特にあなたのチームを知っている人からフィードバックをもらえると有益だろう。

　組織変更を伝える準備ができたら、影響を受ける一人ひとりに向けてメッセージを書いていく。あなたの直属から外れることを損失と受け止める人には、新体制の利点に光を当てて伝えたい。新たなチーム構造がなぜ戦略に最適なのか、その人がなぜその位置にふさわしいのかを説明し、長期的な成長とその役割がもたらす機会を考えての決定だと強調しておこう。新体制下でチームが戦略目標を達成できるよう、組織変更についてどのようなモニタリングをしていくつもりなのかを説明し、今後変化する可能性が高いことも伝えておく。会社全体にはいつ伝えるつもりなのか、質問やフィードバックはいつまでに欲しいか（できれば一両日中くらい）など、今後の段取りも知らせておこう。

第4章
コア・フレームワーク3 ── 意識的なチーム育成

レポート関係における実線と点線について ──

　組織図上の実線と点線、すなわちマネジャーに直接レポートする関係と間接的な関係について、一番印象に残っているのが、Google時代に出たそこそこ規模の大きい社内向けリーダーシップ会議の席で聞いた話だった。出席していたリーダーのひとりで、英国事業部のトップの男性が、ビジネスを成長させた実績について語ったときのことだ。定石通り、彼は戦略と自身が招集したチームの説明から始めた。彼のチームには直属のメンバーのほか、財務、人事といった中枢機能やパートナー関係にあるメンバーが含まれていたのだが、次のように語ったのだ。「僕は大学時代に競技ボートの選手で、その後英国代表にもなりました。船に乗る仲間を誰にするか、そしてどう協力し合うかで、勝ちが決まります。わたしはプランを練るとき、自分の船に誰が必要か考えます。所属を問わず、その人が自分の船に必要だと思えば、仲間に迎えます」

　これは刺さった。マネジャーは本来、どんなチームなら成功を勝ち取れるのかにこだわり、形式上の体制にとらわれずにチームを組むべきなのだ。こうしたリーダーシップがあってこそ適切な人に船に乗るメンバーになってもらえるのだ。

　チームの中には、こうした変化を最初はよく思わない人もいるかもしれない。しかし、新たな体制を戦略的に導入するとともに、透明性を保ち、相手の立場に立ったやりとりを心がけることで、メンバーも新体制に早く慣れてくれる。ひいては、より効果的なチーム構造の恩恵を受けてもらえれば理想的だ（社内外からのリーダー職の採用については第3章、チームの再構成とマネジメントの変更についてはこの章の「チームの変更、再構成」を参照）。

チームの状態を診断する ──

　一時的ではなく長期的なチームを編成し投資する必要があると決めたら、まず出発点を評価してみよう。必要なチームができただろうか。できていなければ、第3章へ戻って採用に動き出そう。だいたいはできているなら、チームの仕事ぶりを自問する。この問いにはいつも答えられなければならないが、特に新たなチームのマネジメントを始めるときは、現状の棚卸しを行い、必要な構造、計画、人材が揃っているかを評価することが重要だ。

事業運営の基本原則4を思い出して、オペレーティング・システムに立ち返ってみよう。チームに見直しが必要かを見極め（第2章参照）、必要に応じてミッションやゴールの明確化など、改善を図る。設定したゴールを達成するため、メンバーを理解し、チームのダイナミクス（集団やチームとそのメンバーとの相互作用）を把握することも必要だ。適切な人が適切な業務に就いているか。メンバーは自分の仕事に喜びを見いだし、意欲を持ち、満足しているか。互いにうまくやれているか。期日が守られているか。成果を測る指標に問題はなさそうか。もしあなたが「リーダーとしての職務をきちんと果たし、メンバー一人ひとりとチーム全体とがポジティブな影響を生み出せているか」と問われて、自信を持ってイエスと答えられないなら、原因を突き詰めよう。

チームの状態を評価するには、アンケートを取ってみることをお勧めする。チームリーダーか人事部門のパートナー、外部の取りまとめ役などが、通常のミーティングやオフサイトミーティング（普段の職場からあえて離れた場所で行うミーティング。以下オフサイト）の前にメンバーにアンケートを取り、チームをうまく機能させるために必要な基本要素や機能不全の兆候に目を配っておくといい。

パトリック・レンシオーニは著書『あなたのチームは、機能してますか？』（翔泳社、2003年）で、チームに立ちはだかる主な壁として、"信頼の欠如""衝突への恐怖""責任感の不足""説明責任の回避""結果への無関心"の5つを挙げている[41]。これらの機能不全がチームに見てとれるようなら、アンケートの回答についてチームと話し合いの場を設け、メンバー間の相互理解を形成して、問題にどう対処するかを決める。一連の過程はオフサイトの課題にぴったりだろう（オフサイトについては、この章で後述する）。この診断が完了し、自らが変わることをチームが誓ったら、リーダーの仕事は新たな行動様式のモデルを示し、機能不全から機能する状態へ、さらに高度に機能する状態へと移行するプランをチームの責任で進めていくことになる。

個々の力の合計を超えて高度に機能するチームをつくるには、まずチーム全体で機能する状態に到達できるかを評価する必要がある。力が不足しているようなら、一人ひとりのメンバーに注目し、どこを変える必要があるかを見極める。この評価の際に、わたしはエグゼクティブコーチとして実績のあるマック

ス・ランズバーグのチャートを好んで使っている。スキルと意欲を掛け合わせ、タスクをこなす力を評価するマトリックスだ[42]（**図18**）。

ここでいう"スキル"は仕事をこなす能力、"意欲"は仕事をやり遂げる気持ちを指す。チームとメンバー個人がチャート内のどこに位置するかをつかんでおくと、チームが軌道に乗らない場合にマネジャーとしてどこを変えなければいけないかがわかる。

スキルと意欲のチャートは4つの枠に分かれる。どう読み取ればいいかを見ていこう。

スキル

低すぎる場合

- チームが求められている仕事をこなせない
- 対処法：現行のメンバーに助言や指導、研修をする。それでも不十分または効果がない場合は、スキルを持つ人材を新たに迎える

図18 スキルと意欲のマトリックス

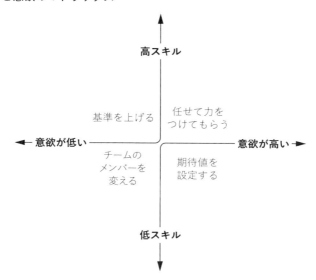

高すぎる場合

- チームのモチベーションが失われる
- 対処法：チームのミッションとゴールを見直し、質・量ともより高いレベルのアウトプットを求める

意欲

低すぎる場合

- 生産性の低いチームになる
- 対処法：チームの目指すところを"会社のための教育プラットフォームの構築"から"自社とユーザーのための教育プラットフォームの構築"に広げるなど、意欲的なミッションを掲げてチームを鼓舞する道を探り、やる気を持って動き出すかを見る。言いにくいことはオフサイトのような機会を利用し、現在うまく機能できていないように思うと伝える。最後に、全体の士気を下げているメンバーがいないかを確認し、該当する人がいれば話をするか、メンバーの構成を変えるなどする

高すぎる場合

- チームは実力以上の仕事を請け合い、期待される成果を出せない
- 対処法：チームに期待される内容を定義し、チームが業務を請け負う相手にそれを説明することで、仕事の優先順位づけと見通しの確保を促す。現行の人材がチームのゴールに見合っているかを検証し、合っていない場合はチームの能力やキャパシティを強化する

　事業によって、左下の"スキル、意欲ともに低い"カテゴリーに入ってしまう職種もあるかもしれない。高成長中の会社は人員的に余裕がないため、そもそも左下のような人を望まない。
　右下の"スキルは低いが意欲は高い"は、キャリアの浅い人や他の職種から移ってきたばかりの人にはよく見られる。こうした社員への投資は大いに価値があるし、彼らの育成をチーム内の別の人に委ねて自身の成長の機会にしても

らうとなおよい。意欲に見合うスキルが上がっているかを測るチェックポイントを設けること。

　右上の"スキル、意欲ともに高い"は、基本的に管理職にとっての理想だ。ゴールは、チーム全員に仕事を任せられるだけの力をつけてもらって、マネジャーとしての"仕事がなくなる状態に到達する"ことだ（わたしの好きな個人的ゴールがこれだ）。

　対する最後の左上"スキルは高いが意欲が低い"は最も難しいケースかもしれない。マネジャーの仕事は、意欲の不足や喪失の原因を突き詰めることだ。最近始まったのか、一時的なのか、長期的に続きそうなのか？　該当するメンバーが私生活で何か問題を抱えていないか、あるいは別の役割か別のチームに移ったほうがいいのかなどを判断する（このシナリオは第5章「フィードバックをする」で触れる）。

チームの変更、再構成

　チーム状態の診断は最初の一歩にすぎない。たいていの課題がそうだが、仕事の1割がプランを練ることで、残り9割はそれを実行し、何を取り、何を捨てるかの難しい選択をしていくことにある。適切な人材が揃っていなかったり、チーム内に人材面での懸念（スキルであれ意欲であれ）があったりすれば、マネジャーとしてやらなければならない仕事は多い。

　まず手を打たねばならないのはどこなのかを速やかに見極めよう。新しいリーダーを入れてメンバーの一部を入れ替えるべきなのか、それともビジョンや着想にてこ入れする必要があるのか。両方が必要なケースもあり、その場合はどの順番で最大の効果が得られるかを考えなければならない。ここで頼りになるのが、労力と影響力を掛け合わせた**図19**だ。これを基に、次に取るべきアクションを考えてみよう。

　行動計画を立て、順番が決まったら、チームとメンバーの希望を関係者とすり合わせていこう。

図19 労力と影響力のマトリックス

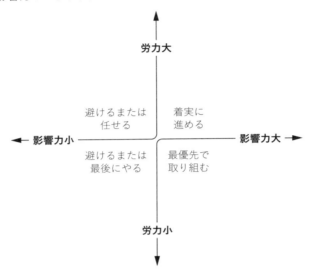

組織改編

　組織を編成し直したり構築し直したりするのは問題がある証拠、と考える人もいる。確かに、組織改編は社員には煩わしいもので、マネジャーが替わるなどは特にそうだ。しかしここで、組織の構造を変える必要が出てきたことは高成長のしるし、戦略変更のしるしともいえる、と伝えておきたい。高成長モードの組織で働く幸運に恵まれたなら、社内に期待する基準を設定し、組織改編は一般的で、普通のことだと受け止められるように取り組むことが大切だ。

　とはいえ、あまり頻繁だとマイナス面があるのは間違いない。目指すべきは、好ましくない影響を最小限に抑えて適切な再構築をすることで、ここではヒントをまとめる。自身の部署で再編成が必要なのか、どのように変更をすればいいのかを見極めるための参考にしてもらいたい。変化を主導するマネジャーであっても、変更の影響を受けるメンバーのひとりであっても、部署に与える打撃を最小限にして最大の結果を引き出すための原則と手順は役に立つはずだ。

第4章
コア・フレームワーク3 —— 意識的なチーム育成

なぜチームを再編成するのか

チームの構造を変える必要があるか否かを判断する場合、以下の2点に該当するきっかけがあるかどうかがヒントになる。

- **チームの構造が戦略と合っていない**

  新製品が完成した、あるいは、最近ユーザーベースを分析したところ来年度に優先して重点を置くべきセグメントが2種類特定されたとする。その場合、新製品のため、あるいは新セグメントに注力するための新チームを設けるのは妥当だろう。こうした展開をきっかけに、企業やチームが新たな優先事項を設定し、体制を見直す時期である暦年や年度の切り替えに合わせて組織構造を変更するケースは多い。

- **人材面の問題が発生した**

  リーダーが解雇された、退職した、あるいは役割が変わった場合、チームは新しいリーダーが率いることになる。新マネジャーとしては、そのチームを単に別のチームに編入するのではなく、チームの全体的な戦略を見直す必要が生じ、それが他チームにも影響するかもしれない。マネジャーの変更はほぼ確実にチームにおいても何らかの変化をもたらし、マネジャーの地位が上であればあるほどその影響も大きくなる。

この他に、不適切な組織改編のきっかけになりがちな状況がある。チームが期待される成果を出せていない場合、あるいはチームがうまくまとまっていない場合だ。チームが成果を出せない理由が、リーダーの決めた戦略がチームとかみ合っていないからであれば、ひとつ目のヒントに戻ればいい。

ただ、リーダーは時として他の欠陥を隠す言い訳に組織改編を利用してしまう。チームが戦略に沿って実務を行える構造になっていないのが問題なのか、あるいは実際のところ人材の問題なのか、よく自問してみよう。人材の問題なら、チームの再編成に飛びつくのではなく、より深く掘り下げる必要がある。新しいリーダーを入れるべきなのかもしれないし、チームの仕事の進め方を変えるか、共有するビジョンをめぐってもっと意見を集約すべきなのかもしれない（この点については、この章の「パフォーマンスの低いチーム」を参照。リーダーのパフォーマンスのマネジメントについては第5章を参照）。一部の人材

を交代させる場合もあれば、あなた自身のリーダーとしての力量を高めるよう努めなくてはならない可能性もある。チームに問題があればとりあえず再編成で対応すればいい、という発想にならないよう気をつけたい。

再編成すべきなのはどんなとき？

組織改編を進めるための段階を追った戦略に入る前に、覚えておきたい基本的な点をいくつか挙げておこう。

アイスクリームは長い間出しっぱなしにしない

ビジネススクール時代の恩師のひとり、シガル・バーセイドは以前、組織改編についてこんなふうに語ってくれた。「アイスクリームを冷凍庫から出してキッチンのカウンターにしばらく置いておくと、そのうち溶けちゃって、もう一度凍らせても絶対に元通りにはならないでしょう？　組織改編もしばらく宙ぶらりんで放置していると同じことになってしまうんです」

組織改編が必要なのかどうか、やるとしたらどんな形になるのか、時間をかけて考えてみることはできるし、そうすべきだ。ただし、そのプロセスに誰かを取り込んでいく際は注意したい。アイスクリームを冷凍庫の外に出した状態になるからだ。たとえば、人事パートナーや直属の上司など他の人も関わり始めると、迅速に事を運ばなければならない。そうしないと細部を調整している間に誤情報が拡散されるリスクが出てくる。間違った情報は不安定さを招き、そうなると通常に戻すのが難しくなる。

構造 vs. 安定

組織改編はいつもタイミングが悪いと感じるものだ。ちょうど誰かが辞めた、顧客が他社に乗り換えるぞと言ってきた、製品のリリースを控えている、などなど。ビジネスがどういう状態であろうと、組織改編をする方向でまとまったのなら、長期的に成果を得るために、短期的な安定を多少犠牲にしてもやり通さなければならないだろう。鍵は、とにかく組織改編を社員に知らせたらすばやくやること。そうして新しい常態、ニューノーマルに落ち着くための一歩を

踏み出せるようにすることだ。

とはいえ、時として組織改編を見合わせるのが賢明な場合もある。会社が大きく成長していて、チームをたびたび再構築してきたなら、社員をまた混乱させるのはいったん先延ばしにして、安定を取るのもいいかもしれない。一般的には、ひるまずに、より安定した状態に落ち着くために必要な変化を乗り越えてもらうほうがいいのだが、置かれた状況と緊急性の度合いは意識しておきたい。検討している組織改編ではまだ安定した状態には足りない（リーダーをもうひとり採用する必要があるなど）と感じる場合もあるだろう。間をあけずにまた変更の必要があるかもしれないなら、やはり待ったほうがいい。激しい変化を起こしすぎたとき、あるいは今後さらに変化が続きそうなときは、一度立ち止まってみることも必要だ。

この人のために組織を改編したいのか？

わたし自身、失敗を犯したことがある。チーム内のとあるメンバーに入れ込んで、この人なら問題をすべて解決してくれる、と思ってしまう。もっとまずいケースでは、重要な立場の人物から「もう少し裁量をくれなければ辞める」と突き上げられた結果、その人を中心にチームを組み立て直す。考えてみれば、ばかげた話だ。リーダーがチームのためでなく一個人のために状況を最適化している、とメンバーに思われてしまったら、そのリーダーは信頼を失うだろう。チームの構造が全体的な戦略と合っていなければ、仕事を任せようとメンバーを投入しても失敗に終わるのがオチだ。

理想的な世界ではひとりの人物を軸にチームを再構築することはないが、例外もある。たとえば人数が足りず、変更案ではリーダーが5人必要だが、現状ではふたりしかいない場合だ。理想的とはいえない構造も、将来への橋渡しと位置づければありだ。ただしその場合、現状は仮の状態であることと、目指すところはどこなのかをチームにはっきりと伝えておこう。

時には非常に素晴らしいパフォーマンスを見せる人がいて、この人がいないチームや会社は考えられない、と思うこともあるだろう。複数のチームをひとまとめにする意味がないような場合でさえ、この人に任せて牽引してもらうべきだと思い込む。その人を素晴らしいと評価するあまり、組織としてのロジッ

クがしっかり整っていない状態でも、うまくチームを動かしてもらえると考えてしまう。何かを犠牲にして成り立つこうしたケースは、間違った選択なのだ。担当チームを犠牲にせずに、パフォーマンスの高い人にふさわしい役割を見つけることは可能だ。あらかじめ柔軟な変更を視野に入れて会社を構築したのであればなおさらだ。

チームの構造には縦型と横型があったのを思い出してみよう。それでも優秀な人を例外的に登用しようと考えるなら、この人のためなら組織の構造を崩してもいいと思えるのか、自問してみてほしい。その上で進めるのなら、理由を説明できるようにしておくこと（パフォーマンスに優れた人材の扱いについては、第5章を参照してほしい）。

組織改編の3段階

組織改編は次の3つの段階をたどる。
フェーズ0：変更の必要性を見極め、変更するなら新たな組織構造を決める
フェーズ1：関わってもらう必要のあるキーパーソンの賛同を取りつける
フェーズ2：変更の影響を受けるメンバーに伝える準備をし、発表する

フェーズ0（1カ月目安）：
変更の必要性を見極め、変更するなら新たな組織構造を決める

この段階では、共有はごく限られた少数にとどめる。自身のマネジャー、人事担当、あとは変更に絡む可能性があって最終的なチーム構成に加わる必要のある同僚などが該当する。組織の変更を考えるに至ったきっかけ（戦略の変更か人材の変更）を精査し、その内容を踏まえた上で、新しい組織構造の組み立てに時間をかけて取り組む（この章の「チームの構造」を参照）。

プロセスには直属の部下は入れないこと。このフェーズを経ると、関連する全員が含まれた新たな組織図ができあがるとともに、あなたとマネジャー、少数の同僚は組織の改編に向けてともに動き出せる状態になる。

第4章
コア・フレームワーク3 —— 意識的なチーム育成

フェーズ1（1〜2週間目安）：
関わってもらう必要のあるキーパーソンの賛同を取りつける

　さて、アイスクリームを冷凍庫から出してカウンターに置いた。組織改編を実行に移していく人物に話をするフェーズだ。まだ比較的少人数の、通常はマネジャークラスの層で、役割の変更や責任範囲の拡大・縮小、新メンバーのマネジメントなどを進めることになる。

　最初の一歩は、関係する各キーパーソンと組織改編プランを共有し、ビジョンと戦略を理解してもらうことから始まる。大事なところは"なぜ組織改編なのか"だ。なぜかといえば、この面々から計画への賛同を得て、のちに他のメンバーに変更内容を説明してもらうのが理想だからだ。このプロセスは、計画の説明を受けた相手が気に入ってくれれば、一度の対話で済む場合もある。だが説明と対話の場を2回は設けるつもりでいたほうがいいだろう。これまでの仕事のしかたを大きく変えて調整してもらうお願いをするわけで、相手にも考える時間がいくらか必要になるからだ。

　この対話は、新体制が自分にとってうまみがあると感じる人とのほうが、当然ながらやりやすい。新体制にうまみがない、あると感じられない人とは、おそらく2、3回をかけて話す必要があるだろう。変更を必要とする理由を中心に、依頼しようとしている役割にその人がなぜ、どのように適任だと考えるのかを説明しよう。能力開発や目指すキャリアについてその人とそれまでにした対話を振り返り、結びつけられれば完璧だ（この後の項で詳しく説明する）。相手が懸念を口にしたらその人の立場で耳を傾ける姿勢は大切だが、自身の視点を示すこと、ビジネスの決定はぶれずに通すことも大切になる。まだ調整を要する未確定の部分があるかもしれないが、たとえ誰かから激しい反発があったとしても、計画全体の見直しはしない。一連の対話に時間をかけ、鍵になる人全員から賛同を得られたら、ともに発表の準備に取り組む。

フェーズ2（1〜2日目安）：
変更の影響を受けるメンバーに伝える準備をし、発表する

　まず、変更の影響が最も大きいチームと個人に最初に伝える。通常、新しいマネジャーを迎える人が該当する。事前に予告し、質問もできるようにすると

同時に、さらに幅広い層にも一両日中に変更をアナウンスするつもりでいること。全体への発表が済んだら、マネジャー変更に伴う最終的な引き継ぎ、新たなオペレーティング・システムの構造へ速やかに移行する。つまりアイスクリームを再び冷凍庫にしまうわけだ。

　繰り返しになるが、組織の再編成は必ずしも悪ではない。多くの場合、再構築が必要になるのは活発に動いているしるしであり、組織が窮地にあるからではない。つまり事業が軌道に乗っていて、速いスピードで変化しているからこそで、歓迎すべきだ。組織改編が窮地と考えられてしまうのは、うまく実行できなかったり、うまく説明できていなかったりする場合があるからだろう。腰を据えてしかるべき形で改編すれば、事業はよりおもしろく力強く発展して、後退はしない。

　組織の改編はリーダーにとってもチームのメンバーにとっても、責任の範囲が広がり、新しい体制の中でステップアップする機会にもなる場合が多い。だから犠牲というよりもチャンスとして向き合いたい。変化に対してあなたがどんな考えで、どんな態度で臨むかは、周りの人にも浸透していくものだ。前向きに受け止めていこう。

チームを（再）構築する

　人を採用して新規のチームを設けた場合、既存のチームを引き継いだ場合、あるいは再編成で新しいチームをつくった場合、いずれにしてもチームの根幹になるのは人だ。ここでは、チームのスキルと意欲を吟味して、メンバーである一人ひとりにできる貢献、それぞれが潜在的に持つスキルと意欲についてリーダーが自ら感触をつかむことが大切になる。この感触をつかみ、チームの人材を個々としても全体としても最適に配置する方法を見つけるには、時間をかけてそれぞれのメンバーを理解するステップが欠かせない。

キャリアをめぐる対話

チームメンバーについて理解を深めるのに有益な方法のひとつが、キャリアをめぐる対話の場を設けることだ。わたし自身、メンバーのキャリアと目指すキャリア開発のゴールを聞かせてもらうために、一人ひとりと対話している。この対話を経ると、その人のモチベーションや、長期的な希望がチームのミッションとかみ合うかについて大事な知見が必ず得られる。

対話の機会を持つのは、一緒に仕事をするようになって3カ月前後が経ち、お互いを一通りよく知って希望やモチベーションを話せる関係になった頃がいい。ただし、組織としての正式なパフォーマンス・レビューなどの前にすること。大きな全体像を伝える機会を通して、お互いの理解が進み信頼関係を築ける。ひいては、チーム内の話に限らず、本人のキャリア目標達成のためにその人が何に注力すべきかについて、あなたに適切な決定ができる手腕があることを示すことにもつながる。

これは面接でも、「あなたの5年計画は何ですか」と質問して相手を沈黙させてしまう類の場でもない。新しい部下が、これまでのキャリアを通じてしてきた選択とその理由について考える機会なのだ。対話してみると、一緒に仕事をしていくにあたって大事なその人の価値観やモチベーションが見えてくるものだ（事業運営の基本原則1「自己認識力を高め、相互認識力を築く」を思い出してみよう）。対話から得たものを生かして、相手がキャリア面で抱いている志や、どんな選択をすれば志の支えや力になるかを話し合うのもいい。

キャリアをめぐる対話を通して次の3つの目的を達成できる。

- 相手と相手のキャリアを大切にしようとしている姿勢を見せられる
- 相手のこれまでの道のりとこれから（モチベーション、過去の選択、自身の成長における理想）を、今の会社や役割の枠を超えて広い意味で理解できる
- キャリアの長期的な方向性が大まかに見えてくる。すると、組織変更やパフォーマンス・レビューの際に、負荷がかかりすぎたり逆に軽すぎたり見える場合、あるいはその人に新しい役割や業務を任せようと考えている場合など、折に触れて一緒に立ち返れる

キャリアをめぐる対話は、チームダイナミクスを見る際の基準点として使えるとわたしは感じている。パフォーマンスについて話し合う場合は特に有効で、チームが引き続き足並みを揃え、長期的な同じ開発目標に向かって進んでいるかを確かめる方法として役立つ（章末にあるQRコード先に対話のヒントになる文例を紹介している）。このほか、誰に仕事を任せるかを決めるときの材料としても活用しているので、次の項で見ていこう。

「わたしからすると、変化とは、たとえば新しい会社に入った1週目のようなものです。きちんとロジカルに説明すれば、人が適応し受け入れてくれるもの。説明するときはこんなふうに言ってきました。『あなたにとってなじみある世界からすると、ここではいろいろなことが劇的に変化するでしょう。ペースも違う、報酬体系も違う、すべてがこれまでと違う』

そこで、ニューヨークの地下鉄をたとえに話すんです。地下鉄の駅に行くと、構内でこんな放送が聞こえてくることがありますよね。『この車両はこの先、ブロンクス行きを変更してブルックリン行きになります。ブルックリンへ行かれる方は引き続きご乗車ください』

しばらくは扉を開けておきますよ。でもこれから行く方向は変わります。その方向があなたの目指すのとは違うなら、それも仕方がありません。でもわたしと一緒に行きたいなら一緒に行きましょう。この先、責任も透明性もぐっと増すし、もっと速いスピードで動くでしょう。

ここでとどまる人は腹を決めて続ける人。わたしはとにかく変化が起きていることと、変化していく理由とを全員にわかってもらうようにします」

——チャールズ・フィリップス、Recognizeマネージングパートナー、Infor前CEO

仕事を任せる

任せるスキルの習得も一筋縄ではいかないが、学んでみる価値はある。自分

第4章
コア・フレームワーク3 ── 意識的なチーム育成

の仕事をこなし、チームメンバーの成長を後押しし、チームの力を強化する手がかりになるスキルだ。

任せるには2通りの形がある。ひとつは一般的な仕事の依頼。ある仕事をメンバーに割り当てる。その人はその仕事がどんな機能を担うのかを理解する。日々責任を引き受ける範囲、ゴール、測定と評価の方法を理解してくれているかどうかなどは、1on1のミーティングで必ず網羅しておくべき内容になる。そしてもうひとつが、日常の業務には該当しないが、リーダーかチームの誰かがやらねばならない単発の仕事の依頼だ。

人に任せないマネジャーは、質の高い仕事の手本は示せても、必ずしもチームの質の高い仕事を引き出せるとはいえない。このタイプのマネジャーは、重要な仕事を人に託す習慣がないがゆえに、持続するチームを構築できない。

他方、人に任せすぎてしまうマネジャーは、身近に接した目配りができていないため、サポートなしではこなせないような仕事をチームに投げ、結果として重大な失敗に陥ってしまうリスクがある。仕事を上手に任せれば、マネジャーもチームも仕事をやり遂げる力がつき、能力を伸ばし、上司とチームの間に信頼関係を築き、メンバーが互いに信頼し合うよりどころとなって、良い人材の維持にもつながる。任せなさすぎ、あるいは任せすぎのサインに気づく方法を知っておけば、つまずいたときの軌道修正がしやすくなる。

任せられないマネジャーは、マイクロマネジャーと呼ばれるタイプである場合が多い。チームのすることにことごとく干渉し、どんな仕事も自分を通せと言ったり、チーム外の人に見せる前に確認させるよう求めたりする。

リーダーが"任せなさすぎる"と、次のような状況が表れる。

- 社員が問題を伝えにくるが、解決策の提案をほとんどしない
- リーダー抜きで決まる事項がなく、リーダーが進行を遅らせたり止めたりするボトルネックになっている
- 病気や休暇、その他の理由であなたがしばらくチームから離れていると、物事がうまく進まなくなる
- 仕事量が多いせいであなた自身が余裕をなくし、その日その日の必要に迫られた仕事をこなすばかりで、戦略を練る仕事に時間をかけられない

これに対し、任せすぎるマネジャーはというと、社員に「自分は裁量を与え

られている、信頼されている」と思わせるのはうまいものの、業務との距離がありすぎて、チームの誰かが仕事に行き詰まっていても気づかない。まだ引き受けられる段階にない社員に仕事を課す場合や、仕事の質を度外視して部下に丸投げする場合もある。わたしが見てきた中では、人を中心に考え、社員を信頼しようと心を砕くタイプのマネジャーが任せすぎに陥るリスクがありそうだ。

"任せすぎる" リーダーには次のような傾向がある。

- チームが生み出す仕事の質が常に低い
- プロジェクトの進捗が順調でないことに気づくのが遅すぎる
- 「仕事が手いっぱいで余裕がない」という声を部下からたびたび聞く
- チームが最近終えた重要な仕事、現在進行中の仕事、次に優先して進めるべき仕事を聞かれてすぐに答えられない
- チームの仕事やチームが直面している課題について、上司や同僚と突っ込んだ話ができない。ただしあなたが上級幹部クラスで、下についているリーダーがこうした対話をする役割を担っている場合はこの限りではない

部下に仕事を任せると、最初のうちは非効率だが、いずれ効率は大きく向上する。リーダーにとっては、事前の仕事は増えるが、きちんと取り組めば質の高い仕事を大きなスケールで成し遂げてもらえるようになる。タスク中心に考える人からすると、このプロセスにはかなりフラストレーションを感じるかもしれない。長い目で見れば成果が返ってくること、より幅広い力を備えたチームに育つことを折に触れ自分に言い聞かせておきたい。

直接責任者（DRI）

　ハードウェア製造には多数の可動部品とタイトな期日の重圧がつきものだ。それを受け、Apple は直接責任者（directly responsible individual：DRI）なる言葉を編み出した。目標や出荷日に対する説明責任を負う人を示す呼び名だ。DRI はチームリーダーやエグゼクティブクラスの場合もあるが、チームの一般メンバーであるケースも同じくらい多い。主な仕事は、プロジェクトに必要なリソースが用意され、速やかに業務を遂行していくために必要な意思決定がなされるように目を配ることだ。

　Stripe ではたいていの仕事が込み入っていて、機能横断的な要素を持つ。金融インフ

ラの複雑さと、世界中でお金を動かし、統制し、保有するプレーヤーたちからなるエコシステムに由来する。

DRIという言葉は非常に便利だと思う。上下の階層よりも、説明責任に重点を置いているためだ。速やかな決定が求められる場面になると、DRIはたとえ意思決定をする地位になくても、意思決定が下されるように取り計らう。

事業運営の構造と同様に、DRIという職務も部門や階層を超えて複製し、相関関係のあるプロジェクト構造をつくれる。たとえば、あるDRIの責任範囲内に、関連する別プロジェクトを担う別のDRIがいるような構造だ。コードイエロー（この章のコラム参照）もそうだが、この呼び方が便利なのは、"直接責任者"という言葉の意味がわかりやすいので、目標達成に必要な権限を持たせてもらえる点にある。社内で広く浸透している流儀や役職の用語は、きちんと理解されてぶれずに使われさえすれば、使い勝手がいいものだ。そうした用語がある場合は、新規採用者の研修でもぜひ触れてほしい。

任せるべきときを見極める

わたしが仕事を任せるかどうかを決める際に使っているのが、ジェフ・ベゾスの"タイプ1の意思決定とタイプ2の意思決定"に近いフレームワークだ（**図20**)[43]（訳注：ベゾスはone-way door、two-way doorと呼んでおり、『アマゾンの最強の働き方』では"一方通行のドア""往復可能なドア"と訳されている）。これには2本の軸がある。

- **影響が大きいか小さいか**：誰または何がその仕事の影響を受けるのか。どのチームに影響が及ぶか。ユーザーへの影響はあるか。ある場合はどの程度の規模のユーザーか。ビジネスへの影響はどのくらい時間をおいて表れるか。会社の重要な目標や指標に変化を及ぼすか
- **結果は"跳ね上げ戸"式か修正可能か**：その仕事の結果は"跳ね上げ戸"式、つまり簡単には取り消せない、やり直せない種類なのか、あるいは後から手を加える、やり直す、変更することが可能か

フレームワークに当てはまる実際の例を見てみよう。

- **影響大、跳ね上げ戸式の結果（右上）**：規模の大きな契約を結ぶ。たとえば数百万ドル単位の額が動く10年間のオフィスリース契約、単独プロバ

イダーとの複数年にわたる独占パートナー契約
- **影響大、修正可能な結果（右下）**：主要製品のリリースに際して、誰でも見られるウェブサイトに載せるコピーの作成。後から修正できるが、人目には触れる
- **影響小、修正可能な結果（左下）**：社内向けの製品説明用コンテンツの作成や、チームのオフサイト用アジェンダの作成
- **影響小、跳ね上げ戸式の結果（左上）**：新製品のメッセージ機能のテスト目的で50人の見込みユーザーにメールを送る

手持ちの仕事が**図20**の右上（影響大、跳ね上げ戸式の結果）以外に当てはまり、あなたがチームをマネジメントする立場にあるのなら、その仕事はほぼ確実に人に任せたほうがいい。

ただしいくつか例外はある。たとえば影響が大きくやり直しの効かない意思決定でも、成長する機会にしてもらうために任せるべきケースがある。この場合、任せる相手は信頼がおけてパフォーマンスの高い人物とし、情報や進捗を

図20 業務の委任を判断するフレームワーク

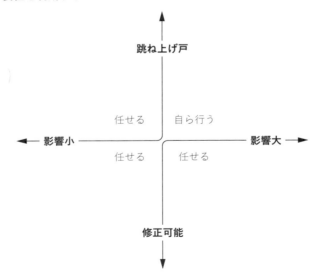

第4章
コア・フレームワーク3 —— 意識的なチーム育成

まめに知らせてもらい、何かの決定や重要な区切りにあたっては密に共有してほしい旨をあらかじめ明確に伝えておく必要がある。

反対に、影響が小さく後から修正可能な業務でも自ら手がけたほうがいい場合もある。考えられる理由は以下の3つだ。

- **手本を示す**

  "良い見本"を示したい場合がこれにあたる。手本を示すことは能力開発の方法として実用的だが、見せたお手本を部下が実践する機会もあわせて設ける必要がある。研修医の育成に"見せて、やらせて、教える"というアプローチがあるが、これが該当する。まず部下にその仕事の手本を見せ、次は部下に委ねて自分でやらせる。その後で部下が別の誰かに同じ仕事を任せ、それを見守るという流れだ。

- **急ぎの仕事**

  早急にやらなければいけない仕事が出てきて、誰かに託したり育成のために任せたりが十分にできないこともある。その場合は経験に学び、同じ事態に陥らないように心がけよう。

- **リソース不足**

  時にはチームが人手不足で仕事を任せる相手がおらず、とにかく自分が腕まくりして片づけざるを得ないこともある。この場合、あなた自身が事業拡大に対応できるように成長できていないか、またはチームを育てられていないのだと心してほしい。

誰に、どう任せるか

先ほどスキルと意欲のマトリックス（**図18**）を紹介したが、わたしは仕事を人に任せるときもこの区分を使っている。復習しておくと、スキルは仕事を遂行する能力、意欲は仕事をやり遂げる気持ちのことだ。仕事を任せるなら、図の右上の"スキル、意欲ともに高い"に該当する人により多く任せたいだろう。右下の"スキルは低いが意欲は高い"人には、より選別した案件を任せてみて、必要なスキルを身につけていってもらうといい。仕事を任せることに不安のあ

るメンバーがいるなら、なぜその人がチームにいるのかをあらためて自分に問い直し、適切なフィードバックやパフォーマンス・マネジメントをしよう（第5章参照）。

この仕事は任せるべきだと判断し、誰に託すかも決めたら、最後のステップは相手の同意を得て、仕事に取りかかる準備を手助けすることだ。以下に、仕事を任せるときの対話の進め方を段階ごとに紹介する。文書にしてお互いに理解を確認しながら進めるのもいい。キャリアがまだ浅めの人なら特にやりやすくなるだろう。

- **任せる仕事の内容を明確にする**：背景の説明も含めて、その仕事がどのように重要なのかを伝える。期待する内容を設定し、その仕事のゴールを説明する
- **なぜ相手がこの仕事に適任かを説明する**：これからしてもらう仕事と、その人が持つさまざまなスキルや成長ゴールを結びつける。キャリアをめぐるこれまでの対話や四半期目標にも触れる。「あなたはXにとても長けているからこの仕事をやってもらいたい」「Yについて新しい経験を積んでほしいからこの仕事をお願いしたい」のような言い方ができるだろう
- **求める成果物を明確にする**：仕事をどのような形で完成してほしいかを伝える。スプレッドシート、文章にまとめたレポート、詳細な分析報告、見てわかるスライドのまとめなど、必要に応じてさまざまだろう。相手の経験値にもよるが、どのような形でまとめるといいと思うか尋ねてもいいし、一緒に意見を出し合ってもいい
- **タイムラインを話し合う**：いつまでに終わらせてもらいたい仕事なのか。他の業務もあわせて考えたときに無理のない期限であること
- **同意を得る**：興味を持って取り組めそうな仕事か、あらためて聞いてみる。重大な業務や責任を伴う仕事を任せる場合は、2、3回対話を重ねて疑問や懸念をクリアにしておく
- **次のステップを確認する**：取りかかってもらう。最初のステップは何かを確認する
- **進捗の確認**：進捗の報告をどのようにしていくか、報告に対するフィードバックはいつするのかなど、認識を共有しておく

第4章
コア・フレームワーク3 —— 意識的なチーム育成

　チームメンバー一人ひとりについて理解を深め、仕事を任せるやり方を身につけ、結果も出せてきたなら、個々の合計よりも大きな成果を出せる集合体を築ける段階になったといえる。

> 　「わたしはいつでも安心して（仕事を）任せてきました。どんなレベルであれ人の先頭に立つのに一番いいのは、その仕事を自分よりうまくこなせる人で周りを固めることだという感覚をずっと持ってきました。
> 　一番だめなのは、わたし自身が確信を持てない相手と一緒に仕事をしているときです。そういうときは早いうちに現状を変えなければいけません。その人に任せられる自信がないのなら、別の人に替えるべきです。自分で割り込んで代わりに仕事をやってしまうのではなく」
>
> ——ダニエル・ワイス、メトロポリタン美術館館長兼CEO

チームの環境づくり

　チームの構造は儀式のような決まった行事や慣例を通して育まれていく。こうした機会を通じてチームのメンバー同士が関係を築き、創造性を持って、協力し合いながら効果的に一緒に働けるようになる。

オフサイト

　これまで一緒に仕事をした人にわたしのリーダーシップの手法について聞いてみると、おそらく最初に出てくる要素のひとつがオフサイトだろう。オフサイトには個人の集団を本物のチームにしてくれる力があると信じている。本物のチームは問題解決や意思決定ができて、戦略に沿ってゴールを目指すことができる。オフサイトは基礎を築き、共通の語彙を整理して伝え、仕事のしかた

を共有し、チームの一員としてどんな自分でいたいのかを見定める場になる。

わたしがStripeへ来たとき、リーダーシップチームがすでにオフサイトを取り入れていたのを知ったのはうれしい驚きだった（「仲間がいた！」という気持ち）。2、3日にわたって社外で集まり、一歩引いて業務や事業を評価し、会社自体と会社の戦略、計画を発展させていくために一緒に物事を決める場だ。

しかし、Stripeのオフサイト参加前に聞いた話にはやや困惑した。前もって決められたアジェンダはなく、チームは文字通り徹底して"仕事を離れる"のだという。

Stripe初の経験豊富な社員として加わった同僚のビリーはとりわけ重要な役回りだった。なにしろ、アイルランドからの移民である創業者のコリソン兄弟が当時まだ米国の運転免許を持っていなかったのもあって、運転手役を務めていたのだ。わたしは、普段は早寝のはずなのに"夜ふかしクレア"なる称号をもらい、ここではあまり詳しく書かないがオフサイトでは別人になった。チームのみんなは嬉々として寝かせてくれず、おかげでぶっ飛んだ戦略のアイデアやらめくるめく話やらが飛び出した。控えめにいってあらゆる面で結束が強まったものだ。

なぜオフサイトを開くか

一般的に、オフサイトには3つの目的がある。
- 一緒に仕事をする集団をチームに発展させる
- 前進してきた成果を評価し、直近の優先事項と目指すゴールを固める
- 長期的に見る戦略的思考を育む

ほとんどのオフサイトは3つの混合だろう。

経験からいって、社員を日々のルーティンから切り離すと、普段と違った角度から考える力を引き出す効果が非常に大きい。場やチームの雰囲気がなごやかになるにとどまらず、普段は地理的にばらばらなチームなら、同じ場所でプランを話し合うのは、とりわけ大きな意味がある。Stripe以前の職場ではオフサイトの企画と進行の手法を開発してきたが、どんなタイプのチームでもうま

くいったと思っている。

ただし、オフサイトは、万能ではない。人材についての問題解決には向かないが（人材に問題がある場合は、この章の「チームの変更、再構成」を参照）、うまく回るよう考えてつくられているチームの結束を強化するためには適している。

オフサイトを計画する前にチームの状態を精査しよう。チームの時間をオフサイトに割くのが適切だと確信できる場合、あるいはそもそもしかるべき戦略とチームをまとめられたかを判断するのにオフサイトが不可欠な場合には導入するといい。

どのタイプのオフサイトが適しているか

何かの目的やタスクのために人が集まってグループになったからといって、即チームになるわけではない。チームづくりとは、意識的で、行動を伴い、継続して行われる作業だ。最初はチームの発達段階を把握し、会社の戦略の位置づけによってどの程度の投資が適切かを検討するところから始まる。チームの職階が上になるにつれ、オフサイトの頻度を上げることをお勧めする。幹部クラスのチームなら、新しいメンバーを都度加えながら、年に2、3回がいいだろう。もう少し若いチームなら少なくとも年1回は設けたいところだ。

チームの発達段階はどれにあたるか

チームは、どれも似たような発達の段階をたどるといっていい。この分野の研究における草分けのひとりであるブルース・タックマンは、グループが発達していく4つのフェーズを示すモデルを考案し（**表7**）、Forming（形成期）、Storming（混乱期）、Norming（統一期）、Performing（機能期）と名づけた（各段階には目安となる標準的な期間は示されていないことに注意）[44]。チームがどの段階にあるかを知っておくと、チームの進化のためにどのような内容でオフサイトを組み立てればいいかの参考になる。

表7 チームの発達段階、特徴、手引き

段階	特徴	手引き
Forming (形成期)	● ゴール、役割、プロセスが不明確 ● マネジャーの指示に頼って動く ● 心理的安全性が低く、リスクを取る行動や議論を戦わせる場面は少ない ● 控えめな態度、賛同が全面に出る	● 指示をしっかり出す ● 質問に対して返事がない場合があることを理解し対応する ● サポートや指示、手本をきめ細かに提供する ● 協力して支え合うチーム規範を醸成し、心理的安全性を高めるよう能動的に動く
Storming (混乱期)	● ゴール、役割、プロセスの境界が100%明確でなく、領域の侵犯が起きる ● 心理的安全性の高まりとともに衝突が出てくる	● ゴール、役割、プロセスの整備に努める ● 衝突を健全なステップと捉える。押さえつけずに対処する ● 衝突は正常であり、全員がチームの前進に関わっていることを理解してもらう
Norming (統一期)	● ゴール、役割、プロセスが明確になる ● マネジャーの役割は相談や助言中心へと移行し始める ● コミットメントが高まり共同作業が増える ● 意思決定が明確になる	● 混乱期を乗り越えたことをたたえ合う ● チームの仕事遂行力を引き続き磨く ● チームに進化が見られたら、緊張感を維持しゴールに集中する
Performing (機能期)	● 流れるように無理なくチームが動く ● 議論や意思決定が健全にできる ● 衝突がスムーズに解消される	● 引き続きチームの規範を整備する ● 挑戦する意欲を引き続き高める ● この状態は不変ではない、すぐに変化があるかもしれないと心に留めておく

　Googleが行った〈プロジェクト・アリストテレス〉によると、チームが今の段階から次の段階へ進むためには、心理的安全性が重要であることがわかった（心理的安全性とは、質問をする、反対意見を述べる、失敗について話し合う、自分の弱さを表に出すなど、対人面でのリスクを伴う行動を、不安なしに取れる状態と定義される）[45]。チームの心理的安全性を高め、維持するために、各発達段階で積極的に対策をとりたい。

　まだメンバーが集められたばかりで形成期にあるチームなら、チームのゴールや役割、プロセスを明確にすることに注力するといいだろう。この段階は、

第4章
コア・フレームワーク3 —— 意識的なチーム育成

第1章で紹介したワークスタイルと好みを知るための演習をやってみるのにもぴったりだ。混乱期のまっただ中にあるチームなら、メンバー同士の関係性やチーム共通のアイデンティティの構築に時間を充てるといい。

オフサイトの議題や課題を計画する際には、タスク上のニーズとチームのニーズのバランスを取ることが求められる。タスクを重視しすぎると、チームがおろそかになる。チームを重視しすぎると、タスクがおろそかになってしまう。どちらにしても長く安定しない。シンプルな法則としては、チームの段階が成熟していくと、チームよりもタスクに重点を置けるようになっていくといえる（**表8**にタスク中心とチーム中心、それぞれに合った課題・活動の例を挙げる）。

表8 タスク中心、チーム中心それぞれの課題・活動例

タスク中心	チーム中心
指標類の設定や見直し	メンバーの相互理解を深めるアクティビティやチームビルディング
計画立案、ゴール設定、DRIの指名	チームで合同の朝食・ランチ・ディナーなど
完了した仕事や成果の振り返り	チームの規範をつくる
長期的戦略についてのディスカッション	主要指標類をめぐるチームの役割や責任についてのディスカッション

オフサイトの計画と実行

ミーティングもオフサイトも、満喫できる人とそうでない人がいる。オフサイトの計画内容を共有文書として作成すると、よく練られたベストの情報をチーム全員から集めた状態が自然にできあがる[46]。

他にも次のような利点がある。

- **誰もが加われる包括性**：共有文書にすることで、会議室で議論を戦わせるプレッシャーなく安全に考えを発信できる
- **ぶれずに固定する効果**：グループとしての主な目標を書き出して共有文書に掲げれば、チーム全体のゴールとチームに期待することに基づいた話し合いが進む

- **事前準備**：文書化のわかりやすいメリットとして、事前準備を通じてグループメンバーの間に共通認識ができる

オフサイトを企画する際に使えるチェックリストとテンプレート類を章末にあるQRコード先で紹介している。企画に含める内容の例を挙げておこう。

導入（チェックイン）

導入はその日の気持ちの調子を決める部分で、成果を得るためにも役立つ。オフサイトに向けた今の気持ち、各セッション前に考えていること、今日の目標などをみんなで共有してほしいと呼びかけよう。お手本になるような導入部を自ら示すか、あなたが設定したいと思っている雰囲気を理解している誰かに頼むといい。

内容は個人的な話で、弱さものぞかせるといい。たとえば「母が先週、手術を受けたこともあって、今週はつらい1週間でした。母の状態は悪くないですが、回復までは大変で、仕事の合間を見つけて様子を見に行っていたので、落ち着きがなく集中できていないなと思った方がいたらごめんなさい。今日の目標は、チームの最優先事項を把握することです。わたしたちはプロジェクトを引き受けすぎている気がしているので、皆さんの手を借りて、仕事の内容や分量の線引きができればと思っています」といった例だ。

わたしは一度、導入部のお手本を準備しそびれたことがある。そのときのことは鮮明に覚えている。代わりに最初のひとりが、オフサイト会場に着くときのフライトで起きた出来事について、かなり恥ずかしい話をしてくれた。

アイスブレイク

アイスブレイクでは仕事よりも人間にフォーカスする。楽しみながらメンバー同士が自分のあれこれを共有し、その日1日の活力がわくようなアクティビティがいい。例としてわたしが好きなものを紹介する。

- 自分にとって大切な個人的な写真、あるいは自分の人格や個性で大切だと思っているところが表れている写真を紹介してもらう
- 好きな本、好きな映画、初めて行ったコンサートなどを紹介してもらう（理由を説明してもらう時間を確保すること）

第**4**章
コア・フレームワーク3 —— 意識的なチーム育成

- 初めて全員がオンラインで参加したオフサイトでのアイスブレイクは忘れがたい。参加したメンバーはそれぞれノートPCを手に、家の中にある大切なものや写真のところまで行って、どのような意味があるかを語ってくれた。自宅を見せることに抵抗のある人はカメラの前に持ってきて見せる形を選んだが、わたしのチームは大半が自宅ツアーをしてくれた。お互いの家を訪ねているような気分になり、みんなが社外で集まるオフサイトから揃って家にいるオフサイトへ、楽しい変化を体験した

アジェンダの構成

用意したセクションごとに下記の項目を入れ、チーム全員が見られる場所に記載しておくこと。

- 目的
- アジェンダ（議題）
- 時間制限（セッションごとの時間）
- ディスカッションのテーマや議論の内容、アクションを書くノート（オフサイト当日に書き込んで埋めていく）

セッションごとに書記担当を決めるのもよい。

振り返り（チェックアウト）

オフサイトの最後はみんなでもう一度振り返る場にしたい。1〜3語くらいで総括してもらってもいいし、感触を引き出すような質問を投げかけてもいい。たとえば「引き続き考えているトピックは何か、理由と合わせて30秒で答えてください」「今日決めた中で一番大切なことは何だと思いますか」「今日のオフサイトを終えてどう感じているか、1語か2語で表現してみましょう」などだ。

オフサイトは共有体験であり、お互いの人となりと仕事についての理解をチームみんなで深める集合的記憶として残る。特殊な場所や状況で行われた場合は特にそうだ。「あのとき、暖房が効いてない倉庫みたいな変わった場所でやったよね」のように誰かが言えば、すぐにそのときの記憶がみんなの頭によみがえるものだ。

ミーティング

　チームにとって欠かせず、普段は社内などいつもの場所で頻繁に行われている活動といえば、チームミーティングだ。チームといえば、まずミーティングを思い浮かべるのではないだろうか。

　ミーティングには、以下を含むさまざまな目的がある。

- 意思決定
- 情報共有
- 現状のレビュー（優先事項、ロードマップ、指標類など）
- すり合わせ
- 問題解決

　目的が何であれ、優れたミーティングとはどんなものかを言葉で説明するほうが、実際に準備を進め会議を運営するより簡単だ。ミーティングには思っている以上に労力がかかる。ミーティングは仕事の遂行やチームづくり、マネジメントのために重要なツールだが、重要なツールにふさわしい扱いをしないとまったくの労力の無駄になってしまう。あなた自身が、そして会社とチームの主要メンバーが、どれくらいの時間をミーティングに費やしているかを計算してみるといい。ミーティングにはコストがかかるのだ。わたし自身はミーティングの中で仕事を片づけようとすることで知られているけれど、基本的にミーティングの時間に実際の仕事が進むわけではない。

　2018年、Khosla Venturesという企業のイベントに呼ばれ、スタッフミーティングの効果的な運営のしかたについて話をした[47]。このスピーチの動画はYouTubeで公開されているが、それ以来、人に会うとこの動画を観たと言われることが非常に多く、驚いている。「チーム全員に観るように言っているんです」とまで言ってくれる人もいた。ミーティングの効率を上げたいと思いながら、どこから始めたらいいかわかる人ばかりではないのだろう。

　効果的なミーティングを運営するには、投資と強力な基礎が求められる。お粗末なミーティングはチームダイナミクスがうまくいっていないことを浮き彫りにしたり、下手をすると悪いチームダイナミクスをつくり上げてしまったりもする。PC画面にばかり向き合っている人、実際に起きていることをまったく

話そうとしない人、何かを決める前に必ずデータを見たがる人、場を支配する人、委縮する人などなど。

これに対し、良いミーティングにはチームの一番いい状態が表れる。タックマンはこれを「各役割がフレキシブルかつ機能的で、集団のエネルギーがタスクに注ぎ込まれる」状態と表現している[48]。素晴らしいミーティングには何かを生み出す力があり、動的で、挑戦する意欲をかき立て、個人主義でありながら協力的で、――最後が特に好きな点なのだが――決断力がある。

良いミーティングには必ずふたつの要素が揃っている。ひとつは事前の基礎固め、もうひとつが進行する際のしくみ、手順だ。

ミーティングの基礎固め

マネジャーはミーティングに関して重要な点を忘れがちだ。ミーティングは、参加する人同士の関係がうまくいっていればいるほど、良い成果が出る。そうした関係性は週30分の定例ミーティングの中だけでは培えない。決まったメンバーが集まるミーティングを繰り返し開くのなら、前もって共通認識を形成し、ミーティングにおける規範を設定することから始めるといい。オフサイトを実施しないグループの場合は、少なくともオフサイト機能の一部を代わりに担えるようなキックオフミーティングの場を設けたい。

共通認識を形成する

メンバー構成、それぞれの役割、希望する仕事の進め方（第1章「ワークスタイルの好みを見つけ出す」を参照）など、基本的な事項から始めよう。結成してから日の浅いチームなら、まず目的について同じ認識に立ち（第2章「ミッション」「チーム憲章」を参照）、各種のチーム規範でも合意を形成しておく。チームの規範とは、たとえば、仕事に対するインプットの依頼にはお互い遅滞なく応じる、気がかりな件があってやむを得ず進めなければならない場合はミーティングを欠席できる、などだ。このセッションは会社を離れてオフサイトでするとよい。

ここでのゴールは、各メンバーのワークスタイルの好みに関する共通認識、そしてチームの規範についてのメンバー同士の合意を形成しておくことだ。このプロセスのスタート地点としては、ストレスのかかる状況と順調に進んでいる状況で、メンバー個人とチーム全体にとってそれぞれの好みがどう現れるかを把握するところから始めると理想的だろう。

ミーティングでの役割

基礎固めに取りかかったら、ミーティングでの役割を検討するといい。ミーティングのオーナー（所有者／主催者）は招集をかけてミーティングをまとめる立場の人であることが多いが、すべての役割を担わなくてはいけないわけではない。以下のような各機能を誰が果たすのか、明確にしておくこと。

- **直接責任者（DRI）**：ミーティングの成否に責任を持つ人物。ミーティングのオーナーの場合もあれば、ミーティングで取り上げる重要プロジェクトのリーダーの場合もある（この章の「直接責任者（DRI）」を参照）
- **ファシリテーター（進行役）**：DRIまたはミーティングのオーナーが務めることが多いが、その他でも可。ミーティングの取りまとめ役はおそらく話を聞き状況を観察するほうに集中したいので、進行役を同時にできない。毎回ファシリテーターを交代制にしているケースもある。ファシリテーターのゴールは、時間通りに進行し、目的や議題から外れずに進め、書記と連携して大事な決定事項やアクションを把握することにある
- **書記**：進行役と書記を同時にこなすのは難しいため、議論の大切なポイントや決定事項、何らかの作業や行動を要する要対処項目の記録を別の人に頼むとよい

ミーティングノート（記録）には大きな意義があるとわたしは考えている。心理的安全性をもたらし、出席できなかった人には議論の背景を効率よくつかむ情報源になり、成果を出して説明責任を果たすために必要な今後のステップの記録としても役立つ。仕事を進めていて意見の相違が出てきたら、ミーティングノートに戻って何をどう決めたか確認できる。透明性の高い社風で、現状把握のためだけに出席する人の数を抑えたければ、ミーティングの記録を参加

者以外と広く共有するのもいい。

　ただし、このミーティングノートを議論の書き起こしにはしないこと。理想的なノートには、話し合った最重要議題、決定事項、フォローアップや要対処項目、また各要対処項目に割り当てた責任者、関係者が同意した対処完了までのスケジュールを盛り込んで、ミーティング終了後に共有する。ミーティングでカバーできなかった疑問点や懸案事項も記録に残しておき、次回話し合うかその前に解消しておく。

全員がミーティングの責任者

　参加者は全員、良いミーティングづくりにコミットしなくてはならない。参加する人の中には、主催者が観客に向けて開催するショーのつもりでやってくる人が時折見受けられる。だがそうではなく、自分がなぜこの場にいるのか、参加者として何を期待されているのかをわかっているべきで、そうすると主体的に臨むようになる。責任を持ってミーティングに臨んでいる参加者の行動例を次に挙げてみよう。

- ミーティングの規範が実践されるよう場を維持し、目を配り、ずれれば修正する
- 出席者が広く均等、対等にミーティングに参加する
- 参加者がミーティングごとに違った役割を引き受ける

次に、ミーティングの主体性を育む方法の例を挙げてみよう。

- 定例的に開く種類のミーティングには、参加者が合意したミーティング規範を設ける（ミーティング規範の詳細は後述する）。規範にそぐわない行為があれば注意を呼びかける
- ファシリテーターと書記を明確に決める、または交代で務める
- 自ら手本を示す。時間を守り、決めたスケジュールをできるだけ変えず、時間と成果を大事にする姿勢を見せる

ミーティングの効果的な運営に関心がある人なら、教育分野には応用できる

学びがあると思う。わたしは両親とも教職に就いている家に育ったのだが、マネジメント術の多くは、無意識のうちに夕食のテーブルで身につけてきたような気がしている。最たるものが、話し合いにちゃんと貢献するまでは席を外してはいけない、という決まりだった。

ミーティングの目的と構成

基礎固めの次なる作業は目的のすり合わせだ。ミーティングを開く理由はさまざまだが、多くの目的を一度に果たそうとすると、どんなミーティングも効果が下がってしまう。ミーティングの目的は、情報のアップデートと優先事項の確認、あるいはすり合わせと意思決定など、ひとつかふたつに絞ろう。参加者と目的を適切に設定すれば、自分ごとだと感じてもらえる。ミーティングのアジェンダはその目的達成のために話し合うトピックを明確にする場として使えばいい。わたしは次の3つの項目をまとめてPALと呼んでいる。

- **目的（P：purpose）**：すり合わせと意思決定が目的であれば、ミーティングの事例はその達成に寄与するものにする（例：次期製品に組み込む機能を決める）
- **アジェンダ（A：agenda）**：目的を達成するために話し合う議題を一覧にする
- **時間制限（L：limit）**：ミーティングと各議題にかける時間の目安を設定する。よくあるミスは、時間が足りないのに議題を詰め込みすぎてしまうこと。そうすると表面的な対話にとどまったり、答えが出ないまま打ち切りになって不満が残ったりする

ミーティングの規範

ミーティングの規範とは、ミーティングをどのように進めるか、参加者としてどんな振る舞いで臨むことに同意するかについて、参加する人全体で決めたコミットメントをいう。望む行動と規範を前もって設定しておくと、脱線したときにどの規範やコミットメントに反するかを参照し、ミーティングの軌道を

第4章
コア・フレームワーク3 —— 意識的なチーム育成

戻せる。良いミーティングの形について事前に全員で合意していないと、軌道修正ははるかに難しくなる。

　どんなやり方がベストかはあなたとチームとで決めるべきだが、模範例として以下をお勧めする。

ロジスティクスを見積もる

　含まれる項目は以下の通り。

- **ミーティングの時間**：最適な時間を設定し、参加者には時間通りに来ることに合意してもらう。わたしの場合、メンバーの拠点がいくつものタイムゾーンにまたがるグローバルなチームをまとめることが多いため、ミーティングの時間設定で合意を得る過程は参加メンバー同士が相手の立場を理解し、受け入れる姿勢を育む大切なステップになっている。欧州とアジアからの参加者がいるチームでは、ミーティングの時間を交代で融通し、勤務時間外になるため出席できないかもしれない地域のメンバーのためにわかりやすいノートを残すようになった

- **代理出席**：その日出勤していない人やミーティングに出られない人が代理人を出席させていいかを決めておく

- **事前に目を通す資料**：配布資料など、事前に目を通してから参加する前提にするか、ミーティングの最初に目を通すための時間を10分間用意しておくか、合意を得て決めておく。どこまでを期待するかはわかりやすく明確にすること。事前に読んでくるように依頼した場合は、冒頭で全員が読んできたことを確認し、参加者には責任を持って臨んでもらう

- **要対処項目**：最新状況を個別に報告するのか、各ミーティングの冒頭で報告するのか決めておく

- **電子端末の使用**：対面の場合、発表者や書記以外の人がPCなどを開いてもいいかを決めておく。オンライン参加の場合は、カメラ以外の端末使用を許可するかを決める。電話の使用はごく短時間にとどめるか、できれば不可としたい。急ぎの用件が生じたときは退室してもらい、集中できる状態になったら戻ってもらうようにする

何でも話し合っていい

ベンジャミン・フランクリンは「魚と客は3日経つと鼻につく」と言ったという。わたしはこれをチームのミーティング規範に取り入れた。ミーティングでは"鼻につく魚"、つまりどれだけ難題であれ気が重い件であれ、どうせいずれ鼻につくようになるのだから、表面下に潜むあらゆる件を持ち込んで率直に話し合おうとみんなで決めたのだ。事業運営の基本原則2「言いにくいことを伝える」をミーティングに当てはめたことになる。

インクルーシブであること

優れたミーティングでは、出席者全員が積極的に参加し、互いの意見を補強し合う。補強とは、互いの発言を遮らず、他の人が出した意見に触れながら話をすることだ。これはわたしがミーティングで嫌いな言動、すなわち、他の人が5分前に話したアイデアの焼き直しに時間を使い、しかも元の発言者には言及しない行為の対極にある。ファシリテーターは出席者の言動に目を配り、自分の視点で意見を述べていなければやんわりと注意を促すか、「○○さんの考えはしっかり聞いたので、まだ発言していない人の視点を聞かせてもらえますか？」などと仕向けるとよい。

反対意見は言う、だがコミットする

これはアンディ・グローブの言葉とされ、Amazonでは規範として取り入れている。要は、何かを決定するまでの段階で反対意見を述べるのはいい、だが決まったら、良い結果を出すために全員で協力してコミットする、という意味だ。

"駐車スペース"を設ける

ミーティング中に片づけるべき案件とは直接関連しないアイデアや質問が出てきたら、脇に置いて後で話し合えるようにする。この駐車スペースに置いた案件は、ミーティングの最後か次回ミーティングの冒頭でファシリテーターが取り上げて、どうするかを話し合うこと。そうしないと駐車スペースは"ごみ捨て場"と化してしまう。

要対処項目を尊重する

ミーティング終了前に、対処が必要な事項をすべて明確にし、それぞれ責任者とタイムラインを確認しておく。進捗をどうチェックするかグループ全体で合意しておき、完了に向けてしかるべき人がそれぞれ責任を持つ。

3〜6カ月ごとにミーティングの構成を見直す

3カ月から半年ごとにミーティングのあり方を検証しよう。有益だろうか？ 必要な人が参加できているだろうか？ 目的を達成できていて、時間をかける価値があるだろうか？ わざわざ集まらなくても個別に進められることはないだろうか？ マネジャーから出席メンバーにアンケートを取るか、中立的な立場の人にお願いしてみてもいい。結果によって以下を検討してみよう。

- 規範を見直してミーティングを活性化させる
- 出席する人や取り上げるトピックを新たに加え、発展させる
- 新規事業や会社の新しいニーズに合わせて新規まき直しをする

オペレーター・モード vs. クリエイター・モード

ごくざっくり分けると、人には"オペレーター"と"クリエイター"（"メーカー"）がいる。ミーティングには、両者と両タイプの仕事をバランスよく取り混ぜなければいけない。ここまではいわば"オペレーター・モード"のミーティングについて主に述べてきた。有名なプログラマーで起業家のポール・グレアムが"マネジャー・ミーティング"と呼んでいる類で、一般的に明確な議題があり、意思決定、アップデート、優先事項確認、すり合わせを目的とするミーティングだ[49]。

一方、"クリエイター・モード"のミーティングも必要だ。こちらはブレーンストーミングを目的とする。構成にあまりとらわれず、今後検証を続けていくアイデアが生まれれば、決定や結論を出さないことさえある。後にわかってきたのだが、先述したStripe初期のリーダーシップチームのオフサイトは、4〜6週間ごとに数時間かけて開く"クリエイター系"ミーティングだった。

思えば初めて参加したときのわたしは、議題も日程もフォローアップ事項も

詰め込みすぎていた。オフサイト最後の振り返りの段階になり、細々と決めすぎた企画構成についてやんわりとフィードバックをもらって、オペレーター的部分とクリエイター的部分の双方を取り混ぜる必要性に気づいたのだった。

その後のミーティングでとてもいいなと思ったのが、オペレーター・モードだった場がクリエイター・モードに切り替わったときだ。バランスシート上の重要な指標について、わたしが具体的な質問をしたときに突如、5年後のバランスシートはどうあるべきかをみんなで語り合う場になり、思い描く結果を出すには何が必要なのか、みんなで考えを練り始めた。思いがけず始まった長期戦略のブレーンストーミングで、会社の将来をめぐる大事なアイデアが芽吹いたのだった。

先日、このとき立てた見通しを振り返ってみたところおおむね当たっていたのだが、これはビジョンをどう実現するかについて自発的に自由に話し合えたことが大きい。こうした創造性を発揮できるやりとりは日常業務の外に出たほうがやりやすく、まさにオフサイトに代表されるような、チームで集まる時間に組み込むことが重要だ（リーダーシップチームのミーティングについてはこの章の後半で述べる）。

ミーティングを運営する

ミーティングを運営するにあたり、出席者をどうするか以外にも考慮すべき要素がある。大まかにいうと、出席者に積極的に参加してもらい、目的を達成し、規範を尊重してもらうためにどうミーティングを組み立てればいいかを考えたい。いくつかヒントを挙げていこう。

ミーティングを組み立てる

以下の事項をできればミーティング開始前に共有しておく。

- **目的**：何のためのミーティングか
- **アジェンダ**：どんなトピックについて話し合うのか。その理由は何か
- **時間制限**：ミーティング時間はどのくらいか。各議題にどの程度時間をかけるか

- **決定（該当する場合）**：どのような事項を決定するのか。誰が決めるのか、全員で決めるのか

ミーティングの意図や目指すゴールを把握しないまま会議に出席している人は多い。決定すべき事項がある場合、今日は何か決める議題があるのだろうか、あるとしたら誰が決めるのだろうかと出席者に思わせるよりは、意思決定のプロセスを明らかにするほうがいい。

エンゲージメントを高める

その場にいる全員が遠慮や懸念なく積極的にミーティングに参加できることもきわめて重要だ。ミーティング規範を明確に打ち出す、能動的に進行をするなど、全員が参加できるミーティングにするために最適な手法を取り入れよう。ファシリテーターが出席者の参加状況を把握し、全員を話し合いの場に引き込み、議論が行き詰まったりひとりがディスカッションを独占したりしたときは進んでその場をさばくようにすると、かなり進めやすくなるはずだ。良い雰囲気を確保する手段のひとつとして、導入と振り返りの活用がある。

導入と振り返りを取り入れる

導入（チェックイン）と振り返り（チェックアウト）はごくシンプルで、その意義はあまり評価されていない。参加者がすでにお互いを知っているなら無駄だとみなされているためだろう。だが参加者同士のつながりを深められるし、そんなに時間もかからない。

導入（チェックイン）

冒頭に導入部を取り入れると、出席者が会議室に集まる前にそれぞれやっていたことや考えていたことから注意を向ける対象を切り替えてもらえる。導入部を通じて全員が能動的に参加してミーティングを始め、相互理解を進め、議題の案件についてであれ、個人的な状態であれ、自分がどういう状態にあるのかを仲間と分かちあう。

導入部はワーク・チェックインとパーソナル・チェックインの2種類に分け

られる。

　ワーク・チェックインでは、参加者がこのミーティングで何を得たいのか、これから話し合う議題についてどう考えているか、自分の頭の中が今どこにあるかを形にする。ファシリテーターが問いを投げかけたら、参加者全員がひとりずつ、30秒〜1分程度の与えられた時間内で答えていく。たとえば次のような質問が考えられる。

- このミーティングでひとつ得たいものは何ですか？
- 今日決める主な事項について、どんな心持ちや気持ちで臨んでいますか？
- 担当している仕事、仕事上の優先事項や課題のうち、今この瞬間、最初に頭に浮かぶのは何ですか？

　一方パーソナル・チェックインは、各自がどんな心境かを参加者同士で共有する場だ。ファシリテーターは「今日一番気になっていることを、仕事に関することと個人的なことでひとつずつ挙げてください」というように話のきっかけを投げかける。

　経験からすると、パーソナル・チェックインの場合、仕事に関する話とプライベートに関する話をセットにすると、個人的な近況などを話しやすくなるように思う。ちょっとしたひとつの問いかけがいかにその後のミーティングの雰囲気づくりに役立つかは、目を見張るものがある。たとえば、誰かが「昨日は生まれたばかりの子供の世話で夜も全然寝られなかったので、今日のミーティングではいつもよりおとなしいかもしれません」と話せば、その人の状況をみんなで把握できる。その場にいるメンバーの間に信頼関係や互いを思いやる気持ちも生まれるだろう。

　仕事と個人の両方を手軽にカバーできる有効なチェックインのやり方としては、今日のミーティングにどれだけ集中して臨めているかを1から10で表してもらう方法がある（1が最低で10が最高）。時間に余裕があれば、なぜ今日は8でなく6なのかといったことを簡単に話してもらうのもよい。

振り返り（チェックアウト）

　ミーティングから何を得て持ち帰るかを記憶にとどめるために役立つのが振り返りだ。出席したメンバーにとってどんなミーティングだったのかをつかみ、

出席者からコミットメントを引き出す、あるいは最後に一言話し合いに貢献してもらう機会として利用できる。出席者への働きかけとしては、次のような問いかけがある。

- このミーティングでひとつ得て帰るとしたら何ですか？
- このミーティング後、コミットしたいことのひとつは何ですか？
- さっき話し合った件について、最後に思うところを簡単に聞かせてください

振り返りの方法でわたしが気に入っているのは（おそらく最後のまとめと要対処項目の確認の時間が足りなくなりがちなのと関係しているのだが）名づけて「1ワード・チェックアウト」だ。ミーティングを終えるにあたって何を感じたり考えたりしているかを、ひとりずつひとつの単語で表してもらう。たいていはこれがミーティングの出来を表す格好のバロメーターになる。

かつてGoogleの共同創業者、ラリー・ペイジは、「uncomfortably excited」というフレーズを好んで使っていた。居心地のよい安全圏から出て、不安や怖さを感じつつもわくわくしている状態だ。でも、Googleのミーティングでみんながミーティングの振り返りにこのフレーズを使うので、わたしは困ってしまった。今の思いを1語で答えて、と言うようになったのは、2語のフレーズを避けるために行きついたやり方だった、というわけだ。

目的を達成する

人は認められること、何かを達成することによってモチベーションが上がる。満足のいくミーティングを確実にしたければ、各議題のまとめやミーティング全体の締めの際に目的を達成できたことを確認する、といった簡単な方法でも事足りる。

議題のひとつが"Q2でローンチする機能を3つ決める"なら、ミーティングの当該セクションの最後にこの目的を"完了"にして、決まった3つの機能を挙げておけばいい。これが次の議題に移る弾みになる。ミーティングの目的が情報の共有やすり合わせなら、必要な情報が得られたか、この先の方針について認識の確認ができたかを話し合いの最後に全員に確認してみるといい。

意思決定のプロセスを明確化する

　ミーティングの多くは、何かを決めることが目的にある。決定と呼ぶまでもないような小さな確認事項もあれば、他社を買収するか否かのような今後の命運を分ける重大な選択もある。ミーティングで意思決定をする場合、決定を下すのは誰なのか、どのように決めるのかを十分に計画しておくと安心だ。意思決定の基本フレームワークを取り入れるのもやりやすい。

　何かを決定するときには、次のようにいくつかの方法がある。

- **独裁型**：ひとりに意思決定権がある。周囲に相談する場合もあるが、最終的にはその人の一存で決まる
- **合意形成型**：集団のメンバー全員で合意に持っていく
- **民主主義型**：意思決定に際しメンバーが選択の意思表示をし、多数派の意見を採用する
- **諮問型**：意思決定権のある人（通常はリーダー）がメンバーに意見を聞く場を設けるが、最終的には自身が決める
- **代理型**：リーダーとチームメンバーが合意の上で代わりに意思決定する者を（何らかの選定方法の上で）選び、代理者の決定を支持することで合意する

　独裁型と諮問型なら、たとえば「今日は○○について決めます。意思決定権を持つのはわたしです。皆さんから意見を聞きますが、最終的に決めるのはわたしです」のように宣言することでプロセスを明確にできる。民主主義型や合意形成型で決めるつもりなら、「今日は全員の考えを聞かせてもらって、みんなで合意の上で決めましょう」というように始める。

意思決定と性格

　わたしにとって、はっとさせられる気づきがあった最大の体験といえるのが、Googleでグローバル・オンラインセールスとオペレーションのチームを管轄していたときに経験した意思決定の演習だった。お互いの性格を理解して、グループで意思決定をするセッションだ。床に大きな四角を6枚用意し、代表的な意思決定のプロセスを図式化する。①意思決定の必要性の特定、②データ収集、③選択肢の概要把握、④エビデ

ンスの検討、⑤選択肢の決定、⑥行動に移す、という流れになる。

　選択について話し合う中で、それぞれのメンバーに自分が今プロセスのどこにいると思うか、該当する箇所に立ってもらった。すると、ふたりがまだ2番目の"データ収集"の段階にとどまっているではないか。他は全員が5番目（選択肢の決定）か最後の6番目（行動に移す）に到達していたというのに！　そういうことか、と大いに納得する出来事だった。

　以来、わたしもチームも意思決定のときは各メンバーがどの段階にいて、それはなぜなのかに気を配り、行き詰まったときはより俯瞰的な視点で状況を話し合えるようになったのだった。

　意思決定に関連しつつ、どんなミーティングの話し合いにも、なんなら廊下での立ち話にも当てはまるのが、その場で年齢や経験、立場などが一番上の人は意見を述べるのを最後まで待つのが最善のやり方だ、ということだ。

　リーダーの立場にある人が最初に意見を表明してしまうと、異論があれば発言するという文化がきちんと確立されていない限りは、反対意見を持つ人にとってストレスや不安を感じる環境になってしまうおそれがある。

　また、リーダーが意見を聞かざるを得ない状況に追い込むことにより、自身の見方を述べる前に他のメンバーの考えをまとめ、リーダーに自身のバイアスやエゴを自覚してもらうことにもつながる。

　時には、議論を呼びそうな案をリーダーから先に打ち出しておいて反応を引き出したいなど、この原則を破ったほうが有効なケースもある。だがたいていの場合、リーダーは自分の意見を表に出すのを待ったほうがいい。それによって強固な決定ができるし、強固な文化も育まれる。

> 「理想は、周囲の人を資本として構築して、相手があなたを信頼、尊重し、あなたがすぐに決定を下せばその理由をわかってくれる状態です。
>
> 深い考察をもって問題を明快に提示し、解決のために力を貸してほしいと敬意をもって頼む。これに代わる行為はありません。わたしもチームに対して長らくそうしてきました。『みんなの話は聞きます。手を貸してほしいとお願いもする。情報はみんなと共有する。このチームの一員でいたくなければ、それはそれでいい。いずれにしてもわたしは決めるべきことを決めます』と」
>
> ——ダニエル・ワイス、メトロポリタン美術館館長兼CEO

意思決定の基本フレームワークを利用する

会社によっては意思決定に共通のフレームワークを採用している。コンサルティングファームのBain & Companyには、ステークホルダーをRecommend（推奨）、Agree（同意）、Perform（遂行）、Input（情報提供）、Decide（意思決定）の5つの役割に分けるRAPID[50]というモデルがある。

また、GoogleやSquareでチームを引っ張ってきた友人のゴクル・ラジャラムは、Setting（状況設定）、People（人）、Alternatives（代案）、Decide（意思決定）、Explain（説明）からなるSPADE[51]というツールをオンライン・コラボレーションツールのCodaに公開し、誰でも使えるようにしている。

以前インタビューしたAnkerの社長、趙東平（ジャオ・ドンピン）は、マッキンゼーの問題解決の7ステップ[52]が自身のキャリアで学んだ一番役に立つフレームワークだと語っていた。Ankerではすべての従業員がこれを身につけることで、「会社全体で系統立てられた合理的な意思決定が可能になり、間違った決断を下すリスクも減ります」と趙は言う。

ただし、立派なフレームワークがあっても、意思決定の流れはどのようなワークスタイルでチームが構成されているかに左右されやすい。わたし自身、完璧にうまくいくわけではないのだが、ログ（記録）を残しておくとチームの意思決定のパターンを一覧できる点で役に立つ。意思決定ログでは、チームで何

かを決めるたび、いつ、どんな背景で何を決めたのかをスプレッドシートに記録しておく。記録があると決定事項が確立され、決めたチーム以外の人や意思決定の場にいなかった人にも情報が共有できる。後に決定内容が変更されたときは、理由も含めて記録にもその旨を追記しておくと、影響の及ぶ人が背景を把握でき、透明性も保たれる。

　完璧にうまくいくわけではないと言ったのは、意思決定ログは広く取り入れ、かつ厳密に記録を残してこそ有効性を増すわけで、ログを活用していこうという強いコミットメントが組織内に幅広く浸透していなければ、両方をこなすのは簡単ではないためだ。

ミーティングの規範を尊重する

　ミーティングの相互オーナーシップが形成できたら、参加している人は自分たちが規範をきちんと遵守できているかを確認したい。要対処項目の進捗確認に遅れてきた人がいれば注意する、"鼻につく魚"に誰も触れないようなら指摘する、などだ。規範を重要なものとして常に念頭に置いてもらうには、新しいメンバーが加わったときをはじめ、定期的に規範を思い出してもらう機会をつくり、自分が率先して実践するのが一番いい。

　ミーティングの場でリーダーが「自分は反対の意見だが、コミットする」と発言すれば、その影響力は大きい。意見に耳を傾け、協力し、自身は進んで選ばない選択肢であっても他の人の選択を支援する意思表示になるからだ。

好ましくない言動を正す

　有意義なミーティングを損なうような言動が見られた場合、基本は「公式に褒め、非公式に批判する」という原則通りだが、注意したい点がいくつかある。

　まず、アイデアに対する批判はその人個人に対する批判ではないこと。ミーティングの場ではコンセプトをめぐる健全なぶつかり合いや議論があってしかるべきだが、そこに個人攻撃を加えてはいけない。もうひとつは、事前に合意した規範を破るような言動があれば、注意するのがフェアであること。規範を乱す行為には、決めつけずに臨む姿勢が大切だ。「そこ、PCを開いている人がいますね。もし緊急で対応したいことがあるなら構わないけど、いったん会議

室の外でやってもらってもいいかな？」のように促すといい。

　言動や仕事のやり方を正してもらいたい場合、人前で指摘するのには注意が要る。ただ、丁寧に土台を築き、グループ内で共通の語彙を培い、互いのワークスタイルについて理解を深めてあれば、多少のリスクは取れるだろう。たとえば、わたしのリーダーシップ・ミーティングでは、少々 "支配的" な言動、すなわちタスク中心、アクション中心で、人やプロセスを見ていない仕事の進め方が見受けられれば指摘し、アクションに移るのが拙速ではないか、と意見を出したりする。このようにして正せれば非常に有意義だが、それもチームとして信頼関係を構築し、お互いを理解し合っていて初めて可能になる。

　上記が当てはまらないようなら、ミーティングでの好ましくない言動の軌道修正に一番いいのは、終了後に場を変えての個別フィードバックだろう。これは間を置かずにやりたい。ミーティングの直後に声をかけて話してもいいし、その日のうちに時間を設けてもいい。長々と話す必要はなく、たとえばこんなふうに切り出す。「今日の予算決定のとき、積極的に意見を出してくれてありがとう。でも○○さんがちょっと消極的な気がしたんだけど、気がついた？」相手が同意してくれたら、こう続ける。「彼、ミーティングが始まった時点では意見を出して参加しようとしてた気がするけど、途中から黙ってしまって。もしかしてあなたの勢いに負けて懸念を引っ込めてしまった可能性はないかな？」ここでミーティングの規範に触れ、その場にいる全員が等しく参加することの重要性を再確認したい。結果として、今後はより細やかに言動を意識したい、と思ってもらえれば素晴らしい。

　「わたしの発言は少ないほどいいんです。大事なのはフィードバックをお願いすることだから。議論になる話や、少しためらって引いてしまう内容を話し合う場では、とにかく話し合いが終わるまで黙っているように努めています。わたしが何か言うと即、話の流れが決まってしまいますから」

——ザニー・ミントン・ベドーズ、The Economist 誌編集長

リーダーシップ・ミーティングについて

　リーダーシップ・ミーティングのケイデンス（リズム）は、必要性に応じて違ってくる。急成長中の会社なら3〜6カ月ごとに変化していくだろう。リーダーシップ・ミーティングとは、会社や部署を牽引する人が集まるミーティングだが、話し合われる議題の幅や意思決定の影響力の大きさの点で、他のスタッフミーティングと異なる。もちろん、最上層のリーダーシップチームが組織全体にモデルを示すという違いもある。

　パトリック・レンシオーニの著書『あなたのチームは、機能してますか？』（翔泳社、2003年）では、その人の"第一のチーム"という概念を打ち出している。ゴール達成に向けて、最も密に関わって一緒に仕事をする人の集まりのことだ[53]。考え方としては、リーダーは直属の部下からなる第二のチームよりも、リーダーシップチームを第一のチームと考え、最優先で成功にコミットしなければならない、ということになる。リーダーシップチームが第一のチームとしてうまく回っていなければ、会社全体が機能しなくなるリスクがあるわけだ。この第一のチームという考え方を確立するには、リーダーシップチームとの時間をじっくり取る必要がある。

　ここで、Stripeのリーダーシップ・ミーティングのケイデンスを紹介したい。定期的に開いているミーティングとその内容は次の通りだ。

月曜朝：3時間

　月曜朝のミーティングは、リーダー全員が、仕事を進めるためにチームで共有したい情報を備えた状態で1週間をスタートさせるのが目的だ。前日の日曜夜までに、各自が進捗状況と現在の重要事項を共有する"スニペット（断片）"を文書にまとめておく。ミーティングでは各種の指標や製品の工程表の検証、リーダークラスの採用状況の確認、スニペットに挙がった項目や会社のニーズについてのディスカッションをする（章末にあるQRコード先でリーダーシップ・ミーティング進行のテンプレート類を紹介している）。

木曜午後：1時間

　木曜午後はクリエイター寄りのミーティングで、形式は自由、個人的な話や交流にも多少の時間を割く。正式なアジェンダはなく、月曜以降に浮上してきた件やメンバーの誰かが奮闘している職場関係の案件などをみんなで掘り下げる場とする。開始前に、取り上げたい話題のリストをチームのSlackチャンネルでつくっておく。導入はパーソナル・チェックインで始めることが多く、来週まで待たずに話し合っておきたい話題がなければ早めに切り上げる。

オフサイト：四半期ごとに丸2日

　通常はみんなで社外に出向いて集まり、木曜午後から土曜の昼または午後の早い時間まで続く。事前作業を含み、会社の財政状況やパフォーマンスについて全体的な概観をつかむセッションが入ることもある。可能であれば取締役会から日を置かずにオフサイトを開くようにしている。取締役会では役員クラスや上層のリーダー陣が現状のレビューをしており、ミーティングに生かせるからだ。

　オフサイトは、普段の業務から一歩引いた状態で自由なブレーンストーミングを一緒にできる点でとりわけ意味がある。邪魔が入らない環境で、俯瞰して戦略を考えられる時間だといえる。初期の頃は戦術面でもかなり多くのことを解決してきたものだ。初期のオフサイトでは互いによくフィードバックも共有し合ったものだった。

　現在、Stripeのリーダーシップチームのメンバーは、揃って同じ場所を拠点にしていない。その結果、四半期ごとに開くオフサイトの重要性はますます増している。むしろ、会社がある段階まで到達すると、チームが揃って同じ場所にいるケースのほうがまれだ。そうなるとオフサイトはますます不可欠になる。ただし、オフサイトだけでは各所に分散したチームをうまく発展させることはできない。

第4章
コア・フレームワーク3 —— 意識的なチーム育成

シニアリーダーシップチームの拡張

　Stripeではどのくらいの頻度でシニアリーダーシップチームに人を迎えるのか、という質問をよく受ける。答えは「それほど頻繁ではない」だ。ただ、会社の規模を大きくしていく際は、得てしてシニアからミドルクラスまで新たなリーダーを増員していくことになるし、そうあるべきだろう。

　このとき、候補者からよく聞かれるのが、エグゼクティブチームのポジションに昇進する可能性があるかどうかだ。上のポジションに就くためだけに会社に入るのはよくないという事実はさておき、将来シニアクラスのリーダーになり得る人に嘘いつわりなく透明性を確保しておくことは重要だ。

　Stripeのシニアリーダーシップチームは少人数であまり頻繁な変更はないが、時とともに変化は見込んでいる、と説明する。言い換えれば、リーダーとして採用された人が最終的にシニアリーダーシップチームに加わる可能性はあるものの、入社の段階では必ずしも同チームへの参加が決まっているわけではないということになる。

　シニアリーダーシップの重圧を軽くするひとつの手立てになったのが、補完的なリーダーシップチームの展開だった。新任のシニアリーダーには、会社の運営方針を学び、お互いを知り、CEOや創業者から直接話を聞く意見交換の場が必要だ。その第一歩が、社内の上層部のチーム（スタッフチームの略でST）に加えて設けられたリーダーシップチーム（LT）の創設だった。この拡張チームは隔週で集まり、指標を検証し、共有の議題について話し合った。ところがミーティングではちょうどいいバランスを保つのが難しかった。というのは、採用したリーダーは、数の上では社内のテクニカル部門以外の人が多く、テクノロジーや製品関連の戦略よりも会社をどう運営するかの議論に比重が置かれていたのだ。

　やがてLTは役割を終えたと感じ、廃止を決めた。そこで新たに設けたのがオペレーティンググループで、現在は経験豊富な多数のリーダーの集合体になっている。オペレーティンググループにはかなり活発なSlackのチャンネルがあり、そこで情報の共有がされている。各種指標の最新情報を隔週で共有するほか、月例ミーティングではリーダー陣がCEOやCFOの考えを聞き、共通の重要事項について掘り下げるなどしている。

　Stripeでも会社の規模拡大に合わせてリーダーシップグループの構成やミーティングの構造にたびたび手を加えて発展させてきたと説明すると、他社のリーダー職にある人たちはほっとするようだ。円滑にいかないフェーズも確かにあるが、一番重要なのは、会議室に20人も30人も集まって会社の命運を左右する決断を議論し合うのでなく、少人数の結束したグループがしっかり会社の舵を取ることにあった。

複雑化するチームビルディング

たいていのスキルと同様、チームのマネジメントも新たな要素が加わるほど難易度が上がる。1カ所にいる数名の小さなチームを管理するのと、地理的に離れた場所にメンバーが分散するチームをまとめるのでは別で、後者はさらなるスキルとより強い意志が必要になる。

分散型チーム、リモートチームのマネジメント

チームの分散は現代の企業にとって当たり前になっている。急成長中の会社の多くがグローバル展開を目指しており、すでに世界に進出しているならオフィスも働き手も世界各地に抱えているだろう。最近は規模の大きな会社を中心に新しいタイプの分散型の働き方が積極的に取り入れられるようになり、社員が自宅で仕事をするリモートワークが可能になった。この流れは新型コロナウイルス感染症の世界的流行によりさらに加速した。

Stripeは初期の頃からリモートで働くメンバーがいたため、分散型チームやリモートワークをどうサポートすればいいかと聞かれることも多い。たくさんの経験と学びを積み重ねてきたので、ここで共有してみようと思う。

経験から感じているのは、分散型チームのマネジメントには主に3つの課題があることだ。コーディネーション（連携）、結束、参加について、順に見ていこう。

コーディネーション（連携）

分散型やリモートチームで何より顕著な課題はやはりこれだろう。どの情報が記録・保管されているのか、意思決定はどうするのか、物理的にばらばらで場合によっては時間帯も異なる場所にいるメンバーが各自動いている中、どこで話し合うのかなど、メンバーもチームもよくよく考えて調整しなくてはいけない。こうした調整や連携という課題があるため、リモートワークの人にはひ

とりで完結できるような小さなプロジェクトを任せたくなりがちだ。しかしそれではチームの孤立が深まるだけで、連携はますます取りづらくなってしまう。

リモートを含む各所のメンバーが担当しているプロジェクトや業務のほか、取り入れているツールや手法も含めて精査し、以下のような環境や体制を整えたい。

- 同じ時間に顔を合わせる必要のない手法を、会社の規範や体制づくりに取り入れる。どのタイムゾーンにいる人でも作業できるように整備した文書記録・保管体制など
- 分散しているメンバー間で仕事量のバランスを調整し、単独でできる"ローカル"な作業をしながらも、社内、部署内の人とつながりを持てるようにする。それにより孤立感や放置されているという感情を抱かずに済む
- 離れた場所にいる同僚が起きてくるまで数時間待たなくてはいけない、という事態を防ぐため、コードレビュー、品質レビューやリスクレビューなどのプロセスの計画を立てる（**表9**にリモートチームが抱えやすい課題と対策をまとめている）

Column

タイムゾーンをまたいだコラボレーションの難しさ

複数のタイムゾーンにわたるコラボレーションの難しさは、つい無視してしまいがちだ。具体的なイメージをつかんでもらうため、Stripeのエンジニア、ディヴィッド・ドーランの実例を紹介しよう。

ダブリン勤務のドーランは、米国のタイムゾーンで勤務するチームを中心とした製品を開発している。発端はドーランが発見した問題に、対応するコード変更をしようとしたことだった。LDAP（Lightweight Directory Access Protocol：データの場所を示す"ディレクトリサービス"とやりとりするときの約束事）へのアクセスが必要だと気づいた。

残念ながら、LDAPグループのadmin-plans-readersは責任者が承認するようになっていて、責任者は米国にいたので、その夜は承認を待って翌日また確認することにした。

翌日、admin-plans-readersへの参加リクエストは夜のうちに承認されていた。これで、加盟店が手動で設定した手数料プランを確認して、コードで再現できる、と思った。

しかし、変更が必要だったのは手数料プランではなかった。必要だったのは料金表のページで、責任者が違ったのでリクエストからやり直すしかなかった。こうして、単純な変更に3日以上かかった。

ここから、必要な変更について、ふたつの教訓を学んだ。

1. 関連するチームが直接の責任者になっているわけではない大量のシステムにアクセスするために、セルフサービスのインターフェイスを作成する必要がある
2. 別のチームの許可や承認が必要なケースについて、セキュリティと信頼性を維持しながらさまざまなタイムゾーンの社員が業務を中断せずに許可を得るためのしくみを開発する必要がある

結束

リモートワークに、組織の中で対等な立場を与えよう。2019年5月に、Stripeは5番目のエンジニアリング・ハブとして"リモート"ハブを立ち上げた。StripeのCTOであるデイヴィッド・シングルトンがブログ投稿で指摘したように、このリモートハブにより、「製品開発を顧客の近くに配置し、(サンフランシスコ、シアトル、ダブリン、シンガポールにある)当社の4つのハブの通勤圏外にいる99.74%の才能あるエンジニアに接触しやすくなった」[54]。

この発言は、リモート従業員が大切な一員であるという認識を示している。しかし残念ながら、全員が同じ場所で働いていないと、チームの一人ひとりが孤立・独立した業務を担当しがちだ。さらに悪いケースでは、同じ場所で働いている一部のチームメンバーが業務上の判断を主導し、一番おいしい仕事を取っていくかもしれない。チームがリモートであるか、または複数の場所に分散している場合に、メンバーが互いの仕事を気づかい、正真正銘のチームとして協力できる状態に持っていくには、より一層の努力が必要になる。

これを達成する最善の方法は、明確で一貫したコミュニケーションを行い、全員の条件が平等になるようなチーム運営の慣行を導入することだ(**表9**)。また、強力な文化的慣行を浸透させるのも重要だ。つまり、チームメンバー全員

に、非公式な雑談が仕事の議論やチームの判断に発展しそうになったらすぐ、Slackチャンネルなど関係者全員が参加できる場に移動する習慣をつけてもらう必要がある。

参加

　別のオフィスやリモートで働く社員が会社やチームの習慣に全面的に参加するのが難しい状況はたくさんある。電話会議で話に割り込むのが難しい、自分のタイムゾーンで深夜に行われるミーティングに参加できないなどの問題だ。

　しかし希望もある。これらの問題は誰の目にもほぼ明らかなので、チームとして改善を図れる。たとえば、電話会議でアクティブなモデレーターを指名する、異なるタイムゾーンでミーティングの時間をローテーションするなどが考えられる。

　もっとわかりにくい形で社員の参加が不十分になっている問題もあり、こちらのほうが有害な場合もある。たとえば、その場に実際にいないことで会議室の雰囲気を共有できない、あるいは同僚との気軽な食事に参加できないといったケースだ。こうした問題はとても重要だ。

　チーム全体の関係を築く意識的な手段をとるだけにとどまらず、排他的な慣行を避けるような形でチームやミーティングの規範を策定しよう。これには、文書化を重んじる組織文化を確立し、ミーティング内容の記録を各チームメンバーに奨励することが含まれる。そうすれば、タスクを達成したり、割り当てられた作業を完了したりする方法を知るために、他のタイムゾーンのチームメイトに問い合わせなければならない人がいなくなる。

　Stripeで非常に助かっているのは、いわゆる"廊下での雑談"のほとんどが、対面ではなくSlackチャンネルで行われていることだ。チャンネルの一部は交流メインで、#cats、#dogs、#cats-and-dogsなどがあるが、ほとんどはチームコミュニケーションに充てられている。ただし、Slackのデータ保存ルールには注意する必要があり、恒久的な文書にする場合は他で書く決まりになっている。

　参加、結束、コーディネーションという3つの課題のうちどれを優先するかは、リモートチームの種類による（**表9**）。

すべての課題の緩和策は同じだが、課題の質によって、よりしっかりと実施する必要がある策が異なる。

- **仲間外れをつくらないミーティング慣行の構造と規範を打ち立てる**：ミーティングの動画リンクを提供し、音響や音質に気を配る。進行管理を積極的に行い、ミーティングノートをつける
- **場を平等にする**：一部の人だけが情報を独占してしまう"廊下の雑談効果"を避けるために共有のSlackチャンネルを作成し、社内の包括的な文書化に投資する
- **直接顔を合わせる時間を確保する**：チームのニーズに合わせて、適切な頻度で対面集会の予算を取る

仲間外れをつくらないミーティング慣行の構造と規範を打ち立てる

対面のやりとりは、ある程度の期間にわたって、チームの構造的な弱さを覆い隠してくれる。ある意思決定が下されたときに関係者が全員同じ部屋にいたのなら、きちんと文書化されていなくても致命的ではない。しかし、チームメンバーのひとりが別のタイムゾーンにいて、かつ意思決定が記録されていない場合、情報の非対称が生じ、信頼が徐々に失われる。リモートチームのオーナーシップ、オペレーティング・ケイデンス、そして説明責任のしくみについて明確にし、自分が必要だと思うよりも詳しくコミュニケーションの規範を文書化しよう。

場を平等にする

チームメンバーがきちんと議論に参加してくれるかどうか心配な場合、一番重要な対策は、リモート従業員が出社組との扱いの違いを感じるような慣行を最小限に抑えることだ。リモート従業員にとってのチームミーティングと、出社組にとってのチームミーティングについて考えてみよう。

チームの誰かがミーティング招待状を送信した。オフィスからは複数名が参加するため、招待状には部屋番号を記載しているが、ビデオ会議のリンクを貼るのを忘れてしまった。リモート従業員はミーティングの主催者に連絡して、リンクか電話番号を教えてもらわなければならなかった。ミーティング前に出

第4章
コア・フレームワーク3 —— 意識的なチーム育成

表9 リモートチームのタイプと課題

リモートチームのタイプ	主な課題
大部分の社員が1カ所に集まっている中に、少数のリモート従業員がいるチーム	参加。チームの大半がリモートでない場合、最も難しいのはリモート従業員がチームの公平な一員であると感じられるように図ることだ
全体がリモート勤務のチーム	結束。真のリモートチームだが、実際にはチームというより同じマネジャーの下で働く個人からなるグループである。チームビルディングに投資し、できれば早いうちにメンバー同士が対面で会える機会をつくる。Zoomを使って、関係構築に加え細かいタスクにとどまらないワークスタイルの理解に時間をかけ、各チームメンバーの役割と説明責任を明確にする
ふたつまたは3つの異なるオフィスとリモートに分散したひとつのチーム、または離れた場所で協力する必要のあるふたつのチーム	コーディネーション。このシナリオは、協力して仕事をする必要のあるグローバルなオフィスによく見られる。各チームのメンバーは、自らが影響を受ける意思決定を確実に認識し、またそれらの意思決定に関わっていると感じられるようにすることに力を入れる
全体がリモート勤務の会社	全員が同じ立場なので、参加に関する課題はあまり目立たない。コーディネーションと結束に関する課題は免れないが、一般的に全員が互いにベストプラクティス遵守に慣れている

社組のメンバーが昼食でたまたま一緒になり、この後のミーティングの議題について話し出した。しかし、リモート従業員はそのことをまったく知らない。これでは、ミーティングが始まる前からすでに重要な文脈が抜け落ちてしまう。いざ会議が始まると、リモート従業員の自宅の近くで工事をやっていたので、マイクをミュートに設定しなければならなかった。出社している人たちが議論を始めるが、リモート従業員にはよく聞こえないので、同僚の議論を尻目に無言で座っている羽目になった。

リモート従業員は、実にさまざまな面で、社員が1カ所に集まっているチームと異なる経験をする。どれくらい条件を平等にするかは、会社の哲学による。完全な分散型企業であるAutomatticでは、たとえ複数名が同じ職場に出勤していたとしても、全員が別の場所から電話会議に参加することを求めている。そうすることで、一部の社員だけが共通の場所にいて、他の人が電話で参加する

会議を避けている。また、少なくとも1年に1回全員が対面で集まる機会を設けている。一部のチームは四半期ごとにミーティングをしている。

Stripeでは、すべてのリモート従業員が適切な形で電話会議に参加できるように、ハードウェア設定が適切かを確認している。また、些細なことや手続き的なことでも、仕事に関する議論はSlackまたはメールで進めるという規範を設けている。対面とリモートの経験には違いがあり、場合によっては有害な亀裂になりうる。その認識から、リモート従業員の環境改善が始まる。

直接顔を合わせる時間を確保する

わたしは長年、対面で過ごす時間がなくても、分散型の集団を強いチームにできると考えてきた。世界各地に社員がいるチームが効果的に動いている例はいくらでもある。でも、直接会う質の高い時間を定期的に設けることに代わる有効な手段は、まだ見つけられていない。これは次のような価値がある。

- **自然な社会的交流やつながりが生まれる。**人間は群れで行動する動物で、仕事上の関係を超えたつながりが求められる。もちろん、場所が離れていても仕事以外の話題でつながれるが、事前の計画なしに社会的交流を持ち、深い関係を培うことも大切だ。一緒に笑い、個人的な興味関心の話をして、単なるビデオ会議ではない経験を共有できるようにする必要がある
- **チームメンバーを、日常業務を超えたマインドセットへと導く。**人は日常業務のリズムにすぐに適応する。だからこそ、あまり長くそこに安住していると、オペレーティング・ケイデンスが停滞してくる。時々、全員が日常を離れて、45分から60分のミーティングでは難しい意識合わせを実現し、理解を深める必要がある

わたしは数年間にわたって、Stripeが操業するすべての国の収益部門を率いるグループをマネジメントしていた。このグループは、北米、ヨーロッパ、アジアの国と地域のリーダーで構成されていた。最初にグループを結成した頃には、四半期ごとに直接会っていた。社員はたいていサンフランシスコに集まり、職場を離れて（オフサイトで）2日間仕事をして、チーム交流イベントを少なくとも1回開催していた。サンフランシスコに出張する社員はまる1週間滞在

し、他の社員やチームとも交流する。こうして一緒に過ごす時間が、チーム内の関係と、Stripe の収益を高める戦略の両方を築くために欠かせなくなった。

初めての対面ミーティングでは、チームが成功するために対応、解決、構築するべきあらゆることをリストアップして、巨大なホワイトボード3枚が埋まった。まだ黎明期にあったマーケティング部門に力を入れるべきかについて、やたらと議論がヒートアップしたのはおかしかった。わたしは、国内の見込み顧客の引き合いにすら対応しきれていない状態ではないでしょうか、と突っ込んだ。最終的には、優先順位のつけ方の下手さと、悩みのぜいたくさに、みんなで笑った。言うまでもなく、ホワイトボードに書いたことすべてに対応するのにはかなりの時間がかかったが、一緒に時間を過ごすことで効果的な対応への基礎が築かれた。

さて、リモートチームはどのくらい頻繁に対面で顔を合わせるべきだろうか。初めてリモートチームを組んだときは、四半期に一度以上くらいの頻度で、会う計画を立てよう。しかし、しっかりとした対面のやりとりを何度か経験したら、もう少し頻度を下げても問題ない。対面で一緒に計画を立てれば、離れてからも、より速く長時間にわたって走り続けていられる。のちには半年に1回に移行しても構わないだろう。

ただし、会社が成長期にあり、チームに新たなメンバーが続々加入している間は、しばらく四半期に一度の対面ミーティングを続けることを勧めたい。世界的なパンデミックなど、対面で会えなくなる状況が発生する場合もあるが、やはり対面ミーティングは不可欠だとわたしは思っている。ただし、Stripe で実践したように、Zoom による半日間のオフサイトのような形で試行錯誤する必要もあるかもしれない。

グローバル企業になる

Google で初めての多国籍チームを率いたときに、いろいろな国で同じ仕事をするのがグローバル企業ではないということを完全に理解した。世界各地にある16のオフィスで2000人以上をマネジメントし、その年初めて月に1回以上出張した。そのとき初めて、各事業に対応する文化的差異や現地の戦略的ニー

ズを真の意味で実感することができた。また、異なるタイムゾーンで操業したり、大きな時差ボケを伴うスケジュールを扱ったりする難しさも、今までよりリアルに感じた。

　実際にさまざまな国に出張して仕事をすることから得られるインサイトを再現するのは難しいが、ここでは、国民文化の6つの次元を論じたヘールト・ホフステードの著作に目を通すことをお勧めしたい[55]。文化の違いを理解し、操業する各国で自分の会社を位置づけるための便利なガイドとなっている。

　おもしろいのは、ユーザーのニーズにはそれほど大きな違いが感じられないことだ。たとえば、インドネシアでGoogle広告の枠を買うマーケティング担当者は、カナダのマーケティング担当者と同じものを求める。しかし、ホフステードが説明するように、ビジネスのさまざまな要素を運営するやり方には重要な違いがある。また、大規模な開発者コミュニティの有無などのエコシステムの違いや、現地の競合企業、消費者の期待の違いといった地域的な要素も絡んでくる。

　会社の文化的期待と現地の規範との違いがチームに理解されるようにしよう。この点は、営業チームが顧客との関係を築くときに大切になる。自分自身で理解することとは別に、演習として役立つのは、ビジネスの文化的要素をあらためて検討し、日常業務への影響について議論すること。そして、現地の文化と会社の文化とのバランスを取るために、現地のチームにとって必要とされそうなガイダンスを提供することだ。

　Googleの仕事で初めて日本と中国に出張したときには実に多くの教訓を得た。特に夜遅くに酒を飲み交わしながら、多くの情報が共有され、ビジネスが動いているという学びは大きかった。現地の主流となっている慣行をチームに理解してもらいつつ、先方のやり方にすべて従って事業を進めるべきではないと思わせるにはどうするかを考えよう（たとえば、わたしは酒を飲むことが必須の営業スキルだとは思っていない）。

　興味深い話だが、Stripeの各国の幹部と文化比較の演習をしたときに、わたしたちは皆、Stripeが米国文化の単純な写し絵ではないと気づいた。それはそうだ。創業者はアイルランドからの移民なのだから。実のところ、Stripeは、いくつもの文化のおもしろいハイブリッドなのだ。この点に気づいて以来、わた

したちは共通のグローバル・アイデンティティを築くチャンスがあるのだと理解した。また、そのアイデンティティを、現地での期待事項に移し替えるチャンスでもある。たとえそれがあらゆる文化に共通する規範ではないとしても、だ。たとえば、一部の文化では、業務外の親睦活動が、ビジネス上の議論を進めるための場としての役割を兼ねている。Stripeでは、社員がそうした事実を理解するようには努めるが、どの程度参加するかは個々の社員に任せることを明確にしている。

リモートワーカーを増やす

グローバルな志を抱く会社、あるいはパンデミックがもたらした変化に今でも対応している会社で働いている場合は、Automattic[56]やGitLab[57]のような完全リモート企業の資料で、リモートワークにおけるベストプラクティスについて学ぼう。チームにリモートワーカーを増やす際に念頭に置くべき要素を、次にいくつか紹介する。

オペレーティング・システムの成熟度

事業運営の基本原則4「オペレーティング・システムに立ち返る」を思い出してほしい。強力なオペレーティング・システムとオペレーティング・ケイデンスを導入できていて、規範が確立され、非同期型の情報源(ミーティングの録画、優れたノートをとる慣行など)の充実にそれなりの自信があるか、あるいはこうした要素の強化に投資する意欲があるなら、リモートのチームメンバーを増やす態勢が比較的整っているといえる。

職務と役割

リモートワーカーの導入を検討しているのは、コーディネーションの多い職務だろうか。エンジニアリング、製品、デザインの職務には、多くの共同作業が必要になる。一方で、法務や財務などは比較的独立して遂行できる。リモートやハイブリッドのチームが、必要な水準のコーディネーションを効果的に管理できるように、チームユニットの構造を念入りに定めよう。たとえば、製品、

デザイン、エンジニアリング部門では、3人のリモート従業員が所属しているほうが、3人のうちふたりが同じ職場にいる場合よりコーディネーションがしやすいことがある。

マネジャーのサポート

　リモートマネジメントには、独特なスキルセットが必要だ。2014年から2016年にかけて、Stripeにはリモート従業員のマネジメントをリモートマネジャーに任せる制度があった。リモートマネジャーは通常のマネジャーよりリモート業務への共感力が高く、適切なコーディネーション、結束、参加のしくみを築けると考えられたからだ。

　今ではマネジャーへのサポートとトレーニングが充実し、リモートでないマネジャーもリモートの従業員やチームのマネジメントを担当するようになっているが、この制度の意図には今でも価値がある。実際に顔を合わせずにチームとつながるためのスキルを構築するには時間がかかる。また、意図がよく伝わるチームのシステムを設計、運営するためには、リモート業務へのかなりの共感力が求められる。

　リモートチームのマネジャーは、同じ部屋にいないメンバーの経験に共感するだけでなく、リモートワークで起こりがちな諸問題に対応するマネジメント慣行と緩和策を開発しなければならない。たとえば、チームのSlackチャンネルをつくって利用を促進し、有意義な雑談を文書化してチームのメーリングリストへの送信を求めるような方法が考えられる。また、マネジャーは対面以外で簡単な質問にいつでも答えられるようにしておくべきだ。さらに、1on1ミーティングやその他の情報共有法（たとえば、Stripeのリーダーシップ・ミーティングを紹介したときに言及したスニペットなど）を通じたチームとのつながり方について、構造化して一貫性を保つ必要がある。

経験レベル

　Stripeでは、以前にリモート勤務の経験があるリモート従業員のほうがサポートしやすいことがわかっている。これまでに学んできたように、リモートでうまく働くには調整が必要になる。したがって、仕事を学び、スキルを培い始

めたばかりの新卒の従業員には、リモートワークが特に難しい場合がある。主に経験が少ない従業員の役に立つ、リモートワークの学習曲線を強化するために提供できるようなプログラムの導入を検討しよう。

本書に一貫するテーマは、あなたの基礎に非常に自覚的であれ、ということだ。特に、分散した企業をマネジメントし、リモートのチームメンバーを増やしていく場合には、この点が重要になってくる。全員がひとつのオフィスに集まっているときには有効な手段も、距離やタイムゾーンに隔たれたチームだとうまくいかない場合がある。従業員が仕事をやり遂げ、チームや会社とのつながりを保てるようにするために必要な文書、規範、慣行を検討し、最初からシステムに組み込もう。

マネジャーとしては、チームメンバーが属するさまざまな国の文化と、分散・リモートワークの経験の特徴を理解できるように努めたい。自分自身も出張して、1週間リモートで過ごしてみて、チームマネジメントの慣行を調整することをお勧めする。

そして何よりも、リモート従業員が自身の仕事ぶりにどの程度生産性、効果、つながりを感じるかについて、会社のエンゲージメント調査をはじめとするフィードバックを求め、改善する態勢を整えよう。

パフォーマンスの低いチーム

リモートか対面かを問わず、チームの強化にあらゆる手を打ってもまだ生産性が上がらない場合がある。チームが適切なケイデンスでゴールや指標を検討していれば、問題が手に負えなくなる前に何かがおかしいことに気づき、うまくいけば根本的な問題を解決できるはずだ。しかし、チームが何週間にもわたって指標やマイルストーンを達成できないことがある。常に合理的な説明があるものの、説明の裏にもっと根深い問題が隠れているのではないかという疑いが頭から離れない。

どのように軌道修正すべきか。まず、次のような手段から取りかかってみてほしい。

深掘りの質問で根本原因を調査する

　実績が悪い理由について、あなたはおそらく何らかの仮説を抱いているだろう。関係のあるチームメンバーとの1on1ミーティングで仮説をテストし、どのような事実が出るかを確かめよう。たとえば、データのアーキテクチャに関する業務に多くの依存関係があるように見受けられたとする。チームメンバーに確認して実際にその通りだと判明したら、なぜ依存関係が多いのか、あるいはチームがボトルネックを防止するための能力やリソースを欠いているのではないか、といった点を掘り下げる。問題を起こしている個人ではなく、常にスケジュールから遅れている、あるいは脱線している一連の業務について確認すべきだ。

チームミーティングで問題に関する自由な対話の機会を設ける

　好奇心を持ってアプローチし、非難にならないようにしよう。チームに以下の質問をする。

- **ゴールに遅れているのはなぜか**：ゴールそのものが間違っている可能性も視野に入れる必要があるが、甘やかしは禁物だ
- **その原因は手に負えるか負えないか**：チームが思っているよりもなんとかなる場合が多いので、その点を強調しよう
- **業務を軌道に戻すために、今何ができるか**：アイデアを文書化し、フォローアップと軌道修正の責任を負う担当者を明確にしよう
- **本当にコントロールできない原因の場合、業務の進行にどのくらいの影響を与えるか。そうした外部要因をコントロールするためにできることは何か**：チームではあらゆる角度からの対応を検討していないかもしれない。たとえば、重要な仕事をやり遂げるために別チームの助けを得ることも考えられる

ゴールが間違っているのが問題である場合、次のステップは比較的簡単だ。

- 新しい情報を得た結果としてゴールを修正する必要があることに、チームと合意する
- チームと利害関係者の協力を得て、元のゴールと、ゴールを変えた経緯と

その理由を確実にはっきりと文書化する。この作業は信頼性の維持に不可欠だ

- ゴールの再設定とその理由について、社内で透明性を保つ。今回の件で得た教訓と、今後やり方を変える点については特に明確化しよう

チームのスキルセットやチームメンバー間の協力に問題がある場合、根本原因の仮説を引き続き立て、真の原因を発見したという信頼を築いてもらえるようなデータを探そう。チームに属する個人の問題である場合、第5章のフィードバックについての節が指針になる。ふたり以上の協力に関する問題なら、個々のメンバーとミーティングをする。最初は別々に、その後で一緒に話を聞くのが望ましい。ワークスタイルとプロセスについて、各メンバーが客観的なフィードバックを共有してくれるような対話を促進し、全員が一丸となって前進するための効果的な道を見つけよう。意識して中立の立場をとり、チームの利益のために個人が姿勢を変えなければならないことを強調しよう。プラスの変化が見られなければ、ひとりまたは両方を別のチームに異動させることを検討すべきだ。

さらに、協力スキルが劣るなど実際にパフォーマンスの問題を抱えている人がいないかも考える必要がある。フィードバックとパフォーマンス・マネジメントについて詳しくは、第5章を参照してほしい。

時には、ごく一部のメンバーの問題だと思って調べてみると、実際にはグループのさまざまな要素によってチーム環境が手に負えないほど悪化していたと判明する場合がある。これを無視してはならない。緊急で立ち向かおう。

チームメンバーとの面談を自ら実施するか、人事部門のような中立的な第三者に依頼する。360度レビュー・プロセスに似ているが、チームを対象とした面談だ。依頼した場合は、まとめを書いてもらおう。それからチームについて議論し、マイナスのトレンドと傾向に対応するための重大なセッションを持つ。それぞれのメンバーが改善点に明確にコミットするように図ろう。

摩擦の要素は、相互の自己認識の欠落から来ている（事業運営の基本原則1を参照）。性格とワークスタイルのアセスメントに立ち戻り、チームメンバーに互いの人となり、そして価値観を知ってもらうための時間を取ろう。一緒に業

務に携わっているときに使う共通の語彙をチームに伝え、チームのダイナミクスがあなた、そして会社の成功のために重要なのだと明確にしよう。

わたしの経験上、ゴールに到達できない原因は、他のチームとのひとつまたは複数の依存関係であることが多い。チームと会社が成長期にある場合は、特にこの傾向が強い。あなたのチームがプロジェクトのひとつの側面をコントロールしていても、もう半分には別のチームが必要かもしれない。すべてがコントロール下にあれば仕事もずっと楽だが、現実的にはそのようにはいかない。依存関係を予測し、他のチームと交渉し、問題が発生したら対応し、必要に応じて他チームのリーダーにもエスカレーションするのが、マネジャーとしてのあなたの役割だ。わたしはよく、マネジャーとしての仕事を、チームの行く手を阻む障害物を取り除くことだと考えている。チームの歩みを遅くしているあらゆるものが、わたしの担当だ[58]。

他のチームとの協力

マネジャーが対応する最難関の問題は、自チームの業務が他のチームの業務に依存しているため完了できない場合に起きる。したがって、こうした依存関係のリスクを軽減するのが大切だ。そのための簡単なガイドを以下で紹介する。

- **計画中に依存関係を突き止める**：それぞれのゴールについて、他のチームにどの業務をいつまでに完了してもらうかを判断する。計画を確定する前に、相手のチームと業務について話し合う。取り組む必要のある業務については、両チームの見解は9割方一致する。業務についての意見が割れる残り1割については、両チームに共通する意思決定者にエスカレーションする。最終的には、依存関係にあるチームに業務を完了してもらうか、またはゴールを会社の優先事項から外すことに決め、自チームの計画を調整することになる

- **自チームとパートナーチームが進捗の最新情報を共有するための、半定期的なチェックインを設定する**：チェックインはメール形式とし、プロジェクトに遅れが生じそうならミーティングをする方法が考えられる

- **相手チームのメンバーを巻き込む**：依存関係のあるチームの代表者にこち

第4章
コア・フレームワーク3 —— 意識的なチーム育成

らのチームミーティングに参加してもらい、逆に自チームの代表者を相手チームのミーティングに参加させると役に立つ場合がある

- **ワーキンググループを編成する**：異なるチームのメンバーで構成された一時的なワーキンググループを編成するのが合理的な場合もある（ワーキンググループとチームの違いについて詳しくは、この章の**表6**を参照）。つまり、期間を限定して、独自のゴールと指標を共有するミニチームをつくるわけだ。このワーキンググループには、進捗を管理してグループの責任を負う直接責任者を必ず配置する

リスク軽減のためにあらゆる手を打ったにもかかわらず、別のチームとの関係が行き詰まっている場合は、建設的なエスカレーションをお勧めしたい。

マネジャーそしてリーダーとしての大きな失敗について振り返った結果、わたしの弱みがわかった。わたしは独立して業務を遂行し、同僚よりも自分のチームに頼る傾向がある。また、生まれつき協力的で共感的でもある。そのため、依存関係の失敗を認めるのを手遅れになるまで避けてしまったことが、一度ならずあった。

助けを求めることは失敗ではない。実のところ、エスカレーションの道があることこそ、マネジメント構造が存在する理由のひとつだ。些細なことでもすぐにエスカレーションするようになるのはお勧めできない。無能に見える上に、同僚からも不人気になるのは言うまでもない。しかし、チームの歩みを阻む障害を取り除くためのエスカレーションを怠ったばかりに、チームが暗礁に乗り上げるのも避けたい（依存関係の解決に関しては、章末にあるQRコード先で、Stripeの障害除去プロセスについて説明している）。

最後に、事業運営の基本原則3「マネジメントとリーダーシップを区別する」に沿って、適切な戦略をとったかを振り返って評価すると役に立つ。先を見越したビジョンを身につけることで、依存関係を見つけるだけではなく、将来的にそもそも依存が必要にならないように構築できることも少なくない。たとえば、技術的アーキテクチャの変更、新たな組織構造を必要とする新戦略の導入、あるいは現在の方針を打ち消す新たな優先順位の確立などがある。

マネジメントで不確かさを乗り切る

　何かがうまくいっていないときは、誰もがそれを感じる。こうした状況で、わたしはいつも「本物の希望は明晰さと想像力を要求する」という作家レベッカ・ソルニットの言葉に頼る[59]。仕事を軌道に戻すには、マネジメント（明晰さ）とリーダーシップ（インスピレーションと想像力）を組み合わせて、チームが不確かな時期や難しい時期を乗り越えるのを後押しする必要がある。

　不確かな時期におけるチームの支え方について、わたしは次のように考えている。

透明性を（ある程度）重んじる

　チームが不確かさを感じているときは、マネジャーも同じように感じていることがほとんどだ。そのため、自分自身の不安をさらけだしてしまって、チームを不安定にしてしまうミスを犯すことがある。でも、もっとよくある失敗は、チームが直面する課題を真っ向から受け止めなかったり、万全の計画ができているふりをしたりすることだ。これでは、チームがまさにマネジャーを最も必要としている瞬間に、信頼を損なうだけである。

　わたしは、不確かな時期には、各チームに対してできるだけ心を開き、誠実に振る舞うようにしている。これは、否定的、悲観的になれということではない。むしろ、正反対の助言をしたいところだ。チームの状態をしっかりと把握して、具体的な内容はともかく変化が必要だと認識していると伝えるのは、とても大切だ。できる限り客観的になろう。「必要なことをやり遂げるために適切な人が関わっていないと思います」「期限が非現実的なことは認識しています」など単純で構わない。さらに透明性を高め、「計画の詳細はまだ策定できておらず、しばらくかかると思いますが、現在取り組んでいるところです」と伝えることもできる。何より大切なのは、現状を認め、共感し、改善の意欲を示すことだ。

ビジョンを繰り返す

　チームを常に鼓舞するのを忘れないようにしよう。これまでも、チームを導

くために、自分たちの仕事が実現する明るい未来を語ってきたはずだ。不確か
な時期が来たからといって、ビジョンが間違っているとか、道を見失っている
ことにはならない。あなたの取り組みの理由と、それがどうやって未来をよく
するのかのストーリーを、あらためて語ろう。

前進する

　直感に反するが、不確かな時期には積極的に行動することを勧めたい。うま
くいっていないときほど、完璧な計画を立案したり、過度に状況を分析したり
したくなるものだ。でも、信じてほしい。さらに状況を悪化させたくない場合、
あなたとチームにとってベストな選択は、動き出すことだ。小さな判断を下し、
小規模あるいは中規模の行動に出ることも考えられるが、何でもいいので行動
を取るだけでも有意義な場合がある。実際に取った行動とその教訓について、
オープンに伝えよう。

　Stripeがとったコロナ禍の対策は好例だ。感染が中国から全世界に広がるに
つれ、Stripeへの影響を話し合うようになった。CEOはウイルスの情報をつぶ
さに追っていて、疾病の流行が経営幹部チームや、セキュリティと信頼性を担
うエンジニアリングチームなどの重要なチームに影響を与えるのではないかと
懸念していた。入手できるデータは多くなく、詳しい方針も決まっていなかっ
たが、リスクを緩和するための対策に着手することにした。

　2020年2月、リーダーシップチームの半数と一部の重要なチームがただちに
リモート勤務を始めた。このステップを社員と共有する際に懸念されたのは、
会社が大切に思っている社員とそうでない社員のヒエラルキーを暗につくって
しまうことだった。しかし、共有しないことにも、会社をリスクにさらす懸念
があった。Stripeはまだ小さな会社だったので、一度に多くの社員が病気になっ
てしまうと事業が成り立たないおそれがあった。さらに、情報を伝えないこ
とによって不確かさも伝わる。下手をすれば、幹部は状況分析を何もやってい
ない、あるいはもっと悪いことに、幹部は何かをつかんでいるのに行動してい
ない、などと社員から思われてしまう。それ以降、わたしたちは一つひとつの
意思決定をきちんと伝達し、メールと毎日更新されるリソースページを使って
会社全体に最新情報を共有した。指針となったのは、ユーザーに尽くすこと、

そして、社員の健康と安全を最優先に考えることだった。全社員がこれらの目標を踏まえて、わたしたちの意思決定と行動を理解してくれた。

Column
危機の中のマネジメント——リード・ホフマンの場合

パンデミックの時期における危機について語るのも重要だが、より"想定内の"危機について検討するのも役に立つ（想定内の危機というのも変な表現だが）。次のインタビューでは、LinkedIn の共同創業者兼元最高責任者のリード・ホフマンが、競合他社による大きな脅威の中での会社の舵取りについて、素晴らしい事例を提供してくれている。リーダーシップとマネジメントに関するホフマンとの対話の書き起こしを、press.stripe.com/scaling-people/interviews に紹介している。

2007 年 5 月に、Facebook が Facebook Platform を立ち上げた。サードパーティの開発者が Facebook のデータを使ってアプリケーションを構築できるサービスだ。それまで、Facebook は主にソーシャル、LinkedIn はプロフェッショナルの分野に注力していたが、開発者が Facebook データにアクセスできるプラットフォームには、LinkedIn の領域に入り込むポテンシャルがあった。何人もがわたしのところへ来て、LinkedIn は死んだと言ってきた。

わたしはそこまでの確信はなかったが、その可能性があることは認めた。「よし、Facebook Platform 上でアプリケーションをつくってみて、当社の事業を揺るがすような脅威となるか試してみよう」そこでチームを結成し、8 週間で MVP（必要最小限の製品）、つまり Facebook Platform に本当に競合としての脅威があるのかを確認するための簡単な製品を構築することにした。チームは次のような目標を掲げた。

- Facebook Platform を使って、LinkedIn を脅かすような製品を構築できるかどうかを判断する。もしできるのなら、製品の開発を加速して、他社より先に有利な立場に到達できるようにする
- Facebook Platform の実際のしくみを理解し、LinkedIn が開発者向けプラットフォームを構築する際に参考になる学びがあるかどうかを把握する

第4章
コア・フレームワーク3 ── 意識的なチーム育成

短期的なゴールに向けて3つの異なるチームを割り当てて、ミーティングを毎日実施して進捗を話し合った。当社は8週間後に3種類の異なるアプリをローンチした。しかし、そのいずれも1日50人を超えるアクティブユーザーを惹きつけられなかった。営業電話をかけたほうが、まだユーザー数が増えそうだった。

もちろん、チームは当社の能力が低いだけではないかという疑問を抱いた。LinkedInに慣れすぎていて、Facebook Platform上で優れたアプリをつくる方法がわからなくなっているのではないか、というのだ。そこでFacebook Platformでの開発スキルを試そうと、3つのチームをわたし自身が運営するひとつのチームに統合した。そして、Bumper Stickersというアプリをリリースした。Facebookのプロフィールにステッカーをアップロードし、Facebookの友達のプロフィールにも同じステッカーを貼れるというアプリだ。Bumper Stickersは、Facebook Platformで3番目にアクティブなアプリに6カ月連続でランクインした。LinkedInとはまったく無関係な内容だったが、そこがポイントだ。わたしたちは、Facebook Platformを活用する十分な知識と、LinkedInの事業に対する確たる脅威にはならないという自信を得られた。

振り返って考えると、Facebook Platformのローンチはたいした危機でも何でもなかった。しかし、その自信を培うためには、すべての答えが手元にあるわけではないことを認め、答えを得るための計画を練る必要があった。

ダイバーシティとインクルージョン

マネジャーはチームのダイバーシティ、エクイティ、インクルージョン（多様性、公平性、包括性）を推進し、居心地をよくするために重要な役割を担っている。この話題に関しては多くの資料があり、わたしは専門家ではない。そこで、マネジャーとして、アライ（性的マイノリティ当事者を理解、支持する立場の人物）なりの向上を常に目指す人間として、また他の方の手本となる女性リーダーとして、ほんの少し意見を付け加えるにとどめる。

第一に、優れたチーム、そして会社は、上手な採用だけではなく、人材を育み、離職を防ぐような環境を築くことによってできあがる。ダイバーシティとインクルージョンへの取り組みは、基本的にあらゆる人にとってよりよい環境をつくるための取り組みであると、わたしは信じている。

ダイバーシティがチームのパフォーマンスにプラスの影響を与えることに関しては、説得力に満ちた研究が多くある[60]。マネジャーとして、あなたはチームの成果に責任を負う。そして、強力で多様性があり、かつ機能的にも優れたチームを築くことは、ゴールを達成する最も効果的な方法のひとつだ。均質なチームは実行力に優れる場合もあるが、一般的に考えを広げることができない。多様性のあるチームは最大の成果を得る。

ただし、卓越したパフォーマンスを実現するためには、ハーバード・ビジネススクール教授で研究者のエイミー・エドモンドソンが提唱する"心理的安全性"を備えた環境を築くための時間と投資が必要になる[61]。これは直感的にも理解できる。なぜなら、たいていの企業が取り組む問題は、1種類の経験と視点で対応するには大きすぎるからだ。チームにさまざまな経歴や意見を持つ人を増やし、多様な視点を引き出せば、より多面的に問題に取り組めるようになる。ただしこれは、すべてのチームメンバーが大切にされていると感じ、安心してチームへ全面的に参加できなければ実現しない。

ここでは主に人種とジェンダーのダイバーシティについて論じているが、多様なチームには他にも目に見えない利点がある。社会経済的な背景、教育、性的指向、ジェンダー・アイデンティティ、政治的・宗教的信条、そして生まれ育った場所や環境は、すべて多様なチームの要素である。会社が成長期にあると、チームメンバーは驚くほど互いに似てくる。全員が同じように考え、同じような高校や大学に通い、同じような課外活動を経験している。なぜか。互いに紹介し合って入社するからだ。ある程度までは、これはうまくいく。会社として優秀な人を紹介してほしいのは確かだ。しかし、採用と増員の方法がそれしかないのであれば、サイクルを注視して早めに壊す必要がある。

見えにくいダイバーシティの要素がチームに備わっているかについて、わたしが身につけた方法のひとつは、互いの人となり、経歴、ワークスタイルを知るための仕事に取り組むことだ。この章の前半で紹介したキャリアをめぐる対話にしても、オフサイトでの進行役付きチームビルディング・セッションにしても、わたしは社員が自分の情報をもっと安心してシェアできるような環境を築くことを模索している。決して強制すべきではないが、チームをどれほどよく知っているかを自問するのは重要だ。マネジャーとしては、異なる視点や考

第4章
コア・フレームワーク3 — 意識的なチーム育成

え方を部門に導入し、オープンなコミュニケーションを促し、それぞれのチームメンバーの視点とインサイトを尊重するように絶えず模索するべきだ。それが、間違いなく多様なユーザーのため、ひいてはビジネスのためにもなる。

　マネジャーは具体的に3つの領域についてダイバーシティとインクルージョンに関する影響力を行使し、それぞれに注意することで社内外の両方に機会が広く伝わるように図ることができる。

- 採用
- パフォーマンス評価、褒賞、表彰
- チーム運営

　ここでは、3つの領域のそれぞれでダイバーシティ向上に果たせるマネジャーの役割について、わたしの考えを簡単に話す。まず、取りかかる前に、あなたの国と会社で"歴史的に過小評価されているグループ"（historically underrepresented group：少数民族や性的少数者など、人口比で十分に代表されてこなかった集団）の一員と考えられる人々の経験について予習することを勧めたい。たとえば、米国で事業を営むわたしは、多様性のある職場を推進する非営利組織Coqualの刊行物である『Being Black in Corporate America』を読んだことが役立った[62]。

採用

　チームのポートフォリオを評価してみよう。どのような経歴や視点が欠けているだろうか。何がわからないかわからなければ、他のチームのマネジャーに、ミーティングにオブザーバー参加させてもらえないか頼んでみるのをお勧めしたい。チームダイナミクスがどのように違うか、自分のチームに何が欠けている可能性があるかに注目しよう。

　さまざまな候補者に多く出会えるような採用パイプラインを築き、強力で多様なパイプラインができるまで面接を始めないでおこう。あなたとまったく違う経歴と強みを持つ人を面接チームに加えるといい。その人は、あなたが理解しにくい強みを認識し、候補者を評価できるかもしれない。候補者の強みに関するあなたの直感を補完してくれて、あなたの仮定に異議を唱えてくれるよう

な面接官を見つけよう。

　企業は、あらゆる職階で多様性を促進するための万能薬として、採用に頼りすぎるきらいがある。しかし多くの場合、多様性の高いリーダーシップチームを育んで維持するというきわめて重要な取り組みは無視されている。コンサルティンググループのBCGは、自身の業界でこの点がうまくいっていないことを分析している。その成果はマネジメント層向けのコンサルティングを超え、幅広く当てはまる。

　BCGグループの研究によれば、GMAT（Graduate Management Admission Test：大学院レベルでビジネスを学ぶために必要な分析的思考力、言語能力、数学的能力を測る試験）とGPA（Grade Point Average：各科目の成績評価を点数に換算して平均した値）のスコアが似通っている若手コンサルタントの中で、過小評価グループ出身の人はそうでない人よりも同期の中での昇進が遅かった。それにはふたつの理由があるという。ひとつは帰属意識の低さ、もうひとつは職場環境でうまくやっていく難しさだ[63]。これを念頭に置くと、いったん多様性の高いチームを築いた後、マネジャーの役割はますます重要になる。鍵になるのは、チームを公平かつ包括的に運営することだ。

　結局、多様性の高いチームを構成するために投資しても、公平なプロセスとインクルーシブな環境がなければ、チームは成功できない。また、将来的に会社に多様な候補者を惹きつけられる可能性も低くなる。

パフォーマンス評価、褒賞、表彰

　公平なシステムの導入に関して特に大きなミスのいくつかは、マネジャーによる細かい戦術的なミスだ。明確な選任条件なしでプロジェクトに人を登用する、客観的なデータなしで昇進を判断する、前にも同僚だったという理由だけでチームに人を加えるなどが挙げられる。これらの行動には、想定外の悪影響が伴う。自分自身をチェックし、機会を明確に提示し、パフォーマンス測定を意思決定に組み込むための、簡潔で考え抜かれたプロセスを実施しよう。

　変化の速い環境では、多くの人が職務の任命やプロジェクトの割り当ての際に、知人を直接指名する。自分に似たスキルセットを備えた知り合いで空席を

埋めてしまう傾向がある。間違いなく効果的な採用方法ではあるが、最も賢い方法とはいえない。立候補した多くの人、さらには自ら手を挙げていなくても同様の業務でのパフォーマンスさえ見ていれば適任だとわかるような人を除外してしまう。新たな機会を明確にし、チームのプロジェクトや役割に立候補する機会を与えるようなシステムを構築しよう。立候補してくれそうな人がしてくれない場合、本人に理由を尋ね、新たな機会を模索するように促し、それを後押ししよう。

　ここでの主なゴールは、すべてのプロセスが公平だと感じられるようにすることだ。昇進させる、プロジェクトを任せる、あるいは幹部候補に指名するために最も適任な人材を評価するため、合意ある共通の方法を確立しよう。候補者を評価する明確な基準を設け（第3章を参照）、パフォーマンス・マネジメントの調整や、報酬の公平性分析といった公平性のチェックを人事プロセスに組み込もう。網羅的な監査や負担の大きいプロセスである必要はない。たとえば、採用者が医療ミスを犯していないことを確認するために、一流の病院が用いている医療チェックリストのような、わかりやすく効果的な手法を模索しよう。

チーム運営

　チームの運営においても、各自の能力を証明するための公平なチャンスを与えるべきだ。まずチームのオンボーディング・プロセスから着手し、フィードバックを求める。そして、経歴を問わずすべての新たなチームメンバーが、役職就任の1カ月後にはチームに貢献できるようにする。チーム結成後の最初の数週間を過ぎれば、議題の取りまとめ、オフサイトの企画、定例ミーティングの運営、賛否の分かれる問題に対する意思決定など、チーム内のほとんどのやりとりが、すべてのチームメンバーにとって居心地のよいチームをつくるためのチャンスになる。発言量には気を配ってほしい。チームミーティングでまったく発言していない人がいたら、意見を共有する機会を与える必要がある。マネジメントを今よりもっとインクルーシブにできる道があるはずだと考えてほしい。信頼している人に慣行を観察してもらい、さらにインクルーシブにする方法を勧めてもらおう。

さらにお勧めしたいのが、フランシス・フライとアン・モリスの共著『世界最高のリーダーシップ：「個の力」を最大化し、組織を成功に向かわせる技術』（PHP研究所、2023年）を読むことだ[64]。同書は、インクルージョンをチームや会社に組み込むための具体的なフレームワークと慣行を紹介してくれる数少ない本である。

作家のデヴィット・フォスター・ウォレスが2005年にケニオン大学で行った卒業式のスピーチは、共感と思いやりについてわたしが大きな影響を受けた文章だ[65]。その中でウォレスは言う。「本当に重要な自由とは、注意と意識と規律、そして取るに足らずセクシーでもない無数の方法で、日々他者を心から気づかい、他者への犠牲を払えることです」このスピーチはわたしたちが生まれつきの信念や前提に抵抗し、しばしば隠されている現実を認識するために戦い、常に注意を払い、意識を研ぎ澄ますことを呼びかける。それこそが、インクルージョンに必要なことだ。

最後に、わたしは多様なチームを築き、互いの違いを理解し、他者の経験——特に、歴史的に過小評価されているグループの当事者の経験——を非当事者が知ることはできないという事実に敏感であるべきだと信じているが、同時に共通の資質と夢を中心に団結したチームも信じている。リーダーは多様なチームメンバーを迎え入れてさまざまな価値観を理解しながら、わたしたち全員が持つ人間としての経験、愛と尊敬への願いを認識し、共通のビジョンを中心にチームを団結へと導かなければならない。楽観的すぎるように聞こえるかもしれないが、二極化が進み格差が広がる世の中にあって共通のビジョンをつくることに真の価値があると、わたしは考えている。そのビジョンを育むことに注力してほしい。

同様の原則が、クロエ・ヴァルダリーの著作からも見てとれる。米国の作家兼起業家で、社交、情操、そしてダイバーシティとインクルージョンに関する教育を推進している人物だ[66]。ヴァルダリーは、次のような教えからなる"Theory of Enchantment（魅力の理論）"を開発した。

- 人を政治的な抽象概念ではなく、人間として扱う
- 論破、破壊のためではなく、人を高め、力を与えるために批判する
- 何をするにも、根っこに愛と共感を据える

マネジャーにとっても大切な教えだ。採用し、チームメンバー全員が共有するビジョンをつくろう。ゴールを設定し、進捗を測り、自分自身と他のリーダーに対して責任を持つ。これは、多様なチームのためだけではなく、各マネジャーがつくり出すチーム環境のためでもある。チェックリストを埋めるためではない。会社の基礎を固め、チームを強化し、よりよい結果を出すためだ。

チームのコミュニケーション

リーダーシップとマネジメントについて考えると、この章の前半で紹介したビジネススクールの恩師、シガル・バーセイドの声が聞こえてくる。チェンジマネジメントについての講義で、このように言っていた。「コミュニケーション、コミュニケーション、そしてコミュニケーションだ」

チームに向けたわたしのアドバイスの多くも、コミュニケーションに行きつく。期待値をうまく設定する、同じ情報をみんなと共有する、隠さずにアイデアを交換できる環境をつくる……マネジャーの仕事の大部分は、1on1ミーティングにしても、チーム、部門、会社との関係にしても、コミュニケーションの問題に戻ってくる。会社の社内コミュニケーションへのアプローチを理解することで、その上に自分流のやり方を載せられるようにするのは重要だ。

第2章で論じたように、社内コミュニケーションは信頼を築くしくみである。チームのミーティングノートや意思決定を共有することで、そして不確かさの中でも伝えるのをやめないことで、この信頼を強化する。

チームについて考える中で（成長中の場合には特に）、チームメンバーが情報を得るための公式と非公式の手段をマッピングすることを検討してみよう。事業拡大すればするほど、公式の情報共有が必要になってくる。会社にとってもチームにとっても、そうだ。そうしないと、情報入手のタイミングがばらばらになってしまい、政治力と人間関係がなければ何もやり遂げられないと思われてしまうかもしれない。

マネジャーあるいはリーダーとして、あなたは会社の平均的な従業員よりもずっと多くのことを内々で知っているはずだ。関連情報を部下に与えるのを怠

ると、部下は仕事に必要となる重要な背景情報を知らないことになる。そこで、チームミーティングのアジェンダに"伝達事項"を入れて、必要とするものを共有することを勧めたい（通常、この情報はあなたのマネジャーから来るだろう）。伝達事項には最新情報のほか、リーダーからのメールや全社集会のスピーチで届けられた会社のメッセージの解説なども考えられる。

　もちろん、共有すべき内容は絶えず判断し、情報提供の枠組みの決め方もじっくり考えなければならない。Googleのシェリル・サンドバーグとスタッフミーティングで一緒になると、よく情報を教えてくれた後で、「この情報については、こう考えるべきだと思います」などと言い、リーダーの意思決定やアクションの背景理解を助けてくれた。あなたのチームも、あなたの見解と（業務に影響が出そうな情報については特に重要）、会社の重要な意思決定やニュースについて話し合い、質問をする機会を得られることに感謝してくれるだろう。

　もうひとつ検討する価値のある慣行は、チーム用のスニペット文書をつくっておいて各チームメンバーに毎週記入してもらうことだ。そうすれば、最新情報の共有でミーティングの時間を使わなくても、各チームメンバーの取り組みと重要な仕事の状況を全員が入手できる。さらに大きなチームや部門を率いている場合は、週1回あるいは月1回のペースで、チームメンバーとの情報共有ミーティングを検討してみてほしい。この時間を使ってゴールと優先事項を再確認し、業績を祝い、課題について議論し、アイデアを募る。何よりも、あなたが率いるチームの結束をキープするために活用する。個人的なエピソードや写真も、怖がらずにシェアしよう。

　最後に、他の人に何を伝えるべきかを考えながら毎日を締めくくるようにしてみよう。Stripeでの最初の6年間は、メンロパークに住み、サンフランシスコのオフィスに通勤していた。家に帰るまでの時間はだいたい45分から60分だったが、その日に学んだことをじっくり振り返り、部門の社員にとって必要な情報を検討し、運転の合間にチャットやメールで個人やチームにシェアするための完璧な時間だった。

　あなたにとって一番うまくいくコミュニケーション手段を見つけ、一貫して実践しよう。

第 4 章
コア・フレームワーク3 —— 意識的なチーム育成

＊QRコードをスキャンすると、印刷可能な
　演習とテンプレートをダウンロードできる。

第 **5** 章

コア・フレームワーク4
フィードバックとパフォーマンスのしくみづくり

Core Framework 4
Feedback and
Performance Mechanisms

マネジメントとは繰り返されるプロセスだ。学んで、前進する。そして互いの経験から学ぼうとする。でも、普通はたゆまぬ練習の積み重ねが必要で、簡単に実践できるようなものではない。

わたしの観察では、マネジャーはだいたい"過干渉コーチ"から"放任コーチ"までのどこかに収まる。"過干渉コーチ"は相手の日常業務にまで首を突っ込み、延々とフィードバックし続ける。"放任コーチ"の場合、部下に要求する結果は明快だが、その結果を達成するための支援法についてははっきりとした考えがない。この2タイプを両極とすると、たいていのマネジャーは、この両者の間のどこかに位置しているようだ。

わたしの経験では、フィードバックまでに時間をかけすぎるマネジャーが多い。成果についての正式な話し合いの場につくか、あるいは直属の部下から個別にフィードバックを求められたり、助けを求められたりするまで何もしないのだ。おそらく、コーチングにはリスクが伴うからだと思う。他人の仕事やスキルに対して判断（ジャッジメント）を下さなければならないからだ。

あるエグゼクティブコーチは「フィードバックは贈り物だ」と言った。少々言いすぎのような気がしないでもないが、わたしもマネジャーの姿勢にはサービスの要素が求められると思う。部下が担当する全業務の専門家でなくても、あなたの役割は部下たちが成長できるように手助けすることだ。そのためには、部下の得意分野と改善点を観察して伝える必要がある。

わたしがマネジャーから受けた最高のコーチングを紹介しよう。ビジネススクール修了後に入社したコンサルティング企業のパートナー、ポール・バスコバートのコーチングだ。ポールは直属のマネジャーではなかったが、わたしがチームメンバーとして所属した大半のプロジェクトに深く関わっていた。あるプロジェクトでわたしは最終的にチームを率いて営業を支援したのだが、ポールはそこでのキーパートナーだった。元々はエンジニアとしての訓練を受けていたポールは、現実的な率直さを備えていた。多くのエンジニアに共通しているその率直さはとてもありがたかったこともあるし、あまり助けにならないこともあった。あるとき、クライアントのために準備していたプレゼンの草稿をポールに渡したところ、ポールは表紙に「もっと考えなさい」と書いて返してよこした。細かいフィードバックはなく、単にハードルが上がっただけだった。

第5章
コア・フレームワーク4 — フィードバックとパフォーマンスのしくみづくり

　ポールが最高といえるコーチングをしてくれたのは、わたしがプロジェクトを率い始めてまもないころのことだった。ご多分に漏れず、わたしは自分とチームの実力を証明しようとしてやっきになっていた。クライアントのエグゼクティブスポンサーとのミーティングに備えてリハーサルをしていたときのことだった。わたしたちのチームはポールに、プロジェクトの目的と作業の流れについてプレゼンした。いや、実のところ、わたしがひとりでプレゼンをした。リハーサルはうまくいったが、セッションの後にポールのオフィスに呼ばれた。話があるという。良いスタートを切ったことを褒めて建設的なコメントをしてくれるだろうと期待した。しかし、ポールはこう切り出した。「感想は？」

　わたしは戸惑い、こう返した。「準備はできていると思いますが、どうでしょうか」ポールの返事はこうだった。「テレサは何を考えていたと思う？」テレサは、プロジェクトチームで職位が一番低いメンバーだ（ちなみにテレサとは仮名である。ここではチームメンバー全員を仮名にした）。わたしは答えに詰まる。ポールは続けた。「まあいいよ。マイクはどうだろう？」マイクは技術メンバーで、プロジェクトの主な要素の責任を担っている。やはり答えられない。こうしてしばらくの間、ポールはメンバーのそれぞれが、このミーティングで何を感じたと思うかを問い続けた。ようやく、ポールは自分の考えを言った。「テレサは君に自分の仕事を評価してもらいたいと思っていた。マイクは自分の作業の流れを自分でプレゼンしたいと思っていたんじゃないかな。君がプレゼンするんじゃなくて」

　このときのことはずっと忘れないだろう。ポールのコーチングはプレゼンの内容についてではなく、わたしがチームに求められるリーダー、つまりメンバーを褒め、メンバーに仕事を共有してもらえるリーダーになることができていないという指摘だった。メンバーの貢献を認めず、わたし自身が一番おいしい仕事を全部取っていて、どうしてチームに支えてもらい、リーダーとしての信頼を得られるというのだろう。

　さまざまな組織で過ごした若手時代、わたしは正式なパフォーマンス・レビューを受けたことがなかったものの、このときと同じような教訓を得る機会がたびたびあった。1998年に、州知事選の選挙事務所副所長を務めていたときのことだった。ある大きな問題に気づいたわたしは、報告しようとマネジャーの

ところに行った。話を聞いたマネジャーは、皮肉っぽく言った。「それで、誰も今までこの問題に気づかなかったわけかい？」わたしは問題の報告だけして、解決策の提案については何も用意していなかったのだ！

　その何年か後、Googleで初めて体験した正式なパフォーマンス・レビューは衝撃的だった。それまでのフィードバックのおかげで自分の改善点は把握していたので、どのような取り組みが必要と指摘されるか察知していた。けれども、そのレビューは経験したことがないものだった。確かに、政界とコンサルティング業界で、重要な仕事を任せてもらったり、昇進させてもらったりしたことはこれまでにもあったが、「本当に才能がありますね」と言われたことはなかった。けれども時には（特に期間が長大でハードな仕事の場合は）、正式なプロセスでそのように評価してもらうことが必要なのだ。だからわたしは、通常のコーチングと正式なパフォーマンス・レビューの両方が必要だと提唱している。

　パフォーマンス・レビューの前に、非公式なフィードバックとコーチングについての話をしよう。

　ビジネスをスポーツにたとえるのにはうんざりしている人も多いかもしれない。気持ちはわかる。でも、わたしは野球コーチの娘なのである。父の本業は教師で、たまたま野球部の監督を務めていただけなのだが、コーチとしてのアイデンティティを大切にした人だった。その影響でわたしもスポーツ観戦に親しんで育った。スポーツならどんな場面でも観ていたいわけではないが、コーチの姿と、選手個人の力が真のチームへと集結していく様子を見るのは実に楽しい。スポーツ観戦は、極限の緊張の中で何が起こるか見られる数少ない機会だ。ぜひ、このような瞬間に注目してほしいと思う。

　第4章で、わたしはマイケル・ルイスがビル・パーセルズについて書いた記事を取り上げた。ルイスはこう言っている。「それは根本的な"何か"——プレッシャー下にある選手を捉える、謎の"何か"である。そして、根本的な何かこそがこの年老いたコーチの興味をかきたてているのだ」[67] コーチとしてのわたしは確実に年を重ねているが、人が持っているこの"何か"を解明しようとする取り組みに飽きることは決してないだろう。

仮説を基にしたコーチング

　わたしが勧めるコーチング方法のひとつに、直感に基づくコーチングがある。直感という言葉は、あまり良い印象を持たれていないのではないだろうか。あやふやだとか、データに基づいていないと思う人もいるようだ。直感の根拠をはっきりとは把握するのは難しいかもしれないが、次のように考えてみたらどうだろう。直感とはつまり仮説であると。ある現象を何回か目にしたら、こう考える。「この現象にはもしかしたらパターンがあるのではないか」そして科学者のように、自分の理論を試す手段を考えて、さらにデータを収集する。

　マネジャーは、自分の仮説を部下と共有するのをためらうことが多い。仮説を共有すると、部下に対して否定的な判断を下しているように取られ、問題あるマネジメントだと受け止められないかと考えるからだ。

　しかし、適切な判断を下すのはマネジャーの仕事なのだ！　それはビジネス上の意思決定を下すのに似ている。リーダーたちは、特定のビジネスニーズの評価を基に戦略を立案し、後でその戦略が適切だったかどうかをユーザーインタビュー、データ、製品テストの実施、市場の観察などによって確認する。人が相手でも同じことだ。あるニーズを観察したら、そのニーズの根本原因や考えられる解決策についての仮説を立てて、その仮説をテストする。時にはその人物と一緒に作業してもいいかもしれない。

　コーチングに関していうと、多くのマネジャーは、事業運営の基本原則2「言いにくいことを伝える」を安心してできるようになる必要があると思う。相手にしっかりと寄り添い、相手の視点から物を見て、観察結果と成長に役立つ仮説を伝えれば、相手はあなたを自分の成功に力を注いでくれた、理想のパートナーだと見なしてくれるだろう。仮説を基にしたコーチングとは、観察結果を基に、まだ完全には確信が持てない考えを言葉にすることだ。このようなコーチングを実施すれば、自らの成長を支援してくれる味方だと感じてもらえるようになる。

　部下と仮説を共有することは、最初は奇妙に思われるかもしれないが、このアプローチをマネジメントのスタイルに組み込めば、パフォーマンスについて

の話し合いの解像度を上げられる。さらに、部下と一緒に、課題の根本原因についてあなたの勘が正しいかどうかを検討するとよいだろう。時には直感が間違っている場合もあるが、その結果自体がデータポイントである。はじめはあなたと部下のどちらにとってもはっきりしていなかったインサイトが、最終的に部下の役に立つこともよくある。

　速やかに行動するには、パフォーマンスについて観察、データ収集と長いプロセスを踏んでから結論を出すより、直感に基づくコーチングの方が役に立つことがある。帰納法でなく演繹法で推理するようなものだ。ある仮定を設定し、部下と話し合おう。改善すべき領域を特定するのが早いほど、早く変わり始められる。

　第4章で説明したキャリアをめぐる対話は、部下に対する仮説を立てるための良い機会になる。時には、会話の中で部下が自発的にキャリアについて話すこともある。ある部下がとったキャリア上の選択について詳しく尋ねたときに、こう言われたことがある。「わたしは非常にやっかいでリスクの高い問題に惹かれる傾向があり、時にはそうした問題の解決にのめり込みすぎることもあるんです」これは単なるデータポイントではなく、改善が必要な領域に関する、部下自身の仮説でもある。その仮説は保存しておき、問題のある傾向を最小限にする方法についてコーチングする際にもう一度持ち出そう。この部下なら、リスクの高い問題を引き受けてしまうということではなく、何かを解決することに没頭してしまい、より大局的な目標に悪影響が出ているという問題だ。

　直感を基にしたコーチングは3つのステップがある。共有するべきインサイトを入手するか、部下の強みや改善について明確な結論に到達するまで、このステップを複数回繰り返さなければならない場合もある。

- **データを収集する**：あなたは自覚しているよりたくさんのデータを持っており、考えているよりは少ないデータで事足りる
- **仮説を立てる**：部下を観察し、部下の強みと弱みに関する感覚を発達させよう
- **仮説をテストする**：テストの際には厳正さを保ち、防衛的にならないようにしよう

第5章
コア・フレームワーク4 ── フィードバックとパフォーマンスのしくみづくり

先ほどの例では、問題解決にのめり込みすぎる傾向があるという見解がデータポイントだった。次に、プロジェクトの特定の問題点に細かくこだわりすぎるという部下の申告を、自分の目で観察してみよう。部下は木を見て森を見ない状態になっており、もっと大局的な目標に注意を向けるべきで、80対20の法則を取り入れるべきだという仮説が立てられるかもしれない。おそらく、問題の根本の20％を理解すれば、前に進むのに必要な要素の80％を理解できるだろう、と考えるわけだ。テストとして、似たような別のプロジェクトをその部下に任せてもいいかもしれない。あるいは、問題があると確信しているのなら（この場合はそう確信してよいだろう。なぜなら、懸念しているのが部下本人なのだから）、観察結果について部下と話し合い、のめり込みすぎる傾向を解消するために、何ができるのかを話し合うとよい。

では、それぞれのステップについて詳しく見ていこう。

データを収集する

アニカ（仮名）というシニアリーダーが、自分の部下であるソニヤ（仮名）の問題についてわたしに手助けを求めてきた。ソニヤは昇進して、ある部門をマネジメントするようになったばかりなのだが、ソニヤ配下の複数のマネジャーの成績が振るわないという。アニカはソニヤ直下3人からフィードバックを集めたが、わずか3つというデータポイントで自分が介入すべきかどうか不安に思っていた。

話し合う中で、アニカは実は自分が考えているより豊富なデータポイントを持っているのではないかとわたしは指摘した。アニカは3人それぞれの職務を知っていたし、個人的に彼らと仕事をしたことがあった。3人の仕事のスタイル、志向、強み、弱みについての背景情報を持っていた。また、ソニヤの業務の背景情報も把握していた。ソニヤは今や、マネジャーのマネジャーのマネジャーのマネジメントをしているのだ。しかも、世界的なパンデミック中でソニヤの責務はあいまいになっていた上に、年間計画の修正に伴って何度も変更されていた。"仕事の進め方"がひとつだけの会社でマネジャーを務めていたのに、その会社の"仕事の進め方"が突然切り替わったら、リーダーとしてのアプローチを変えざるを得なくなる。ソニヤの仕事のスタイルは元々部下を見守

り、支援するというものだった。このスタイルは、組織が成長と拡大の段階にある場合には適しているのだが、危機的な状況の中ではもっと明確で直接的なリーダーシップが求められていたのだ。

視点を広げてみた結果は次の通りだ。この状況を検討し、人員、部門、より広範な背景情報について把握したアニカは、自分が持っているデータポイントは3つだけではなく、10か15はあるということに気がついた。それは仮説を立てて、コーチングを開始するのに十分すぎる情報だった。

仮説を立てる

部下の観察結果を基に、その人物の強みと弱みに対する理解を深めて、話し合うべき課題があるか検討しよう。

時には部下とそのパフォーマンスについて、早い段階で評価が浮かぶことがある。その仮説をたたき台としてためらわずに使ってみよう。たとえば、アニカを助けるには、アニカがソニヤの職場から集めたフィードバックに目を通す。ソニヤがビジネス書でいうところの"平時のリーダー"のように仕事をしている、という仮説に基づくと、多数のデータポイントから共通点が見えてくる。ソニヤはチームのコンサルタントとしてはとても優れており、部下に対して意思決定を促せる。しかし、パンデミック下でマネジャーのマネジャーになったからには、ソニヤは"戦時の"リーダーになる必要がある[68]。つまり、ソニヤはより明確に、断固として方向性を示さなければならないのだ。職場からのフィードバックによると、ソニヤはチームからもっとはっきりとした態度を取って安心させてほしいと思われていることがわかった。

この形式のコーチングを始めたばかりのときは、直感を信じるのにしばらく時間がかかるだろう。仮説を立てるのに苦労したり、集めたデータからの結論が矛盾したりしていることがあるかもしれない。このような場合は、データ収集にもっと時間をかけてから仮説を立てよう。次第に、データ収集をさらに続けるべきか、仮説をテストする時期なのかを把握できるようになるはずだ。この形式のコーチングを3〜6カ月続けた後で、大半の仮説が正しいという状態になれば、マネジャーとしての直感は十分に育っているといえるだろう。評価が誤っていることが多いようなら、データ収集のフェーズにもっと時間をか

け、職場からのフィードバックと結果をさらに活用する必要がある。また、おそらく部下と過ごす時間を増やす必要もあるだろう。

仮説をテストする

　自分の仮説をテストするのに最適な方法は、その仮説を部下と直接共有することである。このテストでは、事実を述べているのではなく、部下の働き方についての見解を提示しているのだと確認しておくようにする。部下にはこう言おう。「わたしの仮説をテストします。今から言うことが、あなたに当てはまっているかどうか教えてください」仮説は部下の行動の観察結果と、その行動が仕事に与えている影響であり、部下の人格に対する判断ではないと説明する。

　たとえば、「あなたはコミュニケーションが下手ですね」とは言わないようにする（得手不得手は事実かもしれないが）。その代わりに次のように伝えたほうが効果的である。「わたしの見立てでは、あなたは重要な情報を適切な関係者に効果的に提供できていないようです。たとえば、最近のビジネスレビューでは、CMO（最高マーケティング責任者）があなたの計画についてあまり理解できていなかったように思います。あなたは気づきましたか？」もちろん、必ず次のようにフォローする。「違うアプローチは考えられますか？　わたしに何か手伝えることがあれば言ってくださいね」自分の勘を観察結果や理論として提示することで、相手の人格に対する判断を下さずに、その人の行動が仕事の成果に影響を与えていることを説明できる。

　幸いにも部下が強固な自己認識力を持っている場合は、仮説のテストがやりやすくなる。観察結果を聞かせると、人によっては自己認識と観察結果の整合性を容易に検討できる。しかし、そうした評価を簡単にできない人もいる。フィードバックに対する部下の反応を記録しておき、部下の自己認識と、あなたとチームによる観察結果を比較する。部下の自己認識が常にあなたや他の人による観察結果と違っている場合は、仮説のテストのためにもっとデータを集めなければならない。そうした違いのことを、わたしは"自己認識力のギャップ"と呼んでいる。このギャップがある場合は、より多くの詳細情報とデータを使って本人に説明する必要がある。たとえば、ある部下がチームと効果的にコミュニケーションを取れていないと懸念しているのなら、チームミーティングや

タウンホール・ミーティング（経営幹部と従業員が直接対話するミーティング）に参加してみて、インサイトを増やすことをお勧めする。

　とても才能ある人物のケースがあった。この人は、会社のためにチームの構築を支援したのだが、自己認識力のギャップが原因で、結局チームを率いる立場に昇進できなかったのだ。職務のある面については非常に秀でていたが、大きな弱みもいくつか持っていた。大局的な戦略の立案や伝達、協力的な関係性の構築が苦手だったのだ。改善の必要性について何度もフィードバックを受けたが、その人は耳を貸さなかったか、内容を信じなかったようだった。有能ではあったので、上司であるマネジャーがリーダーの機会を与え、本人が改善点を克服し、強みを発揮できるかどうかを観察した。しかし、プロジェクトは成功しなかった。その人は、自分がスキル改善に取り組むのを怠ったためにプロジェクトに影響があったと認めることなく退職してしまった。

　覚えておいてほしい。マネジャーとしてのあなたの仕事は、観察して、機会を与えることだ。部下の仕事は、話を聞き、行動を決意することだ。ただ、どちらも強制することはできない。この例では、マネジャーはわたしがベストプラクティスだと考えている戦術を利用していた。昇進させる前に、その人物が適任かどうかを確かめるため、昇進後に担当することになる職務の一部を遂行してもらい、至らない点を認識しているかどうかを確認したのだ。この例ではうまくいかなかったが、たいていの場合は有効な戦略である。

厳しいフィードバックをする

　部下に対して建設的なフィードバックをして、改善する領域について伝えなければ、と直感することがよくあると思う。建設的なフィードバックには相手の感情を傷つけるリスクがあるので、負担を感じる場合があるだろう。当然ながら、このような会話では、恥、悲しみ、失望、恐れなどの強い感情が生まれる可能性がある。会話の内容を適切に組み立てておけば、防衛的な反応を回避し、自分は相手の成功に尽力する協力者なのだと伝えることができるだろう。

講師ではなく、探検家として行動する

　ミーティングについては、対処が必要な悪い話を部下に伝える場と考えるのではなく、パートナー関係を築くための機会にしよう。ふたりで一緒に探検していると考えれば、あなたは探検家であって講師ではないということになる。

　難しいことかもしれないが、結局は、仮説を立て、問題がある証拠を集めたあなたがこの話を始めるしかないのだ。また、あなたには、問題を解決する素晴らしい方法についてのアイデアがあるかもしれない。しかし、あなたと部下の双方が合意する前に解決策を提示してしまうと、部下の気持ちが離れてしまう可能性が高くなる。今起こっている問題について、まず、あなたと部下の認識が同じであることを確認しよう。次に、お互いに歩み寄りながら、改善のための土台をつくっていく。人は他人の過ちについて知るのではなく、自分の誤りから学ばなければならないことが多い。同様に、人は第三者の観察から指摘されるよりも、自ら変化の必要性を悟り、改善方法を考え出すほうが、うまく成長できることが多い。

　あなたのゴールは、部下があなたと一緒に問題について考え、解決策を探し始めるようにすることだ。この状態を達成するにはふたつの方法がある。オープンエンド形式の質問をするか、共感を込めて観察結果を共有するかだ。こうすることで、部下は状況に関心を抱き、協力的な気持ちになるため、ミーティングが失敗する確率が低くなる。このように話を組み立てれば、あなたと部下は、猜疑心があったり視点が異なっている状態ではなく、両者の間に信頼と理解がある状態から会話を始められるので、解決策を速やかに導き出せる。

　このふたつの方法によって、建設的なフィードバックを始める例を見てみよう。ここでは、部下の週次ミーティングでのプレゼンがいまいちだった場合、あるいはこの四半期の業績がいただけない場合について考えてみる。

選択肢 1：オープンエンド形式の質問をする

　まず、「昨日のプレゼンはどうでしたか？」とか「この四半期の状況はどうですか？」と聞いてみる。どちらも、中立的なオープンエンド形式の質問の良い例だ。悪い例は、「昨日のミーティングではもっとうまくやれたのではないです

か？」とか「あなたも、この四半期は想定したほどうまくいっていないと思いますか？」というような質問だ。

　最悪なのは、完全なクローズド形式、つまり相手が「はい」か「いいえ」でしか答えることのできない質問だ。このような質問をしてしまうと、あなたが状況についてすでに判断を下している、つまり「あなたのプレゼンは失敗でしたね」と思っていると伝わってしまい、会話がうまくいかなくなってしまう。

　一方、オープンエンド形式の質問であれば、対話が始まり、部下は自分で考察を始めることができるようになる。こうした質問では具体的な答えは想定されておらず、あなたが部下に関心を寄せていて、考えられる回答を一緒に探っていきたいと思っているということが相手に伝わる。

　部下からは、「もっと準備をしておけばよかったと思います」とか「この四半期はこれまで最善の状態ではありませんでした」というような、問題を認める答えが返ってくるかもしれない。その場合は、あなたと部下は共通の理解の下で、一緒に根本原因を把握し、改善のためのアイデアを検討できるようになる。

　しかし、部下から「プレゼンはとてもうまくいったと思います！」とか「問題ありません」という、あなたの懸念を否定する答えが返ってくる場合もある。その場合は、選択肢2を試してみよう。

選択肢2：共感を込めて観察結果を共有する

　共感とともに観察した結果を共有すれば、協力的に事実を基に話し合い、部下と一緒に解決策に取り組めるようになる。繰り返しになるが、判断を下すのではなく、中立的な観察結果として提示しよう。部下に次のように伝えてみよう。「あなたのプレゼンについて考えてみました。滑り出しは上々でしたね。でも、最後はもっと影響を与える内容にできたのではないかと思います。あなたはどう思いますか？」部下からより詳しく聞かれたら、「たとえば、終わりに向かうにつれてポイントが不明瞭になっていったようです」というように答えてみる。また、納期に問題がある場合は、「あなたが最近担当した2件のプロジェクトは、どちらも締め切りを2週間過ぎてしまいましたね。何かわたしにできることはありますか？　こちらで把握しておくべきことはありませんか？」というように尋ねてみる。

第5章
コア・フレームワーク4 —— フィードバックとパフォーマンスのしくみづくり

　観察結果は支援の気持ちがこもった、客観的かつ具体的な内容にして、感情的、一般的なものにしないようにする。感情的かつ一般的な観察結果の例は、「最近、プレゼンの質が落ちていませんか」とか「ここしばらくは、いろいろうまくいっていないんじゃないですか」というようなものだ。一般的な例や一方的な判断は相手を困惑させるが、具体的で共感の気持ちを込めた観察結果は対話のきっかけになる。

　観察結果を共有したら、その内容に責任を持とう。相手の状況を決めつけようとしているわけではなく、こちらから見た状況を相手と共有しようとしているのだとわかってもらうようにする。以前、ある人に次のように言われた。「フィードバックとは、鏡を掲げて自分が見ているものを説明するのに似ています」あなたは、実際の状況を説明するのではなく、あなたが相手をどのように見ているのかを説明する。それが事実である場合も、事実ではない場合もあるだろう。あくまで自分の視点であることを責任を持って伝え、部下に会話に参加してもらおう。部下が「まったくその通りです」というような反応をしなくても、観察結果はディスカッションを始めるための中立的なきっかけだ。あなたは単に観察結果を伝えているだけであり、同意するよう部下に求めているわけではない。

　共感の気持ちを込めた観察結果を直接伝えてうまくいかなかった場合は、選択肢1を何回か繰り返し、オープンエンド形式の質問をしてみよう。それでも部下の答えが「プレゼンはうまく行きました！」と答える場合は、次のように、自分なりの答えを伝えてみる。「なるほど。わたしの印象だと、やや問題があったと思います。たとえば……」改善すべき領域について共通の理解を得られるまでには、このやりとりを何回か繰り返す必要があるかもしれないが、たいていの場合は共通理解に達するだろう。人はあなたが思うよりも、自分についてよくわかっているものだ。

　ただ、もしその人に自覚がなく、データを追加で提示しても自己認識力のギャップの解消に役立たない場合は、対応を変えなければならない（この件については、この章の「ローパフォーマーをマネジメントする」で詳しく取り上げる）。自己認識力が不足している人のパフォーマンスが悪いとは限らないが、そのような人の能力を、コーチングを通じて役割に合うようにスケールアップ

するのは難しいか、不可能かもしれない。そのため、パフォーマンスは最終的に悪くなることが多いのだ。

> 「わたしは互いに反対意見を述べられる状態がとても好きなのですが、その環境をつくるのは自分です。ビジネスでは、残酷なまでに正直にならなければなりません。しかし、残酷なまでに正直になれるようにするには、企業文化が残酷であってはならないのです」
>
> ——ドン・ホール、Hallmarkエグゼクティブチェアマン、元CEO

非公式なフィードバックの文化を生み出す

　往々にして、会社は正式なレビュー・プロセスには労力を割くが、非公式なフィードバックの文化、つまり、日常業務の中で同僚や部下を助けるために行われる1回限りのアドバイスや観察については取り上げないことが多い。

　わたしがStripeに入社した当時、この会社には他人の仕事について積極的に（時には積極的すぎるくらい）コメントするという文化があり、仕事のあらゆる面でコメントするのに十分な透明性が確保されていた。「積極的すぎる」といったのは、フィードバックの多くが非常に直接的で、テキストでのコメントやSlackのメッセージといった形で提供され、新人にとってはぶしつけで、少々恐ろしく感じられることもあったからだ。会社がスケールアップし、ひとりの仕事量が増えていくと同時に、他の人にコメントする時間は少なくなった。しかし、ある慣行は消えなかった。Stripeの基本原則である"ユーザー・ファースト"の表現の一形態でもあるのだが、何らかのコンテンツを大きなグループ、全社、または外部に公開する前に、フィードバックのために小規模のグループでテストするという原則だ。このテストの大半は、CEOとプレジデント、つまり共同創業者たちによって行われ、リーダーから全社員に手本を示す形になっ

第5章
コア・フレームワーク4 —— フィードバックとパフォーマンスのしくみづくり

ている。この慣行では、発信したコンテンツの読者が内容を吸収するためにかける時間を尊重することで、謙遜、コラボレーションの価値観を伝える。

一方、Stripeが不得意なのは、双方向の非公式のフィードバックだ。社員が頻繁に声を上げ、特に求められなくても建設的な意見を言えるような完全にオープンな文化をつくってこなかった。

これは、リーダーの手本が不足していたこと、Stripeの成長が早かったこと、新しいメンバーにはフィードバックを共有する自信がなかったこと、それから、おそらく互いに対する寛容さと思いやりを重視していたことが原因だったのではないかと思っている（繰り返すが、わたしはフィードバックを思いやりだと捉えている。でも、そう思わない人もいる）。原因は何であれ、わたしたちは非公式のフィードバックに取り組まなければならない。

フィードバックの文化を検討する時間を取れば、会社には十分な見返りがある。フィードバックの文化が欠けていたら、最終的に変化を起こすのはリーダーの役割だ。この投資には価値がある。非公式なフィードバックのための高度な能力を会社が育成しなければ、正式なレビュー・プロセスがとても不安定に感じられてしまうおそれがある。社員たちは、自分の立場がわからないまま進まなければならない。

健全なフィードバックの文化を築くには、チームミーティングと1on1ミーティングの両方で、行動をモデル化する必要がある。すでに述べたように、「公式に褒め、非公式に批判する」というのは有効な経験則だ。この経験則はおおむね正しい。個人に対する場合は特にそうだ。ただし、わたしはチームと個人のフィードバックは別物だと思っている。チームのパフォーマンスに対するフィードバックはデータに基づいている必要があり、また、現状に対する誠実な評価として提示できる。そうしたフィードバックを重ねることで、チームは、直前の四半期に良い成績を上げたか、プロジェクトがうまくいっているかについて、あなたが誠実に伝えてくれると期待するようになるはずだ。フィードバックを正式に伝え、自分が把握したすべての情報と、改善のためにチームができることに集中することが、学びとオープンなフィードバックのための環境をつくる。

また、あなた自身へのフィードバックも促し、歓迎する必要がある。特に、

職場の人間関係の方向性を定めている段階、たとえば新しいチームの規範がつくられつつある時期や、新入社員のマネジメントを始めたばかりの時期ならなおさらだ。たとえば、新しいミーティング形式を試したら、ミーティングの進行に対するフィードバックが欲しいと事前に期待を伝えておく。チームがすでに気兼ねなくアイデアを共有できるようになっていれば、皆の前でフィードバックを求めることができるだろう。まだできていなければ、後で個人的に聞いても構わない。

「わたしは（チームに）内容にかかわらず、他の人がいるところでわたしにフィードバックすることを推奨しています。誰かがわたしにフィードバックするのを見れば、他の人の手本になります。また、スティーブン・コヴィーの『スピード・オブ・トラスト』（FCEパブリッシング〈キングベアー出版〉、2023年)[69] を必ず読むように勧めています。

内密にしておくべきことなどありません。どんなことでもオープンかつ透明にするべきです。

最初はなじめない人もいます。しかし、もしあなたが本当の向上を望んでおり、自己形成をしようとしているのであれば、このモデルが必要なのです。モデルづくりにあたっては、レイ・ダリオの『PRINCIPLES（プリンシプルズ）人生と仕事の原則』（日本経済新聞出版、2019年)[70] を大いに参考にしました」

——エリック・ユアン、Zoom創業者兼CEO

フィードバックを依頼する

フィードバックの文化を育てるのに最適な方法は、自らフィードバックを依頼することだ。フィードバックをオープンかつ頻繁に依頼する方法のポイントを紹介しよう。

第 5 章
コア・フレームワーク4 ── フィードバックとパフォーマンスのしくみづくり

- **いろいろな機会や会議で依頼する**：1on1ミーティング中、会議中や会議終了後、メール、仕事のセッションなどで、フィードバックを明確に依頼しよう。改善点を教えてほしいと頼むことで、あなたがフィードバックを積極的に求めていることが相手にはっきりと伝わる。

  たとえば、「ミーティングはどうでしたか？」と尋ねるのではなく、「ミーティングで、わたしが何か変えるべきことはありますか？」と聞いてみよう。1on1ミーティングであれば、「他に何か思うことはありますか？」ではなく、「このプロジェクトが成功するために、わたしができることは何だと思いますか？」と聞くとよいだろう。フィードバックをしてくれた人に対してはお礼を言おう。自分がした選択について説明する、受け身になっている様子を見せる、あるいはフィードバックを歓迎しない、尊重していないというような態度を取らないように気をつけよう

- **フィードバックを当たり前にする**：個人的にフィードバックをもらった場合は、次のチームミーティングでそのフィードバックについて取り上げよう。そうすることで、フィードバックをしたり、もらったりすることが当たり前という規範が設定される

- **フィードバックをそのまま受け入れる**：フィードバックされると、つい、問題を解決しようとしたり、状況を説明しようとしたりしてしまうと思う。わたしもそうしてしまうことがないわけではないが、そうすると自分にそのような意図がなくても防衛的になっている印象を与えてしまうことは理解するようになった。フィードバックの言葉を自分流に変えるのではなく、そのまま伝えることで、あなたが相手の意見を正確に聞いており、フィードバックに感謝していることが伝わる。問題解決を手助けしたい場合は、そのトピックをもう一度取り上げて、協力と対処を依頼しよう

- **フィードバックのフォローアップをする**：フィードバックしてくれた人に、そのフィードバックに対処したかどうかと、対処する場合はその方法を伝えよう。フィードバックが有意義であっても、優先的に対処しないという

結論を出すこともある。一方、フィードバックについてさらに検討する場合もある。対処しない場合でも、フィードバックに耳を傾けたと伝えるのが重要だ

「わたしが採用し、一緒に働く人は、互いを思いやりつつはっきりものを言う傾向があります。文字通り全員が、安心して『それは、もっとうまくやれたのではないですか』と伝えられます。

SocialNetを創業してまもないころ、さまざまなマネジメント業務のために採用した人のひとりが、必要な仕事をやらせてくれないと不満を募らせてこう言いました。『わたしがマクドナルドを経営するなら、あなたは雇いません』

わたしはこんな風に返事をしました。『わたしだってマクドナルドの経営に自分を雇ったりしませんよ。大惨事になりますから』それから尋ねました。『なぜそんな話をするのですか』

彼はこう答えました。『このプロジェクトマネジメントでは、これと、これと、それにこれと、あれもやらなければなりません。なのに、やらせてもらえないんです』

わたしはこう返しました。『いいでしょう。どうやったらあなたにそれをやってもらえるのか、話し合おうじゃありませんか』」

——リード・ホフマン、Greylock Partnersパートナー、LinkedIn共同創業者、元最高責任者

正式なレビュー・プロセス

最近は"継続的なフィードバック"がもてはやされ、正式なパフォーマンス・レビューは不要とされる傾向にあるが、それは違うと思う。継続的な双方向のフィードバックは、確かに部下とマネジャーの強力な関係の証しだ。しかし、それは書面の代わりにはならない。適切に作成された正式なレビュー文書は、継続的なフィードバックの会話をまとめたものであり、育成の計画を説明

第5章
コア・フレームワーク4 ── フィードバックとパフォーマンスのしくみづくり

する良い資料になる。また、会社が急成長している場合は、マネジャー全員が継続的なフィードバックを実施している可能性は低いだろう。文書によるレビュー・プロセスを用いることで、フィードバックを十分に共有できないケースを発見できる。

　文書によるレビュー・プロセスに加えて、従業員にパフォーマンスの分類、つまり評価を割り当てたり、従業員を次の職務レベルへの昇進に推薦したりするしくみが用意されている場合もあるだろう。ない場合はしくみ化をお勧めする。正式なパフォーマンス・レビューが実施されていない会社に勤めている人に聞くと、昇進や評価プロセスが何らかの形で実施されてはいるが、今でも"レビュー"される人が知らない間に、秘密裏に行われている場合が多いようだ。自分たちのいないところで評価されていると知れば、信頼が損なわれてしまうかもしれない。透明性を確保すれば、評価や認知が政治的になったり、無益になったりすることを避けられる。

　評価システムに対する信頼を築くには、従業員が自分たちの評価方法を把握しており、評価が公平に検討されており、結果が表彰や報酬（責任の強化、昇進、給与の増加など）につながると理解していなければならない。そのためには、以下が必要である。

- 人材戦略。この戦略は"パフォーマンスに見合った支払い"、つまり成績ベースの給与というような単純なものにする
- パフォーマンスの測定方法についてのルーブリック（規定）。第3章の職位と職階に関する項を参照のこと
- 各ルーブリックに対する評価の結果についての合意
- 文書や数値での評価による、パフォーマンスについてのフィードバックと昇進の推薦を記録するプログラム
- パフォーマンス評価のキャリブレーション（調整）について明確に伝えるプロセス。このプロセスによって、同じ役割・同じ職階の人員と、さらには会社全体でその職階の全員が公平に取り扱われるしくみが導入されていると各従業員が理解できる
- 報酬についての方針と、パフォーマンスおよび昇進のプロセスを報酬に取り入れる手段

マネジャーは、プロジェクトが各機能を果たすための重要な役割を果たしている。マネジメントがうまくいっている場合は、予想外の事態は起こらず、あなたと直属の部下の間で交わされた会話を文書にしておけばよい。部下の仕事がうまくいっている理想的な状態なら、昇進、昇給、現金での賞与など、正式な報酬の形で結果を評価する機会もあるだろう。言うまでもないが、結果がどうなるのかはやってみないとわからないのだから、会社のプロセスが進む前にこうした報酬を決して約束してはならない。具体的なことは話さずに、正式な評価の対象になるように部下のコーチングを続けるのがよいだろう。プロセスが最高の成果につながり、直属の部下の実績を実際に表彰できれば言うことはない。部下にもあなたにも励みになるだろう。

> 「従業員に、自分たちはただの頭数ではないと理解してもらうことには大きな意義があります。そうすれば、従業員たちはあなたに何かを返してくれるようになります。わたしは料理人や経営陣にそう接しています。
> 傾聴力を身につけ、単なる上司にならないようにしましょう。あなたはあなた自身のリーダーでなければなりませんが、時にはスタッフがあなたをリードする場合もあります。事業運営担当者には、わたしが間違っていたらそう伝えてほしい。たとえば、『シェフ、わたしたちには検討すべきことがあります』というように言ってほしいのです」
>
> ——ドミニク・クレン、〈アトリエ・クレン〉（ミシュラン認定の3つ星レストラン）オーナーシェフ

まずは必要最小限の人事プロセスから

ありがたいことに、市場には人事関連のプロセスのマネジメントに役立つ優れたツールが次第に増えている。カスタマイズ機能が充実していて、自社に最適なプロセスを設計できる。

わたしはStripe初期のリーダーシップチームのオフサイトミーティングで、

基本的なパフォーマンス・プロセスを導入すべきだと主張したことがある。時間をかければStripe専用の独自プロセスを設計できるが、よく考えた結果、製品に関する優先度の高い業務を先行し、まずは基本的なシステムを導入するほうが賢明だと説明したのだ。完璧を追求しすぎれば、かえって問題が起きて結局何も導入できないということがよくある。そこそこのプロセスを導入したほうがまだましだ。

　わたしにとって、優れた正式なレビュー・プロセスの最も基本的な要素はパフォーマンスのフィードバック、キャリブレーション、報酬の各構造だ。

パフォーマンスのフィードバック

　パフォーマンス・レビューは、従業員が、昇進条件の責務をどの程度果たせているかを正式に評価する機会である。こうしたレビューは、会社がスケールアップする段階で、トップクラスの人材を特定するためにも役立つ。スケールアップ時には人材についての状況把握が非常に重要になってくる。また、リーダーたちが各従業員の仕事を個人的に監督するのが不可能になる。

　こうしたレビューはさまざまなタイムラインで実施されるが、最も多いのは年次での実施だろう。レビューの中心は、従業員のパフォーマンスに対するマネジャーの評価だが、マネジャーを対象としたレビューでは、同僚や部下からフィードバックを受けることもよくある。パフォーマンス・レビューは、コーチング時の直感として部下と共有してきた、本人の強みや改善点をまとめられる良い機会だ。

　会社のプロセスやタイムラインはいろいろだろうが、マネジャーにはある程度定期的に、少なくとも四半期か半年ごとにはパフォーマンス・レビューについて部下と話し合うことをお勧めしたい。すでに説明した通り、会社のプロセスでは、部下と交換したフィードバックを正式なものとした時点を記録しておく必要がある。また、キャリアについての会話に立ち戻り、従業員の長期間の育成計画について話し合うべきタイミングでもある。

　会社のプロセスにおけるコア要素の概要を次に説明しよう。

同僚によるレビュー

　従業員に、簡単なフィードバックを提供する同僚を3～5人選んでもらう。ただし、選ばれた同僚が情報提供の相手として最適だとマネジャーが同意する必要がある。同僚によるレビューのポイントは以下の通りだ。

- この同僚と仕事上どのように協力し、どの程度密接な関係にあるのかを、数個の文で簡単に共有する
- 関連する職階を確認し、どのケイパビリティ（能力）がこの同僚の強みにあたるか、その強みを実際にどのように確認したかを共有する
- 職階に記載されたケイパビリティのうち、この同僚が改善すべきだと考える能力をひとつ共有する。同僚が実践できる改善方法を提案する
- 事業運営の基本原則を確認し、この同僚が最も体現すべきだと考える原則を記載する。事業運営の体現方法に関する例をひとつ提供する

自己評価

　同時に、従業員は以下のようなポイントを参考に、自分の情報を提供する必要がある。

- 対象期間の自分の最も重要な貢献や実績について、短い要約を用意する
- 職階に記載されたケイパビリティのうち、自分が秀でているものをひとつ挙げ、それを用いて成し遂げた成果の簡単な説明を文書にして共有する
- 職階に記載されたケイパビリティのうち、改善すべき分野をひとつ挙げ、改善方法を共有する。マネジャーに自分自身とその成長をサポートしてもらう方法について、自分の意見を盛り込んでおく

マネジャーによるレビュー

　マネジャーは、同僚によるレビューと自己評価の内容を確認して、フィードバックをする。また、該当する場合は昇進の推薦を行う。以下のようなポイントが考えられる。

- 対象期間での従業員の実績について、短い要約を用意する
- 従業員が、最も優れた成果の達成に利用したひとつまたはふたつのケイパビリティについて簡単に話し合う

第5章
コア・フレームワーク4 —— フィードバックとパフォーマンスのしくみづくり

- 少なくともひとつの改善点と、その改善点についての従業員のスキルや能力の強化についてのアイデアを共有する
- その従業員を昇進の対象にしたいかどうか（「はい」または「いいえ」）。「はい」の場合は、職階について検討し、その従業員が次のレベルの職務をこなせる理由について、短い文章を共有する
- その従業員にふさわしいと思うパフォーマンスの評価を割り当てる。たとえば、次のような評価が考えられる
  - 期待に応えていない
  - 期待に一部応えている
  - 期待に応えている
  - 期待を上回っている
  - 期待を大いに上回っている

　評価カテゴリーをさらに少なくして、プロセスを"期待に応えていない"、"期待に応えている"、"期待を上回っている"のように単純化することには議論があるだろう。パフォーマンスの分布に対するアプローチ方法は、パフォーマンスに応じて報酬をどの程度変えるかによって異なる。また、トップクラスの人材をどのように特定するかによっても異なる。パフォーマンス・レビューを通じて特定する場合は、パフォーマンスのカテゴリーをさらに追加して、より細かい視点を提供する。特に、個人を経時的に評価している場合はその必要がある。いずれにしても、パフォーマンスと可能性を評価するために、より包括的なルーブリックを使用して、追加の人材レビュー・プロセスを実行することをお勧めする[71]。後からのパフォーマンスの評価は、人材を特定するためのひとつの要素にすぎないからだ。

　同僚によるフィードバックと本人の自己評価は同時に提出できる。マネジャーによる評価は、それらを読んだ後に作成する必要がある。マネジャーはその後、自分のフィードバックと、昇進とパフォーマンス評価に対する提案を、キャリブレーション・プロセスのために提出することになる。

Column

パフォーマンス・レビューについての具体的なアドバイス

このコラムは、Stripe の元マネジャーであるハンナ・プリチェットのメモを基にしている。このメモは、パフォーマンス・レビュー前にマネジャーたちに送られたものであり、パフォーマンス・レビューで生産的な会話をするための良いアドバイスとなっている。

文書化されたパフォーマンス・レビューというのはその性質上、過去の振り返りになるが、将来について話し合う場を設定するための非常に生産的な資料にもなる。そのため、わたしはレビューについて話す時間を短めにして、その人が、今後の半期にそのフィードバックを基にどのように行動すべきかについて時間をかけ、重点的に話し合うようにしている。進め方についての提案は以下の通りだ。

ミーティングの準備：レビューを24時間前に部下に送信する。このレビューに目を通し、フィードバックについて話し合う準備をし、今後達成したいことを整理しておくように依頼する簡単なメモをつけておく。

レビュー・ミーティングの実施：

- フィードバックを確認する（10分間）：まず、フィードバックを確認できたか、どう思ったかを尋ねることから始める。次に、フィードバックについて話し合う。これは部下の現状と、部下が取り組むべきことについてのあなたの仮説をテストするための良い機会である
- 将来の展望について検討する（40分間）：フィードバックを確認したら、相手にこう尋ねる。「成功するための準備はできたと思いますか？」次に、残りの時間を使って、現在の仕事により効果的にアプローチする方法、新しいスキルを実際に活用するために必要な計画、どのようにしたらわたしが成長をもっとサポートできるのか話し合う。これはわたしがオープンなフィードバックをしてもらう素晴らしい機会でもあり、こうすれば双方向の会話を進められる

このように進めれば、レビュー内容についての論争や正当化を避けられる（もし論争になっているなら、レビューはすでに失敗だ）。不明点について尋ねられたら必ず回答するが、反論された場合は相手の視点を認めた上で問題を捉え直し、次回に

違う対応をするにはどうしたらいいか話し合う。

　振り返りのコメントを今後についてのディスカッションに活用することによって、パフォーマンス・レビューのポイントが将来の成功を後押しすることなのがよりはっきりする。だからこそ、相手がフィードバックに対してよりオープンになり、傾聴するようになる。わたしもこのようなレビューのほうが楽しいと思う。レポートの読み上げでなく会話になるし、単に褒めたり批判したりするのではなく、（ビジネスニーズに合った）キャリアの成長に照準を合わせられるからだ。

キャリブレーション（調整）

　会社に正式なパフォーマンス・レビューの制度が導入されたら、公平性を確保するために、マネジャーまたはリーダーたちがパフォーマンス評価全体の結果を比較するプロセスも準備しなければならない。このプロセスによって、同じレベル（職階）で同じ貢献をし、同じ成果を上げている従業員に対するマネジャーの評価が統一されるようになる。また、あるマネジャーが誰かを“期待を上回っている”として昇進の対象にしたのに、別のマネジャーが、同じような職務で同じような成果や効果を上げている従業員に対して“期待に応えている”と評価するような事態を避けられる。

　このような整合性を確保するプロセスはキャリブレーション（調整）と呼ばれ、マネジャーが評価や昇進の推薦で寛大になりすぎたり、厳しすぎたりしないようにチェックするために役立つ。会社やチームにとって重要なのは、このプロセスを、あまり時間がかからないように、また、率直にいうと、あまり政治的になりすぎないように、詳細度が適切になるようにスケールすることである。組織が急成長中は、継続的に対応する必要がある。

　あらゆる正式なパフォーマンス評価にはキャリブレーションがあるべきだ。キャリブレーションは、同じタイムラインで実施する必要がある。通常は年次で実施するが、パフォーマンス・レビューが半年に一度実施されるならもっと頻繁になる。また、完全な360度評価が年1回であっても、昇進の推薦を年2回受け付けるようにしても構わない。その場合は、キャリブレーション・プロセスが2回になる。“サイクル外”の昇進のための1回と、360度評価とそれに

伴う昇進のための1回だ。調整プロセスに必要な期間は数日のみであり、マネジャーが推薦を提出した後で、かつマネジャーによるレビュー、評価、昇進決定の前に実施する必要がある。

　規模の大きい会社では、キャリブレーション・プロセスの多くはデータ分析を活用して実施される。たとえば、あるグループの平均的な評価や、性別ごと、リモートおよび非リモート従業員の間の昇進の比率が追跡される。リーダーと人事部門はそれぞれ独自に分析し、異常値が検出された場合は各チームや部署をフォローアップできる。小さな会社のキャリブレーションは、ロールアップ型のプロセスで構成されることが多い。リーダーが、場合によっては人事パートナー同席のもとで異なるグループのマネジャーを集めて、関連する従業員グループのパフォーマンス評価と昇進の推薦について話し合う。たとえば、エンジニアリング担当であるレベル4以上のマネジャーの全員が、レベル3以下のコントリビューターである個人エンジニアについてミーティングで話し合う。レベル4のマネジャーの作業はここまでで、レベル5以上のマネジャーが、レベル4以下の各人員について話し合う、というように続く。

　キャリブレーションのリーダーは、事前にデータを確認して外れ値がないか確認し（ひとりのマネジャーが、他のマネジャー全員より高いパフォーマンス評価をしていないかなど）、ルーブリックを理解し、チームまたは個人のレベルで通常とは異なる対処をする場合は準備しておく必要がある。ミーティングでは、各人に関する詳細よりは各評価の意味合いの確認について焦点が移っていく。さらに、それぞれの例を確認して、特定の役割やレベルに対する“期待に応えている”という評価の意味合いを各マネジャーがキャリブレーションできるようにする。キャリブレーションが問題なく終了した場合は、すべてのマネジャーが自分の下した評価に自信を持てる状態になっているか、または同じ役割の他の人と同じように評価されていない特定個人を再レビューするための要対処項目が設定されているはずだ。

　会社によってはこのプロセスが政治的に進められることがある。その原因は、このプロセスが一種の儀式になるおそれがあるからだと思う。マネジャーがチームの各メンバーについて論じ、皆の前で自分の評価を正当化して“認めてもらう”ことが中心になりかねない。そうではなく、マネジャー間でデータと厳

正な比較に基づいて評価の意味合いに関する大まかな意思統一を達成する、学びのプロセスであるべきだ。

　キャリブレーション・プロセスを成功させるための手順は以下の通りである。キャリブレーションの前に、職制を確立し、各レベルの期待事項を説明しておく必要がある。次に、ルーブリックに従って、各レベルで"期待に応えている"と評価されるための評価条件を決める。できれば具体的な例を用意しておくとよいだろう[72]。

1.　マネジャーが各自のパフォーマンス・レビュー、パフォーマンスの評価、昇進の推薦のドラフトを提出する

2.　このドラフトを、できればパフォーマンス・ツールを用いて資料一式にまとめ、キャリブレーション・グループが参照できるようにする（例については章末にあるQRコード先を参照のこと）

3.　シニアリーダーは、キャリブレーションを支援するように準備しておく。主な作業のひとつは、データに問題がないか確認しておくことだ

4.　類似した役割や職階のマネジメントをしているマネジャーを招集する。リーダー陣からファシリテーターをひとり選び、適切な人事パートナーが決定とフォローアップの記録を取る

5.　個人のパフォーマンスと昇進について話し合う際に、どのようなバイアスが発生しうるかをグループにあらためて伝える。無意識のバイアスだけでなく、利用可能性バイアス、直近バイアス、確証バイアスなどについて認識してもらい[73]、それぞれのバイアスを避ける方法をグループが理解できるようにコーチングする

6.　データを確認し、グループ全体と比較して評価が高いまたは低い、あるいは昇進を推薦する人数が多いまたは少ないマネジャーを記録する。そのマネジャーのチームが、データに含まれる他のチームと同様に従業員を評価しているかどうかについて話し合う

7.　レベル1（初級職の従業員）から話し合いを始めて、レベル2、その次へと続ける。必要に応じて個人同士の比較に絞り、各評価を適切にキャリブレーションする。すべてのチームで、"期待に応えていない"や"期待を上

回っている"レベル1の従業員の姿について合意していることを確認し、ボーダーラインのケースがあれば話し合う。昇進の候補者とその実績についても同じ作業を繰り返し、ほぼ同じ影響力とスキルを持つ個人が昇進するように徹底する

8. 会議中のマネジャーと同じ職階の非管理職（レベル4以上など）のレビューを開始する場合は、下位のマネジャーには中座してもらう

9. パフォーマンスの評価や昇進の決定について全体的な変更を行い、さらにデータを収集するための要対処項目を記録する。たとえば、評価が議論の原因となった特定の個人について、必要に応じて作業の成果のサンプルを入手する

10. 全体的な公平性を確保するために、変更後の最終データに対する最終レビューを実施する。フォローアップの項目がある場合は、早いうちにグループに報告する。たとえば、「ブライアンとサラの昇進は見送ることにしました。このふたりの主要プロジェクトはどちらも完了していないからです。この件は次の四半期に再度確認します」というような内容が考えられる

11. シニアリーダー陣によるレビューのために、キャリブレーションの結果を取りまとめる。このシニアリーダーのレビュー・セッションにより、職務間の結果と予期された分布の全体的な整合が取れるようになり（個人的に強制分布法は信頼していないが、人数が増えると結果的に同じような分布になるはずだ）、昇進する従業員の比率が公平になり、報酬の予算に収まるようにできる

この段階で、特定の部門で昇進する女性が男性より少ないというような、バイアスを示すデータを確認する必要もある。Stripeでは、リモート勤務の従業員とオフィスに出勤している従業員の評価をチェックして、全体的な傾向に問題がないかどうかも確認している。

キャリブレーションの最終結果は、スプレッドシートに記載するか、パフォーマンスの評価や昇進の状況をすべて記録する人事ツールをアップデートしておく。キャリブレーション・プロセスが完了したら、マネジャーは必要な調整をすべて実施し、レビューのフィードバック、評価、昇進の結果を会社の人事

ツールに正式に記録しておく。次に、通常はそれから2週間のうちに、パフォーマンスについて部下と一緒にレビューする。このレビューは、結果が社内ツールで従業員に表示されるようになる前に実施する必要がある。

キャリブレーションの職務
　マネジャーの役割はプロセスを理解し、準備をし、プロセスに積極的に参加することだ。会社全体の結果を公平なものにするために、チームメンバーに対する支持と、パフォーマンスと貢献に対する客観性維持の間のバランスを模索しよう。たとえば、厳しすぎる（評価の平均が低い、昇進の候補者が少なすぎる）または寛容すぎる傾向が自分にあるのなら、その傾向を記録しておく。キャリブレーションのセッションを、自分自身をキャリブレーションするためにも活用しよう。

　キャリブレーションを実施する際には、人事部門の社員ではなく、一般部署のリーダーが責任を負うのがきわめて重要だ。リーダーはチームメンバーの多くについて、そしてもちろんチームが担当しているすべての仕事を熟知しているはずだ。評価と昇進の推薦に関するドラフトデータを確認してしっかり準備をしておけば、あなたのマネジャーによる評価と整合性を取るために、どんな情報を強化すればいいのかがわかるだろう。

　自分のバイアスを確認しよう。あなたは自分が知っている人についてだけ、詳しい情報を集めようとしていないだろうか？　あるプロジェクトについてよく知っているから、そのプロジェクトの関係者をひいきしていないだろうか？安直な意見についてはとりわけ注意が必要だ。

　会社の人員が30人を超えると、パフォーマンス分布はわかりやすい正規曲線を描くようになり、どのチームメンバーが上位で、どのメンバーが下位なのかわかりやすくなる。中でも大変なのは、評価の線引きだ。"期待に応えている"人が多すぎないだろうか？　中には問題がある人もいるのではないだろうか？自分のマネジャーに、「あなただったら、この人を本当にこの役割にもう一度任命しますか？」と相談してみよう。答えがノーなら、"期待に一部応えている"に該当する人が、あなたが考えているよりもたくさんいるということだ。逆に、トップクラスの成績を上げている人を本当に評価できているだろうか？

"期待に応えている"と"期待を上回っている"の間、"期待を上回っている"と"期待を大いに上回っている"の間の線引きを明らかにしなければならない。この線引きについてはとても活発な議論が必要であり、すべてのケースでのあなたの役割は、パフォーマンスの基準を高くし、その基準を本当に超えている人に報いる方法を探すこととだ。

プロセスが政治的にならないようにするために大切なのは、十分に準備しておくことだ。たとえば、データシート、マネジャーによる推薦、ルーブリックの確認などだ。さらに、直属の部下とさらにその部下が担当しているチーム、それから部下とチームの実績について詳細に把握することに集中する。会社がスケールアップしている場合、初級職の従業員のキャリブレーションはデータに基づいて行われることが多い。一方、職位が高い従業員の場合、あなたはその人物の貢献について詳しく理解し、評価に参加しているマネジャーが部下の影響を過大評価（または過小評価）していると感じるなら反論しなければならない。マネジャーに説明責任を負ってもらうことがあなたの役割である場合は、他の参加者の判断を仰いではならない。

報酬

第3章でも述べたが、報酬の戦略、人材戦略、スケールアップだけで、おそらく本を1冊書けることだろう。しかし、少なくとも、報酬に関する中核的な方針と、それを支える基本要素については決めておく必要がある。

報酬に関するシンプルな方針は、たとえば次のようなものになるだろう。「報酬は市場で競争力があり、トップクラスの人材を惹きつけて定着させるものでなければならない。そのためには高いパフォーマンスを発揮する人には高額な報酬を提供するようにする」さらにシンプルにすると、次のようになる。「パフォーマンスに対して支払う」方針が定まったら、固定の報酬と変動する報酬の要素を決定する。一般に、給与は固定である一方で、（導入しているのならば）賞与プログラムは変動制だ。テクノロジー関連企業の多くでは、パフォーマンスに応じて新規採用時に約束されていた報酬を超える金額のエクイティを追加

第5章
コア・フレームワーク4 ── フィードバックとパフォーマンスのしくみづくり

で受け取れる。

報酬のフレームワークを決めるには、職位について決定しておく必要がある（第3章「職階の選択」の**表3**を参照）。この表を基に、外部の報酬コンサルタントやデータソース（Radfordなど）を利用して市場データを入手する。こうしたデータは、それぞれの役割とレベルの新規採用者に対する適切な給与幅とエクイティの目安を設定するのに役立つ。最初は、求人数を設定するのに十分なデータを集める必要がある。できれば、いつ市場データを更新するのか（少なくとも年1回）、賞与やエクイティの更新プログラムがあるのかどうかについても従業員に説明すべきだ。

報酬についての会話

マネジャーとしてのさまざまな会話の内容で、最も話しにくいのは報酬ではないだろうか。わたしの経験では、部下が報酬について知りたがるのは次の2点である。

- 自分は公平に扱われているか？
- 自分はパフォーマンスに見合う評価を受けているか？

報酬について会話する際に心に留めておきたいガイドラインをいくつか紹介しよう。

自分を教育する

自社の報酬システムについて、詳しく理解しておこう。会社はどのように報酬を提供しているか？　レビューはどの程度の頻度で実施されているか？　市場の報酬と比べて、自社の報酬はどのような水準にあるだろうか？　このような会話で最も大きな比率を占めるのは、実績に対して、なぜ、会社がそのような報酬を与えるのかを相手が十分に理解できるようにすることだ。報酬の話をしょっちゅう持ち出す従業員もいる。その場合は特に、システムのしくみと報酬レビューの頻度の共有が重要になってくる。そして、報酬について、通常のタイミング以外で説明を求められた場合は、今はこの会話をすべき時期ではな

いと相手に再度伝えるようにする。わたしは、報酬についての会話は必ず、システムと方針、決定方法に対する説明から始めることにしている。

システムに対する信頼を定着させる

できれば、会社で報酬に対する方針が十分に定義されていることが望ましい。もちろん、会社が初期段階なら、報酬についての方針やシステムは時間とともに発展していく。従業員と一緒に期待事項をきちんと設定しておこう。報酬システムは変更され、進化していくが、あなたには最新情報を全員に提供する責任がある。人材と報酬システムが不安定か、あるいは信頼を損なっているという心配があれば、リーダーシップと人事チーム（チームがある場合）との共同作業によって、システムを改善する。よくあるのは、システムは問題ないが、問題の解決に役立つ教育資料が不足しているという状態だ。どちらの場合も、報酬とエクイティに関する誤解や失敗は、修復できない信頼低下の原因になることがあるため、きわめて厳正に取り組む必要がある。

モチベーションの源について理解する

わたしがマネジメントした人の大半は、ポジティブな影響を与えることをモチベーションにしていて、金銭による報酬の主な役割は自分たちの影響の指標だと考えている。モチベーションが高い従業員にとって報酬は、モチベーションと貢献を補強する効果的なマネジメントツールである。報酬自体を成果と考えるよりは、報酬を強力なパフォーマンスを補強するための手段として活用しよう。可能であれば、報酬はその人の貢献に対する会社の見方のポジティブな指標なのだと説明しよう（営業関係のマネジャーは測定できる成果を報酬に関連づけられるので、エンジニアリングや人事オペレーションなどのマネジャーと比べると説明しやすいだろう）。金銭のみがモチベーションだという、珍しい従業員の場合は、報酬とは会社が彼らのために定義したゴールではなく、素晴らしい仕事の成果だと従業員が理解できるように手助けしよう。

会話をする

報酬をマネジメントのためのツールとして利用しよう。会話は、パフォーマ

ンス・レビューなど正式なプロセスの後に自然に生まれる。会社では、報酬の変更がいつ行われるのか、どんなタイミングで正式に話し合うのかというスケジュールを決めておく必要がある。従業員が昇給や賞与の対象になる場合は、その人に直接伝え、評価の対象となった点と、改善すべき点を明らかにするための情報として利用する。報酬の調整と従業員のパフォーマンスとの整合性があるとわかりやすく伝わり、相手が自分の報酬についてどう考えているかを理解できれば、会話は成功したといえるだろう。従業員は、報酬が公平に与えられていると感じているだろうか？　従業員は満足しているか、それとも退職を真剣に考えているだろうか？

　報酬に変更がない場合でも、通常の1on1ミーティングなどで会話をすることはやはり重要だ。従業員に対しては、報酬のレビュー・プロセスが行われたことをあらためて伝え、今回は報酬の変更の対象にならなかったことと、その理由を説明する。場合によっては、改善点を確認し、従業員が影響と貢献を強化する方法を明らかにするために会話する。報酬に変更がないとあらためて強調するのは不自然だと感じるかもしれないが、レビューのシステムが機能しており、あなたがマネジャーとして成果を認めていると伝えれば、信頼関係を築ける。もともと報酬調整の対象とならない従業員の場合もあるだろう。いずれにしても、この会話をすることで、パフォーマンスと報酬に対する従業員の見方について何らかのインサイトを得られる。将来の会話に役立つかもしれない（報酬に関する会話の準備から進行までのガイドについては、章末にあるQRコード先を参照のこと）。

比較に対応する

　報酬に関する会話で、「○○さんはわたしと同じ仕事をしているのに、もっと報酬をもらっている」などと言われることがある。このようなときこそ、報酬についての会社の方針とシステムを熟知していることが役に立つ。勤務地から終身在職権、さらには市場データの更新まで、従業員の報酬に差がついてしまう理由は数多くあるが、重要なのは会話の焦点を従業員本人とそのパフォーマンスからずらさないことだ。従業員がさらに主張を続ける場合は、「他の人の

報酬について取り上げることはしたくないのですが、もし不公平だと思うことがあるのなら、人事部門に調べるように頼んでみます」と伝えてから、人事部門と一緒にフォローアップして、システムが意図した通りに機能していることを確認し、そのことを従業員に伝えるようにする。あなたは他の従業員の報酬に踏み込めないが、フォローアップがうまくいけば十分な信頼関係ができあがり、チームメンバーがあなたの評価を信じるだろう。

失望に対処する

　時には、昇給がない、あるいは昇給が自分の貢献に見合っていないという失望が従業員から寄せられることがある。わたしの経験では、こうした事態は相手がパフォーマンスのフィードバックを聞いていない場合や、能力が高い人（ハイパフォーマー）が報酬に対して高い期待を寄せていた場合に発生することが多いようだ。前者の場合は、この機会に相手の役割とパフォーマンスについて率直に話し合おう。その従業員にとって、今の役割は合っているのかどうかを考えてみる。マネジメントがうまくいっている場合は、残念な結果であっても驚かれることはなく、その結果はあなたが伝え続けているメッセージの裏付けになるだろう。厳しいフィードバックをたくさん提供する場合は、報酬についての会話が状況確認に役立つかもしれない。従業員が失望を口にした場合は、あなたが成長についてのフィードバックをしてきたこと、本人が自分の役割で期待されている水準の貢献ができていないことをもう一度伝える。報酬についての方針を再度参照して、貢献度が十分に高くなければ昇給が難しいシステムだと説明する。

　従業員のパフォーマンスが良好であり、十分意義がある追加の報酬を受け取っていると思われるのに引き続き失望している場合は、従業員がシステムについて理解し自分の実績を認識しているか確認する。こうした場合は、部門や会社全体での平均的な報酬の増加幅を確認するとよいだろう。それでも懸念が晴れない場合は、次のように会話を変えてみる。「今から6カ月間、わたしたちが協力して、あなたが自分の報酬と貢献が釣り合っていると感じられるようにするにはどうしたらいいでしょうか？」

相手が本当に望んでいるのは報酬よりも昇進かもしれない。そうならば昇進の条件にフォーカスする。また従業員のパフォーマンスが本当に良い場合は、裏付けとなる情報を提供するように努力し（たとえば、「あなたの昇給幅は会社の75％の人たちよりも大きいんですよ」と伝える）、従業員の期待がなぜ不適切に設定されてしまったのかをさらに調べる。まだ不満が解消されないなら、パフォーマンスと貢献が報酬を増やすための鍵であると伝え、従業員の次のレベルへのキャリアパスを明確にする。あなたは何の約束もできないが、職制を示して、昇進のために必要な能力について具体的に説明することはできる。従業員と一緒に責任を持ってこの道に取り組み、今後数カ月でその人の成長を後押しし、貢献度を高めることで報酬を増やす会話に焦点を移す。

どの企業も、パフォーマンスのフィードバック、キャリブレーション、報酬のような人事プロセスを早いうちから導入するべきだ。従業員が20人か30人を超えたころが適切なタイミングだろう。繰り返すが、マネジャーの仕事は人事プロセスを理解し、効果的に関与して、会社のシステムの範囲内で従業員が（各自のレベルで果たした貢献に見合った）公平な評価と報酬を得られるようにすることである。

ハイパフォーマーをマネジメントする

抜きんでた力を持つ従業員、つまりハイパフォーマーのマネジメントは、マネジャーの仕事でおそらく最もやりがいを感じられると同時に能力を要求される仕事だろう。どのような企業でも、能力のある人物を採用し、育成し、雇用し続けたいと思うのは自然なことだ。最近、人材に対して80対20の法則を採用しているCFOに出会った。従業員の20％が80％の仕事をするようにしているのだという。人材に対してこの"パレートの法則"が当てはまるかどうか、わたしは確信が持てないのだが[74]、ハイパフォーマーが頭数以上の仕事をしているという点ではこのCFOの考えは正しい。従業員の成績が良くなる要因は、たいてい、その人物が持つ志、やる気、そしてそのような気質に伴う同僚への影響だ。そうした従業員は自分に対して厳しいものだが、他者に対しても厳し

いことがある。ハイパフォーマーのマネジメントにはエネルギーが必要だ。こうした従業員は影響力が高く、周囲の人々に要求するエネルギー量も多い。

　ハイパフォーマーをマネジメントするには、まず、相手の原動力と仕事のしかたを理解しなければならない（相互の自己認識力を築く必要がある）。そうすることで、その従業員があなたのチームで能力を発揮する手助けができるようになる。

プッシャーとプラー

　ハイパフォーマーは、わたしが"プッシャー（押す人）"と"プラー（引き寄せる人）"と呼んでいる2タイプに分類できる。状況次第でどちらのタイプにもなる従業員もいる。

　プッシャーは志が非常に高く、批判的であることが多い。組織で何か問題が発生しているとすぐに気づき、自分と担当している職務に高い基準を設定している。プッシャーはパフォーマンス・レビューを自分の昇給幅が低いことや、責任が与えてもらえない理由を尋ねる機会として利用する傾向がある。モチベーションがあり、怒りや苛立ちを表すことをあまり遠慮しない。このタイプの従業員は、当然、あなたにマネジャーとしての責務を果たすよう要求する。

　プラーも一種のハイパフォーマーで、自分がすべき以上の仕事を引き受ける傾向を持つ。常に仕事を引き受け、質の高い成果を上げるとわかっているので、リーダーやマネジャーはプラーをプロジェクトに参加させたがる。しかし、プラーは燃え尽きてしまうことがある。プラーたちはひっそりとむしばまれていき、1on1ミーティングで辞職を申し出るまでは不満をこぼそうとしない。このタイプは外部からの評価を重視しており、他人から好かれたいと思う人が多い。また、「ノー」と言えない人でもある。

　わかりやすく簡単にいえば、マネジャーはハイパフォーマーにチームに加わってほしいということだ。もっと詳しくいうのなら、素晴らしい従業員は会社に対して人数以上のポジティブな影響を与えるが、人数以上のネガティブなインパクトを与えることもある。

　プッシャーは可能性を持つ人材の育成支援を拒否して、他の人材の士気を低

第 5 章
コア・フレームワーク 4 —— フィードバックとパフォーマンスのしくみづくり

下させることがある。プラーは重要なプロジェクトであれば自動的に何でも引き受けるので、他の従業員が成長したり、優先度の高い仕事に貢献したりする機会がなくなり、リーダーたちから認められていないと感じるようになる。

　マネジャーの課題は、両タイプのハイパフォーマーの良いところを伸ばすだけでなく、職場環境全体にポジティブな影響を与えられるようにすることだ。

プッシャー

　プッシャーの能力が最大限に発揮されると、以下を期待できる。
- チームメイトや組織の成果が向上する
- 優れた仕事がモデル化され、他の人員のやる気が刺激される
- トップクラスの人材を特定するコツをつかみ、こうした人材をプロジェクトやチームへと誘える
- プッシャーが、組織の問題に対する優れたレーダーのような存在として活躍する
- プッシャーがチームの枠にとどまらず、企業のオーナーと同じように行動する

　一方、最悪の場合、プッシャーは以下のような問題を起こす可能性がある。
- 才能は "良い面" と "悪い面" で構成されているが、プッシャーは "良い人材" か "悪い人材" かのどちらかしかいないと考える。また、"良い人材" はごく一部だと決めつける
- "悪い人材" に分類した人のことを無視し、育成したり、一緒に働いたりすることを拒否したりする
- 社内に不信感をもたらす。プッシャーの存在や行動によって、仕事が認められない、または不当なプレッシャーにさらされていると感じる人が出てくる
- チームや組織に仕事を持ち込みすぎて、内部の人材育成をおろそかにする。いわゆる "エンパイア・ビルダー（帝国建設者）" になる

プッシャーを支援する方法は以下の通りだ。

- プッシャーが高い水準を設定することを推奨し、その設定に報いるようにする。プッシャーの仕事を個人的に、または人前で称賛する。昇進させる。昇給させる
- プッシャーと協力してトップクラスの人材を見いだし、その人材に機会を与える
- プッシャーと協力して組織が注意すべき領域を特定する。その領域に対処するためのプロジェクトを率いるよう、プッシャーに依頼してもよいだろう
- プッシャーが人を育成するのを支援する。人の成長を支援する能力を改善点として指摘すれば、プッシャーはこの機会に積極的に取り組んで、改善することがよくある。他人の誤りを指摘するばかりではなく、他人の強みを認めるように話してみよう
- スケールアップするためには、間接的に影響を与える方法について学ぶ必要があること、すべての仕事を自分のチームでこなすことはできないことを伝える。仕事を人に任せて、相互の信頼を築く方法についてのコーチングを提供する

プラー

プラーの能力が最大限に発揮された場合は、以下を期待できる。

- 優先度の高いプロジェクトのための優れたリソースとなる
- 成功させるべき急ぎの仕事にすぐに取り組める
- 質の高い仕事をモデル化する
- 組織の他の人員をやる気にさせる
- エネルギーと責任感にあふれる。また、チームを楽しくしてくれる

一方、以下のような問題が発生する可能性もある。

- 燃え尽きてしまう
- 本人の時間やスキルを有効に使えるとはいえない仕事を引き受けてしまう

- 他の人の育成に役立ちそうな仕事を任せようとしない
- 良いプロジェクトをすべて担当してしまうので、他の人のやる気をそいでしまうことがある

プラーを支援する方法は以下の通りだ。
- 仕事の優先順位をつけ、線引きをするのを支援する
- 仕事を引き受ける前に、自分に対して以下の質問をするように勧める。自分はこの仕事に最適な人員だろうか？　この仕事は取り組むべき最も重要なことだろうか？　この仕事のためにあきらめなければならないことは何だろうか？
- プラーが与えられた仕事を片っ端からこなすのではなく、本人の興味や熱意を認識できるように支援する（第4章「キャリアをめぐる対話」を参照）
- プロジェクトを断る方法をコーチングする
- プロジェクトへの参加依頼を断っても、他のエキサイティングな取り組みに携わる機会をなくすことにはならないと説得する
- プラーが自分の代わりにプロジェクトに参加してくれる人を見つけられるように支援し、仕事の委任と人材の育成に力を入れられるように育てる

では、わたしのハイパフォーマーマネジメントの戦術をもう少し紹介しよう。

いつ仕事が退屈になるのかを予想する

　生産性の高い人物は、魅力的でない仕事に対して真っ先に負担を感じるようになる。ハイパフォーマーなら仕事を退屈だと思わないだろうと期待してはいけない。マネジメントの対象がプッシャーであれば、その人物は1on1ミーティングのたびに仕事が退屈だと訴えるだろう。一方、プラーの場合は、不満を漏らさずに黙っている。どちらの場合でも、部下が現在の役割の枠に収まらなくなっていると推察しているなら、部下が取り組めるエキサイティングなプロジェクトを積極的につくるつもりであると伝えるといいだろう。言いにくいことを伝えよう。「今後6カ月の間は、あなたの関心に十分見合うだけのプロジェクトがないのではないかと心配しているんです」このような人材が興味を持つよ

うなブレーンストーミング作業を共同で始め、そのような仕事があなたのチームにないのなら、別の場所で見つけられるよう支援しよう。そう、別の場所で探すのを手伝うのだ。

わたしがマネジャーとして成功できた理由のひとつは、常に"その人の利益を考える"ことを心がけていたからだと思う。つまり、その人がどのような方向性を目指すとしても、自分の道を切り拓くのを手助けするのだ。

わたしは常に組織に利益があるように意思決定をするのだが、個人の成長という点では、部下にとって最適な機会は組織の外部にあると気づくことがある。場合によっては、その機会が社外にあったりもする。この状況はマネジャーとして望ましいものではないかもしれないが、あなたは、その部下が考えた末にする難しい決定を支援する人になるべきだ。そうしないと、部下から退職願が突然提出されるかもしれない。そして、従業員に誠実に接すれば、あなたのもとに戻ってくる可能性もきわめて高くなる。

優れたリーダーは、部下が学び、成功するのを支援し、部下が会社やチームメンバーのために、個人として正しいことをするはずだと信頼する。"部下にインスピレーションを与えている"と言われるのはそうしたリーダーだ。その人に向いた機会に気づいたら正直に伝えるようにしよう。そうすれば、才能ある人々がついていこうと思うリーダーになれる。

覚えておこう、機会は思ったより豊富にある

自分のチームや組織についてよく観察すれば、ハイパフォーマーに適した領域が思ったよりたくさんあると気づくだろう。以下に例を挙げる。

- 自分のチームにマネジメント関連の役割の空きがなくても、重要なリーダーシップの役割を与えられるかもしれない。事業運営の基本原則3を思い出してほしい。マネジメントとリーダーシップを区別するのだ。チームの戦略的なプロジェクトを任せたり、採用やプランニングといったチームづくりの作業を任せたりするのもいい。また、システムを次のレベルへと拡張するための技術アーキテクチャの設計や、ビジネスレビュー・プロセスの仕切りや組織を代表したプレゼンなど、会社の根幹に関わる重要な仕事を担当してもらうこともできる

- **その従業員がさらに成長できるように、新しい組織構造を検討してみる。**
たとえば、あるプロジェクト向けに大きなチームをつくるのではなく、それぞれ違うマネジャーが担当する3つの小さなチームをつくってみる。ただし、チームを小さくしすぎてはならない。ともあれ、たいていの場合は個人のために組織を分割してはならないが、時にはそうするメリットもあるのだ

- **役職ではなく、業務内容にフォーカスしよう。** 役職に執着してしまい、業務内容について考えが至らないというのはよくあることだ。キャリアに関する会話についての自分の記録を確認し、部下の将来の希望について考えてみてほしい。5年後に目指している役割に必要と思われる体験を整理してみる。もし、将来総合的なリーダー職を希望しており、これまでに戦略やデータに関する業務を多数担当しているのなら、オペレーションや営業の仕事を割り当てて、新しいスキルセットを学べるようにしてはどうだろうか

- **部下にあなたの仕事を任せられないか検討する。** 時には、あなたが自分のチームに収まらない成長を遂げ、同時に部下のハイパフォーマーも自分の役割に収まらない成長を遂げているかもしれない。そうなったときが、業務の引き継ぎ計画を検討したり、さらには新しい人に自分の職務を譲ったりすることを検討する絶好のタイミングだ。組織の中でのある程度の安定性は望ましいものではあるが、部下にとっては健全な異動もやはり必要なのだ

部下を手放す

チームのハイパフォーマーが興味を持つような機会を見つけられない場合は、その人をチームに長く引き留めておくことがないようにしよう。ハイパフォーマーの引き留めは、長期的にはあなたと相手との関係と、チームの成果に必ず不利益をもたらすことになる。不満を持つ従業員の成績が低下するだけでなく、キャリアを伸ばせないチームだという不評を買うことにもなる。

このような状況になった場合、最善の策はハイパフォーマーを組織の別の地へと向かわせることだ。これは会社、そして長期的にはあなた自身にとっても

良い結果をもたらす。社内に本当に適切な部署がないのなら、ネットワークを活用して本人の利益を考え、長期的な利益に賭けよう。ハイパフォーマーはあなたに忠誠心と信頼を寄せてくれるだろう。

経験ではなく、可能性をマネジメントする

優れたマネジャーは、ローパフォーマーよりも、ハイパフォーマーのほうに時間をかけるものだ。このマネジメントのコツは聞いたことがあるだろう。確かにそうなのだが、これだけでは不十分だ。あなたがフォーカスするべきなのは、単に現在ハイパフォーマーである従業員だけではなく、長期的に最も高い利益をもたらす従業員だ。もし、現在ハイパフォーマーの部下がいるなら、その部下が成功するように手助けし、障害を取り除き、成績をさらに伸ばせるようにコーチングする。

しかし、最も大きな影響を与えられるのは、素質は十分だがそれを生かすスキルが足りない人物を見いだしたときだ。わたしが好きな"謎解き"は、"興味深い人材"。つまり、変わった組み合わせのスキルを備えていて、良い点をたくさん持っている人だ。その人が良い点を発揮できるようにするにはどうしたらいいだろうか？　真剣に考えてみよう。それは新しいプロジェクトや教育コース、あるいは実習制度かもしれない。相手が何を求めているのかがわかれば、素晴らしい見返りを得られる。

わたしがマネジメントした中に、とても高い創造性を発揮する人々がいた。問題に対して、他のメンバーとはまったく違う角度から、型破りなアイデアや考え方を提供する人たちだ。このような人たちは、時にとても破壊的に感じられるかもしれない。だが、チームが見つけることができなかった突破口を切り拓くことがよくあるのだ。大切なのは、彼らの意見に耳を傾け、アイデアの吟味を手助けし、理論の試行錯誤やテストをする自由を与えることだ。

Googleが Gmail を発表した直後のサポート状況は悲惨だった。当時、Gmail によってオンラインのメールに関する新しいコンセプト（メールの会話のスレッド表示など）がたくさん導入され、ユーザーはひっきりなしにサポートを必要としていた。しかし、チームはユーザーに何日も回答できないことがよくあった。Googleでは試したことは一度もなかった方法だが、チームメンバーのひ

とりがユーザー同士の相互サポートが最善の方法だと提案し続けた。とうとう、わたしはその人に、社外の事例を探して、コンセプトをテストする方法を考えるように頼んだ。まもなく、ユーザーは何日も待つことなくサポートを受けられるようになった。このアプローチは、Google製品の多くで今でも利用されている。

退職前と退職後の面談をする

　トップ10％の人材と、将来特に有望と思われる人材をリストアップし、年に1回面談を行い、「もしあなたが退職するとしたら、理由は何ですか？」と聞いてみよう。時間に制約があっても、3〜5人とこうした会話をするだけでもとても有意義だ。会社の問題点をすぐに把握することができる。また、あなた自身に対するフィードバックも得られるだろう。少なくとも、相手に対しては、改善すべき点を把握しており、そのための計画を大まかに伝えられる（計画がある場合）と直接確約できる。それだけでなく、エンゲージメントとパフォーマンスの最大の摩擦となっている問題への対処を支援するよう、相手に協力を求められる。

　わたしは退職前面談を受けたことはないが、あえていうなら、自分の部署にいたあるリーダーが、仕事への熱意を失う原因になったことはある。わたしは自分で対処して、社内の別の部署に異動したが、その理由を誰も知ることはなかった。

　新しいことを学ぶ機会を逃してはならない。会社の命運を握っているのはトップ10〜20％の従業員なのだから、できるだけ彼らに時間をかけるようにしよう。もし、そうした従業員が退職することになったら、十分な振り返りを行って、退職の理由を確認する。退職する理由を尋ね、その従業員の近しい友人や同僚（やはり成績の良い人々であることが多い）にも同じ質問をする。多くを学ぶことができるだろう。

「CEOや学長のような重要な役職に就いている人は、できればリーダーであってほしいと思います。でも、役職がなくてもリーダーになれます。最も効果的なリーダーシップとは、あなたが今、周囲で起こっていることに対して実際に影響を与えることだとわたしは考えています。役職のあるリーダーの地位に就いている人々は、そのキャリアでかつて役職を持たないリーダーを経験したからこそ、その地位を手に入れられたのです」

——サム・ホーグッド、カリフォルニア大学サンフランシスコ校学長

トップクラスの人材をとどめる

ハイパフォーマーのマネジメントについて、これまでにわたしが見た最大の過ちは、マネジャーが彼らに今まで以上に能力を伸ばす課題を与えないことだ。ハイパフォーマーは、安定を好まない。スキーならば、常に少し急すぎる斜面を探して、誰よりも先にふもとにたどり着こうとする。

自分自身のキャリアという点では、わたしの成功にはふたつの要因があると考えている。ひとつ目は、大局を理解し、興味を持てそうな新たな仕事の出現を予測して、そのような仕事や会社に向かって動くのに長けていることだ。アイスホッケーの名選手だったウェイン・グレツキーはこう言っている。「パックがあるところではなく、パックがこれから進む場所に向かって滑るのだ」この名言は多くのCEOに引用されている。ふたつ目は、トップクラスの成績を上げている人材を見いだし、普通はできないような大きな責任を与えて能力を発揮できるようにすることだ。

チームのプロジェクトを計画するときは、参加させる人員の顔ぶれを思い浮かべ、その仕事をエキサイティングでやりがいがあると思うかどうかを検討しよう。あなたのチームには、今後6カ月の間、メンバーがやる気を維持するのに十分なプロジェクトがあるだろうか？　来年はどうだろうか？　急成長企業で働いている場合は、急成長チームからの利点が期待できる。そうしたチーム

からは、ハイパフォーマーが自然と出てくる可能性があるからだ。

　しかし、成長著しい企業であっても、機会が限られるチームはある。これはビジネス開発などの専門的なチームによく見られる状況だ。このようなチームは、才能豊富な人を惹きつけるが、インプットとアウトプットに変化のないことが多いため、チームに対してわかりやすい課題が与えられる機会があまりない。この状況を見越して、ハイパフォーマーがチームの現実について、良い点と欠点の両方から十分に考えられるように手助けしよう。ビジネス開発のように小規模で戦略的なチームでは、会社の方向性を変えるような魅力的な仕事に取り組むチャンスがあるかもしれない。一方、チームが小規模であるため、近いうちにメンバーのマネジメントを任されるようになる可能性は低い。言いにくいことを伝える、つまりトレードオフについてはっきり話すことによって、部下のキャリアのために誠実なコーチの役割を果たせる。最悪のケースでは、部下がマネジメントをもっと早く経験できるように、異動を支援することになるだろう。一方、最高のケースなら、部下が現在のチームにとどまることを自ら選択し、そのように決めた理由と、チームにどのように貢献し、チームから何を得たいのかを認識するようになるだろう。

ハイパフォーマーに昇進の見送りを伝える

　従業員を速やかに昇進させることはとても簡単だ。結局、あなたは素晴らしい仕事に報いたいわけだから。でも、現状を確認して、その人が本当に上のレベルにふさわしい実績を上げていて、かつパフォーマンスを維持できるのかを自分に問うてみる必要がある。どんなに優秀な人にも、改善の余地がある。ハイパフォーマーに対してあなたができる最善のことは、それをはっきりと伝えることだ。本物のハイパフォーマーならば、あなたに感謝し、向上のために一生懸命努力することだろう。

　トップクラスの能力を持つその部下が、まだ昇進の準備ができていないと判断したときは、判断の責任を引き受けよう。まだ足りない点と（この章ですでに取り上げた、コーチングとフィードバックについての節を参照）、次のレベルに進むには何を変える必要があるのかを部下に伝える。

最近、とても才能のある女性と仕事をした。直接の貢献を考えれば昇進して当然だった。しかし、彼女は部下を通じてチームを構築し、スケールアップする方法を見つけ出せずにいた。わたしはこのフィードバックをパフォーマンス・レビューの際に伝えた。そして、ふたりで6カ月かけて彼女のチームの採用、委任、運営についての戦略を立て、影響力の強化に努めた。次のパフォーマンス・レビュー・サイクルがやってくると、リーダーシップチームは彼女が昇進の準備ができていることに同意した。彼女もまた、次のレベルで秀でた実績を上げる準備ができていた。

場合によっては、トップクラスの成績を上げている部下に対してポジティブなフィードバックを何度もしたにもかかわらず、建設的なフィードバックができないままパフォーマンス・レビュー・サイクルを迎えてしまうことがある。万一そのような状況になった場合は、部下に対して「○○さんはよくやっていますが、××についてはもっと建設的なフィードバックをするべきでした。このような会話をもっと早くしなかったのはわたしに非があります」と正直に伝えよう。あなたに対する信頼は多少下がるだろうが、過ちを認めることで、お互いの信頼をもう一度築くことができる。

最後に、もし従業員が頻繁に昇進する高成長企業に勤務している場合は、必ず継続的に期待値を設定しよう。職位が上がっていくにつれて昇進の機会は少なくなるので、上級職の人物を、昇進以外の方法で評価する方法を見つけなければならない。

堅実なミドルパフォーマー

成績が"中程度"のグループ、つまりミドルパフォーマーは、真の能力を発揮していないか、または能力を欠いているだけだという考え方がある。急成長中で新入社員が多い状況ではこの説にも一理あるが、十分な時間をかけて観察すると、パフォーマンスは高、中、低に分布する正規曲線を描くようになるとわたしは考えている。会社によってパフォーマンスが高い従業員がやや多めになることはあるが、特に大企業では、上位の人材が豊富な会社はなかなかない。

ミドルパフォーマーは無視されがちである。これはとても残念だ。ミドルパフォーマーは安定性の源であり、組織文化を伝えてくれることが多い。マネジャーは誰でも、自分のチームを人材のポートフォリオと考える必要がある。ポートフォリオ内の一人ひとりを評価し、支援するか、成績を伸ばすためにコーチングするか、またはもっと適した役割、チーム、会社へと異動させなければならない。

チームの背景状況を考えてみよう。仕事の範囲が常に変化し、動きが速く、会社の優先順位が上位のチームだろうか、同じ業務を常に問題なく実行する必要があり、毎年のサイクルが予想しやすいチームだろうか。後者のタイプのチームは、ミドルパフォーマーのほうが合っている。ミドルパフォーマーには育成計画を用意し、各人の貢献を認める必要がある。また、このようなチームでは、従業員が"最終"レベル（レベル4など）に到達し、それ以上昇進しない、あるいは昇進を求めないような働き方も認めるべきだ。もし、従業員の貢献度が十分であれば、その状態をよしとして、チームの改善方法についてその人からフィードバックしてもらう。そして、時間を取ってその人の一定したパフォーマンスを讃えるようにする。おそらく、報酬よりも、口頭での評価や特別な任務によって報いるようになるだろう。

ローパフォーマーをマネジメントする ─────────

部下に対して1回限りの建設的なフィードバックをしているはずが、いつの間にかパターン化していると気づくことがある。部下のパフォーマンスと、その職務に求められる要求や期待の間に、常に一定のギャップがある場合、その部下はローパフォーマーである。

まず、確認しておこう。ローパフォーマーは、いつもローパフォーマーであるとは限らない。重要なのはその背景だ。スキルや意欲に問題があるのかもしれないし、仕事が合っていないのかもしれない。あなたの仕事はパフォーマンスの問題があるかどうかを把握し、その人の能力を向上させるか、その人を別のチームや会社へと移すことだ。

基本的なことをもう一度確認しよう。ローパフォーマーのパターンを持つ人（繰り返しになるが、ローパフォーマーの評価はあくまでもチームの状況を鑑みてのことであり、人格に対する判断ではない）が問題である主な理由は次のふたつである。まず、仕事と成果の質が低いことで、そのチーム全体の仕事や成果に影響が出る。次に、ローパフォーマーは、チームの残りの人員の足を大きく引っ張ることが多く、その結果、チームの士気が壊滅的に低下する原因になりかねない。マネジメントで重要なのが、チームの影響力を強め、責任感とやる気を拡充して、優れた仕事をできるようにすることなら、ローパフォーマーへの対処は、オペレーティング・システムの維持以外にできる、きわめて重要な仕事のひとつだとわたしはいいたい。

ローパフォーマーの見分けがつくころには、組織はすでにその人物の採用やオンボーディングに大きなコストを費やしている。上級職であればなおさらだ。あなたの役割は、その人物が今の会社で成功できるように手助けするか、早めに心を決めて、新たな道に進めるように促すことだ。

次に、ローパフォーマーのマネジメントの基本原則と、仕事をもう一度軌道に乗せられるよう支援するか異動を促すためのマネジメント手順を紹介する。その前に、この節を読む上で念頭に置くべきふたつのポイントについて説明しよう。境界線上のケースと、人事部門の役割だ。

境界線上のケース

パフォーマンスの問題の原因は、スキルや意欲の欠如だとは限らない。従業員の人生には、時にいろいろな問題が起きるものだ。家族の死去、金銭面の困難、心身の病気など、さまざまな個人的な問題が仕事のパフォーマンスに影響していることがありうる。

すべての事情に対応するようなアドバイスはできないが、このような場合には次のふたつの対策が役に立つだろう。まず、できれば人事チームに関与してもらおう。私生活で厳しい問題を抱えている従業員を守るため、しかるべき制度がある。あなたは従業員をサポートする法規制の要件について把握しておく必要がある。

次に、フィードバックを遠慮しないようにしよう。パフォーマンスが低い従業員は誰でも、パフォーマンスと役割で求められていることの間にギャップを抱えている。その役割に対する期待値を引き下げることはできないが、従業員をパートタイム職や要求が緩やかな役割に異動させることで、責任の内容を変えることはできる。特に問題が一時的な場合はこうした対処が効果的だ。

人事部門の役割

会社に人事チームがある場合は、ローパフォーマーをマネジメントするための素晴らしいリソースになる。人事チームがなければ、おそらく弁護士や法律事務所と契約しているのではないだろうか。法律に関する現地の考慮事項に関する資料やトレーニングを得られることがあるので、問い合わせてみる価値はあるだろう。経験豊富な人事担当者であれば、あなたが経験しているのと似たような事例に対処したことがあり、法的なリスクや規制の要件など、国ごとに異なるリスクの確認を手助けしてくれるだろう。

チームメンバーがローパフォーマーだと明らかになったら、必ず人事チームに知らせるようにしよう。ただし、人事チームにあなたに代わってパフォーマンスをマネジメントするように頼まないこと。部下とそのパフォーマンスに対して最終的に責任を取るのは、マネジャーであるあなただ。部下の仕事ぶりを一番よく知っているのも、チームを率いているのも、あなたなのだ。

では、ローパフォーマーをマネジメントする場合の主な方針を紹介しよう。

相手を驚かさないようにする

もし、従業員との1on1ミーティングで正式なパフォーマンス改善計画（"performance improvement plan"の頭文字を取ってPIPと呼ばれることもある）を提示したときに驚かれてしまったら、あなたは何らかの失敗を犯している。このような大きな決定をする前に、あなたと従業員は少なくとも2、3回、フィードバックの会話をしておくべきだった。会話では、パフォーマンスについて話し合う。そして、これが重要なのだが、その従業員の仕事に満足していないと明確に伝える必要がある。適切に実施されていれば、このような会話は仮定

に基づくコーチングとして始まり、最終的には「あなたがこの四半期のゴールを達成できないのではないかと心配しています」といった懸念事項を明示的に共有することになっていただろう。

　会話していない場合、あなたは出遅れている。部下と意識合わせを行い、決定について説明するまでにかなりの時間を使わなければならない。また、部下からの信頼を失い、問題を穏便に解決できる可能性は低くなる。これこそが、部下へのフィードバックを続けるべきであり、わたしが他のほとんどのマネジメント手法よりもフィードバックを優先すべきだと提唱する理由である。目標を達成できていないように見える場合は特にそうだ。

　"驚かさない"ルールにも例外はある。たとえば、チームメンバーが、一度限りとはいえ緊急の対処が必要な大問題を起こした場合だ。しかし、たいていの場合は、時間をかけて（ただし、あまり長期間になりすぎないように）観察していれば、パフォーマンスの問題にパターンがあることがわかるので、問題を指摘する機会は豊富にあったはずだ。ローパフォーマーに対しては、会社の正式なパフォーマンス評価プロセスを待ってフィードバックするのでは遅すぎる。特にパフォーマンスの問題については、早期かつ頻繁にフィードバックを提供するようにしよう。

文書を活用して明確さと信頼性を向上させる

　フィードバックは文書にしておこう。マネジャーは時折厳しい観察結果を書面にするのをためらうが、建設的なフィードバックは重要なマネジメントツールであり、あいまいな言葉に隠したり、立ち話のついでに実施したりするべきではない。フィードバックをするのは相手に聞いてもらうためである。聞いてほしいのなら、観察結果を書面にするといろいろな面で役に立つ。たとえば、解釈の行き違いによって、きちんと伝わらなかったということが少なくなる。また、あなたと従業員の両方がどちらもパターンを速やかに、かつ簡単に認識できるようになる。書面は話し合いと合意の内容の記録なので、信頼を築くのにも役立つ。書面をつくる必要のない場合も多いが、従業員が法的な行動を取ることにした場合には、書面での記録が重要になる。

　フィードバックはできれば定期的な1on1ミーティングの際に対面で実施す

第 **5** 章
コア・フレームワーク 4 ── フィードバックとパフォーマンスのしくみづくり

るのが望ましいが、フォローアップには書面を使おう。フィードバックが 1 回限りなら、1on1 ミーティング用の文書にしておく（たとえば、"アジェンダ項目 2：先週作成した分析に対するフィードバック"のように）。あなたが従業員を今後支援する方法や、従業員が改善に取り組む内容など、ディスカッションの主なポイントを書き出しておく。問題のあるパフォーマンスのパターンについてもっと重大な会話をする場合は、フィードバックとディスカッションについてメールか文書にまとめ、本人に送信する。状況がさらに深刻なら、この時点で人事部に連絡しておき、文書にしたフィードバックを人事担当者とも共有する必要がある。

思いやりを示す

　あなたが多くの優れたマネジャーと同様に共感力を備えていれば、ローパフォーマーのマネジメントを難しいと感じるだろう。相手の感情を傷つけ、自信を喪失させるリスクを認識しているからだ。マネジメントには常に思いやりの気持ちが必要だが、思いやりのあるマネジメントができている人は少ない。多くのマネジャーは、感じよく接することが思いやりだと考えるが、それではあらゆる面で事態が悪化してしまう。キム・スコットは、著書『GREAT BOSS：シリコンバレー式ずけずけ言う力』（東洋経済新報社、2019 年）でこのような勘違いした思いやりを "ruinous empathy"（"害にしかならない共感" の意。日本語版では "過剰な配慮" と訳されている）[75] と表現している。わたしもまったく同感だ。

　従業員がすでに追い詰められているから、あるいはフィードバックを悪く受け取るだろうからとフィードバックをしないのは、思いやりのあるマネジメントではない。また、部下の仕事がうまくいくようにするためにあなたの他の仕事を放り出すということでもない。思いやりのあるマネジメントとは、従業員のパフォーマンスについての観察結果を誠実に伝えること、従業員が軌道修正するための選択肢を明確にすること、期待に応えるために必要な取り組みを説明すること、そして従業員が現在の組織で迎える可能性が最も高い結果について共有することだ。また、こうしたすべてのフィードバックと、あなたの他の責務とのバランスも取らなければならない。あるコーチから、マネジャーの最

大の誤りは、持てるすべての時間を問題のために費やしてしまい、トップパフォーマーの意欲向上に十分な時間をかけないことだと聞かされたことがある。問題のある状況にもっと直接的かつ効率的に対処し、浮いた時間を潜在能力の高い人材への対応に当てるようにしよう。

意識的に行動する

　パフォーマンスのマネジメントで何よりも重要なのはタイミングだ。できれば、パフォーマンスの問題解決は３カ月程度で終わらせたい。部下の職位と背景にもよるが、問題は１カ月程度で解決できることが多い。問題を長引かせるべきではないが、その部下に対して改善のための公平な機会も与えるべきだ。

　対処が遅くなることのもうひとつの問題は、パフォーマンスの状態に別の要因が加わっていくことだ。たとえば、あなたが問題について直接話し合いをしていない場合でも、従業員は自分の仕事がうまくいっていないと認識しているものだ。その結果、ストレスを感じ、そのストレスがパフォーマンスにさらに影響する。問題についてやっと話したときには、部下から「実は、この３カ月の間とても不安でした」と聞かされることになる。すると、問題には従業員のメンタルヘルスも関係していることになる。そうなると会話の内容ががらりと変わり、プロセス全体に遅れが生じる。もっと早く対処していたら、この状況は避けることができたかもしれない。

ローパフォーマーのマネジメント・フェーズ

　ローパフォーマーのマネジメントは山あり谷ありのプロセスであり、追跡が難しいように思われるので、わたしはこのプロセスをいくつかのフェーズに分けて、おおよそのタイムラインを設定してみた。従業員が問題について同意し、退職を早めに決断すれば、プロセスを速やかに進められる。キーポイントは以下の通りだ。誰かを正式に解雇しなければならないという状況になることはあまりない。たいていの場合、ローパフォーマーのマネジメントでは、自ら退職や異動を決めた部下のコーチングや"退職手続き"に対処することになる。部下が進路を決めた時点で、あなたは退職や異動に伴うコミュニケーションや引

き継ぎなどを一緒にマネジメントする。これは、ローパフォーマーの問題の解決としては申し分のない状況だ。

　ローパフォーマーのマネジメントのフェーズは以下の通りである。

フェーズ0：1回限りのフィードバックの内容がパターン化し、結果に対する仮説ができあがる（3週間未満）

フェーズ1：パフォーマンスの課題について見解を統一する（1〜3回の会話、2週間）

- パターンに対するあなたの観察結果を共有する
- 従業員が役割への期待に十分に応えていないことを伝える
- ディスカッションの内容を文書にする

フェーズ2：次のステップについて合意する（1〜2回の会話、1週間）

フェーズ3：アクション・プランを作成する（1〜3カ月）

- **考えられる結果1**：パフォーマンスの改善計画に従った結果、従業員のパフォーマンスが改善する
- **考えられる結果2**：従業員が別のチームへ異動する
- **考えられる結果3**：従業員が退職する

　この項では、各フェーズについて詳しく説明する。また、ローパフォーマーの従業員との会話の枠組みを決めるために役立つ言い回しも、適宜用意する。

フェーズ0：
1回限りのフィードバックの内容がパターン化し、結果に対する仮説ができあがる

　1回限りのフィードバックの内容がこれまでと変わりないパフォーマンスの問題で、改善が見られない場合は、もっと長期のパフォーマンス・マネジメント・プロセスの計画を立て始める必要がある。その人の職位が低く、役割が単純であるうちは、このプロセスはすぐに発生することが多い。役割が複雑で、その人が経験豊富であり、たとえばマネジャーをマネジメントするような上級職に就いている場合、このプロセスにはおそらく数カ月かかる。結果について検討する際には、タイムラインを織り込んで、結果に対する説明責任を持つようにしよう。

直感に反するかもしれないが、最終的にどのような結果に至ると思うかという仮説を立ててからプロセスを開始することはとても大切だ。ただし、仮説は間違っているかもしれないので、手持ちのデータが増えるに従って調整する必要がある。しかし、プロセスと今後の会話がスムーズになるので、考えられる結果は想定しておくべきだと、わたしは信じている。考えられる結果は以下の3つのようになるだろう。

1. 従業員がパフォーマンスを改善し、現在の役職にとどまる
2. 従業員の役割またはチームが変更される
3. 従業員が退職する

最も可能性が高い結果についての仮説を検討しておくことで、必要な事項を相手に伝えやすくなる。わたしの経験では、パフォーマンスの改善計画を説明すると、従業員は「わたしにできると思いますか？」と聞いてくることが多い。その際、決して単刀直入に「いいえ」とは言わないが、場合によっては「大変だと思います」とはっきり言うようにしている。こう伝える場合もある。「このようなスキルをすぐに身につけて、あなたの役割に現在求められている要件に対処できるようになるのは難しいかもしれません。もちろん、サポートはしますが、正直に言って心配はしています」ここで改善計画の実行が難しいと従業員が同意するなら、会話の内容を離職や異動の可能性に切り替える。従業員が改善計画を進めることにした場合、あなたが間違っていたと証明されるかもしれない（その場合は仮説を調整すればよい）。実行できない場合は、次のステップへの準備が整ったことになる。

フェーズ1：パフォーマンスの課題についての見解を統一する

仮説を立てたら、定期的な1on1ミーティングを使ってフィードバックを伝える。フィードバックの方法は1回限りのフィードバックと同じでいい（この章の「厳しいフィードバックをする」を参照のこと）。

1. あなたが一定のパターンに気づいたことを伝える
2. パターン化しているということは、従業員が役割への期待に応えられていないということなのだと説明する。できれば、ロール・チャーター（憲章）など、役割に対する期待事項についての客観的な情報を提示する

項目2は特に重要だ。状況は、正式でないコーチングモードから、もっと正式なパフォーマンス評価へと移行している。これはきわめて重要だ。従業員が期待に応えられていないと正式に評価されているとあなたからはっきり伝えるまでは、その従業員が自分の評価について理解していることを前提にしてはならない。難しい対応を迫られる可能性があるので、この後数ページを使って、このようなフィードバックを伝える方法をいくつか紹介しよう。

フィードバックをする

まず、次のように始めてみよう。「○○さんはプロジェクトの締め切りに間に合わなかったことが3回ありますね。締め切りを守ることの必要性について話し合ったこともあります。どうやら問題のあるパターンに陥っているようです。わたしは、○○さんがこの役割に対応できなくなっているのではないかと心配しています」

この場合、従業員の反応は、否定（「わたしはそうは思いません」）か、問題の解決の準備ができたことへの安堵（「おっしゃる通りです。わたしには助けが必要です」）の2通りになることが多い。

反応1：否定

採用が適切に行われていれば、否定の反応がある確率はごくわずかのはずである（10%くらいだろうか）。否定の反応には、いくつか進め方がある。

従業員が誤解をしているか、状況を把握できていないと思われる場合は、従業員の行動の例をもっと挙げて、相手があなたの懸念に耳を貸すようにする。たとえば、「お伝えしているのは、先週締め切りが守られなかったことと、その1週間くらい前にプロジェクトXの締め切りが遅れたことです」のように言ってみる。こう付け加えてもいいかもしれない。「同僚によるレビューの結果、チームの他の人たちはあなたが締め切りを守れていないと思っています」

もし、相手が反論するようなら、事実についての話を中断して、従業員のパフォーマンスに対するあなたの認識と観察結果について話すようにする。「全面的に同意できないかもしれませんが、あなたが締め切りを守らないという認識

について話させてください。この問題に対処する必要があります」または、「わたしはあなたが締め切りを何回か守らなかったことを見てきたので、なぜそうなったのか、改善のためにわたしたちに何ができるのかにフォーカスさせてください」と言ってもよいだろう。

　従業員の反応によっては、複数回にわたってこの会話をする必要がある。あなたに腹を立てる人や、状況整理に時間が必要な人もいるかもしれない。また、あなたの認識を変えるようなことを伝えてくるかもしれない。そのような場合は、ためらわずに一度話し合いを中断して、新たに話す機会を設定しよう。ただし、その際に引き下がってはならない。フィードバックの内容が今でも正しいと思っているのなら、責任を持って進めないと、これまでの作業が無駄になってしまう。次のように言ってみよう。「お話しした観察結果の中には、同意できないものがあるようですね。あなたには、状況を整理するための時間が必要なようです。いったん中断して、話し合った内容について検討しませんか？　数日以内にもう一度時間を取りましょう」

　従業員の陥っている状況について、新事実が判明する場合もある。たとえば、他のチームが重要な締め切りに間に合わなかった影響を受けて、その従業員が締め切りを守れなかったというような場合だ。当初の評価を訂正する必要があると思われる場合は、もっとデータを集めて再確認するという合意をして会話を終わりにする。「新しい情報を共有してくれてありがとうございます。詳しく確認して、来週また続きの話をするための時間を取りますね」などと言うとよいだろう。この状況を、1週間以上引き延ばさないようにする。新しい情報を検討してもやはりパフォーマンスに問題があると考えられる場合はパフォーマンス・レビューのプロセスを再開する。そうでない場合は、情報やパフォーマンスについて、なぜ自分が誤った判断をしたのかをその人に伝えることをお勧めする。

反応2：安堵と問題解決の準備

　たいていの場合、コーチング内容を聞いた人は、正式なフィードバックの会話を切り出す前に問題に気づいている。これは良い兆候だ。つまり、解決すべき問題があるという点については合意があり、これから挙げる質問の一部、ま

たはすべてを従業員の状況に応じて直接的、または間接的に投げかけて、問題を解決する態勢に入れるからだ。

● **この状況についてどう思いますか?**

その従業員が、対処が必要な自分の状況や、支援が必要な点について自発的に話してくれることがある(「わたしにはExcelのスキルが不足しているのです」など)。自分がその役割に合っていないのではないかという不安を打ち明けられるかもしれない。相手に方針を提示してもらって、あなたはその方針に沿って会話を進めるようにする。特に、相手の自己評価や解決策が正しいと思う場合はそうすべきだ。この機会に、状況をさらに詳しく把握する。その結果、役割が合っていないという合意に達することもある。

● **現在の仕事は好きですか?**

従業員が自分の役割をうまくできていないとわかっているが、その理由に心当たりがない場合は、この時点で詳しく掘り下げる必要がある。考えてもらった結果、今の役割の一番嫌いな側面に、要改善スキルが関係していると気づくことがある。また、今の役割がまったく好きではないので、異動が必要だと自覚する場合もある。

● **現在の役割はあなたに合っていますか?**

"言いにくいことを伝える"の流れに沿うと、こうした懸念があるなら直接伝えるのが最もうまくいくことがある。わたしはいきなり伝えることはまずしないが、もし、相手が自分の役割のポジティブな面を挙げられない、あるいはふたりとも現在の役割と相手の興味や強みに共通点を見つけられず、解消が必要なギャップばかりが確認されるなら、事態は一番重要な問題に対処すべきところまで来ているだろう。

このような話し合いをすれば、仮説が正しかったかどうか、そして次のステップに進めるかどうかを確信できるだろう。

話し合いの内容を文書にする

このプロセスでの話し合いは、必ず文書にしておく。その方法として最適なのはメールである。メールなら、従業員に情報を簡単に送信し、相手も簡単に返信できる。メールには、その従業員が現在の役割における期待事項に対応できていないことと、次のステップについて合意した内容を書いておく必要がある。次のステップは「今回の会話について検討し、来週またミーティングをする」といったような簡単なものでも構わない。

次のようなメールが考えられる。

> 本日の話し合いではありがとうございました。今回の会話について確認できるように、内容をまとめたものを送ります。
> 今回は、プロジェクトXとYでのあなたの分析スキルが、現在の役割で求められる水準に達していないことについて話し合いました。そして、次のステップについて以下のように合意しました。わたしはあなたにSQLクエリの作成方法に関する2本のトレーニングビデオを送ります（添付します）。あなたはボブに連絡をして、分析について十分に理解する方法を教えてもらいます。あなたはプロジェクトZの分析作業を完了し、来月の1on1ミーティングで共有します。このミーティングで、状況が改善されているかふたりで確認しましょう。

パフォーマンスの改善プロセスについて文書にするためのメールのテンプレートは、章末にあるQRコード先でも紹介しているので参考にしてみてほしい。

フェーズ2：次のステップについて合意する

パフォーマンスの問題について話し合った後は、現在の状況と、今後の進め方についての認識を合わせるといいだろう。たとえば、2回目のフィードバック・ミーティングを終えたら、「わたしたちは、話し合った点についての改善計画を作成し、30日間、進捗をふたりで確認することに合意します」というような、共通の結論が出ているとよい。

第5章
コア・フレームワーク4 —— フィードバックとパフォーマンスのしくみづくり

認識が完全に合っていなくても、3回目の会話では次のステップについて話し合わなければならない。つまり、ミーティングが「あなたは正式なパフォーマンス改善計画が必要だということに完全には同意していませんが、こちらで作成した計画に対するあなたの進捗を30日間確認しましょう」というような形で終わる場合もあるということだ。

すでに説明したように、考えられる次のステップには以下の3つがある。

1. 従業員がパフォーマンス改善計画に従う
2. 従業員が別のチームへ異動する
3. 従業員が退職する

次の項では、それぞれ最初のふたつの結果についてフォーカスする。

フェーズ3：アクション・プランを作成する

考えられる結果1：従業員が同意し、パフォーマンスの改善計画を遂行する

最初の会話で従業員が改善を始めるという合意が速やかに形成された場合、マネジャーは正式なパフォーマンス改善計画の草稿を作成して、部下に合意してもらう。計画に組み込む内容には以下のようなものが考えられる。

- 変化や改善が必要であるスキルや行動
- 終了日。どの時点で従業員の改善を評価するか
- プロセスの測定方法

パフォーマンスの問題の修正対象は次の3種類に分類されることが多い。また、改善計画の期間は問題の性質を考慮して決める必要がある。

- **オペレーションや戦術**：分析スキルの向上、営業ノルマの達成、サポート対応の量と質の向上など。修正後の観察や測定は簡単だが、変化の実現にはしばらく時間がかかることがある。たとえば、営業ノルマがある人ならば、改善を証明するのには時間が必要だ。たいていの営業案件は、ある特定の期間（通常は四半期）でクローズされるためである
- **役割に適したスキル全般**：たとえば、分析業務のスペシャリストである人材が必要なのだが、本人は創業段階に適したゼネラリスト寄りの人物だったとする。あなたは1〜2カ月の間に本人の意思と、役割の要件に合うよ

うに進化するかどうかを見極めなければならない（もちろん、実際のスキル構築にはさらに長い期間が必要になる）。この役割に必要なスキルを備えた人材がすぐに必要なら、さらに短期間で評価することになる

- **行動や態度**：たとえば、非常にしっかりした階層構造で、成果物について明確な指示が出る組織に慣れている人がいるとする。しかし、あなたの会社はもっとフラットな組織で、主体的に仕事をすることが求められている。その人があなたの会社で成長し、仕事ができるのか、またその意思があるのかどうかを2〜3週間で見極めなければならない

　正式なパフォーマンス改善計画の作成で最も難しいのは、進捗の測定方法の説明だ。指標を用いる場合は測定が簡単だが、そうでない場合は、仕事の内容（成果や質）と、他の従業員とのコミュニケーションやコラボレーションを含む仕事の進め方を観察するしかない。アウトプット、品質、プロセスの判定方法を、必ずまとめておこう。具体的には、5人のチームメンバーからフィードバックを求める、その分野に詳しい他のマネジャーに仕事を評価してもらう、というような内容が考えられる。どのような内容であっても、パフォーマンス改善計画の終了時に進捗の評価方法についてもめるのは回避するように努める。

パフォーマンス改善計画を開始するときの会話例
　これから紹介する会話の例には、あなたと従業員の両方にとって難しい点があるので、従業員のことを考えて慎重に準備してほしい。会話のポイントは自分が納得できるように変更して構わないが、主なポイントは必ず取り入れよう。

　　お話ししてきた通り、あなたの現在のパフォーマンスは現在の役割に求められている期待に応えられていません。主な要改善領域は、具体的には次の通りです［PIPで指摘されている要改善領域を挙げる。その従業員が対応できていない具体的なPIPの説明を要約して、誤解がないようにする］。
　　あなたが仕事をもう一度順調に進められるように、パフォーマンス改善計画（performance improvement plan、PIP）を準備しました。PIPのゴ

ールは、期待事項を明確にして、あなたがこの期待に応えられることができるようにするためのフレームワークをつくることです。PIP期間中のあなたのゴールは次のような内容です［PIPに説明されている達成事項やマイルストーンのリスト］。

　この指摘を聞くのは辛いとは思いますが、成長のための機会と考えていただけると幸いです。わたしはこの計画を活用したパフォーマンス改善に真摯に取り組みます。毎週の定期1on1ミーティングでこの計画について確認し、進捗について話し合う時間を取りましょう。1on1ミーティングの時間をもっと取る必要があるようでしたら言ってください。

　PIPのゴールは必ず達成できるはずです。

　PIPやこのプロセスについて、不明点がありましたらお知らせください。どうぞよろしくお願いいたします。

　PIPのテンプレートの例は、章末にあるQRコード先を参照してほしい。

　さて、パフォーマンス改善計画が完了したら、従業員が十分な成果を上げ、パフォーマンス計画を終了できるのか、それとも役割やチームの変更などが必要かどうかを判断しなければならない。

　わたしの経験では、従業員がフィードバックを信用しようとせず、結果としてPIPがギャップを証明する正式な手段となった場合は、99％の確率で退職した。そうでない場合、従業員がギャップを認め、必要なスキルを学んだり、仕事のやり方を変えたりする。スキルのギャップが戦術的な内容であるほど、十分なやる気さえ出ればPIPに対応できる確率が高くなる。スキルのギャップがあいまいだったり、問題が行動に関係したりしている場合は、成功は難しくなる。ただし、うまく改善できた例もある。マネジャーの仕事は常にプロセスを通じて従業員をサポートすることだが、難易度、従業員のやる気の程度、結果についてのあなたの仮説について常に注意することも重要だ。残念ながら、従業員がPIPの要件に苦労して、数カ月しても状況が変わらないという例をわたしはたくさん見てきた。これはマネジャー、チーム、従業員のいずれにとっても惜しまれることだ。

考えられる結果2：従業員が別の役割に異動する、またはチームを移る

　従業員が非常に高い能力を持っているのに、単に現在の役割が合っていないという場合がある。マネジャーであるあなたは、仮説を基にしたコーチングによって、本人のスキルと関心にもっと合う役割が明らかになるように支援し、本人が社内での可能性を模索できるように手助けできる。

　この判断に至るのは、フィードバックの会話で質問をしている段階であることが多い。たとえば、今の役割は自分に合っているかどうか尋ねたところ、よくわからないという答えが返ってきたとする。これは、いったん立ち止まって本人の能力について一通り確認する良い機会だ（第1章で取り上げた、スキルとケイパビリティに関する自己認識力分析の項を参照）。そして、本人が力を発揮できそうな役割について検討しよう。わたしは顧客対応の仕事をしている従業員が、実は接客よりも顧客関連の分析、プロセス、戦略のほうが得意である例をたくさん見てきた。このような場合、最前線の営業よりもセールスオペレーションのほうが合っているだろう。

　難しいのは、適性の高い仕事に空きがあるとは限らず、本人を失望させてしまう可能性があることだ。期間を区切る必要がある。人事チームのメンバーに相談に乗ってもらうのもよいだろう。また、適性の高い役割が明らかになったら、リクルーティング・チームとも協力するのがよいだろう。リクルーティング・チームは、募集がかかった役割への社内異動のプロセスを用意しているはずだ。

マネジャーをマネジメントする

　次に、マネジャーのマネジメントについて少し取り上げたい。基本は一般の従業員の場合と似ているが、マネジャーのマネジメントには戦術面の大規模な調整が必要だ。

　マネジャーのマネジメントを始めた当時、ストレスを感じたわたしはあるコーチに連絡を取り、チームの仕事を詳しく把握できなくなってしまったと訴えたことがある。さらに悪いことに、わたしは仕事に対して意義のある方法で貢

献できていないと感じていた。毎日ミーティングに明け暮れていたのだ。何度かのやりとりの後、コーチはわたしに言った。「あなたは大尉をやめて、大佐になるべきだね」つまり、わたしは、チームの細かい業務に忙殺される毎日から、しくみの構築へと頭を切り替えるべきだというのだ。チームの障害物を取り除き、コーチングできる程度には関与するが、メンバー一人ひとりの仕事をするほどにはのめり込まないようにするしくみこそが必要だという。また、マネジャーからリーダーへと変わる必要もあった。つまり、部門のビジョンを設定して、ゴールと測定のための指標を設定した大枠はつくるが、テクニカルな問題のすべてを戦術的に解決する業務には携わらないということだ。

　マネジャーのマネジメントで最も重要なゴールは、マネジャーたちのコーチ、相談役、障壁の解消役となって、マネジャーが個人のゴールとチームのゴールに到達できるようにすることだ。そのために重要なのは、解決ではなくコーチングを目的とした1on1ミーティングの実施と、適切なマインドセットに基づくプロセスを通した役割の捉え方だ。

マネジャーのマネジメントに対する考え方

　マネジャーはしばしば、マネジメントの問題を抱えてあなたのところにやってくる。その場合、つい「こうすれば解決できますよ」と言いたくなるが、そうせずに、「あなたはどうするつもりですか？」と尋ねてみよう。できれば各マネジャーが自ら問題を解決できるようにコーチングしたい。釣りのしかたを教えるだけではなく、釣り船の操縦方法を教えるのだ。トヨタの"5回のなぜ"方式を使ってみよう。「なぜ？」を少なくとも5回繰り返せば、問題の根本的な要因にたどり着けるという方式だ[76]。たいていの場合、相手は答えがわかっているので、あなたは質問をするだけでよい。答えがわからない場合は問題を特定できるように誘導し、自分で解決策を見つけることができるようにコーチングする。

　相手がフラストレーションを抱えている場合や、自分がこのプロセスに我慢できなくなった場合は、「わたしが正解だと思っていることを言ってほしいですか？　それとも先にあなたが答えますか？」と尋ねることもある。このように

一歩引いて質問の構造そのものにメタ的なスポットを当てると、部下はきっと笑い、指摘に感謝してくれるだろう。

一般従業員相手とマネジャー相手の1on1ミーティングの違い

マネジャーのマネジメントを開始すると、1on1ミーティングでは技術的問題（「サポートチケットを処理する時間がないんです」など）ではなく、適応課題（「わたしたちは適切でない製品をつくっていると思うのですが」など）が扱われるようになる。**表10**は、一般従業員相手とマネジャー相手の1on1ミーティングの質問例を記載したものである。

どちらの場合でも、相手の状況をうかがうのを忘れないようにしよう。わたしは相手に対して（特に経験豊富な相手に対して）、1on1ミーティングはあなたの時間だと伝えている。ふたりで編集できる共有文書を作成して、要対処項目を追跡し、ゴールとキャリアに関する会話メモのリンクを載せておく。さらに、相手に対して1on1ミーティングのアジェンダの提案を依頼し、自分にアジェンダ項目の提案がある場合にだけわたしは文書を編集する。

相手から提案がある場合もない場合も、1on1ミーティングでは最初に次の2点を確認しなければならない。相手の状況確認（とても重要だ）と、最重要項目について同意し、その項目からミーティングを切り出すことだ。このふたつでミーティングが終わっても問題はない。深刻で重要な会話を最後の5分間であわてて終わらせるよりよほどよい。

表10 一般従業員とマネジャーとの1on1ミーティングで話し合うトピックの例

一般従業員との1on1ミーティング	マネジャーとの1on1ミーティング
● 時間を何に使うのか？ ● Xをどのように解決するのか？ ● わたしが作成したこの文書に対するあなたのフィードバックは？ ● どの仕事を優先すべきか？	● 今年成功したことは？ ● 長期のゴールに対してわたしたちは進歩しているか？ ● 適切なシステムは導入されているか？ ● Xに対するわたしの直感は正しいか？ ● わたしの組織には適切なチームと能力があるか？

自分が専門家でない場合のマネジメント

　マネジャーのマネジメントでは、対象のチームの日常業務を担当したことがない場合が多い。マネジャーと部下の健全な関係では、必ず両者がこの関係に価値を見いだしている必要がある。該当する職務の専門家でない場合、あなたの強みは役割についての専門知識ではなく、戦略、コミュニケーション、問題解決、マネジメントなど、より広い考察能力だ。ここでは自分の強みを認識しておくことが役に立つ（事業運営の基本原則1を思い出してほしい）。たとえば、もし難しい決定を伝えることが得意なら、その能力が部下を助けるかもしれない。

　具体的なスキルに関連する分野以外にも、付加価値を提供できる領域はたくさんある。たとえば以下のような例だ。

- 部下を組織の他の部門のリーダーに紹介する
- 部下が事態を解決できるように社内の舵取りを支援する
- 部下の取り組みを盛り上げる
- 部下にリソースを提供する
- 障害を解消する
- スキップ・レベル・ミーティング（リーダーがマネジャーを飛ばしてメンバーとやりとりするミーティング）の実施、部下のチームの観察、パフォーマンス・マネジメントの会話における広い視点の提供などによって、有意義なフィードバックを提供する

　必要な専門知識が自分にない場合、あなたの主な仕事は部下が必要としている支援を受けられるようにすることだ。社外のメンター、あなたの同僚など、部下が成功するためのリソースを必ず提供する。マネジャーとして最大限の価値を部下に提供する方法について、あらかじめ期待値を設定しておくようにしよう。この期待値は、初期段階の1on1ミーティングで、〈わたしとの働き方〉文書を作成することで設定できる。たとえば、〈クレアとの働き方〉には、次のように書いている。

私抜きで多くの意思決定がなされることを期待する。相談される場合、私は基本的に「あなたは何をしたいのか」「あなたは何をすべきだと思っているのか」と返してあなた自身が判断できるように手助けする。後々大きな問題になりそうな場合は、ぜひ知っておきたいし、喜んで相談に乗る。あなたとあなたのチームについては常に理解しておきたいと思っている。

　最後に、現場を見る時間を割こう。あなたはマネジャーになるまで最前線で働いたことがなかったかもしれない。しかし、チームの日常業務を数時間かけて実際に経験することはできる。

　先日、わたしはStripeのリスク・オペレーション・チームに所属している優秀な人と2時間を過ごした。企業がStripeのアカウントにサインアップすると、Stripeは代理で決済処理しても問題ない適法な企業かどうかチェックする。こうしたチェックの大半は機械学習を利用して自動的に実施されるが、人間がアカウントの確認をする場合も一部ある。それまでの2年間に、Stripeのリスク対応業務について何度かプレゼンを聞いてきたが、現場で過ごした2時間が一番この業務について詳しく理解できた。また、あなたの観察した内容をチームのマネジャーと共有することにも、多くのメリットがある。

　StripeのCEOであるパトリック・コリソンは、もっと詳しく実務を学んでいる。パトリックはこの取り組みを"エンジニアリケーション"と呼んでいる。エンジニアリケーション中のパトリックのカレンダーは"バケーション"中と同じように他の業務が入らないようにロックされているのだが、その3〜5日の間、パトリックは社内のあるチームでエンジニアとして仕事をしているのだ。毎回パトリックはエンジニアリングの生産性を向上する方法について多くを学んでいる。また、前に顔を出したチームで状況がどのように変化したかも把握してくる（たいていの場合は良い方向に変わっている）。このようにパトリックはエンジニアリケーションでエネルギーを得て戻ってくるのだ。

従業員に悪いことが起こった場合 ————————

　ある日、Slackを開くと一緒に働いている女性から次のようなメッセージが届いていた。「父が今朝、他界しました」この短いメッセージは、誰かの人生が完全に変わってしまったことを伝えていた。

　誰にでも大変なことは起こり、あらゆる悲しい出来事はそれぞれに独自である。しかし、マネジャーとしてあなたが対処しなければならないのは、一般には次のような3つの状況である。

1回限りの出来事（家族や友人の死、流産、重傷、離婚、訴訟など）

　1on1ミーティング、期待値の設定、仕事での協力などの取り組みを通じて、部下がこうした状況をあなたに共有してくれるような関係ができあがっていることが望ましい。まず、部下に寄り添うことがとても重要だ。何よりも重要なのは、共感を示して、適切に気持ちを表現することだ。次に、その従業員に対して、必要なことは何か、どう支えてほしいかを尋ねてみる。さらに、提供できるリソースと、チームで仕事を引き継いでその従業員が状況を整理する時間をつくるにはどうすればいいかを確認する。スケジュールや引き継ぎについてすぐに尋ねるのは、やめておこう。通常であれば、数日もすれば従業員から必要な時間と、仕事の引き継ぎについての連絡があるはずだ。

継続的な問題（精神疾患、家族の病気、人間関係の問題、薬物の乱用など）

　従業員から自分の状態についての説明がない場合があるため、マネジメントが難しい。あなたの仕事は、一緒に働いている人のオブザーバーになって、行動を把握することだ。問題がありそうなら、従業員に確認して、コーチングやフィードバックの項にあるヒントを利用してみよう。相手のプライバシーに踏み込むのではなく、観察結果を共有しよう。時には、相手の行動の変化を観察した結果と、その変化の原因が外部的な要因なのかどうかという疑問を共有することが役立つ場合もある。たとえば、「最近、定時に出社して朝一番のミーティングに出席するのが大変そうですが、どうでしょうか？　わたしに何かで

きることはありますか？」のように尋ねてみるとよいだろう。または、「最近落ち込んでいて、集中力がないように見えます。プライベートなことを詮索するつもりはありませんが、仕事以外で何か問題があって、仕事に影響が出ているようにも思えます。力になれることはありますか？」と尋ねることもできる。

十中八九、相手はあなたが気づいてくれることを期待していて、問題について話したいと思っているはずだ。しかし、相手が問題を否定する場合は、あなたがその問題の重大度を判断しなければならない。たとえば、まったくその人らしくない行動は、メンタルヘルスの問題があるかもしれないため、人事チームに関与してもらうか決める必要がある。

思いやりの気持ちと、ビジネス上の必要性のバランスを取るようにしよう。しばらく休暇が必要なら、支援すると同時に、休暇中に仕事をやり遂げる方法（たとえば、人を補充する）も説明する必要がある。

従業員の経験に法的な問題が関係する場合（セクハラ、差別など）

これは前述のふたつの問題と同時に起こることがある。会社が負うべき法的責任については、必ず把握しておこう。たとえば米国カリフォルニア州では、従業員からセクハラの報告があった場合、法令に基づいて雇用主に知らせなければならない。わたしはこれまでに何度か、従業員から打ち明けられ、「このことは誰にも言わないでください」と言われたことがある。いったん従業員をさえぎって、「それは約束できるとは限りません」と伝えた上で、自分の義務についてあらためて話し、社内の他のリソースを教えることになった（匿名報告ツール、人事部門など）。この最後のポイントはとりわけ重要だ。職場での虐待を報告しにきた従業員には必ず、対処するための適切なリソースを利用できるようにする必要がある。

状況がどうであれ、何かが本当におかしい場合に、無視して通常業務を進めるのは勧められない。いったん立ち止まって、直感を信じて、助けを求めよう。最大の過ちは、何もしないことだ。

とはいえ、大げさに騒ぎ立てないよう注意して、情報の機密を保とう。詳細な個人情報が含まれる体験談を他のマネジャーに話してはならない。そうせず

に、人事部門や、外部アドバイザーに連絡を取って、提供できる最適なリソースを確認する。あなた自身のマネジャーと状況について共有するのがいい場合もあるが、そうするときには機密保持に配慮しよう。重要な法則は、自分がしてほしいように、温かく接するということだ。

　一例を挙げよう。以前、重要な役割を担当していた従業員が仕事に来なくなったことがある。連絡もなく、欠勤が数日間続いた。わたしはその従業員に何かあったのではないかと心配になった。また、協力関係にあるチームに対して、その人の不在を伝える必要もあった。ある同僚が、その従業員が関与している重要なプロジェクトの責任者を務めていた。つまり、その同僚はこの従業員の上長のひとりだった。わたしがその従業員が数日間無断欠勤していると説明すると、その同僚は首を振って「マネジャーになるときには、行方不明になる人がいるなんて誰も教えてくれないんだよね」と言った。これで、わたしは腑に落ちた。

　最終的には、人事部門が手伝ってくれて、セキュリティチームがその従業員の自宅へ無事を確認しにいった。本人はいなかったが、家族と連絡がつき、その従業員がとても深刻なメンタルヘルスの問題を抱えていることが明らかになった。結局、人事部門、わたしのマネジャー、わたしはその従業員が仕事に戻らないほうがいいという結論に達し、本人も同意した。その従業員のチームと同僚に対して、従業員が個人的な問題で退職するため、一部のチームメンバーがその従業員の責務を短期間カバーする必要があると伝えなければならなかった。ピープル・マネジャーとして多くのことを見ていると思っていたのだが、すべてが見えていたわけではなかった、と考えたのを覚えている。大変なことはいつでも起こり得るのだ。

「わたしがお伝えできる一番大切な教訓は、もしリーダーになりたいのなら、その理由を自分に問うべきだということです。あなたにとっての見返りは何でしょうか？

リーダーを志すべき本当の理由は、他の人の生活を豊かにし、向上させられるからです。わたしは早くからそう気づいていました。だからこそ、本当に強力な人材を採用し、サポートしたいのです。それができて、かつ自分よりも賢そうな人がたくさんいる部屋の中で胸を張っていられるのなら、組織をよくすることができるでしょう」

——ダニエル・ワイス、メトロポリタン美術館館長兼CEO

マネジメントについて最後に一言

この章を読んだ熱意あるマネジャーの中に、やる気を失ってしまう人がいるのではないかとわたしは少々心配している。優れたマネジメントには労力が必要だ。そのうえ、リーダーシップをとるという、マネジメントとはまた別の仕事にも対応しなければならない。ここまで、わたしはマネジメントがどのようにして報われるのか、はっきりとは述べてこなかった。

わたしがGoogleからStripeに転職したときのこと。デスクの私物をまとめていると、封筒がひとつ出てきた。その封筒には、わたしがマネジメントしてきた人たちからの手書きのメモがいっぱい詰まっていた。メモをリサイクルに回そうかとも思ったのだが、できなかった。わたしの仕事そのものが表現されていたからだ。

マネジメントは人々に影響を与える。人々の人生や進路に良い影響を与える。わたしの両親はどちらも教師だった。そしてお決まりのように、わたしは両親と同じ道を進むことを拒否した。そして今、わたしは教職にとてもよく似た仕事をしている。他者への影響を通じて個人的に報われる可能性があるとい

う点も似ている。誰かが最高の成果を上げられるように費やした時間が報われるかどうか、そのときには決してわからない。しかし、何カ月も、あるいは何年もかかるかもしれないが、報われたときにはかけがえのない経験になる。たぶん、手助けした相手にとって。そして間違いなくあなたにとって。

＊QRコードをスキャンすると、印刷可能な演習とテンプレートをダウンロードできる。

第 **6** 章

結論
働くあなたへ
Conclusion
You

本書は、"自己認識力を高める"という事業運営の基本原則からスタートした。終わりを迎えるにあたり、この原則を別の視点から見直してみたい。

第1章から第5章まで会社づくりとマネジメントについて述べてきたが、会社づくりでもマネジメントでも、要となるのは"他者"だ。紹介したシステム、原則、しくみはすべて、会社のミッションを遂行するために周囲の人々をひとつにまとめるためにある。それは当然のことだ。

しかし、どの戦術もあなた自身が強くなければ、最大の効果も最大限の力も発揮することができない。あなたが最高のレベルで働いていなければ、いくらチームメンバーが支えてくれても、チームとして最高レベルの働きはできない。本書全体をうまく生かすには、あなた自身と、あなたのエネルギー、あなたのキャリアのマネジメントをすべきだ。また、時間をかけて、上司や同僚、会社のリーダー、特に創業者との関係を育むことも必要になる。

この数十年間、いくつもの高成長企業でこれらのことをどう成し遂げてきたのか、という質問をよくいただく。そこで、会社づくりとマネジメントという重要な仕事に携わる人々のために、わたしの考えをいくつか残しておきたい。これらの考えが、インスピレーションとエネルギーを生み出しながら日々働くための方法を見つけるのに役立てたらうれしい。

時間とエネルギーのマネジメント

役職が上がるほど、思いがけない現実に日々襲われることになる。トップクラスの優秀な社員が退職すると脅してくる、大口顧客が競合他社に乗り換えると告げてくる、自分が進行する全社会議が翌日に迫っているのに準備する時間がない、先週キックオフしたばかりの部門横断プロジェクトがすでに軌道から外れている、というようなことが、場合によっては連続で発生する。多くの人は、そのような状況で前に進み続けられる精神的な強さと回復力を持ち合わせていない。有名投資家のベン・ホロウィッツは著書『HARD THINGS：答えがない難問と困難にきみはどう立ち向かうか』（日経BP、2015年）の中で、「簡単なことはなにもなく、すべてが間違っているように感じる」状態を"苦

第6章
結論 —— 働くあなたへ

闘"と呼んでいる[77]。

　すべてをうまく機能させるためには、時間とエネルギーをマネジメントする方法を学ぶ必要がある。まず、自分のエネルギーを高めるものと自分からエネルギーを奪うものを突き止めよう。最も簡単な方法は、好調な日と不調な日を書き出し、どのような活動が自分のエネルギーをアップさせるか、またはダウンさせるかを記録することだ。カレンダーにそれぞれのチェックマークをつけておくとわかりやすい。そして1カ月後、好調な日と不調な日、好調な週と不調な週に注目し、どのような傾向が浮かび上がってくるか確認する。

　このチェックを続けたところ、わたしの場合は、夜に仕事のイベントがふたつ以上あって、子供たちと夕食をともにできなかったり、寝かしつけができなかったりした週は調子が悪いことがわかった。以降、仕事関連の夜のイベントは週に1回までにすると決めている。これはわたしの個人的なガイドラインで、たまに破ることもあるが、頻繁ではない。あなたのゴールは、どの活動にどの程度の時間をかけると最高のパフォーマンスが得られるかを調べ、最強の自分でいるためにどこに境界線を引く必要があるかを判断することだ。

自分にとって簡単なタスクと難しいタスクを把握する

　わたしは四半期ごとの目標を達成するために、日ごとおよび週ごとの優先事項のリストを作成している。そして毎月、過去4週間分のToDoリストを見直す。すると、タスクが何週間も未完了のまま残っていることがある。未完了リストは主に次のふたつのカテゴリーに分けられる。

- どうすれば完了できるかわからないタスクや、自分には向いていないタスク。これらは助けを借りるべきタスクで、本来はすぐに誰かに任せるか、手伝ってもらうべきだったもの
- 自分の普段の仕事のやり方に当てはまらないタスク。一日中じっくり考える必要があるので、会議だらけのいつものスケジュールでは対応できない。タスクを完了するには、スケジュールを変更する必要がある

　エネルギーを高める仕事とモチベーションを下げる仕事のタイプがわかれば、

あとはさまざまな戦術を駆使して1日を乗り切れる。ここでは、わたしが使っている主な戦術を紹介する。

仕事を任せる

あなたのやるべきことはほぼすべて、チームにとって成長の機会となる。仕事を任せる方法について詳しくは、第4章「仕事を任せる」を参照してほしい。

自分の境界線を引く

どこに境界線を引くべきかを知っているのは自分だけ。その境界線を守ってくれるのは他の誰でもない。たとえば、わたしが定期的な運動の時間を仕事とは切り離して確保するようになったのは、最高のリーダーになるためには運動も仕事のうちだと考えたからだ。

生産性の高い時間帯を把握する

わたしは午前中に最も仕事がはかどるので、午前中は熟考できるようになるべくスケジュールを空けている。

時間のことで相手の期待に応えようとしない

部下からの依頼——文書の確認、ミーティングのフィードバック、仕事へのアドバイスなど——は、たいてい緊急性を帯びている。ところがマネジャーは、"緊急"だがそれほど重要ではない仕事に時間をかけすぎる傾向がある。相手に対し、当日中ではなく週末まで返事ができないと伝えなければならない状況もあるはずだ。わたしの場合、資料の確認を頼まれたら、翌日より先の期限を指定してもらい、フィードバックが必要な日の終業時間までに確認できるようカレンダー上で時間を確保するようにしている。

ミーティングの多くは、相手があなたに手を止めて、注意を払ってほしいために発生する。その用事は都合のよいタイミングで処理すれば10分や15分程度で済むのに、そうしないせいで結局ミーティングになる。この悪循環を断ち切ることだ。

第6章
結論 ── 働くあなたへ

気持ちを切り替える

　マネジメントでは、気持ちを切り替える精神的な強さを養うことが大切だ。やっかいな1on1ミーティングや、うまくいかなかったミーティングは、いったん脇に置かなければ1日が台無しになる可能性がある。時には部下を好きになれないこともある。それで構わない。とにかく気をつけてほしいのは、難しい物事をすべて1日で済ませようとしないことだ。必要に応じて、切り替える時間を設け、深呼吸してリセットしてほしい。エネルギーを高めてくれる人や活動を思い浮かべ、それらを戦略的にカレンダーに入れよう。ちょっと外を散歩したり、ウォーキングしながら1on1ミーティングをしたりするだけで、1日が変わるかもしれない。

自分の長所と短所についての考え方を改める

　第1章では、イェール大学経営大学院の学部長だったジェフリー・ガーテンが新入生に向けて贈った「あなたの最大の強みが最大の弱みでもあるかもしれない」という教訓を紹介した。誰かに長所を褒められるたびに、裏を返せばそれは短所なのかもしれないと考えてみてほしい。

　わたしの場合、単独で動くのが得意だが、そのせいでふたつの罠にはまってしまう。ひとつは、やるべき仕事が目につくとそれを自分の仕事に加え、手伝ってくれない同僚に腹を立て、察してほしいと期待してしまうことだ。もうひとつは、自分が最適任者ではないタスクに取り組んでいるときでさえ、めったに同僚に意見を求めようとしないことだ。裏側にある弱点を自覚することで、強みをさらに効果的に発揮できるはずだ。わたしは、自分自身のことも含めて、助けが必要だと思うときにはコミュニケーションを取ること、そして誰がどのタスクを引き受けるかについてもっと意識を向けることで、自分の強みをさらに発揮できるようになる。

　時には、自分の短所ばかりが目について、げんなりすることもある。そんなときは、少し時間を取って状況を見つめ直してほしい。急成長中の企業では、すべてが目まぐるしく動いているため、立ち止まってじっくり考える暇がない。だから、もっと時間があれば回避できたはずのミスを犯してしまう可能性がある。一方で、そのような環境では、幸いかなりひどい失敗もすぐに忘れ去られ

るので、影響は少ない。変化は絶えず起こり、状況全体が短期間で進展しやすい。ミスをした自分をひどく責めているときには、皆がすぐに気持ちを切り替えて前に進んでいることを思い出してほしい。立ち上がって、変化の激しい環境にいることに感謝しよう。その状況を大局的に捉え、考え方を改めて前に進もう。

重要かつ緊急の仕事に集中する

　忙しくて頭がパンクしそうなとき、あるいは1週間単位、1日単位の計画を立てたいときには、アイゼンハワー・マトリクスと呼ばれる定番のシンプルなフレームワークを使い、仕事が重要か重要でないか、緊急か緊急でないかを見極めよう。ToDoリストや、完了すべきものをすべて確認し、重要さと緊急さを分類する。次に、優先順位をつける。重要かつ緊急の仕事と、重要だが緊急ではない仕事の両方を完了させる時間を確保する。後者はなおざりにしがちだが、やらないとツケが回ってくるのでくれぐれも気をつけよう。

助けを求める

　必要なときは助けを求めよう。わたしはある時期、Googleで複数のチームを率いながら、買収したばかりのYouTubeのオペレーションの統合も任されていた。最終的には、どんどん複雑になるGoogleの責務に加えて、YouTubeのオペレーション・チームの指揮をとることになった。当時、娘はまだ1歳。わたし自身も新米の親として試行錯誤している時期だった。

　その頃、上司との1on1ミーティングで、仕事の優先順位を決めるのを手伝ってほしいと頼んだことを覚えている。あげくの果てに、わたしは泣いた。とても恥ずかしかったが、話し合ってみて初めて、自分がどれほど追い込まれていて、助けを必要としていたかに気づいた（ちなみに、1on1の状況は涙を引き起こしやすいものなので、万一泣いてしまっても恥ずかしがることはない）。わたしたちはYouTube専任のリーダーを募集する必要があるとすぐに気づき、社内で候補者をブレーンストーミングし、最終的にそのうちのひとりが引き受けてくれた。

　この話にはおもしろい後日談がある。当時のGoogleには最高スコアを5点と

する業績評価システムがあった。この事件の後、同僚のマネジャーたちと雑談をする中で、最高評価というのはあくまで理想で、実際に5点を取った人はいないという話を何度か聞いた。わたしはぎこちなく笑って、上司の前で泣き崩れた四半期に5点を取ったことを打ち明けた。感情の爆発が評価基準に含まれていなかったことを祈ろう。

　「すべての優れたリーダーは、自分自身を知る必要があります。自らの経験や失敗から学べなければ（失敗は誰にでもあります）、そしてその結果として成長できなければ、優れたリーダーにはなれません。
　あなたの周囲には、受け入れるべき情報や知識がたくさんあります。あなたが聞き上手でなければ、優れたリーダーになる方法を思い描けないでしょう。というわけでわたしは、20年前よりも、今のほうがこのような視点を示すことにずっと抵抗がありません。新たにリーダー職に就いたばかりで、それが一体何の仕事なのかさえわかっていなかった当時は、遅れないようについていくだけで精いっぱいだったのです」

——ダニエル・ワイス、メトロポリタン美術館館長兼CEO

人間関係を育む

　「これは短距離走ではなくマラソンだ」「速く行きたければ、ひとりで行け。遠くへ行きたければ、みんなで行け」という表現がしばしば繰り返されるのは、それが真実だからだ。自分のペースで走る必要があるし、一緒に走る仲間も必要だ。
　Googleとその後のStripeを強化する上で最も辛かった時期を思い出すと、何度も繰り返されたミーティングとビジネスディナー、時として深夜まで及んだ仕事、そんな激務の中でストレスが笑いに変わったいくつもの場面が頭に浮か

ぶ。そうした経験から得た友情はわたしの宝物だ。あなたにも、この先ずっと、どんなときでも手を差し伸べたいと思える人たちとの出会いがあるだろう。彼らもまた必ずあなたを助けてくれると、わたしが保証しよう。このような友情は、上司、同僚、チーム、さらには上司の上司まで、あらゆるところから生まれる。時間をかけて関係を築き、助けを求め、負担を分かち合ってほしい。

　もう一度言うが、助けを求めてほしい。マネジメントとは、単に相互補完的なチームをつくることではなく、周囲全体を見渡し、自分とは異なる強みを持つ人を探し出す、相互に自己認識力を高めることでもある。自己を認識するだけでなく、弱みを見せて他人の助けを求める余裕がなければ、一緒に遠くまで行くことはできない。

直属の上司とうまくやる

　影響力には双方向性がある。上司はあなたから、あなたは上司から影響を受けるべきだ。上司はチームの障害を取り除き、増員や予算増強のために動き、あなたが仕事をうまくこなすために必要な背景情報を提供し、あなたと協力して優先事項を特定し、うまくいけばあなたの成長を助けてくれる。チームと会社にとって最良の結果を得るために、上司と良い協力関係を構築できれば、さらに優れたマネジャーになれるだろう。最近は"マネージング・アップ（上司をマネジメントする）"という言葉もある。社内政治的なニュアンスで使う人も多いが、ここで言いたいのはそういう意味ではない。上司がベストを尽くせるよう手助けすること、そしてチームを襲う困難や業績不振を伝えるのが遅れて上司を驚かせないようにすることだ。

　幸い、本書を読んでいるあなた自身がマネジャーである可能性は高く、部下を最適な仕事相手にするためのアイデアはすでに持っていることだろう。マネジャーとしてあなたが部下を評価している点を思い浮かべてみてほしい。あなたの上司もたぶんそれほど違いはないはずだ。お互いを個人として理解しよう。上司がフィードバックを必要としているなら、建設的に提供し、ふたりがより効果的に協力できる方法を提案しよう。ともに成功することは、双方の利益になる。

他のマネジャーと協力する

　上司のマネジメントの話をしたが、横のマネジメントも同じくらい重要だ。同僚は、あなたとあなたのチームの成功にとって欠かせない存在である。また、組織のより大きなエコシステムの中で、自身とチームがどの位置にいるかを把握することは、あなたの役割の一部である。部分の総和よりも全体として大きな成果を生み出せなければ、人と人がうまく連携しているとはいえない。ではどのようにして実現するのか？　公式・非公式のつながりを築くことだ。

　現実（または仮想）で誰かと偶然出会うことも役には立つが、積極的に人間関係を見極めて育み、相手の成功を手助けしながら自分の成功に利用することも必要だ。チームのミッションやゴールに関する情報を主なパートナーや利害関係者と共有し、協働すべき相手を探し出そう。特に、障害となりそうな相手、または障害を防いでくれそうな相手との協力関係は欠かせない。

　また、他のリーダーは、困難な状況に対処するための相談相手として（他のマネジャーとの真剣な1on1ミーティングに勝るものはない）、また、何が重要か、どうすれば組織で成功できるかについての情報源としても、優れたリソースであることを忘れてはならない。目の前の仕事に集中しすぎると、こうした人間関係がおろそかになりやすい。

　そこで、次のふたつのアクションを提案する。

- **チームのパートナーと利害関係者をリストアップし、彼らと1on1ミーティングをするか、要となる人やチームのミーティングを傍聴する。** 自分のチームのゴールを共有し、どのように協力するのがベストかを話し合う
- **社内に、あるいは他社でもいいので、尊敬できるリーダーを見つける。** 彼らをお茶やランチに誘って互いを知り、マネジメントのやり方や、それぞれのチームや会社の仕事について意見交換する。こうしたつながりの中に、新しいアイデアを試したり、困難な状況でアドバイスを求めたりする際に頼れる人がいるかもしれない

　このような人間関係は、チームや会社の共同プロジェクトに、一緒に取り組むことでも育まれるだろう。直属の上司と連携し、自分が現在注力している分野以外の組織とつながりを築いたり、関わりを持ったりすることも、有益な時

間となる。

　話を戻して、わたしの口癖でもある当たり前のことを言いたい。良き同僚に
なろう。約束を守り、じっくり耳を傾け、相手の力になろう。役立ちそうな情
報を共有しよう。同僚のマネジャーやそのチームとの間で問題が発生したとき
には、必ず自分から連絡して、問題がエスカレートする前に協力して解決しよ
う。

> 「マネジャーとして一定のスキルがあるからこそ、リーダーに昇進したのです。しかし、人を導くにはそれとは別のスキルセットが必要です。
>
> 　また、自分の職務についてより広い背景情報を知ることも重要です。Aetna
> の元CEOであるロン・ウィリアムズは、"2＋2"、つまり自分より職階がふ
> たつ下およびふたつ上の人とその仕事上の役割を知ることについて、このよ
> うに述べています。『自分の仕事だけを見てはいけない。自分の仕事がシステ
> ム全体の中でどのように機能しているのか考えよう。ふたつ上、ふたつ下の
> 職階の人にとってのインセンティブについて考えよう。何が彼らの原動力と
> なっているのか。それには整合性があるか。もしそうでないなら、整合性を
> 取ることだ』
>
> 　自分を取り巻く組織とプロセスの全体を理解することが、組織のミッショ
> ンとの整合性を確保するのに役立つのです」
>
> ──チャールズ・フィリップス、Recognize創業者兼マネージングパートナー、Infor元CEO

創業者と連携する

　創業者がその職に就いているのは、ビジョンがあり、それをビジネスに変え
たからだ。シニアマネジャーがその職に就いているのは、マネジメントを自分
の仕事にしたからだ（必ずしも優秀なマネジャーとは限らないが、多少なりと
もマネジメントに携わってきた可能性が高い）。創業者は、少なくとも最初は

第6章
結論 —— 働くあなたへ

マネジャーになるための訓練を受けていない。また、初めて起業する人なら、その時点で自分の会社よりも大きな規模の会社で働いたことがない可能性がある。

つまり、あなたにマネジメント経験があるなら、今いる会社よりも大きな会社に勤めていたというだけで、近い将来起こりそうな出来事について貴重な見解を示せる。一方で、創業者からはオペレーションのやり方に疑問を呈されることになりがちだ。マネジメントにおいて不変の要素だとあなたが思い込んでいたやり方が、根本的に覆されるかもしれない。創業者は根本的な原理を土台にし、あなたは実務経験を土台にしている。だからこそ、互いに多くを学べる。

創業者との関係には、必然的に摩擦も伴う。あなたがリーダーであれば、何らかの経験があって、会社の拡大に合わせて業務の改革を手助けできるという理由で迎え入れられた可能性が高い。課題となるのは、組織と創業者がどの程度の変化に対応できるか、またそれらの変化を見極めるためにどのように連携できるかを考えることだ。そのために役立つ原則をいくつか紹介しよう。

果物が熟しているかチェックする

クラウド企業であるBoxのシニアリーダーが、入社当初の実体験を聞かせてくれたことがある。彼には物事をどう変えていくかについてアイデアが豊富にあったが、多くの抵抗にあった。これは、会社の準備が整っていないというだけのことだった。彼はどうやって発想を転換したのか教えてくれた。「自分のアイデアを、まだ熟していない果物だと考えた。まずは果物を袋に入れてカウンターに置き、熟すのを待つ。時々、袋から"果物のアイデア"を取り出し、熟しているかをテストする。たいてい、テストは簡単で問題が発生して解決策が必要になったか、創業者がすぐに賛同したかのどちらかだ。時には、創業者も同じ結論を出し、自ら提起することもあった。袋から果物を取り出して絞ってみても、組織の準備が整っていないと感じたら、袋に戻してさらにもう1日追熟させた」。

覚悟してほしい。多くのアイデアはいつまでも袋の中にとどまったままだ。それでもたいていの場合、会社が拒否するようなことを押し通すより、アイデアを受け入れる準備が整うまで待つほうがましである。

高級車ではなく大衆車をつくる

創業者がまだ機が熟していないと考えていようと、変化を起こしたくなることはある（それも煎じ詰めればあなたの仕事の一部だ）。このような場合、多くの人が間違いを犯してしまう。本来ならトヨタ・カムリ、あるいは自転車にしておくべきところを、キャデラック・エスカレードをつくろうとするのだ。自分にできる最も軽い変化は何かと自問し、そこから成長させていこう。

Stripeでの1年目、わたしは創業者のパトリック・コリソンに、LMSとCMSが必要だと伝えた。「LMSとCMSって何なの？」といぶかしげに首をかしげられ、説得力のある答えを返すのに苦労した。LMSは学習管理システムで、CMSはコンテンツ管理システムだと説明することもできたが、パトリックが知りたいのはそこではなかった。彼が知りたかったのは、なぜそのようなものが必要なのか、なぜ今そのプラットフォームに多額の投資をする必要があるのか、ということだった。

わたしの最初の過ちは、本当に必要な機能を説明しないで略語を使った点だ。LMSは、すべてのトレーニング・コンテンツを格納するための一元的で更新しやすい場所、そしてCMSは、社内外の重要なコンテンツの更新を保存し公開するための一元的で更新しやすいシステムのことである。

2番目の過ちは、カムリではなくエスカレードを提案したことだ。まったく新しいツールを提案するのではなく、すでに使い慣れているツールを使ってあらゆるコンテンツを収集・整理してみて、機能が間に合っているところと不十分なところを洗い出すことから提案すべきだった。結局わたしたちは、当時Stripeで使っていたHackpadというドキュメント・エディタを活用することにした。そして数年後、より堅牢なツールの必要性が明確になったため、別のツール（その後、さらに別のツール）に移行した。

原則として、変更は試験的に提案しよう。何を変更するか、どうやって成功を評価するか、その変更の恒久化をいつ決定するかを明確にしよう。

第6章
結論 —— 働くあなたへ

何が大切かを理解する

部下の価値観を理解すべきなのと同じように、創業者の価値観も理解するよう努めるべきだ。まだ創業者が企業のバリューを文字にしていなければ、書き出してもらうとさらによい（第2章で述べたような創業資料を作成するきっかけにもなる）。特に、どのようなトレードオフを受け入れるかを明確にしてもらおう。たとえば、創業者は、きわめて完成度の高い製品を出荷することに価値を見いだしているかもしれない。そのレベルの品質を守るために、何を犠牲にできるのか尋ねてみよう。発売日を延期してもよいか？　そのせいで大口の潜在顧客を失っても構わないか？　職場を離れたオフサイトミーティングは、価値観の認識をすり合わせるための非常に優れた場だが、1on1ミーティングで創業者に尋ねても構わない。

「自分が関わっているシステムの他の立場になって考えられれば、考えられるほど望ましいです。必要になる前にできればなおさらです。関わろうとしている相手の性格と、彼らが感じているストレスや緊張の両方を深く理解できれば、とても役立ちます。

自然な好奇心と自然な意欲があり、自分の仕事の遂行に直接関わる重要な物事を学ぼうとする姿勢を持つ人。これはわたしが多くのリーダーに見てきた特徴です」

——サム・ホーグッド、カリフォルニア大学サンフランシスコ校学長

自分のキャリアについて考える

時として、優れたリーダーは、ビジネスでの成功や直属の部下のキャリアパスを切り開くことに時間を費やすあまり、自分自身のキャリアをおろそかにすることがある。あなたの頭の中、心の中、直感を、あなた以上に理解している

人はいない。あなたにとって一番重要な仕事は、自分自身のキャリアコーチになることだ。

わたしはいつも、上司やその他の外的な影響によってキャリアのチャンスやアイデアが舞い込んでくるのをただ待っている人がいることに驚かされる。誰かがアイデアやアドバイスをくれるのはありがたいが、自分にとって何が最善かを知る専門家は自分自身だ。わたしの場合、定期的に一歩下がって、自分が学びたいことを学べているか、望むような影響力を発揮できているかを評価するようにしている。

キャリアのおもしろいところは、後から考えるとつじつまが合うことが多くても、その時点では一貫性を感じることがほとんどないという点だ。わたしも例外ではなかった。でも、今振り返ると、現在の自分に至るまでに下した大きな決断と経験の間にまっすぐ一本の線を引くことができる。Stripeへの入社のように当時から画期的な決断だと感じたものもあれば、Googleの消費者向け部門から法人向け部門への異動のように、小さなことだと感じていたが、最終的にかなり重要な決断となったものもある。

わたしは、自分のキャリアパスについて幼いときに神の啓示を受けたような人をうらやましく思う。早くから医者や教授、デザイナーなどになりたいと考えていて、目標に向かって進路を定めている人たちだ。それ以外の人（あえていうなら大多数）は、「蛇と梯子ゲーム」（蛇のマスに止まると下の階層に戻され、梯子のマスに止まると上の階層に進める、すごろくのような伝統的なボードゲーム）でしくじったときのように、一段上がって三段下がるか、あるいは横道にそれながら、キャリアパスを進んでいく。

では、どうやってキャリアコースを描けばいいだろうか？　驚かれはしないだろうが、わたしの主なアドバイスは、自己認識力を高めることだ。自身のエネルギーを管理するのと同じように、どの潜在的な仕事や能力が自分の性に合っていて、どの仕事や能力が自分のモチベーションを奪うのかを把握することが重要だ。あなたが求めているのは、先天的か後天的かを問わず、自身の適性と、やる気や情熱を組み合わせたものである。

たとえば、わたしは政治や非営利団体（そしてスタートアップ！）の仕事で重要とされる資金調達を得意としているが、特にそれが楽しいわけではない。

第6章
結論 ── 働くあなたへ

学界、非営利団体、文化機関の上級職によくある、資金調達が任務の半分以上を占めるようなポジションを、わたしは求めていない。文明は流行、インフラ、自然など変化のスピードの異なる階層が補い合って成り立っている、という考え方をペースレイヤリングというが、自己認識力を高めることは、自分なりのペースレイヤリングになる。日々のエネルギーだけでなく、より大局的で長期的なエネルギー曲線もあわせて把握する必要があるのだ。

キャリアのかなり早い段階から、個人的な記録を残しておくことをお勧めする。記録には、これまでに挑戦してきたさまざまな役割を書き記し、次の質問に対する答えを見つけてほしい。

- その役割は得意だったか？　なぜそう思うか？　得意でなかったとしたら、それはなぜか？
- その役割は楽しかったか？　理由は？
- やりたい、またはやりたくない仕事のタイプについて、何がわかったか？
- 明らかに能力不足だったのはどのようなところか？
- どのようなスキルを身につける必要があったか？　それは簡単だったか、難しかったか？
- その仕事に興味が持てたか？　そのまま続けてもっと知りたいと思ったか？

おわかりだろう。この記録は、身につけた内容や得られた教訓を要約した短い文章や箇条書きで構わない。ポジションごとに箇条書きでいくつか残しておくだけでも、6カ月、12カ月、18カ月ごとに見返して内容を確認することが、どれほど効果的か考えてみてほしい。リーダーになりたいのであれば、この記録は自分を補う要素の特定に役立ち、自分の好みや能力を補強する人材を採用できるようになる。

わたしがこれまで見てきた中で、人々がはまる最大の落とし穴は、他人が思う成功を追いかけるか、自分の強みを優先しないまたは充実感が得られない職務に就くかのいずれかで行き詰まることだ。

余談だが、わたしは本稿を書きながら、自分のたどった道を選んでこられたこと自体が途方もない経済的特権だと自覚している。あなたも自らの有利な状況を自覚し、謙虚になってほしい。そして、とびきり恵まれているなら、この

ような選択肢を持たない人々を助けるために自分の時間を使うことも検討してほしい。

　行き詰まりを避けるため、わたしは5年と、6カ月、12カ月、18カ月のアプローチを用いている。

　まず、次の5年間を思い描く。「この肩書を手に入れたい」ということは考えず、5年後に自分がしていたいことを具体的に思い描くようにしている。たとえば、最も捉えにくい部類のキャリアパスであるCOOになりたいとしよう。この演習では、基本的に「わたしは、今後5年間でCOOまたは複数の部門を統括するゼネラルマネジャーになれる方向に向かっているか？」と自問する。そうでない場合は、その原因を理解し、正しい方向に進むために何かを変えなければならないかを検討する必要がある。おおむね正しい方向を進んでいると感じたら、時間の間隔を短くして、次のように自問しよう。

6カ月ごと：今の職務は今後6カ月から12カ月で習得したいことを学ぶのに適していると思うか？　誰からどのように習得するかは明確か？　そうでない場合、自分が到達すべき場所に向かって進路を変更する。

12カ月ごと：学習を強化し、5年間の道のりを歩み続けるために、自分の職務に変更を加える、または変更を求めるべきか？　もしそうなら、指導や援助をしてくれるマネジャーやリーダーに、どう伝えるか？　新しいプロジェクトや新たに加わった責務を通じて、さらなる適性を発揮するためにはどうすればいいか？

　次の12カ月間にしておきたいことのひとつは、会社の動向や自身の大きな目標に応じて、今の職務の潜在的な方向性や、就く可能性のある別の職務をふたつ3つ考えておくことだ。たとえば、このままいくとマネジャーを管理することになるかもしれないし、隣接するチームを指示系統に加えることになるかもしれない。新たな道に切り替えることで、新たな業務分野に取り組み、新たな部門のスキルを習得する可能性がある。いずれの場合も、組織の成長と、自身の成長に関するマネジャーからのフィードバックに基づいて、自分が思い描いているおおよその期間内に成長しなければならない。

もう一度言うが、自身の大きな目標と実際に発揮した影響力が一致するかどうかを確認する自己認識力を持つことだ。影響力が大きければ大きいほど、大きな目標を抱くことがふさわしい。

18カ月ごと：自分の5年後の目標は正しいか？　ここであなた自身の記録を参照しよう。この12〜18カ月で、自分のスキル、エネルギー、原動力について何を学んだか？　Googleにいた頃、女性リーダーに関するブログ記事のインタビューを受け、わたしはなんとなく、最終的に中堅企業のCMOになることを思い描いていると答えた。当時としてはそこまで突飛なキャリアパスではなかったが、今振り返ると笑ってしまう。大外れもいいところだ。やがて、自身のモチベーションと実際に発揮した能力から、次の5年でわたしが導かれるべき場所はここではないと気づいた。そこで、広告、営業、マーケティングから離れ、プロダクトマネジメントなどの新しい部門を率いるためのスキルを身につけることにした。

何より大事なのは、他人のキャリアの目標や進路にとらわれないことだ。その時々に広く受け入れられている常識がどうであれ、自分で考えてそれに従う。そのためには、自分の考えを秘めておくことにますます慣れる必要がある。頭、心、直感を揃えて、他の誰にもできない、または誰もやろうとしない方法でキャリアを導いてほしい。

会社をつくるのも人を管理するのも、とてつもなく大変だが、とてつもなくやりがいがある。自分のエネルギーや能力を理解しながら、強みと安定感を維持するために自身と仕事に課すべき制約やガイドラインを理解しよう。不安定だと感じたら、現状を把握して新たな戦術を考えてほしい。仕事を人に任せ、考え方の枠組みを変え、助けを求めよう。個人的な強みを蓄積し、気持ちを切り替える能力を身につけたら、直属の上司から頼られるマネジャーになろう。目標とされるような同僚になろう。ベースがしっかりしていて、キャリアを成り行き任せにせず自分で決めていれば、これらすべてを実現できる。力が弱まったり、コントロールできなくなったりしたと感じたら、自分のリソースを整理して、原点である"自分自身"に立ち返ろう。

> 「（キャリアの）第1段階はハードスキル、第2段階はソフトスキルですが、第3段階は最も能力が試されることです。いかにして人々の気持ちに寄り添うか、いかにして戦い続け、すべてを可能にするか。時には不信の念を抑え込み、自分に嘘をついてでもやり続けなければなりません」
>
> ──趙東平、Anker Innovations社長

本書の冒頭でわたしは、皆さんが困難に直面するたび、あるいは新たな機会を得てチームを築き、導くことになるたびに、何度もこの本を手に取ってほしいと伝えた。選手が苦しんでいるとき、コーチはたいてい「基本に立ち返れ」と言う。わたしにとってこの本が基本である。

中には非常に戦術的な内容もあり、どれも実践が求められる。一方で、自信、自己認識力、言いにくいことを伝える技術、さらには自分流のオペレーティング・システムの構築のアイデアを提示したつもりだ。そしてそれ以上に、少しでもいいので、あなたにとって何らかの収穫があったとしたら幸いだ。そうであれば、あなたの現在そして今後の取り組みを、あなただけでなく、ともに築き上げるすべての人々にとってさらなる成功へと導くことだろう。

第5章の最後に述べたように、わたしはGoogleからStripeに転職したとき、部下や仕事仲間からもらったお礼状のたくさん入った封筒を捨てるに捨てられなかった。そのことが証明しているように、何もないところから新しいものを生み出そうと協力し合うことで生まれた会社やチームとの関係に、言葉では言い尽くせぬほど感謝している。これらの経験のおかげで今のわたしがある。

本書はわたしにとって、他の方法では決して得られない、多くの創業者やマネジャーと同じようなつながりを築くための手段である。皆さん、そして皆さんが築き上げるすべてのものに幸あれ。

謝　辞

　Stripe の出張で初めてアイルランドを訪れたとき、わたしはダブリンで開催された Money20/20 カンファレンスの外で行われた小さなプレスイベントに出席した。自己紹介をしようとすると、いかにもアイルランド人らしいジャーナリストが大声で叫んだ。「ああ、あなたが噂の！　若い男たちを率いている女性だ！」

　パトリックとジョン・コリソンには、感謝するだけでは足りない。Stripe に入社したとき、ふたりはわたしを信頼してくれた。彼らの尽きることのない好奇心、鋭敏で寛大な心、そして協力して会社をつくることへの強い熱意については言うまでもない。

　Stripe の原動力の大半を占めているのは、アクセスである。経済インフラへのアクセスはもちろんだが、それ以上に知識へのアクセスが重要だ。パトリックが本書の出版を強く求めたのは、創業者の彼にとって役立つ戦術ガイドが見つからなかったからだ。

　ジョンは、Stripe ユーザーとの会食から戻ってきては「彼らはスケーリングの話をしたいだけで、クレア目当てだった」と言い、わたしが学んだことを文書化するよう勧めてくれた。わたしはリーダーシップやマネジメント、組織行動の専門家とはいえないが、パトリックとジョンはわたしの実務経験に価値があることを気づかせてくれた。

　本書のアイデアはパトリックとジョンのものだが、イーケ・デ・ミリアーノとメラニー・レハクがいなければ本書は存在していないだろう。イーケはわたしが Stripe に入社した当時のビジネス・オペレーション・チームのメンバーで、マネジメントやメンタリングにおいて最も恩恵を受けた人物のひとりである。彼女は Stripe を退職して Retool に入社する前に（現在は同社のプロダクト責任者）、この本をプロジェクトとして引き受けてくれた。わたしにインタビューし、メモやリーダーへのインタビューを書き起こし、それらを最初の草稿にできるレベルまで推敲してくれた。それはわたしにとって、本書の出版の実現を後押しするものとなった。彼女が実質的に最初の草稿を共同執筆してくれたこ

とに感謝している。

　そして、イーケが転職したタイミングで、わたしはメラニーと出会った。メラニーは、長く書き継がれてきた児童向け推理小説『少女探偵ナンシー』シリーズの誕生と発展を扱ったノンフィクション『Girl Sleuth: Nancy Drew and the Women Who Created Her』の著者であり、本書ではわたしのパートナーとして、その後の草稿と最終版の作成に時間を割いてくれた。不足や矛盾点を見つけ、内容を編成し直すのを手伝ってくれた（そう、この本は何度か書き直している）。そして、わたしが行き詰まったときには編集者となり、時には共著者となってくれた。メラニーはわたしにとっても、この本にとっても大切な人になった。わたしたちは冗談まじりに言う。パンデミック時の数少ないよかったことは、互いを見つけたことだと。間違いなく、わたしたちはいつか直接会うだろう。もしかしたら、それぞれの10代の子供たちを説得して彼らも一緒に（その可能性は低いが）。

　出版前の段階で読んでくれた人たちにも感謝したい。その中には、過去にわたしと仕事をし、ほれぼれするようなマネジメント能力やリーダーシップ能力を持つ人たちがいる。デイヴィッド、スティーブン、ティファニー、ヴィッキーに心からの感謝を。また、互いに面識がないにもかかわらず、会社の創業者として貴重な時間を割いて初期のコンテンツを読んでくれた人たちにも。アダム、クリスティーナ、ジェイソン、マッケンジー、サジには、テスト読者になってくれたことに感謝する。

　わたしがインタビューした偉大なリーダーたちのほとんどは面識のないまま連絡したり、人からの紹介によってつながったりした人たちだ。それにもかかわらず、皆、寛大な心で対応してくれたが、決して当たり前のことではない。このプロジェクトの中でわたしが一番エネルギーをもらったのは、次の人たちにインタビューをした時間だ。チャールズ、ダニエル、ドミニク、ドン、ドンピン、ケイティ、リサ、リード、リック、サム、ザニー。皆さん、ありがとう。

　本書の大部分は、これまで一緒に仕事をしたすべての人、特に直属のチームのメンバーから学んだことをまとめたものである。自分のことだと気づいていただけたらうれしく思う。皆さんに申し上げたいのは、わたしのいかなる成果も、皆さん一人ひとりの存在なしには実現しなかったし、価値あるものとはな

謝 辞

らなかったということだ。ともに働く機会が得られたことに感謝している。

『スケーリング・ピープル』はさまざまなところから影響を受けている。イェール大学経営大学院の教授陣、特に2022年に他界したシガル・バーセイドとシャロン・オスターのふたり。そしてデイヴィッド・クロムウェル、ジェフリー・ソネンフェルド、ヴィクトール・ヴルーム。さらに、わたしがこれまでに参加したすべてのリーダーシップ開発トレーニングと、その際にフォローアップをしてくれたコーチたち。学校で、あるいは尊敬する人のブログ記事やXのポストを通じて読んだ、組織行動や会社づくりに関する書籍。これでもまだ、本書のアイデアやコンセプトについて、十分な人々に感謝を表すことができていない。わたしの記憶力が、皆さんがわたしに教えてくれたすべての力と等しくあればいいのにと願うばかりだ。

『スケーリング・ピープル』では、コラム、サンプル、テンプレートなどの戦術的なコンテンツが最も評価されるのではないだろうか。わたしが本書の中でも最高だと自負するこれらの箇所には、数えきれないほどの現役Stripeおよび元Stripeたち（そう、わたしたちは従業員をStripeと呼んでいる。Stripeと一口に言っても千差万別だ）が貢献してくれた。何名かは名前が挙げられているが、他にも多くの面々が作成に協力し、コメントしてくれた。現在もStripeで使われているテンプレートもあれば、成長に伴い内容を進化させているものもある。

現在も使われているものか、Stripeの成長において重要な時期に使われていたものかにかかわらず、大事なのは、そうしたすべての作業が、折々の時期にとても重大な役割を担っていたということだ。これは、会社づくりが外的な力によって行われるものではないことを思い出させてくれる。レンガを一つひとつ、もっと正確にはドキュメントを一つひとつ積み上げて、多くの人々が立つ基盤を構築した、多くの個人の仕事なのである。Stripeや同様の企業に所属する個人の多くは、名前も知られず、功績を公に認められることもないが、賞賛に値する。

また本書は、アンジェリーナ、メイヴ、レスリーがいなければ存在しなかっただろう。この3人の素晴らしい女性は、高成長企業を統率するという大混乱の中で、わたしとチームの秩序と正常な状態を保つべく、代わる代わる尽力してくれた。また、"Cheshire"（わたしの本のプロジェクトのコードネーム）を

引き受け、数えきれないほどのプレッシャーとわたしの注意散漫に直面しながらも、決して匙を投げなかった。

　Stripe Pressチームと Stripe Communications チームのメンバーの多大な献身については、言葉では言い尽くせない。このプロジェクトを信じ、進行を通じてこの本とわたしを導いてくれたサーシャに何よりも感謝する。わたしを励まし、ポジティブな考え方をもたらしてくれたケイトとエマ、細部まで注意を払い、最終的な成果物に気を配りながら、最後まで見届けてくれたレベッカにも感謝を。最終的な成果物についていえば、ジョシュ、ケヴィン、トラヴィス、タイラーをはじめとする Stripe Press のデザインチームの素晴らしい才能の持ち主たち、そしてクリエイティブな取り組みで本書の読者獲得に貢献してくれたタミーに謝意を表する。

　多くの友人や家族の励ましにも感謝を。わたしの家族の中で作家として活動している弟のエヴァンとその妻アデル、そして母のメアリー・ジョー・ヒューズ。わたしが手に負えないティーンエイジャーだった頃、母はひどくいら立ちながら、「あなたみたいな子、わたしが書く本に出てきたことがないわ」と言ったことがある。幸い、わたしたちの関係も母の執筆力も、その後大きな成長が見られている。現在2冊目の本を執筆中の母は、わたしにとって大切な友人であり、サポーターである。大切な友人の名前はたくさん挙げたいが、コートニーは特筆すべき存在だ。彼女の応援は、母の応援を見劣りさせるほどだ。そしてコートニーはわたしをステラと引き合わせてくれた。ステラは健康な心身を持ち合わせた人だった。

　わたしの子供たち、クロエとマイルズは、わたしを誇り高く謙虚な気持ちでいさせてくれる。

　クロエは、イェール大学経営大学院のオリエンテーションでの講演を見にきてくれたことがある。そこでわたしは、キャリアと家庭のバランスについて、避けては通れない質問をされた。わたしは、パートナー選びも大切だけれど、すべてのことの妥協点を意識しつつ、意図的にバランスを取ることが欠かせないと伝えた。そして、我が子に関しては、大事なときにそばにいられるよう精いっぱい努力していると言った。それから何カ月か経って、当時12歳だったクロエが手紙をくれた。「ママのスピーチ、すごくよかったよ。すごくためになっ

謝 辞

たし、退屈しなかった。おまけにおもしろかった。わたしが好きだったのは、
"わたしは常に大切なものと向き合っている"と言っていたこと。だって本当に
その通りだから。ママは大事なときにいつもそばにいてくれる」と書かれてい
た。もちろん、その手紙も取ってある。

　ジェシーは、わたしがこの本を書けることをいっさい疑わず、わたしがして
いたとされることを忠実に思い出させてくれたパートナーだ。わたしのキャリ
アとわたしたちの人生のあらゆる段階において、彼のサポートは変わらなかっ
た。彼はわたしにとって、そしてわたしたち家族にとって、心のよりどころと
なっている。

　最後に、長年かけて出会ったすべての創業者や経営者の皆様に感謝の意を表
したい。ビジネスモデル、地域、会社のステージにかかわらず、起業家という
のは揺るぎない決意と学ぶ意欲を兼ね備えていて、そこから共通の絆が生まれ
る。最近、30名規模の企業のCOOと会う機会があったが、その人はわたしの
キャリアを遠くから憧れのまなざしで見ていると話してくれた。とても光栄だ。
でも、皆さん全員に憧れのまなざしを向けているのは、むしろこちらのほうな
のだ。

注

1) ホラクラシーのウェブサイト、https://www.holacracy.org.

2) Paul Morris Fitts and Michael I. Posner, Human Performance（Westport: Greenwood Press, 1979）, 11-15, 18.（『作業と効率』福村出版、1981年）

3) Nina Keith and Karl Anders Ericsson, "A Deliberate Practice Account of Typing Proficiency in Everyday Typists," Journal of Experimental Psychology: Applied 13, no. 3（2007）: 135-145, https://doi.apa.org/doiLanding?doi＝10.1037％2F1076-898X.13.3.135.

4) Joshua Foer, Moonwalking with Einstein: The Art and Science of Remembering Everything（New York: Penguin Books, 2021）, 172.（『ごく平凡な記憶力の私が1年で全米記憶力チャンピオンになれた理由』エクスナレッジ、2011年）

5) Bradley W. Young et al., "K. Anders Ericsson, Deliberate Practice, and Sport: Contributions, Collaborations, and Controversies," Journal of Expertise 4, no. 2（2021）: 2573-2773, https://journalofexpertise.org/articles/volume4_issue2/JoE_4_2_Young_etal.pdf.

6) Colin Bryar and Bill Carr, Working Backwards: Insights, Stories, and Secrets from Inside Amazon（New York: St. Martin's Press, 2021）.（『アマゾンの最強の働き方』ダイヤモンド社、2022年）

7) Garson Kanin, Remembering Mr. Maugham（New York: Atheneum, 1966）, 45.（『モームの想い出』富山房、1970年）

8) Ted Gioia, "How I Became the Honest Broker," The Honest Broker, May 26, 2021, https://tedgioia.substack.com/p/how-i-became-the-honest-broker.

9) Stan Slap, Bury My Heart at Conference Room B: The Unbeatable Impact of Truly Committed Managers（New York: Portfolio Penguin, 2010）.

10) "What Is DiSC?" DiSC Profile, https://www.discprofile.com/what-is-disc.

11) The Myers-Briggs Company, https://www.themyersbriggs.com.

12) "Insights Discovery," Insights, https://www.insights.com/us/products/insights-discovery.

13) Fred Kofman, Conscious Business: How to Build Value Through Values（Louisville: Sounds True, 2014）, 10-12, 136-138.（『コンシャス・ビジネス：価値ある企業に生まれ変わるための意識革命とは何か』駒草出版、2014年）

14) Kim Scott, Radical Candor: Be a Kick-Ass Boss without Losing Your Humanity（New York: St. Martin's Press, 2019）, 32-33.（『GREAT BOSS：シリコンバレー式ずけずけ言う力』東洋経済新報社、2019年）

15) Ronald Heifetz et al., The Practice of Adaptive Leadership: Tools and Tactics for Changing Your Organization and the World（Boston: Harvard Business Press, 2009）, 19-23.（『最難関のリーダーシップ：変革をやり遂げる意志とスキル』英治出版、2017年）

16) Simon Sinek, The Infinite Game（London: Portfolio Penguin, 2019）.

17) Big Five Personality Test, https://bigfive-test.com.

18) Bill Walsh, Steve Jamison, and Craig Walsh, The Score Takes Care of Itself: My Philosophy of Leadership（New York: Portfolio Penguin, 2009）.

19) Nick Statt, "Microsoft at 40: Read Bill Gates' Anniversary Email to Employees," CNET, April 3, 2015, https://www.cnet.com/tech/tech-industry/microsoft-at-40-read-bill-gates-anniversary-email-to-employees/.

20) Edgar H. Schein and Peter Schein, Organizational Culture and Leadership（Hoboken: Wiley, 2017）, 17-27.（旧版翻訳『組織文化とリーダーシップ』白桃書房、2012年）

21) Andrew S. Grove, High Output Management（New York: Knopf Doubleday, 2015）, 110-114.（『HIGH OUTPUT MANAGEMENT：人を育て、成果を最大にするマネジメント』日経BP、2017年復刊）

22) Brad Garlinghouse, "Yahoo Memo: The 'Peanut Butter Manifesto,'" Wall Street Journal, November 18, 2006, https://www.wsj.com/articles/SB116379821933826657.

23) "Enduring Ideas: The Three Horizons of Growth," McKinsey Quarterly, December 1, 2009, https://www.mckinsey.com/business-functions/strategy-and-corporate-finance/our-insights/enduring-ideas-the-three-horizons-of-growth.

24) Bryar and Carr, Working Backwards, 17-21, 61-65.（『アマゾンの最強の働き方』ダイヤモンド社、2022年）

25) 規模の拡大が会社の歩みを遅くすること、そして優れた戦略に加えてゆるやかな連携と固い団結を通じた業務遂行によってその現象と闘う方法については、Stripeの企業戦略リーダーであるアレックス・コモロスキーによる次の記事を読むことをお勧めする。"Coordination Headwind: How Organizations Are Like Slime Molds," https://komoroske.com/slime-mold.

26) Andrew S. Grove, Only the Paranoid Survive（New York: Currency Doubleday, 1996）.（『パラノイアだけが生き残る：時代の転換点をきみはどう見極め、乗り切るのか』日経BP、2017年復刊）

27) Grove, High Output Management, 110-114.（『HIGH OUTPUT MANAGEMENT：人を育て、成果を最大にするマネジメント』日経BP、2017年復刊）

28) Robin I. M. Dunbar, How Many Friends Does One Person Need?: Dunbar's Number and Other Evolutionary Quirks（London: Faber and Faber, 2011）, 4.（『友達の数は何人？：ダンバー数とつながりの進化心理学』インターシフト、2011年）

29) Michael Schade, "Stripe Home," Stripe Blog, April 19, 2018, https://stripe.com/blog/stripe-home.

30) Frances Frei and Anne Morriss, Uncommon Service: How to Win by Putting Customers at the Core of Your Business（Boston: Harvard Business Review Press, 2012）, 29.（『ハーバード・ビジネススクールが教える顧客サービス戦略』日経BP、2013年）

31) Greg Brockman, "Capture the Flag 2.0," Stripe Blog, August 22, 2012, https://stripe.com/blog/capture-the-flag-20.

32) トリビア：Stripeの採用委員会のミーティングは"trope"（"お約束"の意味）と呼ばれる。おそらく初期のStripe社員が、"ミーティング"と呼ばれるいかなる形式の集まりも避けるべきだと考えたからだろう。

33) Daniel H. Pink, Drive: The Surprising Truth About What Motivates Us（New York: Penguin, 2011）.（『モチベーション3.0 持続する「やる気！」をいかに引き出すか』講談社、2010年）

34) Carlin Flora, Friendfluence: The Surprising Ways Friends Make Us Who We Are（New York: Doubleday, 2013）, 122-126.（『あなたはなぜ「友だち」が必要なのか』原書房、2013年）

35) "'Give Away Your Legos' and Other Commandments for Scaling Startups," First Round Review, https://review.firstround.com/give-away-your-legos-and-other-commandments-for-scaling-startups.

36) Mike Ettore, "Why Most New Executives Fail—And Four Things Companies Can Do About It," Forbes, March 13, 2020, https://www.forbes.com/councils/forbescoachescouncil/2020/03/13/why-most-new-executives-fail-and-four-things-companies-can-do-about-it/.

37) Bryar and Carr, Working Backwards, 34-36.（『アマゾンの最強の働き方』ダイヤモンド社、2022年）

38) Elad Gil, High Growth Handbook: Scaling Startups from 10 to 10,000 People（San Francisco: Stripe Press, 2018）, 52-57.（『爆速成長マネジメント』日経BP、2021年）

39) "Hogan Personality Inventory," Hogan, https://www.hoganassessments.com/assessment/hogan-personality-inventory/.

40) Michael Lewis, "What Keeps Bill Parcells Awake at Night," New York Times Magazine, October 29, 2006, https://www.nytimes.com/2006/10/29/sports/playmagazine/what-keeps-bill-parcells-awake-at-night.html.

41) Patrick Lencioni, The Five Dysfunctions of a Team: A Leadership Fable（San Francisco: Jossey-Bass, 2012）.（旧版翻訳『あなたのチームは、機能してますか?』翔泳社、2003年）

42) Max Landsberg, The Tools of Leadership: Vision, Inspiration, Momentum（London: Profile Books, 2011）, 51-55.（旧版翻訳『駆け出しマネジャーアレックス　リーダーシップを学ぶ』ダイヤモンド社、2004年）

43) Jeff Bezos, "Amazon.com 1997 Letter to Shareholders," US Securities and Exchange Commission, https://www.sec.gov/Archives/edgar/data/1018724/000119312516530910/d168744dex991.htm.

44) Bruce W. Tuckman, "Developmental Sequence in Small Groups," Psychological Bulletin 63, no. 6（1965）: 384-399, https://doi.org/10.1037/h0022100.

45) Charles Duhigg, "What Google Learned from Its Quest to Build the Perfect Team," New York Times Magazine, February 25, 2016, https://www.nytimes.com/2016/02/28/magazine/what-google-learned-from-its-quest-to-build-the-perfect-team.html.

46) Claire Hughes Johnson, "Claire's Offsite Toolkit," Coda, https://coda.io/@clairehughesjohnson/claires-offsite-toolkit.

47) Khosla Ventures, "Running an Effective Staff Meeting | Claire Hughes Johnson," YouTube Video, 26:41, July 21, 2018, https://www.youtube.com/watch?v = GIiaF-W874q8.

48) Tuckman, "Developmental Sequence in Small Groups," 396.

49) Paul Graham, "Maker's Schedule, Manager's Schedule," PaulGraham.com, July 2009, http://www.paulgraham.com/makersschedule.html.

50) "Rapid: Bain's Tool to Clarify Decision Accountability," Bain, August 11, 2011, https://www.bain.com/insights/rapid-tool-to-clarify-decision-accountability.（訳注：リンク切れ。RAPIDに関する最新情報は、https://www.bain.com/insights/rapid-decision-making/を参照）

51) Gokul Rajaram, "Gokul's S.P.A.D.E. Toolkit: How to Implement Square's Famous

Decision-Making Framework," Coda, https://coda.io/@gokulrajaram/gokuls-spade-toolkit.

52) "How to Master the Seven-Step Problem-Solving Process," McKinsey & Company, September 13, 2019, https://www.mckinsey.com/business-functions/strategy-and-corporate-finance/our-insights/how-to-master-the-seven-step-problem-solving-process.

53) Lencioni, Five Dysfunctions, 135.（旧版翻訳『あなたのチームは、機能してますか？』翔泳社、2003年）

54) David Singleton, "Stripe's Fifth Engineering Hub Is Remote," Stripe Blog, May 2, 2019, https://stripe.com/blog/remote-hub.

55) Geert Hofstede, "National Culture," Hofstede Insights, https://hi.hofstede-insights.com/national-culture.

56) Matt Mullenweg, The Distributed Podcast, https://distributed.blog.

57) "The Remote Playbook," GitLab, https://about.gitlab.com/company/culture/all-remote.

58) ハーバード・ビジネススクールのフランシス・フライ教授が、成長のマインドセットを培う著書『マインドセット 「やればできる！」の研究』（草思社、2016年）で知られるキャロル・S・ドゥエック氏の観察の要約を教えてくれた。それは次のようなものだった。「子育てには2種類あり、正しいのはひとつ。子供に道を準備するか、道を進めるように子供を育てるかだ」（答えは「道を進めるように子供を育てる」だった）。マネジャーとして、わたしは両方の側面に気を配るべきだと思う。チームに道を準備するのがマネジャーの役割となる場合もあるが、なによりも、道を進めるようにチームを育てなければならない。

59) Rebecca Solnit, Hope in the Dark: Untold Histories, Wild Possibilities（Chicago: Haymarket Books, 2016）, 20.（『暗闇のなかの希望：語られない歴史、手つかずの可能性』筑摩書房、2023年）

60) たとえば、次の記事などを参照。Sundiatu Dixon-Fyle et al., "Diversity Wins: How Inclusion Matters," McKinsey & Company, May 19, 2020, https://www.mckinsey.com/featured-insights/diversity-and-inclusion/diversity-wins-how-inclusion-matters.

61) Amy C. Edmondson, The Fearless Organization: Creating Psychological Safety in the Workplace for Learning, Innovation, and Growth（Hoboken: Wiley, 2018）.（『チームが機能するとはどういうことか：「学習力」と「実行力」を高める実践アプローチ』英治出版、2014年）

62) "Key Findings: Being Black in Corporate America: An Intersectional Exploration."

Coqual, 2019, https://coqual.org/wp-content/uploads/2020/09/CoqualBeingBlackinCorporateAmerica090720-1.pdf.

63) Justin Dean et al., "The Real Reason Diversity Is Lacking at the Top," BCG, November 19, 2020, https://www.bcg.com/publications/2020/why-is-diversity-lacking-at-top-of-corporations.

64) Frances Frei and Anne Morriss, Unleashed: The Unapologetic Leader's Guide to Empowering Everyone Around You（Boston: Harvard Business Review Press, 2020）.（『世界最高のリーダーシップ：「個の力」を最大化し、組織を成功に向かわせる技術』PHP研究所、2023年）

65) David Foster Wallace, This Is Water: Some Thoughts, Delivered on a Significant Occasion, About Living a Compassionate Life（London: Little, Brown, 2009）.（『これは水です』田畑書店、2018年）

66) Chloé Valdary, "Activist to Artist," The Theory of Enchantment, https://theoryofenchantment.com/about.

67) Lewis, "Bill Parcells."

68) Ben Horowitz, "Peacetime CEO/Wartime CEO," Future, April 14, 2011, https://future.a16z.com/peacetime-ceo-wartime-ceo/.

69) Stephen M.R. Covey and Rebecca R. Merrill, The Speed of Trust: The One Thing That Changes Everything（New York: Free Press, 2006）.（『スピード・オブ・トラスト：「信頼」がスピードを上げ、コストを下げ、組織の影響力を最大化する』FCEパブリッシング〈キングベアー出版〉、2023年）

70) Ray Dalio, Principles（New York: Simon & Schuster, 2017）.（『PRINCIPLES（プリンシプルズ）人生と仕事の原則』日本経済新聞出版、2019年）

71) Sigma Assessment Systemsの9ボックスグリッドなど。https://www.sigmaassessmentsystems.com/9-box-grid/.

72) 最近、Stripeのあるエンジニアが次のように教えてくれた。Stripeのエンジニアリング部門で最初に採用していた職階はやる気をそぐと思った。職制はスキルや意見のリストではなく、成果に基づくべきではないか。たとえば、レベル3のエンジニアは、プロジェクトのスコープを作成し、職場内で調整し、最初から最後まで独立して、製品やその基となるコードの改善を推進するべきだ――それが彼女の意見だった。この批判には全面的に賛成だった。問題解決を得意とする、やる気に満ちあふれた個人が数多くいる会社では、期待値をあまり細かく設定するのはやめよう。そしてパフォーマンス・ガイダンスを利用して個人とチームのやる気を引き出し、チ

ェックリストを埋めるのではなくインパクトの強い成果を達成させよう。このエンジニアがシェアしてくれたようなさまざまな意見に基づいて、Stripeの職階は進化を続けている。

73） Culture Ampの"10 Performance Review Biases and How to Avoid Them"（パフォーマンス・レビューに関する10種類のバイアスと、その回避法）は役に立つリソースだ。https://www.cultureamp.com/blog/performance-review-bias.

74） "Pareto Principle," Wikipedia英語版、2022年1月21日現在の記事による。https://en.wikipedia.org/wiki/Pareto_principle.（日本語版記事："パレートの法則"https://ja.wikipedia.org/wiki/%E3%83%91%E3%83%AC%E3%83%BC%E3%83%88%E3%81%AE%E6%B3%95%E5%89%87）

75） Scott, Radical Candor, 32-33.（『GREAT BOSS：シリコンバレー式ずけずけ言う力』東洋経済新報社、2019年）

76） "Five Whys," Wikipedia英語版：2022年2月2日現在の記事による。https://en.wikipedia.org/wiki/Five_whys.（日本語版記事："なぜなぜ分析"https://ja.wikipedia.org/wiki/%E3%81%AA%E3%81%9C%E3%81%AA%E3%81%9C%E5%88%86%E6%9E%90）

77） Ben Horowitz, The Hard Thing About Hard Things: Building a Business When There Are No Easy Answers（New York: Harper Business, 2014), 63.（『HARD THINGS：答えがない難問と困難にきみはどう立ち向かうか』日経BP、2015年）

参考文献

Bryar, Colin, and Bill Carr. Working Backwards: Insights, Stories and Secrets from Inside Amazon. New York: St. Martin's Press, 2021.（『アマゾンの最強の働き方』ダイヤモンド社、2022年）

Covey, Stephen M.R., and Rebecca R. Merrill. The Speed of Trust: The One Thing That Changes Everything. New York: Free Press, 2006.（『スピード・オブ・トラスト：「信頼」がスピードを上げ、コストを下げ、組織の影響力を最大化する』FCEパブリッシング〈キングベアー出版〉、2023年）

Dalio, Ray. Principles. New York: Simon & Schuster, 2017.（『PRINCIPLES（プリンシプルズ）人生と仕事の原則』日本経済新聞出版、2019年）

Dunbar, Robin I. M. How Many Friends Does One Person Need?: Dunbar's Number and Other Evolutionary Quirks. London: Faber and Faber, 2011.（『友達の数は何人？：ダンバー数とつながりの進化心理学』インターシフト、2011年）

Foer, Joshua. Moonwalking with Einstein: The Art and Science of Remembering Everything. New York: Penguin Books, 2021.（『ごく平凡な記憶力の私が1年で全米記憶力チャンピオンになれた理由』エクスナレッジ、2011年）

Fitts, Paul Morris, and Michael I. Posner. Human Performance. Westport: Greenwood Press, 1979.（『作業と効率』福村出版、1981年）

Flora, Carlin. Friendfluence: The Surprising Ways Friends Make Us Who We Are. New York: Doubleday, 2013.（『あなたはなぜ「友だち」が必要なのか』原書房、2013年）

Frei, Frances, and Anne Morriss. Uncommon Service: How to Win by Putting Customers at the Core of Your Business. Boston: Harvard Business Review Press, 2012.（『ハーバード・ビジネススクールが教える顧客サービス戦略』日経BP、2013年）

Frei, Frances, and Anne Morriss. Unleashed: The Unapologetic Leader's Guide to Empowering Everyone Around You. Boston: Harvard Business Review Press, 2020.（『世界最高のリーダーシップ：「個の力」を最大化し、組織を成功に向かわせる技術』PHP研究所、2023年）

Gil, Elad. High Growth Handbook: Scaling Startups from 10 to 10,000 People. San Francisco: Stripe Press, 2018.（『爆速成長マネジメント』日経BP、2021年）

Grove, Andrew S. High Output Management. New York: Knopf Doubleday 2015.（『HIGH OUTPUT MANAGEMENT：人を育て、成果を最大にするマネジメント』

日経BP、2017年復刊）

Grove, Andrew S. *Only the Paranoid Survive: How to Exploit the Crisis Points that Challenge Every Company and Career.* New York: Currency Doubleday, 1996.（『パラノイアだけが生き残る：時代の転換点をきみはどう見極め、乗り切るのか』日経BP、2017年復刊）

Heifetz, Ronald, Alexander Grashow, and Marty Linsky. *The Practice of Adaptive Leadership: Tools and Tactics for Changing Your Organization and the World.* Boston: Harvard Business Press, 2009.（『最難関のリーダーシップ：変革をやり遂げる意志とスキル』英治出版、2017年）

Hofstede, Geert. *Culture's Consequences: Comparing Values, Behaviors, Institutions and Organizations Across Nations.* New York: SAGE Publications, 2001.（旧版翻訳『経営文化の国際比較：多国籍企業の中の国民性』産業能率大学出版部、1984年）

Horowitz, Ben. *The Hard Thing About Hard Things: Building a Business When There Are No Easy Answers.* New York: Harper Business, 2014.（『HARD THINGS：答えがない難問と困難にきみはどう立ち向かうか』日経BP、2015年）

Kanin, Garson. *Remembering Mr. Maugham.* New York: Atheneum, 1966.（『モームの想い出』富山房、1970年）

Kofman, Fred. *Conscious Business: How to Build Value Through Values.* Louisville: Sounds True, 2014.（『コンシャス・ビジネス：価値ある企業に生まれ変わるための意識革命とは何か』駒草出版、2014年）

Landsberg, Max. *The Tools of Leadership: Vision, Inspiration, Momentum.* London: Profile Books, 2011.（旧版翻訳『駆け出しマネジャーアレックス　リーダーシップを学ぶ』ダイヤモンド社、2004年）

Lencioni, Patrick. *The Five Dysfunctions of a Team: A Leadership Fable.* San Francisco: Jossey-Bass, 2012.（旧版翻訳『あなたのチームは、機能してますか？』翔泳社、2003年）

Pink, Daniel H. *Drive: The Surprising Truth About What Motivates Us.* New York: Penguin, 2011.（『モチベーション3.0 持続する「やる気！」をいかに引き出すか』講談社、2010年）

Schein, Edgar H., and Peter Schein. *Organizational Culture and Leadership.* Hoboken: Wiley, 2017.（旧版翻訳『組織文化とリーダーシップ』白桃書房、2012年）

Scott, Kim. *Radical Candor: Be a Kick-Ass Boss Without Losing Your Humanity.* New York: St. Martin's Press, 2019.（『GREAT BOSS：シリコンバレー式ずけずけ言う力』

東洋経済新報社、2019年）

Sinek, Simon. The Infinite Game. London: Portfolio Penguin, 2019.

Slap, Stan. Bury My Heart at Conference Room B: The Unbeatable Impact of Truly Committed Managers. New York: Portfolio Penguin, 2010.

Solnit, Rebecca. Hope in the Dark: Untold Histories, Wild Possibilities. Chicago: Haymarket Books, 2016.（『暗闇のなかの希望：語られない歴史、手つかずの可能性』筑摩書房、2023年）

Walsh, Bill, Steve Jamison, and Craig Walsh. The Score Takes Care of Itself: My Philosophy of Leadership. New York: Portfolio Penguin, 2009.

著者について

クレア・ヒューズ・ジョンソン（Claire Hughes Johnson）

　インターネット向け決済インフラを構築する世界的テクノロジー企業、Stripeの執行役員兼顧問を務めている。それ以前は2014年から2021年にかけて、StripeのCOO（最高執行責任者）として、従業員数200人未満だった会社を7000人以上の規模まで成長させることに尽力した。さまざまな時期に、事業運営、セールス、マーケティング、カスタマーサポート、リスク管理、不動産、そしてリクルーティングや人事を含む従業員関連部門のすべてを指揮した。

　Stripe以前は、Googleで10年間、さまざまなビジネスチームを率い、Gmail、Google Apps、消費者事業などを統括したほか、AdWords（現Google広告）、Google Offers、Google自動運転車プロジェクトのバイスプレジデントも務めた。現在は、再生可能エネルギーを開発するAmeresco、マルチプラットフォーム出版社のThe Atlantic、自動運転システムを開発するAurora Innovation、カスタマーサービス向けソフトウェア企業のHubSpotの取締役も務めている。また、ミルトン・アカデミーの理事を経て、現在は理事長を務めている。

　ブラウン大学で学士号、イェール大学でMBAを取得。夫、ふたりの子供、2匹の神経質なダックスフンドとともにボストン郊外で暮らしている。

訳者について

二木夢子（ふたき・ゆめこ）

　国際基督教大学教養学部社会科学科卒。ソフトハウス、産業翻訳会社勤務を経て独立。

　訳書に『OKR』（日経BP）、『メモをとれば財産になる』（日経ビジネス人文庫）、『オリンピック全史』（共訳、原書房）、『われわれは仮想世界を生きている』（徳間書店）、『EMPOWERED』『両立思考』（日本能率協会マネジメントセンター）などがある。

スケーリング・ピープル
人に寄り添い、チームを強くするマネジメント戦略

2025 年 3 月 24 日　第 1 版　第 1 刷発行

著　者	クレア・ヒューズ・ジョンソン
訳　者	二木夢子
発行者	中川ヒロミ
発　行	株式会社日経 BP
発　売	株式会社日経 BP マーケティング
	〒 105-8308　東京都港区虎ノ門 4-3-12
	https://bookplus.nikkei.com

翻訳協力	株式会社リベル
カバーデザイン	小口翔平＋村上佑佳（tobufune）
本文デザイン・制作	有限会社マーリンクレイン
編集	幸田華子
印刷・製本	TOPPANクロレ株式会社

本書の無断複写・複製（コピー等）は、著作権法上の例外を除き、禁じられています。
購入者以外の第三者による電子データ化及び電子書籍化は、
私的使用を含め一切認められておりません。
本書籍に関するお問い合わせ、ご連絡は下記にて承ります。
https://nkbp.jp/booksQA

ISBN978-4-296-00205-4　Printed in Japan